한민족과
고조선 한 韓

인류의 **장대한 여정** 속에 **탄생한**

한민족과
고조선 한 韓

얼역사연구소
최창묵 지음

좋은땅

'한민족 시원을 찾아서' 바이칼 문화탐방

하나

필자는 1954년 전북 정읍의 빈농에서 태어나 초근목피와 보릿고개가 일상화되었던 어려운 유년시절을 보냈다. 초등학교를 졸업한 후 가정형편으로 중학에 진학하지 못하게 되고 우여곡절 끝에 중졸·고졸 검정고시를 거쳐 주경야독으로 원광대학교와 대학원을 졸업하였다. 청년의 시기까지 말할 수 없는 고난과 역경의 삶을 살아왔지만, 오늘날에 와서 되돌아보니 나의 인생사도 대단히 복 받은 시대를 살아왔음을 깨닫고 있다. 우리 세대는 한국전쟁의 폐허 위에서 물질적으로는 궁핍하고 어려웠지만, 정신적으로는 풍요롭고 희망이 넘치는 세상이었다는 것을 한국사라는 역사의 거울을 통해 깨닫게 된 것이다. 우리 모두가 살아가고 있는 이 시대는 단군 이래 오천 년의 역사 중 물질적으로 가장 풍요롭고, 개인의 자유와 인권이 존중되며 세계 속에 한국의 위상이 높아져 한국인이라는 자존감을 가지고 살아갈 수 있는 세상이라고 말할 수 있겠다.

그러나 사람이 어떠한 역사 인식과 가치관을 가지고 살아가느냐에 따라서 세상을 긍정적으로 혹은 부정적으로 바라보게 되고, 그에 따라 개인의 행복과 불행이 좌우되는 화수분과 같은 영향력을 받게 된다고 본다.

필자는 청년 시절 호구지책을 마련하기 위해 서울 혜화동에 있는 소피아 고시원에서 독학으로 행정고시를 준비하는 기회를 갖게 되었다. 지금도 모임을 이어 가고 있는 소피아에서 이인제 선배(15대 · 17대 대통령후보), 이상진 선배(모스크바대 객원교수), 송기영 선배(로고스법무법인 고문변호사) 등을 통해 세상을 바라보는 안목을 넓혀 갔던 것 같다. 결국 열악한 경제 사정으로 고시는 포기하고 당시 4급을 공채라고 칭하는 국가 및 지방직 시험에 합격하여 공직에 나서게 되었다. 부모 봉양 문제 때문에 교통부 발령분은 포기하고, 고향 지역인 고창군과 정읍시에서 20년간 공직에 근무한 후 여러 가지 뜻한 바 있어 2000년 명예로운 퇴직을 하게 되었다.

이후 '깨끗하고 강한 정읍'을 만들어 보겠다는 일념으로 제3기 정읍시장 선거에 무소속으로 출마하여 선전을 하였으나 고배를 마시게 되었다. 이어지는 제4기 정읍시장 선거에서는 호남 지역에서 무소속 출마로 당선은 무리이고, 민주당 후보로 출마해야 한다는 주변의 권고에 따라 정읍시장 민주당 후보 경선에 참여하게 되었고 월등한 지지로 승리하게 되었다. 그런데 문제는 유력 정당의 조직을 움직이기 위해서는 막대한 선거 가동비가 필요하다는 것이었다. 깨끗한 세상을 추구해 왔던 필자의 소신과는 맞지 않아 고심 끝에 후보직을 사퇴하는 아픔을 겪기도 하였다.

정계를 떠난 후 원광대학교 대학원에서 동학농민혁명에 대한 연구로 문학박사 학위를 취득하게 되고 10여 년간 원광대학 등에서 한국사의 이해라는 과목으로 젊은이들과 역사에 대하여 많은 이야기를 나누는 시간을 가진 바 있다.

둘

필자가 이 책을 쓰게 된 동기 중 하나는 대학에서 한국사에 대한 강의를 하다 보면 첫 번째 시간에 우리 민족은 누구인가에 대하여 설명하게 된다. 그러나 정리된 학설이 없기 때문에 애매하게 설명하게 되고 학생들도 애매하게 이해하면서 넘어가는 상황이 수년간 반복되어 큰 아쉬움으로 남아 있었다. 그래서 자료의 부족 때문에 한계는 있겠지만 한민족의 기원에 관해 좀 더 근본적으로 파악해 보고자 하는 생각을 갖게 되었던 것이 이 책을 쓰게 된 첫 번째 동기이다.

두 번째는 정읍 지역의 역사연구 모임인 〈얼학회〉에서 격년제로 학술 발표와 한민족의 시원을 찾는 해외역사탐방을 실시해 왔다. 요서 신석기·홍산·고구려·발해 문화유적 답사 과정에서 중국이 요서 신석기문화를 중국 시원문명으로, 고조선·부여·고구려·발해 문화를 자국의 변방 역사임을 강조하는 동북공정의 역사 왜곡 현장을 보고 느낀 바가 매우 컸다. 특히 고조선사가 중국 변방사로 취급된다면, 고조선사만 강조하고 있는 한반도 초기 역사가 도매금으로 중국 변방사 영역으로 넘어갈 수도 있다는 염려스러운 마음을 갖게 되었다. 그래서 한민족의 초기 국가인 고조선과 한(韓)에 대한 애매한 부분을 한 번쯤 정리해 봐야 한다는 생각을 가지게 되었다. 아울러서 얼학회 창립 36주년 기념 학술회에 주제 발표 차원에서 생각만 해 오던 과제를 구체적으로 실천에 옮기게 된 것이다.

필자가 역사에 관심을 갖게 된 계기는 1980년대 전두환 군사 독재정권 시절 정읍시청에 근무하던 때이다. 당시 사회는 5.18광주민주화운동의 '광' 자도 입에 올릴 수 없는 획일적이고 강압적인 사회체제와 분위기에 상당한 고뇌와 반감을 갖고 있었다. 그러던 차에 서울 소피아 고시원에서 인연을 맺었던 송기영 선배(당시 정읍지원 판사)와 김현 약사(전 동학농민혁명계승사업회 회장), 은종영 후배(한국병원약사회 총회의장) 등 역사와 사회문제에 관심을 갖고 있던 정읍 지역의 법조계, 의료계, 언론계 등 뜻있는 사람들이 뭉쳐 1985년 11월 〈얼학회〉를 창립하게 되었다. 얼학회는 당시 금기어였던 5.18민주화운동의 실상과 사회 부조리를 가감 없이 토론하고 비판하였다. 매월 선정된 역사 관련 책을 중심으로 기조발표와 토론을 중심으로 다양한 견해를 피력하였다. 이외에도 학회지 발간, 동학농민혁명 100주년 기념사업 추진, 북한동포돕기운동 지원, 학술발표회, 초청 강연회, 바이칼·몽골·티베트·실크로드·홍산문화·만주·터키 답사 등 국내외 역사 현장을 직접 탐방하면서 36년이라는 긴 세월을 어렵게나마 지속해 오고 있다.

　필자가 1994년 회장직을 수행하고 있을 때 《한겨레》 신문과 인터뷰한 내용이 문화면에 보도되자 전국 각지에서 얼학회에 참여방법은 있는지 또는 모임을 전수해 줄 수는 없는지 등의 문의를 받았지만, 당시 공직에 매인 몸으로 여력이 없어 수용하지 못했던 안타까운 장면도 있었다. 그때의 인연 중 충북대학교 이신호 교수는 회원으로 20여 년간을 청주에서 정읍까지 매월 참석하며 회장직도 수행하는 등 얼학회 발전에 많은 기여를 해 준 경우도 있다.

　그 당시 독자들은 시골 지역인 정읍에서 얼학회와 같은 모임이 어떻게 결성, 운영되고 있는지 무척 궁금하게 생각하고 있었다. 이해를 돕기 위해 정읍의 역사상을 간단히 소개해 보고자 한다. 정읍은 한국농경문화의 중심인 호남평야에 자리 잡고 있어 산물이 풍부하여 농자 천하지대본의 화려한 호남우도 농악의 산실이 되어 왔다. 현존하는 최고 가요인 백제시대 정읍사 여인의 정서가 '수제천' 궁중음악으로 전해져 국가의 태평과 민족의 번영을 구가하는 국악합주로 연주되고 있다. 신라 말 개혁자였던 태산태수 최치원 선생의 유·불·선 풍류도의 맥이 오늘날까지 세계문화유산인 무성서원에 연결되어 있고, 조선조 정읍 현감 이순신의 족적이 남겨진 곳이다. 한국 근현대사에서는 역사의 전환점이 된 전봉준·손화중·김개남 선생이 1894년 동학농민혁명을 주도하여 봉건왕조체제와 양반·상놈의 신분제 사회를 혁파하고, 척양척왜의 민족 자주운동을 일으켰던 역사의 땅이었다. 동학농민혁명의 여파는 한말 의병운동과 강증산의 증산교, 차천자라고 불리는 차경석의 보천교 등의 사회 종교운동으로 전개되었다. 이어서 1919년 3.1운동에서도 33인의 지도자 중 북접 대장 손병희, 임실접 박준승 선생 등 동학혁명 참여자가 9분이나 가담하는 등 항일민족운동에 주도적인 영향을 끼쳐 왔던 것이다. 해방 이후에는 4.19혁명, 5.18민주화운동, 6.10민주항쟁 등 독재와 불의 타도 운동의 밑바닥에 면면히 그 정신이 이어져 오고 있다고 말할 수 있다. 이러한 지역의 역사성과 분위기 속에서 얼학회가 태동하게 된 것이고 부족하지만 36년 간 그 명맥을 이어 오고 있다고 설명할 수 있다.

셋

필자는 여러 가지로 부족한 모임이지만 얼학회의 오랜 모임 속에서 대화와 토론을 통해서 얻어진 생각 몇 가지를, 역사를 사랑하시고 높은 사회적 식견을 갖고 계시는 독자 제현들에게 지면을 통해 공론화될 수 있기를 기대하는 마음에서 한국 정치외교에 관한 몇 가지 제언의 말씀을 드리고져 한다.

– 첫 번째 제언은 헌법전문 개정 등 정치 분야이다.

1. 대통령을 비롯한 정치권에서 헌법 전문에 5.18광주민주화운동 정신을 추가해야 한다는 취지의 제안에 필자도 적극 찬동을 표하면서, 기왕에 헌법 전문을 보완하려면 좀 더 거시적이고 역사적인 관점에서 살펴보아야 한다고 생각한다.

헌법 제1조 2항에 대한민국의 주권은 국민에게 있고 모든 권력은 국민으로부터 나온다는 주권 재민의 헌법정신에 비추어 볼 때, 가장 부합되는 역사적 사건은 1894년 근현대사의 서막을 연 동학농민혁명이라고 본다. 동학농민혁명은 수천 년의 봉건왕조체제와 양반·상놈의 신분제 사회를 무너트리고 만민은 평등해야 한다는 인간 존엄을 추구했던 근대 시민사회운동과 척양척왜의 항일투쟁의 효시라고 볼 수 있다.

동학농민혁명을 기점으로 1919년 일제 식민통치에 맞선 3.1운동, 1960년 이승만 독재에 항거한 4.19혁명, 박정희의 유신독재 에 맞선 철패운동, 1981년 전두환 등 신군부의 군부 횡포에 맞선 5.18민주화운동, 1987년 군사독재에 맞선 6월 민주 항쟁 등을 거치면서 국민이 주인이 되는 주권 재민의 진정한 민주공화국이 성취되어 간 것이다. 넓게 보면 사람을 하늘처럼 대하라는 '사인여천' 사상을 바탕으로 하는 동학농민혁명 정신은 세계 3대 인권혁명인 영국의 명예혁명·미국 독립선언·프랑스 인권혁명과 궤를 같이하는 세계사적인 사건으로 평가할 수 있을 것이다.

따라서 주권 재민의 민주공화국 헌법 전문에 동학농민혁명 정신을 반영하는 것은 극히 자연스러운 시대적 요구라고 생각되어 독자 제현들의 지지와 성원을 부탁드리는 바이다.

2. 헌법 개정의 화두가 되고 있는 대통령 임기제에 대해서는 여·야와 시민단체 등에서 다양한 견해가 제시되고 있다. 한국 현대정치사에서 가장 어두운 과거로 이승만의 사사오입개헌, 박정희의 3선 개헌과 유신헌법 등을 꼽을 수 있다. 이처럼 대통령 임기를 늘리기 위해 수단과 방법을 가리지 않고 연임을 꾀하려는 시도가 또 재현될 수도 있기 때문에, 현행대로 대통령 임기는 단임제로 하되 임기만 1년을 늘려 6년으로 하자는 의견이다.

그리고 대통령 선거 시기를 한 번은 국회의원 총선거와 한 번은 지방자치선거와 겹치도록 조정하여, 국민의 뜻이 정치에 적극 반영될 수 있는 6년 단임제 방안이 국론 분열과 갈등 방지에 최상의 선택이 될 수 있기에 제안드리는 것이다.

3. 한국 정치발전의 선진화를 위해서는 대통령 선출에 있어서 한 지역 출신만 편중되게 뽑지 말고 모든 지역의 인재들이 균형 있게 선출될 수 있도록 국민적 지혜를 발휘하자는 것이다.

1948년 대한민국 정부수립 이후 초대 이승만 대통령부터 12명의 대통령이 선출되었는데 8명의 영남 출신과 4명의 비 영남 출신이 배출되었다. 그런데 퇴임한 7명의 영남 출신 중 김영삼 대통령을 제외하고는 대부분 교도소에 가거나 비극적인 결말을 맺게 되어 개인적으로 불행한 일이고 대외적으로 나라 위신을 실추시키는 안타까운 일들이 있었다. 이에 대한 해결책으로 영남 출신뿐만 아니라 서울·경기·충청·전라·강원 등 다른 지역의 훌륭한 인재들도 검증을 통해 대통령으로 균형 있게 뽑힐 수 있도록, 나라의 주인인 국민들의 지혜롭고 현명한 선택이 요청된다는 제언의 말씀을 드린다.

– 두 번째 제언은 통일외교 분야이다.

1. 우리 민족의 염원인 평화적인 남북통일이 빨리 이루어질 수 있도록 국민적 지혜를 모아 가자는 것이다.

얼마 전 KBS 〈남북의 창〉이라는 프로그램에서 통일이냐 경제냐의 국민 여론조사 결과 '통일이 먼저다'가 30% 정도인 것에 비해 '경제가 먼저다'가 70% 정도로 압도적으로 많았다는 진행자의 멘트를 듣고 깜짝 놀란 바가 있었다. 남북분단이 80여 년 가까이 고착되다 보니 대다수 국민들은 통일문제는 경제적 부담이 크고 남북통합에 수많은 난관들이 예상되므로 통일문제를 소극적으로 이해하는 마음이 커진 것 같다. 그러나 평화적인 민족통일은 우리 민족이 어떠한 희생과 가시밭길이라도 뚫고 걸어가야 할 숙명과 같은 과제이므로 통일에 대해 열린 마음과 적극적인 관심이 필요하다.

통일방안은 국가적 대응 과제로 김대중 정부의 햇볕정책을 비롯 여러 정부가 다양한 정책을 추진해 왔지만 안타깝게도 소득 없이 답보상태에 머물러 있다. 통일 과정에 수많은 난관이 있겠지만 어떻게 하든 평양 주도세력이 민족의 동질성과 수십 년 빈곤에 허덕이는 북한주민을 위해 대승적인 결단을 내리도록 수단과 방법을 가리지 말고 설득해 내야 할 것이다. 통일하면 살고 분열하면 죽는 것이라며, 38선을 베고 쓰러질 때까지 통일조국을 만들기 위해 헌신하셨던 김구 선생도 이루지 못한 평화통일을 성취해 내는 지도자와 추진세력들은 그 이름이 한국 역사에 길이길이 빛날 것이라고 확신한다.

필자는 통일에 대하여 관심을 갖고 준비하자는 취지에서 초기 단계에 거론될 만한 몇 가지 의제에 대하여 구체적인 방안을 제시해 보고자 한다.

남북한이 통일의 길에 들어서게 되면 국호를 무엇으로 결정할 것인가가 첫 번째 문제로 등장할 것으로 보인다. 다양한 견해가 나오겠지만 필자는 세계인들이 인정하고 부르고 있는 'KOREA'의 명칭대로 '고려민국'으로 정하는 것이 가장 자연스러운 명칭으로 생각되어 추천드린다.

또한 통일 수도를 어디로 정할 것인가도 큰 문제가 될 것이다. 우리 역사에 보면 고려시대에 삼경제를 채택하여 개경뿐만 아니라 서경과 남경도 중시했던 기록이 있다. 고려의 정책을 참고하여 통일 한국의 수도도 서울을 중심으로 평양과 세종으로 정하자는 방안이다. 서울에는 대통령, 국회, 대법원과 외교국방 등 한국을 대내외적으로 대표하는 기관들을 배분하고, 평양에는 교육·문화·사회·복지 등 사회교육복지 관련 부처들을 상주시키며, 세종에는 경제·노동·건설·상공 등 경제 관련 부처가 배분되어 상호 보완하고 협조가 될 수 있도록 수도 삼경제를 채택하는 방안을 제언드린다.

2. 통일 이후 한민족의 생존을 위한 대외전략으로 고슴도치와 같은 견고한 영세중립국의 길로 가야 한다는 것이다.

한반도는 BC 109년 한무제의 침공 이후 중국·일본·만주북방·러시아 등 주변 국가들로부터 끊임없는 침략을 받아 왔다. 구한 말 고종 때에는 일본·청·러시아 등 열강들의 세력 확장으로 친청·친일·친러·친미파 등이 준동하여 나라 보전에 어려움을 겪은 바 있다. 결국 1910년 일본의 국권침탈과 해방 후 한국전쟁을 거쳐 오늘날의 남북 분단에 이르기까지 대외 문제는 우리 민족에게 크나큰 고통과 어려움을 주어 왔던 것이다. 오늘날에는 중국의 G2 부상으로 미국이냐, 중국이냐는 선택에 압박을 받고 있는 매우 곤란한 상황에 직면하고 있다.

만일 한반도에 통일이 이루어진다면 지정학적인 여건으로 주변 강대국들은 한반도를 자신의 영향권에 넣으려는 첨예한 경쟁을 펼치게 될 것이다. 한국 사회는 진보냐, 중도냐, 보수냐의 이해관계에 따라 친미·친중·친일·친러파 등이 준동할 수밖에 없는 숙명적인 지리적 여건을 갖고 있는 셈이다. 그리고 구한 말 고종 시대의 아픔을 되풀이하지 않기 위해서 여러 대안들이 거론될 것이다.

필자는 역사적 관점으로 보았을 때 유럽의 스위스와 같이 '영세중립국'의 지위를 확보해 가는 것과, 태국의 '휘지만 부러지지 않는 대나무 외교'를 참고하는 것이 가장 바람직한 방책이라고 판단한다.

근대 유럽의 혼돈 속에서 스위스는 나폴레옹전쟁 이후 1815년 '빈체제 협약'에서 유럽 열강들에 의해 영세중립국으로 지정되어 오늘날까지 나라를 유지하고 평화를 지켜 오고 있는 것이다. 태국은 영명한 라마 왕가의 국왕들이 18세기부터 글로벌한 마인드로 국가를 개혁하고 외교 전략을 수립 서구 제국주의 침략에 대응하였다. 특히 라마 5세는 영국·프랑스 등 유럽 열강들과 절묘한 대나무 중립외교로 동남아시아에서 유일하게 독립을 지켜 갔던 것이다.

한국도 아무나 범접할 수 없는 고슴도치와 같은 국력을 키우고 유연한 대나무 외교로 자강의 길로 갈 수 있도록, 영세중립국의 역사적 당위성을 부각시켜 주변 4강이 동참할 수 있는 외교력을 발휘해야 한다. 한국의 영세중립국화는 동북아시아에 평화를 가져오게 되고 더 나아가서는 인류 사회문화의 중심국가로 세계 평화에 기여하는 역할을 할 수 있게 될 것이다.

한국이 고슴도치와 같은 영세중립국으로 가야 하는 역사적 당위성은,

- 미국은 조선이 일본의 식민지가 되는 것을 가쓰라-태프트 밀약(The Katsura-Taft Agreement)을 맺어 묵인한 이후, 1941년 일제의 진주만 침공으로 시작된 태평양전쟁에서 엄청난 피해와 곤욕을 치른 바 있다. 1950년 한국전쟁에서는 삼팔선을 그은 당사자로 상당한 인적·물적 피해를 당한 바 있어 태평양에 연접한 한반도의 중립화가 미국 동북아 외교의 중요한 과제가 될 것이다.

- 중국은 1592년 임진왜란에 조선을 지원한 명나라가 국력이 약해져 여진족에게 멸망당하였다. 1894년 청·일 전쟁에서 패배하고 1931년 만주사변, 1937년 중일전쟁 등 한반도를 고리로 한 일본의 침략으로 엄청난 수모와 피해를 당한 바 있다. 최근에는 미국의 인도 태평양 전략으로 강한 적대감과 위기감을 느끼고 있다.

- 일본은 당나라의 백제·고구려 정벌에 따른 왜의 위기감이 고조되었고, 몽골의 원나라시대 여몽연합군의 일본 침공으로 풍전등화의 위기를 겪은 바 있다. 조선을 식민지배 한 후 중일전쟁과 태평양전쟁으로 확대하다가 원폭 투하로 연합국에 항복하고 패전국이 되었다. 최근에는 중국의 패권국 도전에 강한 위기감을 느끼고 있다.

- 러시아는 고종의 아관파천을 주도하였지만 1904년 러일전쟁으로 발

틱함대가 궤멸되고 일본과 포츠머스 조약(Treaty of Portsmouth)을 체결하는 수모를 당하였다. 한국전쟁에서는 남침의 배후 세력으로 지목을 당한 바 있으나, 최근에는 연해주 극동개발 등 동북아 진출에 큰 관심을 갖고 있다.

이처럼 한반도가 어느 일국의 영향권에 들어가게 되면 동북아시아에 평화가 유지될 수 없다는 역사적 교훈을 지금부터라도 대외적으로 부각시켜 가야 한다. 그래서 주변 열강들이 한반도의 중립화에 공감대를 가지고 동의할 수 있도록 외교력을 발휘해 나가는 것이 필요한 것으로 판단되며, 미래 한반도의 영구한 평화 보전의 방책으로 독자 제현들에게 감히 제언드리는 것이다.

넷

본 책의 구성은 크게 제1부와 제2부로 나누어져 있는데,

제1부에서는 〈장대한 여정을 거쳐 형성된 한민족〉이라는 테마로 서술한다.

유라시아 대륙 동남쪽 끝에 위치한 한반도는 인류의 본향이라는 아프리카에서 멀고도 먼 지역이다. 지구상에 수많은 사람들 중에 우리의 선조들은 산 넘고 물 건너 해가 뜨는 동쪽을 향해서 끊임없이 전진하여 대륙의 동남쪽 끝 지점까지 도달한 것이다. 글자 그대로 장대한 여정을 거쳐 한반도에 도착한 진취적이고 도전적인 선조님들이라고 생각된다.

그런데 한민족이라는 인류 공동체에 대한 근본을 찾아 거슬러 올라가다 보면 물질의 존재와 생명의 탄생이라는 본질적인 문제점에 귀착하게

된다. 물질의 존재라는 근본 문제부터 다룰 제1부의 서술 순서는,

제1장에 〈푸른 별 지구에 한반도와 생명이 등장하다〉에서 우주 만물은 어떻게 탄생하였을까? 지구를 포함한 태양계는 언제 구성되었으며 한반도는 어떻게 형성되었는지를 서술한다. 이어서 지구에 어떻게 생명이 생겨나고 포유류와 영장류까지 진화하게 되었는지 그 과정을 파악해 본다.

제2장은 〈지혜로운 인류가 등장하다〉에서 지구의 환경적 변화와 아프리카에서 침팬지와 같은 호미노이드, 오스트랄로피테쿠스와 같은 호미니드가 등장하는 여러 흐름을 정리하였다. 이어서 아프리카에서 호모라는 이름을 부여받은 호모 하빌리스와 호모 에렉투스의 등장 과정과 네안데르탈인의 문화 활동 등을 설명한다. 그리고 드디어 탄생한 현생인류가 언제 아프리카를 벗어나 세계 곳곳에 뻗어 가게 되고 유라시아 대륙 끝 한반도까지 진출해 왔는지 그 과정을 살펴본다.

제3장은 한반도에 첫발을 내디딘 구석기시대 사람들을 '첫 주민'이라 호칭하고 첫 주민이 한반도에 진입했던 당시의 자연환경과 그들이 사용하고 흔적을 남겼던 중요 유적지를 중심으로 살펴본다. 이어서 첫 주민들은 어떤 인류 계보의 사람인가에 대한 우리의 궁금증을 실체적으로 추적해 본다.

제4장은 우리 민족의 기원이 되는 신석기시대 사람들을 '선주민'이라 호칭하고 그들이 한반도에서 터전을 잡게 되는 간빙기의 환경적 변화와 선주민들은 어떤 계통의 사람들인지를 살펴본다. 이어서 그들의 신석기 문화와 그들이 남겼던 중요 유적 유물을 고고학적 관점에서 파악해 본다.

제5장은 드디어 우리 민족의 원형이라고 볼 수 있는 청동기시대 주민

들에게 '원주민'이라는 호칭을 부여하면서, 당시 기후 여건과 청동기시대 사람의 계통을 살펴본다. 이어서 비파형동검의 동일문화권인 만주와 한반도 청동기문화의 전반적인 양상을 파악해 본다. 그리고 청동기시대 한반도에서 펼쳐졌던 토기문화 · 석기문화 · 분묘문화 · 주거와 취락 및 농경사회문화까지를 살펴 한민족 문화의 원형은 어떤 모습인지 이해하고자 한다.

제2부에서는 우리 민족문화의 원형인 청동기시대에 이 땅에서 펼쳐졌던 고조선과 한(韓)의 초기국가에 대하여 새롭게 조명해 보고자 한다.

제6장 〈고조선이 형성되다〉에서는 단군에서 위만으로 이어지는 역사 흐름을 중국과 한국의 문헌사료를 중심으로 살펴보고 고조선의 중심지와 강역, 위만조선과 중국 한의 충돌 과정을 파악해 본다. 이어서 부여 등 고조선의 주변국들에 대한 내용과, 고고학적 측면에서 청동기 유적과 유물의 각 지역별 양상을 통해 만주와 한반도 북부에서 펼쳐졌던 고조선의 실체에 접근해 보고자 한다.

제7장에서는 대한민국의 근본으로 볼 수 있는 한(韓)에 관한 내용을 살펴보고자 한다. 한에 관한 역사기록은 매우 빈약하여 오늘날에도 고조선사에 묻혀 고조선문화권이라는 이름하에 도매금으로 평가받고 있는 실정이다. 대동강이남 지역에 자리 잡았던 한에 대해 문헌기록을 참고하여 한의 역사적 위치는 무엇이며, 한의 규모와 성격, 강역 변동과 중심지, 한의 문화와 경제 등을 파악해 본다. 이어서 고고학적인 측면에서 한 사회의 청동기문화와 취락 양상, 선한(先韓) 시기의 가락동 · 역삼동 · 흔암리 · 송국리형문화와 고인돌 그리고 삼한시대 청동기문화 흐름을 구체적

으로 살펴보고자 한다.

이처럼 인류의 장대한 여정을 거쳐 형성된 한민족이 어떻게 구성되었는지와 초기국가 고조선과 한의 실체에 대하여 다양한 방법을 통해 접근을 시도해 보았다. 그러나 부족한 문헌기록과 고고학 자료 그리고 필자의 능력 부족으로 미흡하게 그려진 것으로 보여 큰 아쉬움으로 남는다.

끝으로 배움도 짧고 능력도 부족한 사람이 본서를 집필할 수 있도록 힘과 지혜를 주신 '야훼 하나님'께 감사와 영광을 드리옵고, 물심양면으로 성원해 주신 집사람과 아들·딸·사위·손자녀들에게 고마움을 표합니다. 또 부족한 필자와 삶의 여러 현장에서 인연을 맺었던 모든 분들과 36년 동안 〈얼학회〉 역사연구모임에 동행해 주신 회원 여러분들께 진심으로 머리 숙여 감사의 말씀을 드립니다.

2021년 10월
입암산 갓바위가 바라다 보이는 고려제에서
최창묵

차례

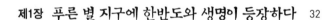

제2부 초기국가 고조선 · 한(韓)

제6장 고조선이 형성되다 327

제1부

인류의 장대한 여정 속에
탄생한 한민족

인류의 장대한 여정 속에
탄생한 한민족

　무한한 우주와 생명과 인류의 시작은 한순간으로부터 비롯되었다. 그 영겁의 태초 이후 오천 년의 유구한 역사를 자랑하는 우리 한민족은 어떻게 형성되었을까?

　민족 형성의 근본을 따져 올라가다 보면 그 바탕이 되는 현생인류에서부터 호모 에렉투스와 호모 하빌리스까지 호모의 계열이 등장한다. 호모 이전은 오스트랄로피테쿠스와 침팬지 등 호미노이드가 있었고, 그 이전은 영장류에서 원핵생물까지 생명체의 근원 문제로 이어지게 된다.

　따라서 제1부에서는 이 세상에 물질이 존재하기 시작하는 빅뱅의 사건에서부터 태양계에 지구가 형성되고 우리 민족이 살고 있는 한반도가 어떻게 자리 잡아갔는지를 알아보고자 한다.

　세포가 살아 움직이는 생명체는 지구의 무기물에서 기적과 같이 등장하였고 이 생명체는 점점 진화하여 포유류와 영장류로 발전하였다. 영장류에서 꼬리 없는 원숭이류인 호미노이드가 나왔고, 호미노이드에서 침팬지와 오스트랄로피테쿠스로 대표되는 호미니드가 분기해 나오게 되었다.

그리고 드디어 아프리카에서 인류라고 불리는 호모가 출현하여 호모 하빌리스, 호모 에렉투스, 호모 사피엔스의 계보를 이어 오다가 현생인류가 등장하게 된다. 아프리카에서 기원한 호모 에렉투스는 아프리카를 벗어나 멀고도 험한 길을 떠나게 되고, 이어서 호모 사피엔스 계열이 지구촌 곳곳으로 확산해 가게 된다. 우리가 살고 있는 한반도에도 호모 에렉투스부터 호모 사피엔스와 현생인류가 진입하여 생활한 흔적을 곳곳에 남겨 놓았다.

그 흔적을 찾아 한반도의 첫 주민들이 살았던 구석기시대, 선주민으로 평가될 수 있는 신석기시대, 그리고 원주민으로 농경 생활을 유지하여 우리 민족문화의 원형이라고 보는 청동기시대 문화까지의 장대한 여정을 함께 살펴 가 보고자 한다.

푸른 별 지구에
한반도와 생명이 등장하다

1. 우주 만물의 탄생

1) 우주는 어떻게 만들어졌나

거대한 유라시아 대륙의 동남쪽 끝 한반도에서 오늘을 살아가고 있는 우리들에게 싸이와 BTS를 비롯한 K-POP · 드라마 · 영화 · 화장품 · 한식 · K방역 등이 지구촌 곳곳에서 한류라는 새로운 문화 트랜드로 세계인들에게 사랑과 주목을 받고 있다. 스마트폰 · 자율주행 자동차 · 인공지능 · 5G · 메타버스 등 인간의 생활방식을 새롭게 변화시키고 있는 최첨단의 과학시대에도 '인간을 비롯한 우주 만물은 어디에서 와서 어디로 흘러가고 있는가.' 하는 존재의 본질 문제는 우리 모두에게 영원한 궁금증으로 남아 있다 하겠다.

우리 인류는 멀고 먼 아득한 옛날부터 밤하늘에 반짝이는 수많은 별들과 이지러진 조각달을 바라보면서 우주에 대한 무한한 신비로움을 느꼈을 것이다. 필자도 몽골초원의 게르(Ger)에서 밤하늘에 별들이 얼마나 무수하고 광대하며 찬란한지 경이로움을 느꼈던 기억이 생생하다. 처음 인류는 어두운 밤이 지나고 다시 찬란한 태양이 떠올라 만물을 비추면 배고픔을 면하고 생존하기 위해 밀림과 초원, 산과 들, 바다와 강을 배회하였다. 그들은 자연에서 먹을 것을 채취하고 사냥을 통해 생존의 법칙을 배워 가면서 자연만물에 대하여 무한한 호기심을 갖게 되었던 것이다.

처음 시작은 보잘 것 없었던 인류는 두발로 걷고, 손을 사용해 도구를 만들며, 두뇌 용량이 커져 감에 따라 지적 수준이 높아져 가게 되었다. 아프리카를 벗어나 지구촌 곳곳에 퍼져 나간 인류는 만물은 어떻게 만들어졌으며 자신들의 조상은 누구인지, 그리고 동물계를 뛰어넘는 사색으로 다양한 창조신화를 갖게 되었다. 현세에 알려진 것으로 그리스의 프로메테우스신화, 중국의 반고신화, 인도의 브라만신화, 한국의 마고신화 등 다양한 창조신화가 있다. 그러나 중세 유럽 기독교인들에게 진리처럼 알려졌던 내용이 바로 성경 〈창세기〉 1장의 내용이었다.

미켈란젤로의 천지창조

성경 〈창세기〉 1장에 '태초에 하나님이 천지를 창조하시니라. 땅이 혼돈하고 공허하며 흑암이 깊음 위에 있고 하나님의 신은 수면 위에 운행하시니라. 하나님이 가라사대 빛이 있으라 하시매 빛이 있었고 그 빛이 하나님이 보시기에 좋았더라. 하나님이 빛과 어두움을 나누사 빛을 낮이라 칭하시고 어두움을 밤이라 칭하시니라.' 이 내용은 모세가 출애굽 생활 중에 시내산에 올라 하나님께 받아 기록했다는 창세기의 내용이다. 모세는 애굽에서 노예 생활을 하던 이스라엘 민족을 하나님의 명령에 의해 가나안으로 인도하려고 출애굽시킨 인물이다. 그는 BC 1446년~1406년의 출애굽 기간 중에, 하나님께서 모세 이전의 세계를 개략하여 보여주시므로 창세기를 기록하게 된 것으로 보인다.

〈창세기〉 1장의 내용에 따라 지구가 우주의 중심이고, 사람은 만물의 영장이라는 성경 구절을 중세 유럽인들은 문자 그대로 철석같이 믿어 왔다. 당시 중세 교회는 프톨레마이오스(Ptolemaios, Ptolemy)의 지구중심설을 공인하고 있었는데, 폴란드 출신 코페르니쿠스(Copernicus)가 생애 마지막 때인 1543년 《천체의 회전에 관하여》라는 저서를 통해 태양 중심설인 지동설을 새롭게 주장하였다.

이탈리아의 갈릴레이(Galileo Galilei)는 조악한 망원경을 통하여 1609년 달과 다섯 개의 행성을 관찰하였다. 그 후 지동설의 정당성을 확인하고 이를 공표하였다가 종교재판에 끌려가 엄중한 경고를 받았고, 법정을 나오면서 '그래도 지구는 돈다(And still it moves).'라는 유명한 명언을 남긴 바 있다.

영국의 뉴턴(Isaac Newton)은 태양·유성 그리고 그 위성들이 궤도를 벗어나지 않는 것은 상호 간의 중력에 의한 것이라는 중력의 법칙을 발표하여 사람과 지구가 우주의 중심이라는 천동설을 혁파하고 근대 과학 문명의 시대를 활짝 열어 가게 된 것이다.[1]

2) 우주는 빅뱅으로 탄생

과연 우주 만물은 어떻게 탄생되었을까? 뉴턴 이후 수많은 과학자들이 우주의 신비를 풀기 위해 다양하고 기발한 연구를 통하여 새로운 과학적 이론을 제시하였다.

가장 유력한 이론은 1920년대에 벨기에 천주교 사제이자 천문학자인 조르주 르메트르의 주장으로 그는 대폭발이라고 불릴 수 있는 추측을 하였는데, 이것을 원시원자에 대한 가설이라고 불렀다. 이 이론의 틀은 아인슈타인의 일반상대성이론의 단순화 과정을 기반으로 한다. 이 이론의 지배 방정식은 러시아 과학자 알렉산더 프리드만에 의해서 공식화되었다.

빅뱅

오늘날 대부분의 과학자들은 우주는 138억 년 전 '빅뱅(Bigbang)'이라는 인간이 상상하기 힘든 거대한 대폭발로 탄생하게 되었다고 믿는다. 과학자들이 '특이점'이라고 부르는 이 한 점에서 우주의 모든 물질과 에너지 그리고 시공간이 폭발적으로 팽창하면서 시작되었다는 내용이다. 폭발 속에는 어마어마한 에너지를 가진 빛만 존재하였다. 아인슈타인의 '빛이 가지고 있는 에너지의 양이 높으면 그 에너지는 물질로 변화할 수 있다.'라는 이론은 성경 〈창세기〉의 '땅이 혼돈하고 공허하며 흑암이 깊음 위에 있는데, 빛이 있으라 하시매 빛이 있었고'에서 영감을 얻어 연구 발표된 것은 아닌지 필자는 추정해 본다.

빅뱅이 일어난 직후 우주에는 어마어마하게 많은 에너지가 방출되었고, 불과 몇백만 분의 1초 후에 태양계만 한 거대한 크기로 팽창하였다. 그로부터 약 38만 년 후에는 우주의 온도가 식으면서 전자 · 양자 · 중성자 등이 결합하여 수소와 헬륨과 리튬 등의 원자가 형성되었다. 점차 시간이 흐르면서 원자들은 서로 뭉쳐 엄청나게 뜨거운 먼지로 이루어진 거대한 구름 띠를 만들어 냈다.

이러한 구름 띠들에서 별들이 생성되었고 이 별들은 빅뱅 때 만들어졌던 에너지로 가득 찬 어마어마한 불덩어리들이 되었다. 별들은 무리를 지어 빙빙 돌면서 원반형이나 소용돌이 꼴을 이루었다. 이런 별들의 거대한 무리를 우리는 은하라고 부른다. 약 1,000억 개 이상의 별들로 만들어진 우리 은하는 빅뱅이 일어나고 약 2억 년이 지난 136억 년 전에 만들어졌다. 우주에는 우리 은하 말고도 1,250억 개쯤이나 되는 어마어마한 은하들이 존재한다고 한다.

미국의 천문학자 에드윈 허블(Edwin Hubble)은 수명이 다해 폭발하는 초신성을 연구하던 중 우리 은하로부터 다른 은하들이 더 멀어져 가고 있음을 발견하고 우주는 계속 팽창하고 있다고 주장한 바 있다. 이후 과학자들은 고성능 망원경을 이용해 허블의 이론을 토대로 은하들이 밖으로 퍼져 가는 실제 속도를 계산하고, 거꾸로 추산하여 빅뱅의 시점을 138억 년으로 계산해 낸 것이다. 여러 과학자들의 연구에 의하면[2] 우주를 수축시키는 암흑물질은 우주 총 에너지의 22%를 차지하는 인력이고, 팽창시키는 암흑에너지는 우주 총 에너지의 74%를 차지하는 척력이다. 나머지는 은하를 형성하는 가스와 태양과 같은 별들로 4% 정도를 차지한다고 한다. 이처럼 우주는 우리 인간이 볼 수 없는 거대한 힘에 의해서 창조되고 작동하고 있다는 것을 새삼 깨닫게 되어 사람이 얼마나 작은 존재인지 겸허한 마음을 갖게 만든다.

2. 생명의 푸른 별 지구 형성

1) 태양계가 구성되다

인류의 보금자리인 지구가 속해 있는 태양계는 우주가 시작되고 약 90억 년이라는 영겁의 세월이 지난 시점에서, 우리 은하계 한구석에서 거대한 초신성 폭발로 두꺼운 우주가스 구름층이 만들어졌다. 이 구름층에서 약 46억 년 전 중력의 작용으로 가운데로 급격하게 뭉쳐지고 핵융합이 일어나면서 태양계가 생성되어진 것이다. 태양계는 가스 구름층이 얇아지면서 8개의 행성과 위성들이 모두 같은 원반 내에 자리 잡게 되었고 태양의 주위를 돌면서 태양 가족이 되었다.

태양 가족들 중 태양과 가까운 행성은 온도가 너무 높기 때문에 고온에서 응축되는 규소·철 등의 화합물로 무거운 암석 행성인 수성·금성·지구·화성이 되었다. 황이나 메탄과 같이 휘발성이 높은 물질들로 농축되어 가스로 가득 찬 목성·토성·천왕성·해왕성과 같은 또 다른 행성들은 먼 곳에 자리 잡았다. 태양계는 우리 은하의 핵을 중심으로 공전하고 있는데 초속 약 250㎞로, 한 번의 공전에 약 2억 2,500만 년이 걸리므로 태양계가 생성된 이후 지금까지 스무 번 정도 공전한 것으로 보고 있다.

태양계의 가족들

태양의 지름은 지구의 약 109배인 139만㎞이고 질량은 지구의 약 33만 3,000배 정도이다. 태양의 질량 중 약 72%가 수소이고 헬륨이 약 25%이며 약 3%의 탄소, 질소, 산소 등으로 구성되어 있다. 태양은 수소가 양성자 반응이라는 열핵융합과정을 통해 헬륨을 합성하며 고온의 열을 발생시키는데, 그 중심온도는 약 1,500만K에 달하여 중력압력과 평형을 이룸으로써 태양을 안정적으로 유지시킨다. 중심핵을 수소와 헬륨의 플라스마로 구성된 복사층이 둘러싸고 있고 중심핵에서 발생하는 열은 복사층을 통해 복사 방식으로 그 외부에 전달된다.

수성은 태양에서 가장 가까워 육안으로 잘 보이지 않는 태양계에서 가장 작은 행성이다. 지름은 지구의 약 38%인 4,880㎞이고 질량은 지구의 5.5%이나 밀도는 거의 비슷하다.

금성은 지구에서 가장 가까워 새벽녘의 동쪽 하늘에서 가장 밝게 빛나는 별로 샛별이라고도 불린다. 지름은 지구보다 작은 12,104㎞이고 질량은 지구의 0.82배이며 밀도는 약간 작지만 지구와 비슷하다고 한다.

화성의 지름은 지구보다 훨씬 작은 6,794㎞이고 질량은 지구의 약 10.7%이며 밀도는 71% 정도이다. 화성의 자전축은 약 25° 기울어져 지구와 비슷하고 자전주기도 지구와 비슷한 24시간 37분이다. 화성에도 대기가 있으나 이산화탄소가 95%이고 약간의 산소와 수분이 포함되어 있다. 화성의 표면에는 물의 흔적이 보이나 모두 땅속에 스며들어 두꺼운 동토층을 만들어 놓은 것으로 보고 있다.

목성은 태양계에서 가장 큰 행성인데 지름은 지구의 11배인 약 14만㎞이고 질량은 318배이나 밀도는 지구의 1/4도 되지 않는다. 구성성분은 수소가 75%이고 헬륨이 24%로 태양과 유사하고, 표면은 액체수소의 바다로 그 위를 짙은 대기가 두꺼운 구름층을 형성하고 있다.

토성은 고리를 가진 아름다운 목성형 행성으로 태양계에서 두 번째로 큰 행성이다. 지름의 크기는 지구의 9.4배인 12만㎞이고 질량은 지구의 95배가 되나 밀도는 지구의 약 1/9 정도가 된다. 토성의 고리는 작은 암석이 섞인 얼음덩어리로 햇빛을 잘 반사하기 때문에 아름답게 보인다.

천왕성은 태양계에서 세 번째로 큰 행성인데 지름은 지구의 4배 정도인 51,118㎞이고 질량은 지구의 14.5배이나 밀도는 지구의 1/4 정도보다 약간 낮다. 구성성분은 태양과 비슷하여 수소가 83%, 헬륨이 15% 정도이다.

해왕성 역시 목성형 행성으로 지름은 지구의 4배 정도인 49,532km이고 질량은 약 17배이나 밀도는 지구의 30% 정도이다. 해왕성의 구성성분이나 대기는 천왕성과 비슷하다고 한다.

2) 지구가 형성되다

생명이 존재하는 지구는 태양에서 세 번째로 가까우며 적도 지름은 약 12,756km이고 자전축은 23.5° 기울어져 있다. 자전주기는 24시간이고 공전주기는 약 365일이다. 지구의 내핵은 지표면에서 약 5,100km 깊이에 철과 니켈이 고체 상태로 굳어 있다. 지구의 겉껍질인 지각은 두께가 10km~35km로 바다 부분은 얇고 높은 산이 있는 곳은 두꺼우나 지구 표면의 약 71%는 바다이다. 지구대기는 질소가 78%, 산소가 21% 등으로 구성되어 지구상의 생명이 숨을 쉬고 태양의 복사에너지가 지구 밖으로 빠져나가는 것을 막아 생명체가 살아갈 수 있는 여건을 만들어 준다.

우주의 기적과 같은 생명의 푸른 별 지구의 형성과정은 처음에는 뜨거운 불덩어리 같은 상태로 용암이 걸쭉하게 녹아 있는 마그마 바다였다. 지구를 구성하는 물질들이 녹아 분리가 되는 동안에는 폭우처럼 쏟아지는 무수한 운석들과 지구 궤도를 돌던 여러 개의 행성들이 지구와 충돌하였다. 지구는 마치 거대한 눈 뭉치가 구를수록 더 크게 뭉쳐지듯이 엄청나게 커져 갔으며, 이 시기에 지구의 영원한 동반자 달이 만들어졌다고 한다.

3. 한반도 어떻게 자리 잡았나

1) 거대한 대륙이 등장하다

광대한 태평양에서 광활한 유라시아 대륙에 진입하는 서북쪽 관문에 아름다운 금수강산 한반도가 있다. 한반도는 산과 바다, 강과 들이 한데 어우러져 선사시대부터 인류가 생활하기에 적합한 땅이었다.

봄이면 제주도의 유채꽃 · 섬진강의 홍매화 · 여의도 윤중로의 벚꽃 등 화사한 꽃들이 만개한다. 여름이면 부산 해운대 · 변산 해수욕장 · 강릉 해변에서 여름을 만끽할 수 있고, 가을이면 설악산 · 소백산 · 지리산 · 내장산의 붉은 단풍이 어우러진다. 겨울이면 대관령과 무주 스키장의 설원을 즐길 수 있는 사계절이 아름다운 한민족 삶의 터전인 한반도이다.

조상 대대로 살아왔던 한반도의 면적은 약 223,348㎢로 영국이나 이탈리아의 크기와 비슷하고, 위도는 33°~43°의 온대 지방에 자리 잡고 있어 사계절이 뚜렷하다. 리스본 · 마드리드 · 아테네 · 톈진 · 샌프란시스코 · 워싱턴 등 세계 주요 도시들이 서울과 비슷한 위도에 위치하고 있다. 이처럼 사람이 살기 좋은 한민족의 터전 한반도는 태곳적부터 현 위치에 자리 잡았던 것은 아니다. 한반도 일부 지역은 멀고 먼 적도 부근에서 흘러왔다고 한다.

독일의 지구물리학자 베게너는 지구에 지각이 형성된 이후에 거대한 대륙이 지구 표면을 나뭇잎처럼 떠다니며 움직인다는 대륙이동설을 주장하여 널리 인정받고 있다. 베게너의 주장에 의하면 고생대 말부터 중생대 초에는 대륙들이 충돌하면서 남반구에 아프리카 · 남극 · 인도 · 호

주가 모여 곤드와나 대륙으로 뭉쳐 있었고, 북반구에는 아시아 · 유럽 · 북미 대륙이 모여 로라시아 대륙을 이루었다. 이들 거대한 대륙은 이어져 있었으며 이어진 대륙을 '판게아'라고 이름 지었다. 초 대륙 판게아는 중생대 쥐라기에 분열을 시작했다.

에베레스트 산

신생대 초입에는 북대서양에 대양저가 확대되기 시작했고, 북미와 남미 대륙의 서쪽 가장자리에 판의 섭입대가 이어지고 북미의 로키산맥과 남미의 안데스산맥이 형성되었다. 그리고 인도양을 북상한 인도 대륙은 아시아 대륙과 충돌하여 장대한 히말라야산맥이 형성되었다.[5]

2) 한반도가 형성되다

한반도의 지층은 마치 우리 민족의 역사가 다사다난했던 것처럼 복잡하게 섞이고 다양하게 변성되어 체계적 연구가 쉽지 않다고 한다. 한반도의 땅 중에 고지자기의 기록을 품고 있는 지층은 평안누층군이라 불리는 퇴적층이다. 동해안의 강릉·삼척에서부터 남서 방향으로 영월·단양에 이르기까지 소위 '북동 옥천대'라는 지역에 주로 분포하고 있다. 고지자기가 포함된 암석 샘플에서 조사된 자기장에는 3억 6천만 년 전 고생대 석탄기의 고지자기 방향이 -9.2°의 복각을 나타내고 있었다. 지질학자들의 해석은 마이너스 복각은 남반구에서 나오는 수치이므로 남반구의 남위 5° 정도에 있었다고 해석하고 있다.

평안누층군은 3억 6천만 년 전 고생대 석탄기에는 적도의 바다 주변에 있었다. 따뜻한 바닷속은 산호와 바다조류가 엄청난 석회암을 만들고 다양한 삼엽충이 번창하였다. 고생대 말이 되어 평안누층군은 육지로 바뀌었고 머나먼 여행 끝에 아시아 대륙과 충돌하게 된다. 공룡의 번성기인 2억 년 전 쥐라기에 현재의 위도인 북위 38° 즈음에 도착하여 길고 험한 여정을 마쳤다고 한다.[6]

오랜 여정을 거쳐 환태평양 지역의 경계에 자리 잡은 한반도는 지질학적으로 단순하지가 않고 복잡하게 구성되어 있다. 한반도 북부 지역은 지질구조상 북중국의 지질과 연속관계가 있어 중조지괴라고 부른다. 한반도의 남부 지역과 일본의 서남부 지역은 암석학과 지구 조직 특징에 있어서 유사성이 많다. 중앙지괴는 북동에서 남서의 주향으로 발달한 습곡과 단층으로 구성된 옥천지향사로 구성되어 있는데 이 지괴는 중국 중부 및 남부의 양자 지괴와 연결된다고 한다. 앞에서 살펴본 한국 지질상의 분구는 복잡한 지질구조를 반영하고 있다.

한반도의 지형은 일차적으로 상이한 방향에서 진행된 세 번의 중요한 구조운동에 의하여 형성되었다. 그 때문에 한반도의 지모는 통상적으로 한국 방향, 중국 방향, 요동 방향이라고 불리는데 산맥과 구조곡의 주향은 세 방향으로 결정되었다. 한반도 지표의 70%가 산과 구릉이라는 통상적인 표현은 지형적 특징을 지칭하고 있고 수많은 저지대나 분지는 침식운동으로 만들어졌다. 오늘날 한반도의 주요한 특징인 다양한 산과 계곡의 형성은 중생대와 신생대에 서로 교차하는 방향으로 진행된 지질운동에 따른 것이다. 신생대에 계속된 침식과정으로 국지적인 지형이 매우 대조적인 지모를 형성하게 되었다.

한반도에서 침식과정을 주도하게 된 요인은 여름과 겨울 기후의 극심한 계절성에서 비롯되었다. 여름철의 집중적인 강우로 하천에 많은 토사를 운반하게 되고, 겨울철의 혹한에 따른 기반암의 화학적 풍화는 한반도 대부분 지역에 비슷한 토양을 발달시켰다.[7]

한반도의 주요한 산맥들인 마천령산맥·함경산맥·낭림산맥·태백산맥 등은 북부와 동부에 자리 잡고 있다. 압록강·대동강·한강·금강·영산강·낙동강 등 대부분은 서해와 남해로 흘러들어 가고 있다. 서해안 쪽에는 호남평야·논산평야·김포평야 등 충적평야가 잘 발달하여 있어 선사 농경시대부터 인류에게 좋은 삶의 터전이 되어 온 것이다.

4. 지구에 생명이 생겨나다

1) 현생누대 이전(선캄브리아기)

우주가 탄생하고 약 92억 년이라는 영겁의 세월이 지나 드디어 46억 년 전 지구가 형성되었다. 초기에는 흑암과 같은 상태로 생명체가 존재할 수 없었으나 현재 지구에는 수없이 많은 다양한 생물들이 살고 있다. 이미 밝혀진 생물들의 종류는 약 200만 종 이상이며, 아직 밝혀지지 않은 생물의 종류는 그 10배 이상으로 추정하고 있다. 초기 지구의 무질서하고 뜨거운 지각 위에서 무생물이 어떻게 생명체가 되었는지 참으로 경이로운 일이다.

생명체의 기원에 대해서는 원시 바다와 원시 대기가 생명체를 만들어 냈다는 지구기원설과, 운석이나 혜성 등 우주 공간에서 날아온 물체에서 아미노산 등 생명체를 구성하는 기본물질이 제공되었다는 외계기원설 등이 있다.[8]

생명 기원에 대한 유력한 학설은 1924년 러시아의 생화학자 오파린이 주장한 화학진화설이다. 이 설은 원시 지구의 환경에서 무기물이 간단한 유기물로 합성되고 합성된 유기물이 오랜 세월 동안 복잡한 유기물로 변화하는 과정을 거쳐 최초의 생명체로 진화하였다는 것이다. 오파린은 원시 바다 속의 유기물이 모여 '콜로이드' 상태가 되면서 막으로 둘러싸인 액상의 유기물 복합체가 되고 이 유기물 복합체를 '코아세르베이트'라고 하였다. 코아세르베이트는 주변 환경에서 물질을 흡수하면서 성장할 수 있고 분열할 수 있으며 간단한 대사 작용을 할 수 있음으로 최초의 세포로 진화했다고 주장하였다.

지구상의 다양한 생물들은 특정 단백질을 공통으로 지니고 있다고 한다. 이는 현재의 다양한 생물들이 모두 최초의 생명체에서 진화되었음을 의미한다. 대표적인 예로 사람을 들 수 있는데 인간은 진핵생물로 구성된 다세포생물이며 DNA의 특성은 원핵생물과 같다. 이것은 사람이 태초에 원핵생물로부터 진화해서 현재와 같은 고등영장류가 되었다는 뜻이다. 최초의 생명체는 오늘날의 세균과 유사한 원핵생물이었으며 약 39

억 년 전에 출현한 것으로 추정하고 있다. 이 원핵생물의 화석은 박테리아와 남조류로 알려져 있는데, 이들은 광합성을 하는 단세포 원핵생물로 세포질과 핵이 분리되어 있지 않은 단순한 세포로 이루어져 있다. 이들 중 가장 오래된 화석은 서그린란드의 약 38억 년 전 선캄브리아기 퇴적층에서 발견되었다.

호주 서부 노스폴 지역에서는 약 35억 년 전에 형성된 암석층인 스트로마톨라이트에서도 발견되었는데, 그 구조는 남세균과 유사하여 광합성에 물 대신 황화수소를 이용한 것으로 추정한다. 초기 지구에 광합성을 하는 원핵생물이 지구 바다에 번성하면서 대기 중의 산소 농도가 폭발적으로 증가하였고, 그 결과 산소호흡을 할 수 있는 원핵생물이 출현하였다. 살아 있는 세포는 싹이 트거나 자식을 낳아 자신을 복제할 수 있고, 때로는 복제시스템에 이상이 생겨 돌연변이 세포를 만들어 내기도 한다.

스트로마톨라이트

원시 바다에서 시작된 단순한 생명체는 오랫동안 원핵세포 상태였다. 그러다가 약 20억 년 전경에 원핵세포에서 돌연변이가 일어나 핵과 미토콘드리아 등이 세포질과 구분되고, 내부구조가 복잡한 단세포 진핵생물이 등장하기 시작하였다. 미토콘드리아나 엽록체는 자체의 DNA와 리보솜을 가지고 있어 스스로 복제할 수 있고 생체막으로 싸여 있는 등, 세균과 공통적인 특징을 가지므로 세균과 같은 원핵생물에서 유래된 세포소기관으로 이해하고 있다.

최초의 다세포 진핵생물이 출현한 시기는 약 15억 년 전으로 추정하고 있다. 가장 오래된 다세포 진핵생물의 화석은 약 12억 년 전에 형성된 지층에서 발견되었다. 다세포 진핵생물은 균체를 형성하여 생활하는 단세포 진핵생물로부터 진화한 것으로 보는데 이들 가운데 일부는 동물과 식물의 선조가 되었다. 다세포 진핵생물의 화석은 고생대 캄브리아기 초기에 생성된 지층에서 주로 발견되어 이 시기에 다세포 진핵생물의 다양성이 폭발적으로 증가한 것으로 보고 있다.

선캄브리아누대의 암흑기인 46억 년~39억 년 전에는 인간의 과학 실력으로는 파악할 수 없는 시기를 말한다. 시생대인 약 39억 년~25억 년 전에는 생물이 처음 탄생한 시기로 작은 대륙과 풍부한 바닷물이 조성된 환경 속에서 핵이 없는 단세포 미생물인 박테리아와 남조류 등이 살았음을 화석으로 파악되고 있다.

원생대인 약 25억 년~5억 7천만 년 전에는 최초의 진핵세포가 약 20억 년 전에 나타났으며, 약 15억 년 전쯤 최초의 다세포 조류가 나타났다. 원생대에 발전한 대표적인 진핵세포 화석은 호주 남부의 에디아카라층에서 발견된 에디아카라 동물군이다.[9]

2) 현생누대(캄브리아기)

현생누대는 약 5억 7천만 년 전부터 현재까지의 시대를 포괄하는데 고생대 · 중생대 · 신생대로 나누어 부른다. 숱한 생물들이 탄생하고 번성하며 쇠퇴하고 멸종하는 진화의 단계를 거듭하였다. 캄브리아기 이전까지 지구에는 육안으로 식별할 만한 크기의 생물이 존재하지 않았고, 바다는 마치 거대한 발효실험실 탱크처럼 각종 미생물로 득실거렸다. 고맙게도 해양 미생물들이 장기간 광합성을 통해 대량 생산한 산소들이 현미경적 크기의 생물계에 가시적 크기의 동물들을 등장시켰다.

(1) 고생대(약 5억 7천만 년 전~2억 4천 5백만 년 전)

고생대에는 생명체가 드디어 육지에 자리를 잡았고 첫 식물과 동물이 출현하였다. 생물의 진화는 바다와 육지의 분포 및 위치에 따라 많은 영향을 받게 되었다. 고생대에는 대륙이동도 활발하여 생물 세계의 다양한 변화를 초래하였다.

· 캄브리아기는 약 5억 7천만 년 전에서 5억 1천만 년 전까지로 동물들이 급격하게 발전하여 척추동물을 제외한 대다수 동물이 등장하였으며 얕은 바다 밑에 살아간 삼엽충과 완족동물이 대표적이다. 최초의 육상식물이라고 할 수 있는 이끼류가 육지의 강가나 바닷가에 퍼지기 시작했다.

· 오로도비스기는 약 4억 3천 9백만 년 전까지로 삼엽충과 완족동물이 번성하였다. 새로운 종으로 연체동물인 두족류와 복족류가 많아졌고 원시 어류가 출현하였는데 척추동물인 포식자 상어가 등장하였다.

삼엽충 화석

· 실루리아기는 약 4억 8백만 년 전까지인데 삼엽충은 몸에 가시가 돋는 종이 생겨났다. 완족동물과 산호도 크게 번성하였고, 드디어 육상식물의 선조가 나타났다. 대기 중에 산소가 풍부해지면서 지네·거미·전갈과 같은 절지동물들이 지상으로 올라온 것으로 본다.

· 데본기는 약 3억 6천 2백만 년 전까지로 삼엽충이 쇠퇴하고 완족동물이 번성하였다. 어류가 번성하고 양서류의 선조형이 등장했다. 식물은 원시 고사리류와 양치식물인 솔잎난이, 동물은 전갈·곤충 등이 살았다.

· 석탄기는 약 2억 9천만 년 전까지로 엄청난 양의 목탄이 땅속에 매립되고 석탄을 많이 함유한 지층에서 유래했다. 어류는 종류가 늘고 양서류가 번성하며 대형 육상식물이 등장했다. 후기에는 겉씨식물이 나타났다.

· 페름기는 약 2억 4천 5백만 년 전까지로 대륙의 격렬한 지각변동과 화산활동으로 초 대륙 판게아가 형성되는 과정 속에서 고생대 바다에 살았던 무척추동물의 90%가 멸종한 시기이다. 삼엽충은 완전히 멸종하였으며 양서류는 번성하였고 포유류형 파충류들이 등장하고 대형 육상식물이 쇠퇴하였다.

(2) 중생대(약 2억 4천 5백만 년 전~6천 5백만 년 전)

중생대는 페름기의 마지막에 있었던 대다수 생물종이 멸종한 직후 시작되었으며 고생대보다 더욱 진화한 동물들이 급격히 나타났다. 특히 파충류의 발달이 왕성하였고 중생대에는 포유류도 나타났다.

· 트라이아스기는 약 2억 4천 5백만 년 전부터 2억 8백만 년 전까

지로 공룡과 같은 파충류가 급격하게 발전하였다. 양서류는 큰 종은 멸종하고 개구리 종류가 출현하였다. 겉씨식물인 송백류 · 은행류 · 소철류 등이 번성하였다.

· 쥐라기는 약 1억 4천 5백만 년 전까지로 공룡이 크게 번성하였다. 바다에는 어룡과 수장룡이 지배하고 하늘에는 익룡류가 등장하여 조류의 조상인 시조새가 출현하였고 곤충들도 크게 번성하였다.

공룡 모형

· 백악기는 약 6천 5백만 년 전까지로 바다 속의 암모나이트는 멸종했고 공룡은 여러 종류로 진화하였다. 육식공룡 티라노사우르스도 등장했으나 지구의 주인 행세를 하던 공룡들이 백악기 말에 모두 멸종하였고 속씨식물은 번성했다.

(3) 신생대(약 6천 5백만 년 전~현재까지)

신생대에는 지구에서 공룡이 극적으로 사라진 자리를 포유류가 메우며 지구의 주인공으로 당당히 자리를 잡았다. 포유류는 공룡의 시대에 알 대신 새끼를 낳아 젖을 먹이고 몸에 따뜻한 피가 흘러 추울 때에도 활동할 수 있도록 새롭게 진화하였다. 신생대는 크게 제3기와 제4기로 나뉘어 구분한다.

① 신생대 제3기(약 6천 5백만 년 전~186만 년 전까지)

포유류는 신생대가 시작된 지 천만 년 만에 하늘과 땅과 물을 가리지 않고 빠르게 퍼져 갔다. 지상에는 꽃이 피는 활엽수와 풀들이 크게 번성하면서 광활한 초원지대가 생겨났다.

· 고 제3기를 세분하여 팔레오세는 약 6천 5백만 년~5천 6백만 년 전까지로 지구 기후가 회복되어 열대삼림과 포유류가 번성하였다. 에오세는 약 3천 5백만 년 전까지로, 올리고세는 약 2천 3백만 년 전까지로 구분해서 부르고 있다.

· 신 제3기를 세분하여 마이오세는 약 2천 3백만 년~5백만 년 전까지이다. 약 1천 5백만 년 전 대륙판이 융기하면서 동아프리카 열곡대가 형성되어 초원이 확산되었고 이후 초기인류가 등장하였다. 플라이오세는 약 5백만 년~186만 년 전까지로 건조한 대초원이 널리

퍼지고, 오늘날의 동물들과 비슷한 발가락이 하나뿐인 말·낙타·영양과 같은 유제류들이 다양하게 진화하였다. 이 시기의 인류로는 오스트랄로피테쿠스군과 말기에는 호모 계통이 등장하였다.

② 신생대 제4기(약 186만 년 전~현재까지)

플라이스토세는 약 186만 년 전부터 1만 년 전까지로 대륙의 윤곽이나 육지의 분포가 현재와 거의 같아진다. 마지막 빙하의 시기로 기후가 한랭하여 많은 동물이 추위에 적응하거나 따뜻한 곳으로 이동해야 했다. 이 시기에는 네 번의 빙하기와 세 번의 간빙기가 있었다. 빙하기에는 초원이 더욱 넓어지고 추위에 잘 견디는 메머드·동굴사자·동굴곰이 확산되었다. 인류는 더욱 진화하여 호모 에렉투스, 네안데르탈인, 호모 사피엔스, 호모 사피엔스 사피엔스가 등장하였다.

· 홀로세는 마지막 빙하기가 끝나고 간빙기가 시작되는 약 1만 년 전에서 현재까지로 지구는 유라시아판, 태평양판 등 7개의 판으로 형성되었다. 인류는 진보하여 소·말·돼지 등 동물들을 사육하고 밀·보리·벼·옥수수 등 몇 종류의 곡류를 집중적으로 재배하여 인류 확산의 근간으로 삼았다.[10]

46억 년 전 탄생한 초기 지구의 혼돈과 열악한 환경 속에서 지구에 생명이 어떻게 탄생하였고 진화, 발전하였는지를 시기별로 간략하게 살펴보았다. 약 39억 년 전 원시 바다 속에서 생명체가 탄생하였다는 것은 기적과 같은 일이며, 지구에 존재해 왔던 수많은 생명체들에게는 축복된 일이라 하겠다. 생명체는 세균과 유사한 원핵생물에서부터 진핵생물과 다세포생물을 거쳐 식물과 동물로 진화 발전해 왔다. 지구상에는 헤아릴 수 없는 수많은 생명체가 탄생하여 번성하고 쇠퇴하며 멸종하기를 반복해 왔다.

무수한 생명체들 중에서 장수하고 번성한 최상의 생명체를 꼽아 본다면 첫 번째로 삼엽충을 꼽을 수 있다. 삼엽충은 고생대 캄브리아기에 등장하여 고생대 페름기까지 무려 2억 5천만 년 이상을 존재하여 지구 화석의 60% 정도를 차지하는 지구 생명체의 주인공이었다. 두 번째는 유수한 자연사박물관이나 지질박물관에 전시된 화석으로 그 위용을 자랑하는 공룡을 꼽을 수 있겠다. 공룡은 중생대에 등장하여 무려 1억 6천만 년을 최상위 포식자로서 지구의 지배자로 활동하였다. 오늘날 우리가 주목해야 할 점은 지구상에 가장 번성하거나 최강자로 꼽혔던 이 생명체들은 물이나 대기 등 지구환경을 오염시키거나 파괴하지 않았다는 것이다. 자연에 주어진 대로 순응하면서 살아갔음을 우리 인간들은 반면교사로 삼아야 한다는 것이다.

오늘날 지구의 주인공이자 만물의 영장으로 살아가고 있는 현생인류는 기껏해야 30여만 년 전 아프리카에서 출현하여 지구촌 곳곳에 살고 있다. 삼엽충이나 공룡에 비하면 비교도 안 될 정도로 짧은 시간을 살아가고 있는 유한한 존재인 것이다. 지구 생명의 모체가 되는 물과 공기, 산림과 갯벌 등 자연환경을 인간의 이기적인 목적을 위하여 수시로 파괴하고 오염시키는 행위들은 엄중히 비판받아야 한다. 인간의 무분별한 환경 파괴로 지구는 이상기후로 신음하고 있다. 따라서 우리 모두는 생명의 모태인 지구 환경을 보호하고 지켜 가는 데에 관심을 가져야 하고, 필자 자신부터 환경단체를 후원하는 등 행동으로 실천할 것을 다짐해 본다.

5. 포유류가 등장하고 영장류가 번성하다

1) 포유류가 나타나다

약 39억 년 전 지구에 생명체가 탄생한 이후 지질시대인 고생대에 삼엽충과 완족동물들이 번성하였다. 중생대에는 거대한 파충류인 공룡들이 최상위 포식자로서 지구의 주인공 행세를 하고 있었다. 척추동물의 일종인 포유류는 약 2억 년 전에 지구상에 처음 등장했으나, 당시 포유류는 대부분 다람쥐처럼 왜소한 모습이었다. 무시무시한 공룡들에게 잡아먹히지 않기 위해서 땅속 굴이나 키 큰 나무 둥지에서 살았다. 포유류는 번식력을 높이기 위해 알을 낳는 대신에 어미의 몸속에서 어느 정도 키운 뒤 새끼를 낳고 젖을 먹여 양육하므로 어미의 모성애가 뛰어난 동물이다. 포유류는 다른 동물들에 비해 뇌에 신피질이 많아 높은 지능을 갖게 되었다. 이빨은 앞니와 송곳니 등 기능분화가 되어 갔고, 털을 길러 보온이 되도록 하였으며, 따뜻한 피가 흘러 추울 때도 활동할 수 있는 능력을 키워 갔다.

공룡이 지구에 등장하던 시기에 지구 대륙은 판게아 하나뿐이었으나 쥐라기에 가서는 남쪽의 곤드와나 대륙과 북쪽의 로라시아 대륙으로 갈라지기 시작했다. 이어서 거대한 두 대륙은 서서히 분리 이동하면서 아프리카 · 아시아 · 유럽 · 남북아메리카 · 오스트레일리아 · 남극 대륙으로 나누어지게 되었다. 대륙이 갈라지는 바람에 생물 종들의 적응적 진화는 각 대륙의 기후와 지리적 특성에 따라 다양하게 발산되었다. 구대륙 유라시아 및 아프리카의 포유동물과 신대륙 및 오세아니아에 서식하는 유대류 동물들은 같은 조상에서 나왔지만 서로 다른 계통으로 진화하였던 것이다. 그러다가 약 6,500만 년 전에 직경이 약 10㎞, 무게 3,000억 톤 크기의 소행성이 지구와 충돌하면서 약 1억 메가톤급 폭약의 에너지를 방출하였다. 이 충돌로 직경 180㎞, 깊이 20㎞에 이르는 멕시코 유카탄반도 북부 칙술루브 충돌구가 생겼다.

엄청난 충돌은 순간적으로 분쇄된 바윗덩어리들이 지구와 달 사이까지 튀어 올라갈 정도였다. 무수한 물질들은 대기권 밖으로 이탈하였다가 다시 대기 중으로 낙하하였으며, 해일이 일어나고 화산이 폭발하여 숲이 불타올랐다. 먼지는 대기를 뒤덮어 식물들은 수개월 동안 광합성 작용에 큰 지장을 받았다. 자연환경의 엄청난 파괴로 공룡들과 몸무게 25kg 이상의 부피가 큰 육지 동물들은 살아남지 못했다고 한다.[11]

그리고 자연의 섭리로 황량하게 폐허가 된 지구 생태계가 다시 회복되기 시작하여 따뜻한 열대 삼림이 형성되었다. 포유류는 상당수가 멸종을 면했는데, 신생대가

오리너구리

도래하고 약 300만 년 만에 다람쥐만 했던 포유류는 개만큼 큰 동물로 발전하였다. 약 1,000만 년 만에 하늘과 땅과 물을 가리지 않고 지구상에 빠르게 퍼져 가게 되었다. 수많은 포유류 가운데 다수는 북쪽에 있는 로라시아 대륙에서 생겨났고, 일부는 남쪽에 있는 곤드와나 대륙에서 탄생하였다. 곤드와나 대륙의 특이한 동물은 오리너구리라고 불리는 희귀 동물로 포유류 중 단공류에 속한다.

한민족과 고조선 · 한(韓)

호주 태즈메이니아에서 발견되는 반은 조류이고 반은 포유류이다. 몸은 갈색 털로 덮여 있고 발에는 물갈퀴가 있으며 커다란 주둥이는 고무처럼 탄력이 있다. 지금도 유일하게 알을 낳는 포유류로 오리너구리는 새끼에게 젖을 먹인다.

또 하나는 캥거루와 코알라로 대표되는 유대류 동물도 있다. 유대류는 주머니가 있는 동물이라는 뜻이다. 이런 포유류는 새끼를 몸 밖에 달린 특수한 주머니에 넣어서 기른다. 새끼는 주머니 속에서 몇 주간 머물다가 혼자 주머니를 떠날 수 있을 정도로 성장하면 주머니 밖으로 나갔다가 먹을 것이 필요할 때는 주머니로 다시 되돌아온다. 호주 대륙에는 지금도 주머니 달린 두더지와 쥐가 있다고 한다.

다음으로 포유류 가운데 단연 가장 큰 무리인 유태 반 포유류가 있다. 인간이 속하는 유태 반 포유류는 새끼가 충분히 자랄 때까지 어미 배 속에서 키운다. 어미와 새끼의 피는 태반이라는 기관에 의해 연결되어 태반을 통해서 어미는 새끼에게 양분을 보내고, 새끼는 어미에게 노폐물을 보내면서 자라는 방식이다.

신생대 초기에 포유류 대부분은 몸집은 작고 털이 나 있으며 주로 밤에 먹이를 찾아다녔다. 약 5천 4백만 년 전에 아프리카에서 출현한 유제류는 운 좋게 오늘날까지 살아남아 사슴과 양·소·돼지·염소·하마 등이 되었다. 이 중 일부는 바다로 돌아가 고래와 돌고래가 되기도 하였다. 포유류 중 식육류는 고기를 먹는 육식동물로 살아 있는 후손은 고양잇과로 사자와 치타 등이 있고, 갯과에는 늑대와 자칼이 있으며, 그 외에 족제비와 곰 등이 있다. 갈고리발톱이 달린 것은 설치류라고 부르는데 후손으로는 쥐·햄스터·비버·다람쥐·기니피그 등이 있다.[12] 이처

럼 공룡멸종 이후 약 천만 년 만에 포유류는 지구촌의 대부분 지역에 퍼
져 지구의 주인공으로 새롭게 등장하였던 것이다.

2) 영장류가 번성하다

포유류 중 지상에서 벌어지는 심한 먹이 경쟁에서 우위를 점하고 포식
자들의 위협에서 안전한 환경을 확보할 수 있는 나무 위의 생활을 선호
하는 영장류들이 나타났다. 영장류는 약 8천 5백만 년 전 무렵 수많은 생
물 계통의 가지 중에서 작은 곁가지에 불과한 포유동물강의 가지인 영장
류로 여우원숭이와 안경원숭이를 포함하는 원 원류 원숭이들과 유인원
을 포함하는 진 원류 원숭이가 등장하였다.[13]

영장류는 포유류 중에서 가장
지능이 뛰어나고 다양한 능력을
지니고 있다. 영장류는 나무 위
생활을 위해 나무에 잘 오를 수
있고 오래 매달릴 수 있도록 뒷
다리가 길어지고 몸통은 직립 자
세를 취하게 되었다. 움켜쥐는
손발과 손발톱이 발달하고 부드
러운 사지와 고도의 입체적 시각

오랑우탄

기능 등이 나무 위의 생활에 적합하도록 신체구조를 진화해 간 것으로
보인다.

광활하게 펼쳐진 열대림 나무 위에서 생존해 가던 영장류들은 약 5천

5백만 년 전 대륙의 지각운동에 의해 유럽과 북아메리카가 나누어짐으로 구대륙과 신대륙에서 다르게 진화하게 되었다. 구대륙에서는 긴팔원숭이·오랑우탄·고릴라·침팬지 등의 다양한 고등영장류가 등장하는 반면에 신대륙에서는 신세계 원숭이로만 진화해 가게 된다.

하등영장류와 고등영장류는 처음으로 나무 위에서 경쟁 관계에 놓이게 되었다. 영양가도 별로 없는 곤충 종류를 먹이로 포획하는 하등영장류에 비해 고등영장류는 나무 열매나 과일을 주식으로 하여 많은 칼로리를 섭취할 수 있었다. 고등영장류는 손과 발의 기능이 더욱 강화되고 머리통이 커짐에 따라 학습과 집단행동 능력이 향상되어 갔다. 반면 하등영장류는 경쟁에서 밀려 점차 사라져 간 것으로 보인다.

나무 위의 생존경쟁에서 우위를 차지한 고등영장류들의 초기 화석은 대부분 이집트 카이로 근처의 파윰(Fayum) 저지대에서 출토되었다고 한다. 그 당시 파윰 저지대는 해안과 숲의 경계에 위치한 습지대인데 강이 흐르면서 국지적으로 다양한 생태계가 펼쳐져 있어, 영장류가 서식하고 진화하는 데 유리한 조건을 제공하고 있었다. 에오세 후기인 약 3천 8백만 년 전의 지층에서 다양한 화석들이 발견되었는데 그중 대표적인 화석은 아피디움(Apidum)과 파라피테쿠스(Parapithecus)라고 한다.

3) 호미노이드가 나오다

고등영장류로부터 약 2천만 년 전에 긴팔원숭이를 필두로 꼬리를 상실하고 직립의 몸통과 팔 그네 이동에 적합한 어깨와 빗장뼈를 특징으로 하는 호미노이드가 진화되어 나오게 된다.

호미노이드의 척추는 짧고 골반은 옆으로 벌어져 있어 곧게 앉아 생활할 수 있게 되었다. 그리고 다른 고등영장류와 다르게 이 나무에서 저 나무로 그네 뛰듯이 휙 건너가고 뛰어오르고 건너뛰기에 능한 신체구조로 되어 있었다. 그들이 나무 위에서 자유롭게 움직일 수 있는 활동반경 능력을 갖게 됨에 따라 나뭇가지 끝에 매달린 과일이나 열매를 능숙하게 차지하게 되었다. 때문에 호미노이드는 사지보행을 하는 영장류보다 뛰어난 경쟁력을 가지게 되어 생존경쟁에서 살아남을 수 있는 유리한 위치를 갖게 된 것으로 보인다.

고등영장류 화석 중 최초의 호미노이드로 평가받고 있는 화석은 대부분의 연구자가 인정하는 동아프리카 침하지 계곡의 2천만 년~1천 7백만 년 전의 지층에서 나타난 프로콘술(Proconsul)이다. 곧이어 1천 6백만 년 전~1천만 년 전 사이에 케냐피테쿠스·오타비테쿠스·드리오피테쿠스 등 호미노이드로 간주하는 데 큰 무리가 없는 화석들이 아프리카나 유럽에서 광범위하게 나타나기 때문에 프로콘술은 호미노이드가 분화하기 훨씬 이전의 모습을 대표한다고 한다.

호미노이드 중 어떤 종이 호미니드로 진화하였을까?

1932년 인도의 시와릭산맥에서 예일대 대학원생이었던 루이스가 호미니드와 유인원의 중간적인 특징을 지닌 턱뼈와 이빨 화석을 발견하고, 힌두교 라마신의 이름을 따서 라마피테쿠스라고 명명했다. 1천만 년 전경의 지층에서는 스페인에서 중국에 걸쳐 나타난 드리오피테쿠스를 비롯해서 이탈리아의 오레오피테쿠스, 터키와 인도의 시바피테쿠스 및 라마피테쿠스 등의 화석들이 20세기에 발견되었다.

'잃어버린 고리(The missing links)'는 찰스 다윈의 1871년 저술 《인간의 계보》에서 유래된 말이다. 다윈은 인간과 영장류는 공통조상을 가지고 있고 특히 아프리카의 침팬지와 고릴라가 계통학적으로 인간과 가까우니 침팬지와 인간의 공통조상에 해당하는 화석, 즉 잃어버린 고리를 찾으면 진화론의 입증이 가능하다고 하였다. 그 후 인류학 연구자들은 그에 걸맞은 화석을 찾기 위하여 아시아에서 아프리카 등 오지 현장을 찾아 발굴에 심혈을 기울였던 것으로 보인다.[14]

마이오세 후기인 1천만 년 전경부터 지구의 기후가 점차 추워지고 건조해지기 시작했다. 호미노이드의 서식처인 광활한 열대림이 점차 줄어들게 되었고 그 자리를 사바나 생태계가 넓게 들어섰다. 그 결과 마이오세 중기부터 열대림 나무 위의 서식처를 상당 부분 장악했던 호미노이드에게 과일과 잠자리를 제공해 주었던 숲은 점점 줄어들고 있었다.

아프리카에서는 지각의 힘이 동아프리카 지구대를 갈라놓으면서 거대한 단층들이 융기하여 대열곡이라고 불리는 긴 계곡이 동과 서간에 형성되었다. 이후 대열곡의 서쪽은 강우 지역으로 열대우림이 유지되었으나, 동쪽 지역은 비가 적어 숲은 사라지고 잡목이 무성한 사바나 환경으로 바뀌었다. 이후 많은 종의 호미노이드들은 새롭게 변한 서식지에서 살아남지를 못했던 것으로 보인다. 오직 몇몇 종만이 아프리카에서 명맥을 유지하다 유인원과 현생인류를 낳았다. 이것이 마이오세의 수수께끼이다. 인류를 탄생시킨 유인원은 아프리카에서 태어났을까 아니면 아시아나 유럽에서 아프리카로 돌아간 마이오세 이주 유인원들의 일부였을까?[15]

현대과학은 원숭이와 유인원의 유전자가 매우 비슷하다는 것을 발견했다. 원숭이는 꼬리가 있고 유인원은 없지만 생물학적으로 원숭이와 유인원은 한 가족으로 취급한다. 아시아의 오랑우탄과 아프리카의 고릴라는 큰 유인원에 속하는 네 종의 동물 가운데 두 종이다. 오랑우탄은 인도네시아와 말레이시아의 숲에서 서식한다. 이것들은 지능이 높고 사람처럼 생겼으며 나무에서 살고 매일 밤 자신과 가족을 위해서 새 둥지를 짓는다. 최근의 유전학적 증거들과 발견된 화석들은 아프리카의 큰 유인원이 한때는 아시아에서만 살았던 긴팔원숭이와 오랑우탄 같은 종으로부터 진화했다는 것을 말해 준다고 한다. 이는 약 1천만 년 전에 긴팔원숭이든 오랑우탄이든 이들 유인원 가운데 하나가 아시아라는 거대한 땅덩어리를 가로질러서 다시 아프리카로 갔다는 말이고, 여기에서 오늘날의 고릴라와 침팬지로 진화했다고 한다.

침팬지

1990년대 초에 분자생물학자들은 우리 인간이 다른 큰 유인원들인 침팬지 · 고릴라 · 오랑우탄과 유전자 정보 DNA를 96% 이상 공유하고 있다는 것을 발견했다. 그들의 분석은 인간이 약 4백만 년~7백만 년 전 사이에 살았던 유인원의 후손임을 보여 주고 있다. 이 유인원의 자손들은 한편으로는 침팬지와 이들의 사촌으로 인류처럼 암수가 마주 보고 성행위를 하는 보노보가 되고 다른 한편으로는 초기인류가 되었다는 연구결과를 발표하고 있다.[16]

또 다른 연구내용은 인간과 유인원에서 여러 혈통의 DNA를 연구한 결과들은 침팬지와 인간이 가장 가까운 가지에 놓인 가계도를 그려 냈다. 이 발견은 2005년에 침팬지 유전체의 염기서열 지도가 발표되면서 확인되었다. 인간과 침팬지는 각각의 가지를 뻗어 가는 동안 한 공통조상에서 갈라진 이후의 시간 동안 작은 차이들을 보이지만, 대부분의 연구들은 인간과 침팬지가 갈라진 시기를 대략 5백만 년~7백만 년 전으로 추정하고 있다.

영장류 가계도에서 인간과 유인원들을 정리하기 위해 분자시계 방법을 쓰자고 주장한 데이비드 필빔이 현생 영장류에서 얻은 혈액 단백질 데이터를 근거로 작성한 가계도를 〈사이언티픽 아메리칸〉에 발표했다. 이 가계도를 보면 인간으로 이어지는 선에서 맨 먼저 긴팔원숭이가 2천만 년 전에 분리되었다. 이어서 오랑우탄 조상들이 1천만 년 전에 갈라져 갔으며, 고릴라의 조상들은 1천만 년 전보다 나중에, 침팬지의 조상들은 6백만 년~7백만 년 전에 갈라져 나갔다. 그리고 오스트랄로피테쿠스류가 3백만 년~4백만 년 전에 분리되었다. 이 연대들은 분기시점을 정하는 데 이용된 화석에 따라 다르지만, 대부분의 분자 인류학자들에게 인정받고 있다고 한다.[17]

호미노이드의 인지능력은 〈동물의 왕국〉이라는 TV 프로그램을 통해서 널리 알려진 대로 상당한 수준을 지니고 있다. 이들은 도구를 만들어 먹이를 구하고 지위를 표현하는 데 사용하기도 한다. 이들은 자신의 위치를 인지하고 꾸미거나 속일 수 있는 능력이 있고 자신들과 같은 종인지 아닌지 구분할 수 있는 능력을 가지고 있다. 일부 무리는 지도자를 중심으로 일사불란하게 움직이고 협력해서 사냥 전술을 사용하는 상당한 지적 능력을 가지고 있다. 이들 중 오랑우탄은 주로 나무 열매를 먹고, 고릴라는 식물을 먹고, 침팬지는 잡식성으로 알려져 있다.

유인원의 공통조상의 크기에 대하여 과학저널 〈네이처 커뮤니케이션

즈)에 게재된 독일 튀빙겐의 에버하르트 칼스대 마르크 그라보스키의 연구에 따르면 '몸체 크기는 동물이 주변 환경과 어떻게 관계를 맺는가에 직접 영향을 미치며 그 외 다른 생물학적 의미를 지닌 특성은 없다.'라며, 인간을 포함한 침팬지나 오랑우탄 같은 유인원의 마지막 공통조상은 지금까지 생각했던 것보다 크기가 긴팔원숭이(Gibbon) 정도로 매우 작았다는 연구 결과를 발표했다. 오늘날의 긴팔원숭이는 몸길이 60㎝~76㎝에 몸무게 10㎏ 내외로, 인간이나 다른 유인원보다도 훨씬 작은 편이다. 이는 유인원의 공통조상이 침팬지 크기에 침팬지같이 생겼을 것이라는 이전의 생각과 배치되는 것으로 인간과 유인원 공통조상은 난쟁이 크기 정도였음을 설명하고 있다.[18]

앞의 내용을 정리해 보면 찰스 다윈은 영장류 계보에 관하여 인간과 호미노이드는 공통조상을 가지고 있으며 특히 아프리카의 침팬지가 계통학적으로 인간과 가까우니 침팬지와 인간의 공통조상에 해당하는 화석, 즉 잃어버린 고리를 찾으면 입증이 가능하다고 주장하였다. 그 이후 고인류학자들과 유전학자들은 그에 걸맞은 결과물을 찾기 위해 지구 곳곳에서 심혈을 기울여 왔다. 최근의 유전학적 증거물들과 발견된 화석들은 아프리카의 고릴라나 침팬지가 한때는 아시아에서만 살았던 긴팔원숭이와 오랑우탄 같은 종으로부터 진화했다는 것을 말해 준다고 한다. 이는 약 1천만 년 전에 지구의 기후가 크게 떨어졌을 때 이들 유인원이 아시아를 가로질러 따뜻한 아프리카 밀림으로 이동해 간 것으로 보이고, 여기에서 오늘날의 고릴라와 침팬지가 진화했다는 것이다. 영장류 가계도에서 분자시계 방법을 쓰자는 데이비드 필빔의 혈액 단백질 데이터를 근거한 가계도가 이를 뒷받침하는 것으로 보고 있다.

　필자도 찰스 다윈이 주창했던 잃어버린 고리는 아시아에서 살던 긴팔원숭이나 오랑우탄 후손 중 약 1천만 년 전에 아시아를 가로질러 아프리카 밀림에 이주해 살다가, 환경이 바뀐 사바나에 적응하여 고릴라와 침팬지로 진화, 분리되어 나온 것이라는 주장에 공감한다.

생물분류학의 대가 칼 린네(Carl Linnaeus)

분류학의 대가인 칼 린네는 스웨덴의 의사이며 생물학자였다. 린네는 의학을 공부하는 한편 식물의 생식기관의 차이를 이용해서 유화식물을 분류하는 새로운 아이디어를 구상했다. 1735년 출판된 그의 유명한 저서 《자연의 체계(Systema Naturage)》는 린네의 분류연구를 집대성한 것이다. 여러 차례 개정된 이 책을 통해서 모든 생물을 속명과 종명으로 표기하는 이명법(Binomial System)을 완성하여 1758년 최종 소개하였다. 린네는 총 7,700종의 식물과 4,400종의 동물을 모두 이명법으로 분류했다. 분류체계는 계, 문, 강, 목, 과, 속, 종의 범주에 따라서 생물들을 점진적으로 세분화했다. 린네는 많은 종교적 논란에도 불구하고 최초로 인간을 생물 분류에 포함시켜 유인원 및 원숭이와 같은 범주에 두었다. 린네의 체계에 따라 오늘날 인간은 동물(계), 척삭동물(문), 척추동물(아문), 포유동물(강), 영장류(목), 사람(과), 사람(종)으로 분류되며, 속명과 종명을 사용해서 HomoSapiens로 표기한다.[19]

진화론의 주창자 찰스 다윈(Charles Robert Darwin)

찰스 다윈은 처음으로 모든 생물을 아우르는 공통의 조상이 있고, 최초 인류가 거주하던 장소는 아프리카라고 추측했다. 처음에 찰스 다윈이 현생인류의 조상이 아프리카에 살았을 것이라고 주장할 때 그의 생각은 상상력과 관찰을 기반으로 한 '연역적 추측'에 불과했다.[20] 찰스 다윈은 영국 케임브리지와 에딘 버러에서 식물학과 지질학을 공부했다. 23세 때 박물학자로서 비글호에 승선 1831년~1836년까지 남미 여러 지역의 생물 및 지질을 관찰하고 생물표본이나 화석 등을 수집하면서 진화이론을 정립하는 데 매우 중요한 시간을 보냈다. 다 윈은 남미에서 같은 종인데도 다른 지역에서 서식하는 개체들에서 많은 차이 점을 보았다. 또 오세아니아의 동물들은 완전히 다르고 갈라파고스 군도에서 는 생물의 다양한 변이종의 분포를 관찰했다. 이런 관찰로부터 생물이 오랜 시 간에 걸쳐 변화되며, 그 요인은 환경에의 적응 및 변이와 다양화 등 진화의 중 요한 원리를 파악하게 되었다. 다윈은 자신의 진화이론을 공개하면 종교계의 극심한 거부반응에 휩싸일 것을 꺼려 거의 20년 동안 발표를 미루어 왔다. 다 윈은 마침내 1859년 말 《종의 기원》을 출판했는데 원제목은 '자연선택 혹은 생존경쟁에서 선택된 종족의 보존에 의한 종의 기원에 관해서'였다. 이어서 1871년에는 《인류의 유래와 성 선택》을 비롯하여 수많은 논문과 책을 남겼 다.[21]

현대인의 가장 큰 적 '비만'은 인류 진화과정의 산물

학술지 〈네이처〉에 실린 미국 헌터대 인류학과 폰처 교수팀 등 공동연구자들은 현존하는 유인원 가운데 사람이 유독 튀는 존재가 된 이유를 대사의 측면에서 연구하였다. 연구자들은 속의 수준에서 대형 유인원의 대사 관련 특징을 비교하 였는데 사람 141명, 침팬지(보노보 포함) 35마리, 고릴라 10마리, 오랑우탄 11 마리의 몸무게와 지방제외 몸무게, 체지방비율, 총에너지 소비량, 기초대사율 등을 조사했다. 조사 결과 대략 600만 년 전 침팬지와 공통조상에서 갈라진 뒤 인류는 체지방을 늘리고 기초대사율을 높이는 방향으로 빠르게 진화하게 되었 다. 인류는 왜 이런 변화가 필요했을까? 연구자들은 사람이 다른 유인원들과 대 표적인 차이로 커다란 뇌와 상대적으로 높은 번식력과 장수를 꼽았는데, 이런 특징 모두 높은 기초 대사량이 필요하다고 설명했다. 사람이 유독 체지방함량이 높은 것도 같은 맥락인데 기초 대사량이 높다는 건 기근이 닥쳤을 때 그만큼 더 위험하다는 뜻이고 따라서 몸에 지방의 형태로 저장식량을 지니고 있어야 생존에 유리했기 때문이다. 결국 21세기 인류의 건강을 위협하는비만은 인류의 진화과정에서 기근에 대비한 신체적 대응 방법으로 불가피하게 지니게 된 특성이 배경이 되는 것으로,[22] 각선미를 중시하는 현대 여성들에게는 안타까운 사연이 되는 것 같다.

지혜로운 인류가
등장하다

1. 지구의 환경변화

1) 빙하기가 도래하다

인류탄생의 시기인 신생대 후반부를 우리는 흔히 빙하의 시대라고 부른다. 그 이유는 지구가 650만 년 전부터 냉각화가 심해지고, 250만 년 전부터는 빙하가 세력을 강화하여 지구 기후가 급격하게 변화하는 시기로 접어들었기 때문이다. 지구의 기후 변화는 여러 가지 원인이 있겠지만 지구가 태양의 복사에너지를 얼마나 많이 흡수하느냐에 따라 달라진다. 흡수하는 양이 많아지면 지구 기온이 올라가고, 적게 흡수하면 추워져 빙하기가 도래하게 되는 것이다. 지구 기후 변화에 영향을 끼치는 것 중 몇 가지 요인을 살펴보면 지구 자전축 기울기의 변화로 기울기가 작으면 극지방이 더 추워진다. 지구 공전의 궤도가 10만 년을 주기로 이심률이 변하는데 타원형이 되어갈 때 빙하가 더 잘 형성되는 것으로 알려져 있다.

세계의 기후는 대부분의 기간 오늘날보다 더 따뜻했다고 한다. 그러나 약 3,500만 년 전부터인 올리고세 동안 남극 주변에 총빙 띠가 형성되면서 냉각의 조짐이 나타나기 시작했다. 이런 상황이 전개되면서 세계의 기온은 마이오세인 1,400만 년~1,100만 년 전 사이에 크게 떨어졌고, 650만 년~540만 년 전까지는 냉각화가 심해져 아프리카와 유라시아에는 비가 덜 내렸다. 약 300만 년 전 당시 대서양에서 섬들을 이루고 있던 현재의 중앙아메리카가 남하하여 파나마지형을 형성하면서, 완전히 분리되어 있던 남북미 대륙을 연결해 줌으로써 생태계에 많은 영향을 끼치게 되었다. 남북미 대륙이 연결되고 북쪽으로 흐르는 따뜻한 걸프 해류가 많은 양의 수분을 북유럽과 그린란드 지역에 공급함으로써 이들 지역에서 급속히 빙하지대가 넓어져 빙하시대가 도래할 여건을 제공하였다. 이 시기부터 북반구 대륙들에 거대한 빙원들이 형성되었고 250만 년 전에는 빙하가 한층 세력을 강화하였다. 지구의 기후는 지금처럼 끊임없이 변화하는 시기로 돌입하였던 것이다.

약 186만 년 전부터 시작되는 신생대 제4기 홍적세 동안 빙하기는 절정에 달했으며 이 시기를 '인류의 시대'라고 부른다. 아프리카 밀림에서 풍요로운 생활을 해 오던 호미니드에게 최대의 시련은 빙하기의 추위와 싸움이었을 것이다. 이 대목에서 '숲이 사라져 먹거리인 열매와 과일이 없어지고 풀과 관목으로 조성된 사바나에서, 추위를 극복하고 먹을 것을 찾아내야 하는 시련이 없었더라면 과연 인류가 탄생할 수 있었을까?' 하는 생각을 해 본다.

인류 진화의 첫 번째 장은 홍적세가 시작되기 전 비교적 작은 폭의 기후 변동기에 전개되었다. 약 400만 년~200만 년 전 사이의 세계 기후는 그 이후의 시기보다 다소 따뜻하고 안정적이었다. 인류의 요람지로 여겨지는 아프리카 사바나 지대에는 다양한 영장목 동물들을 비롯하여 많은 종이 살고 있었는데 우리 인류도 한 부분을 차지하였던 것이다.[1]

2) 아프리카에 사바나 환경이 조성되다

마이오세 중기부터 지구의 기온이 내려가고 건조해짐에 따라 아프리카에서는 광활한 열대림 생태계가 축소되었다. 숲이 드문드문 서 있고 곳곳에 물웅덩이와 편평하며 건조한 넓은 평원에 풀과 관목이 들어찬 사바나 생태계가 형성되어 간 것이다.

아프리카는 아시아 다음으로 넓은데 남북으로 길게 뻗어져 적도가 지나는 지역은 밀림이 조성되어 있고, 동아프리카는 지각변동으로 고원지대가 형성되어 드넓은 사바나가 조성되었다. TV 〈동물의 왕국〉의 주 무

아프리카 사바나

대인 사바나 생태계는 예나 지금이나 먹잇감은 적고 칼로리의 함유량은 적어 먹잘 것 없는 열악한 환경이다. 이 열악한 아프리카 사바나 환경에 새롭게 적응해야 하는 호미노이드 집단에서 초기인류인 호미니드로 어떻게 갈라졌을까?

섬처럼 남아 있는 열대림에 머물면서 나름대로 재적응한 호미노이드는 고릴라와 침팬지이다. 고릴라는 땅으로 내려와 풀잎이나 뿌리식물을 먹으며 몸집을 키워 갔다. 이와 달리 침팬지는 나무 위의 열매나 과일을 먹으며 가끔 땅에 내려와 사는 것을 선호했다. 땅 위 생활에서의 적응방식은 공통으로 주먹사지보행 형태를 취했다.

또 다른 생활방식은 열대림을 주거지로 삼으면서 드넓게 펼쳐진 사바나 생태계를 활용하는 것이었다. 열대림을 벗어나 사바나에서 먹잇감을 채집하는 행위는 완전히 개방된 생태계로 사자와 같은 포식자들에게 공격을 당할 수 있었다. 항상 위험한 상황에 직면할 수 있으므로 사바나에 들어간 호미니드는 최대한 빠르게 먹이를 채취할 수 있는 능력이 필요했고, 맹수들과 대적하기 위해서는 몸집을 크게 만들어 가는 것이 요구되었다. 사바나 생태계에서 생존하기 위해서는 멀리 살필 수 있고 신속한 이동에 필요한 두발걷기, 즉 직립보행이 요구되었던 것이다. 두발걷기는 사지보행보다도 훨씬 에너지 보전에 효율적이고 효과적인 이동방식이기 때문이다.

사바나 환경 속에서 두발걷기에 성공한 호미니드에게 닥친 또 다른 문제는 먹잇감을 확보하는 데 사자와 같은 맹수의 공격을 피하는 것으로, 서늘한 때보다 태양이 떠 있는 대낮이 더욱 유리하였다. 그런데 적도 부근의 열대 사바나에서 대낮 활동은 체온이 급상승하여 신체에 위해가 되므로 체온을 조절할 수 있는 능력이 필요하게 되었다. 따라서 털이 줄어드는 반면 몸 안의 수분을 증발시킴으로 체온을 조절할 수 있는 땀샘을 늘려 가는 방향으로 진화해 가게 되었다. 땀샘은 영장류 중 거의 인간 특유의 형질이다. 이러한 체온조절능력을 통해 호미니드는 다른 포식자들이 더위를 피해 쉬는 대낮에 안전하게 먹잇감을 채집하면서 돌아다닐 수 있게 되었다. 이처럼 사바나 생태계에 적응한 호미니드는 수분을 보충하기에 유리한 물웅덩이나 냇가 그리고 호수를 중심으로 생활근거지를 마련하고 무리 지어 생활하였던 것으로 보인다.[2]

2. 호미니드가 나타나다

1) 초기 호미니드

중앙아프리카의 차드(Chad)는 '아프리카의 죽은 심장'으로 알려진 나라로 대부분이 불모지이다. 중앙은 매우 건조한 평원이고, 북부는 사막, 북서부는 메마른 산, 남부는 열대 저지대이다. 그런데 차드(Chad)의 가장 뜨겁고 황폐한 곳에서 2001년 7월에 프랑스 고고학자 미셸 브뤼네와 패트릭 비뇨 등 그 동료들은 모든 인간의 조상일 수 있는 침팬지 크기의 호미니드 두개골 하나를 발견했다. 그것은 약 700만 년 전에 살았던 사람처럼 생긴 동물의 뼈였다. 어떤 과학자들은 바로 그전의 아프리카 유인원으로부터 오늘날의 침팬지가 된 갈래가 분리되었다고 믿고 있다. 이것의 학명은 '사헬란트로푸스 차덴시스'이고 지역 언어로 '생명의 희망'을 뜻하는 '투마이'라는 별명을 가졌다.

차덴시스는 눈썹이 짙고 이빨이 짧으며 얼굴이 현생인류와 매우 비슷했다. 그러나 머리는 작아 뇌의 용량이 350cc밖에 되지 않아서 이 두개골만으로는 인간의 조상이 두발로 걸었는지, 네발로 걸었는지 판별할 수가 없었다. 어떤 과학자들은 이것이 유인원과 인간을 이어 주는 고리라고 생각하지만, 또 다른 과학자들은 이 뼈의 소유자가 암컷 고릴라의 초기 종일 뿐이라고 생각하고 있다.[3] 투마이가 암컷 고릴라이든 호미니드이든 간에 초기 인류 진화가 여러 갈래로 일어났고 투마이의 발견으로 인류가 700만 년 전부터 중앙아프리카에도 존재하였음을 시사하고 있다.

영장류 진화 모식도

최초의 호미니드로 추정 받는 투마이인에 대한 필자의 견해는 영장류가 한 단계 높은 차원으로 진화하는 데 가장 큰 영향을 끼친 것이 기후 하강에 따른 먹이사슬의 변화라고 본다. 침팬지와 같은 호미노이드에서 호미니드로 진화하는 시점은 마이오세 말기인 약 700만 년 전이나 지구의 냉각화가 심해진 650만 년 전으로 볼 수 있다. 이 시기는 마이오세기에 지구 대륙판이 융기하면서 동아프리카 열곡대가 형성된 이후 사바나가 확산하는 등 아프리카 자연환경이 크게 변했다. 또 지구의 냉각화가 심해져 비가 덜 내리게 되고 사바나 생태계가 열악해지게 되어 중앙아프리카의 조악한 환경을 극복해 가는 과정에서 사헬란트로푸스 차덴시스와 같은 호미니드가 침팬지에서 분기되어 나오는 극적인 장면이 일어난 것으로 본다.

2) 오스트랄로피테쿠스

오스트랄로피테쿠스는 호모보다 앞선 시기에 살았던 호미니드로 신생대 제3기 마이오세 말부터 제4기 플라이스토세 시기까지 약 500만 년 ~100만 년 전 사이에 살았던 것으로 추정되고 있다. 오스트레일리아 출신 해부학 교수 다트(Raymond Dart)는 1924년 남아프리카 타웅의

오스트랄로피테쿠스 모형

석회석 광산에서 출토된 어린 소년의 두개골이 침팬지 두개골보다 크고 이빨 크기가 작은 것을 알아챘다. 그는 이것을 새로운 종류의 인류로 생각하고 라틴어로 오스트랄로피테쿠스(남쪽의 원숭이)라고 명명하여 불리게 되었다. 호모가 본격적인 의미의 인류라면 오스트랄로피테쿠스에 속하는 호미니드들은 인류와 유인원을 연결하는 중간자 정도라고 말할 수 있다.[4]

오스트랄로피테쿠스는 골반과 대퇴골이 인간의 것과 비슷하여 두 발로 걸을 수 있었고, 송곳니는 원숭이보다 작고 엄지는 크고 다른 손가락과 마주 보듯이 붙어 있다. 두개골은 수직으로 붙어 있어 전두엽과 두정엽은 유인원보다 발달하고, 뇌의 용적은 650cc 정도로 고릴라보다 약간 커 고인류학계에서는 인류에 가까운 원숭이로 보고 있다.

아르디피테쿠스 라미두스

초기 유인원의 학명으로 쓴 라미두스는 원인이라는 뜻의 호미니드로, 몸집은 작으나 직립하고 이빨의 에나멜질은 얇으며 두개골은 침팬지의 것에 가까워 침팬지 조상들과 긴밀한 연계를 가졌음을 암시한다. 이 원인을 버클리 대학 교수인 팀 화이트가 에티오피아 아와쉬강 계곡 아라미스 유적의 450만 년 된 지층에서 발견했다. 치아구조는 호미니드와 유사하고 두개골의 형태와 대후두공의 위치도 어느 정도 직립보행을 시사한다. 아르디피테쿠스 라미두스는 아프리카의 유인원들로부터 분기한 최초의 호미니드들에 더 가까웠던 것으로 직립보행을 하던 원시인류로 보고 있다.

아르디피테쿠스로부터 오스트랄로피테쿠스로

미브 리키와 알란 워커가 발견하여 이름 붙인 오스트랄로피테쿠스 아나멘시스는 아라미스 유적에서는 약 410만 년 전으로, 케냐 투르카나 호수 알리아 및 카나포이 유적에서는 약 400만 년 전으로 연대가 측정되었다. 이 화석들은 커다란 이빨을 가지고 있었으며 아나멘시스의 무릎관절이나 정강이뼈는 두 다리로 걷는 데 드는 추가 무게를 지탱하기에 충분할 만큼 두꺼웠다. 아르디피테쿠스 라미두스와 오스트랄로피테쿠스 아나멘시스는 시기가 다소 늦게 등장한 오스트랄로피테쿠스군들의 조상들이었다. 이 오스트랄로피테쿠스군은 에티오피아 북부 아와시강 중류에 있는 하다르 유적에서도 발견되었다. 모리 스탭과 도날드 조핸슨은 하다르에서 그 유명한 '루시' 한 개체와 13개체의 화석 조각을 발견했다. 약 320만 년 전으로 연대 측정된 루시는 키가 1.2m 정도로 완전한 직립보행을 했으며 팔은 인간의 것보다 약간 길었다. 루시와 그 일행은 인간을 닮은 손과 침팬지 크기의 뇌를 가지고 있었다. 조핸슨과 팀 화이트는 루시를 오스트랄로피테쿠스 아파렌시스로 분류했다.

호미니드들이 직립보행을 했다는 증거는 탄자니아 라에톨리 유적의 화석 포함층에서 메리 리키가 발견했다. 하다르 유적의 아파렌시스와 같은 계통의 호미니드 화석과 어떤 직립 영장류가 남긴 실제 발자국을 발견하였던 것이다. 하다르와 라에톨리의 발견물들은 호미니드의 직립보행 양태가 도구를 제작하고 두뇌가 커지기 전에 이미 일어났음을 확인시켜 주고 있다. 오스트랄로피테쿠스 아파렌시스는 오스트랄로피테쿠스군 중 원시적 형태이며 해부학적으로 상당한 변이를 보이지만 사바나 환경에 적응하여 거의 100만 년 동안 살아남았던 것 같다. 약 300만 년 전이 되면 아파렌시스의 후손들이 여러 계통으로 분기한 것으로 보인다.[5]

여러 종류의 오스트랄로피테쿠스군

아프리카에서 발굴된 오스트랄로피테쿠스는 발굴지에 따라 여러 이름으로 불리고 있는데, 에티오피쿠스는 약 250만 년 전의 호미니드로 1985년 케냐 서투르카나에서 알랜 워커가 발견했다. 오스트랄로피테쿠스 보이세이는 약 180만 년 전의 호미니드로 1959년 탄자니아 올두바이에서 화석발굴로 유명한 루이스 리키의 부인 메리 리키가 발견했다. 오스트랄로피테쿠스 로부스투스는 약 200만 년~100만 년 전의 호미니드로 1938년에 남아프리카 스터크폰테인에서 로버트 블룸이 발견하였다.

특히 오스트랄로피테쿠스 가르히는 에티오피아 아와시 사막의 건조한 침식지에서 약 250만 년 된 호미니드 이빨과 두개골을 13개국 연구진이 발견하였다. 가르히의 키는 약 1.46m이고 두뇌는 현대인의 3분의 1 정도이며 다리는 인간을 팔은 유인원을 닮았다. 이 호미니드는 능숙한 약취 꾼으로 여겨지는데, 몇 피트 떨어져 발견된 영양과 대형동물의 뼈들은 석기로 살을 자른 흔적들을 보여 주고 있다. 이는 호미니드가 동물을 해체하였음을 보여주는 가장 이른 사례이다. 이 호미니드가 살코기를 먹었다는 사실은 고지방 살코기 식단으로의 전환이 진행 중이었음을 뜻하고 호미니드의 두뇌 크기의 증가를 가져왔던 것으로 보인다.

오스트랄로피테쿠스는 뼈 형태에 따라 크게 연약한(gracile) 부류와 건장한(robust) 부류로 나누어진다. 연약한 부류에 속하는 것에는 초기 오스트랄로피테쿠스 라미두스 · 아파렌시스 · 아프리카누스가 있다. 그리고 후기에 속하는 오스트랄로피테쿠스 에티오피쿠스 · 보이세이 · 로부스투스는 건장한 부류에 속한다. 연약한 부류에 속하는 오스트랄로피테쿠스는 푹 꺼졌다가 앞으로 돌출한 얼굴에 눈 위가 튀어나왔으며 커다란 어금니가 있었다. 그러나 턱은 없었으며 뇌 용적은 약 500cc 정도로 현대인에 비하면 매우 작았다. 이미 직립 보행한 것은 분명하나 여전히 나무 타는 능력도 있었고 식성은 잡식성이었으며 몸집은 키가 1m 정도로 건장한 부류보다 작았다. 건장한 부류의 오스트랄로피테쿠스는 키가

1.5m 정도로 크고 두꺼운 에나멜을 가진 이빨과 강력한 턱을 가졌다. 뇌 용적은 약 550cc 정도였는데 오직 채식만을 했으며 남성이 여성보다 몸 집이 훨씬 컸던 것으로 추정하고 있다.[6]

앞에서 살펴본 내용을 정리하자면 중앙아프리카 차드(Chad)의 약 700 만 년 된 지층에서 발견된 사헬란트로푸스 차덴시스는 이빨이 짧고 얼굴 이 현생인류와 비슷하므로 유인원과 인간을 이어 주는 고리로 볼 수 있 다. 이어서 등장한 것이 아르디피테쿠스 라미두스이지만 이들은 유인원 과 매우 비슷하여 과연 진짜 인류의 조상인가 의견이 분분한 상태이다. 루시와 같은 오스트랄로피테쿠스 아파렌시스로부터 강건형과는 거리가 먼 연약형인 오스트랄로피테쿠스군이 출현하여 적어도 250만 년 전까지 남아 있었다. 그러나 이 형태가 한 번의 급속한 진화적 변환 아니면 일련 의 변환 중에서 어느 쪽에 참여해 초기 형태의 호모가 되었는지 매우 궁 금한 점이다. 확실한 것은 250만 년 전 이후 호미니드의 두개골과 얼굴 에서 주요 변화들이 일어났고 두뇌확대가 변화의 직접 원인이 되었다는 것이다. 인류 진화에 석기를 이용해 살코기와 골수를 더 많이 얻어 내는 데 관련된 새로운 행위 정형들은 호니미드 진화에 있어서 신체적 변화에 대단히 중요한 역할을 하였을 것으로 보여진다.

아프리카에서 초기인류가 활동하던 시기는 자연환경도 현세에 비해서 열악하였을 뿐 아니라 자연을 이용할 수 있는 문명의 이기도 가지고 있 지 않았다. 그러나 어려운 자연환경 속에서도 초기인류는 동물의 세계를 등지고 매우 느린 속도이지만 도구를 만들고, 불을 사용하는 등 문화 창 조의 길에 나서게 된다.

3. 드디어 호모로 진화하다

호미니드 족보인 오스트랄로피테쿠스에 이어서 등장하는 호모속은 언제부터 나타났는가. 호모가 나타난 시기로 보고 있는 280만 년 전 아프리카 기후는 점점 더 건조해지면서 대열곡 동쪽에 위치한 케냐·에티오피아·탄자니아 지역은 먹이를 구하기가 더욱 어려워졌다. 그 지역에 살았던 호미니드들은 새로운 먹이를 구해야만 하는 상황에 내몰린 것으로 보인다. 이들은 이전까지 먹을 수 없었던 단단한 열매를 깨고 뿌리를 캐거나 큰 동물의 고기와 뼈를 먹기 위해, 최초로 석기를 제작사용하는 진보를 이루었기에 호모라는 칭호를 부여받게 된 것으로 본다. 수많은 인류학자와 화석 발굴팀들은 아프리카의 극한 환경 속에서 각고의 노력 끝에 약 280만 년 전 살았던 초기인류의 턱뼈를 2015년 에티오피아 레디제라루에서 발굴하였다.[7]

'호모(Homo)'라는 말은 1758년 카를로스 린네가 처음 사용하였는데, 그는 살아 있는 인류를 분류하기 위해 '인간'이라는 속을 부여하면서 '호모'라는 단어를 처음 사용하였다. 우리는 호모가 오스트랄로피테쿠스 후손이기 때문에 오스트랄로피테쿠스가 멸종한 후에 등장한 것이 아닌가 생각하는데 사실은 그렇지 않다. 오스트랄로피테쿠스가 지상에서 완전히 사라진 것은 약 100만 년 전의 일이고, 호모가 처음 등장한 것은 약 280만 년 전이기 때문에 이 두 호미니드는 약 180만 년 동안 아프리카에서 공존했던 것으로 볼 수 있다.

한 세대 전에는 인류 진화 바닥에 유인원을 닮은 조상이 있고 꼭대기에는 현대인이 있다고 여겼다. 인간은 도구 제작이 개시되는 순간 처음 등장하였다고 보았기 때문에, 1960년대에는 누가 최초의 도구 제작자 인가를 둘러싸고 대논쟁이 일어나기도 했다. 그 후 2010년대에 들어서는 어떤 화석을 호모속에 배당할 것인가 판단하는 데 네 가지 기준을 참고하고 있다.

① 두뇌의 절대 최소 크기가 600cc 정도.

② 두개골 안쪽 면 두뇌 형태 주형의 언어 소유.

③ 정확하게 쥐고 마주 보는 엄지손가락을 가진 손의 소유.

④ 석기를 제작할 수 있는 능력.

하지만 이 각각의 기준이 연구자마다 조금씩 달라 모든 조건에 완벽하게 충족하는 초기 인류 화석은 그리 많지 않다고 한다. 호미니드 진화에는 이전에 생각했던 것보다 넓은 수준의 종 다양성을 내재하고 있다. 인간의 진화는 여러 종이 사다리구조처럼 단순하게 이어진 진화가 아니라 한 종이 다양화하여 다수의 생태적 적소를 차지하고, 그 결과로 새로운 종들이 다양하게 나타나는 진화분출 형태인 적응방산으로 볼 수 있다고 하겠다.[8]

호모의 진화과정은 암수의 성 차이에 따른 몸집의 차이가 줄어들었고, 이빨을 포함해서 음식을 씹는 머리뼈의 구조와 몸의 근육도 축소되었으며 머리뼈는 얇아졌다. 호모 사피엔스로 갈수록 눈두덩이는 현저히 줄어들었고 이빨과 턱도 줄어들었으며 얼굴이 수직으로 평평해졌다. 코는 앞으로 튀어나왔고 턱 끝이 얇게 발달하였다. 일련의 진화에 따라 두개골의 용량이 커지게 되어 문화와 언어를 가질 수 있었던 것은 호모의 가장 큰 특징이라고 볼 수 있겠다.

1) 호모 하빌리스(Homo habilis)

인류의 요람으로 알려진 동아프리카에는 서남아시아 요르단에서부터 아프리카 동남부 모잠비크까지 약 6,400㎞에 이르는 세계 최대의 지구대가 펼쳐져 있다. 호모의 기원지로 주목을 받는 이 지역은 융기된 고원지대로 사바나 생태계가 광활하게 펼쳐져 있고, 침하작용으로 여러 곳

호모 하빌리스 모형

에 다양한 국지 환경이 조성되어 마치 아담과 화와가 창조되었던 에덴동산처럼 새로운 종이 탄생할 수 있는 여건이 갖추어진 곳이다.

탄자니아 북부 지역에 형성된 올두바이협곡은 길이 48.2㎞, 높이 89.9m 정도로 상당히 가파른 계곡으로 형성되어 있다. 이곳 올드바이 고르지에서 루이스 리키와 메리 리키가 초기 호모로 분류된 호미니드를 식별한 최초의 사람들이었다. 그들은 약 700cc의 용량을 지닌 조각난 두개골의 발견물들을 호모 하빌리스, 즉 손재주가 있는 사람이라고 불렀다. 이는 올두바이협곡에서 동물화석들과 함께 많은 석기가 발견되고, 이곳에서 살았던 호모들이 석기로 동물 뼈에 표식을 낸 것으로 보았기 때문에 호미니드들이 도구 제작 능력을 갖췄으리라 상정한 명칭이었다. 그 후 루이스 리키의 아들 리처드 리키는 동투르카나에서 케냐 국립박물

관 등록번호 1470호로 유명한 두개골을 발견하였다. 이 두개골은 사람의 두개골과 비슷했으나 얼굴의 골격이 상대적으로 크고 아래쪽이 평평하여 호모 하빌리스임을 확인시켜 준 둥근 머리통에 커다란 두뇌를 가진 화석 인류였다.

호모 하빌리스는 어떻게 인간으로서의 평가를 받게 되었을까? 오스트랄로피테쿠스와 해부학적으로 다른 점을 살펴보면 어금니는 좁아졌고, 앞어금니는 작아졌으며, 송곳니는 조금 커졌다. 두개용적은 커지면서 600cc~700cc 이상 되는 더 큰 두뇌를 가지게 되었다. 케냐의 쿠비포라와 올두바이에서 출토된 넓적다리뼈와 사지 뼈들은 호모 하빌리스가 똑바로 서서 걸었다는 것을 확인시켜 주었다. 그리고 엄지손가락은 다른 손가락과 마주 보아서 아주 작은 물체라도 정확하게 쥘 수가 있기에 복잡한 도구를 만들 수 있는 능력을 갖추게 된 것으로 보인다. 호모 하빌리스의 골격은 원시적 특징과 약간 진보된 특징들을 동시에 갖고 있으며, 두 발로 걸으면서도 나무 타는 능력을 갖춘 호미니드라는 모자이크 그림이 연상된다.

과거 인류 진화 연구자들은 진화를 점진적이고 단계적인 메커니즘으로 생각하였다. 하지만 인류의 요람인 동아프리카의 초기 화석들은 전혀 다른 줄거리를 암시한다. 진화는 상대적으로 안정된 긴 기간들 사이에 환경변화나 유기체 자체의 변화 같은 변경된 조건에 기인한다. 즉, 오늘날의 관점과 같이 새로운 선택 압들이 급속변화분출 현상들에 개재하는 양상으로 볼 수 있는 것이다. 그러한 급속변화 분출은 오스트랄로피테쿠스 가르히와 호모 하빌리스 사이의 50만 년이라는 짧은 기간에 일어날 수 있었다. 최초의 도구 창안자가 누구이든 석기제작사용은 다른 호미니드 종에 비해 많은 이점을 안겨 주었다. 그들은 격지석기와 돌망치 덕분에 포식동물의 희생물을 활용하면서 에너지가 풍부하고 지방이 많은 고단백 식사를 할 수 있게 되어 다양한 진화의 결과를 도출하였다.[9]

최초의 석기제작자 호모 하빌리스는 어떻게 도구를 만들었을까?

필자의 생각으로는 약 280만 년 전 동아프리카 지구대 사바나 평원에 살던 호미니드는 열매 등 먹을거리가 부족하여 굶주리게 되었다. 그들은 동물 사체에서 골수라도 빼 먹게 되는데 주변에 놓인 날카로운 돌조각을 사용해 보니 쉽게 빼 먹을 수 있었을 것이다. 며칠 후 또 다른 장소에서 동물 사체를 획득하였는데 주변에 돌들은 널려 있지만 날카로운 돌이 없었다. 그들은 이전에 사용했던 돌의 모양을 연상하면서 돌덩이를 다른 돌덩이에 타격을 가하여 날카로운 돌을 만드는 모방적이며 창조적인 행위를 시작해 나갔을 것이다. 이러한 행동을 반복하면서 더 효율적인 도구를 만들기 시작하여 손안에 들어가는 주먹도끼까지 만들어 갔던 것으로 추론한다. 최초의 도구제작자들은 일정한 형태를 갖춘 도구를 처음부터 만들어 내지는 못했을 것이다. 그러나 모방을 위한 제작을 반복하다 보니 제작자가 의도하는 도구를 만들 수 있는 기술을 획득하게 된 것 같다. 그래서 초기에는 아주 간단한 찍개 형태를 만들었지만, 시간이 흐른 후에는 양면에서 격지를 떼어 낸 기능이 다양한 주먹도끼까지 만들어 사용하게 되었고 그 유명한 올드완석기가 탄생한 것으로 본다.

최초의 도구제작자인 호모 하빌리스라는 말에 '호모'라는 새로운 속명이 붙었다 해도 그것은 이전의 인류와 완벽하게 단절된 것이 아니라 지속해서 변환되어 가는 일련의 과정이라고 말할 수 있겠다.

필립 토비아스는 쿠비포라에서 발견된 호모 하빌리스의 두개골 안쪽을 뜬 틀인 엔도 캐스트를 분석하였다. 그는 호모 하빌리스 두개골의 전두엽과 두정엽이 원숭이보다는 크며, 뇌에서 언어를 관장하는 브로카 영역이 오스트랄로피테쿠스보다 확장되어 있다는 사실을 확인했다. 인류에 있어서 언어는 상징사용 구어를 통해서 다른 사람에게 전하는 의사소통을 하는 행위로 인류 진화에서 반드시 넘어야 할 문턱이라고 볼 수 있다. 브로카 영역이 확장되었다는 것은 언어능력을 담당하는 두뇌 기능이 발전해 간 것으로, 호모가 초기언어를 사용하기 시작했다는 증거를 보여 주고 있다. 뇌의 중량비를 나타내는 EQ 지수가 오스트랄로피테쿠스는 2.4~3.1이고 호모 하빌리스는 3.1이다. 침팬지의 지수가 2.0이며 인간의 지수는 5.8로 호모 하빌리스는 침팬지 쪽에 가까운 중간 수준이다. 호모는 뇌가 커지면서 먹을거리를 찾는 데 많은 시간을 써야 하는 비용을 지불했지만, 아프리카 사바나 생태계에서 사자나 하이에나와 같은 맹수와의 경쟁에서 살아남을 수 있는 지능을 키워 갔던 것으로 보인다.[10]

인류의 요람 동아프리카 사바나에서 발견된 소수의 초기인류 유적은 호모 진화의 처음 단계에서 식습관과 이동방식의 유형에 변화가 있었고, 음식 나누기와 도구 제작이라는 새로운 요소들이 늘어났음을 보여 주고 있다. 호모 하빌리스는 채집생활을 기본으로 하면서 사냥감 동물의 살코기를 약취할 수 있었다. 뼈의 골수를 빼 먹는 고단백 식사를 하므로 두뇌가 커지고 인지능력이 향상되어 사바나 생태계에 적응하고 새로운 문화를 만들어 갔던 것으로 보인다.

한민족과 고조선 · 한(韓)

2) 호모 에렉투스(Home erectus)

(1) 호모 에렉투스의 출현

아득히 멀고도 먼 옛날 아프리카 사바나 생태계에서 두발로 걷고 도구를 만들고 불을 사용하는 방법들을 터득해 간 호모는 먹이사슬에서 새로운 강자로 등장했다고 볼 수 있다. 이 새로운 강자 호모 에렉투스가 강건한 두 다리로 아프리카 사바나를 벗어나 최초로 유라시아 대륙에까지

호모 에렉투스 모형

진출한 환경적 배경은 '빙하시대'라고 불리는 플라이스토세 초기이다.

플라이스토세는 약 250만 년 전 빙하현상이 세계적으로 심화된 이후 약 186만 년 전에 시작되었다. 그 무렵에는 알프스, 히말라야 등 거대한 산맥들이 형성되어 주변 지역과 열 교환이 감소하여 온도 차는 심해졌고, 북쪽 위도 대는 약 300만 년 전 이후로 점점 더 추워졌다.

빙하시대 첫 100만 년 동안은 기후 차이가 비교적 덜했기 때문에 호모 에렉투스가 열대 아프리카를 벗어나 아시아와 유럽으로 퍼져 나간 중요한 시기라고 할 수 있다. 빙하 극성기 동안에는 빙원이 지구 표면의 약 3분의 1을 덮었는데 북미 북부, 유럽 스칸디나비아, 알프스 지역이 포함되었다. 그 결과 해수면은 오늘날 해수면보다 수백 미터 아래로 내려갔다. 호모 에렉투스는 북위도 지방의 기후가 이러한 빙하기와 간빙기를 반복하는 긴 시간 동안 더욱 진화해 간 것으로 보인다.

전문가들은 세계의 기후가 지난 78만 년의 3분의 2 정도가 넘는 기간 동안 양극단을 오갔다고 믿고 있는데 그중에서 추운 기후 쪽이 우세한 것으로 보고 있다. 그 기간 중 적어도 아홉 차례의 빙하기가 있었으며 약 52만 5천 년 전의 큰 빙하기에는 빙하가 북미의 시애틀과 뉴욕까지 이르렀고 해수면은 지금보다 197m 정도나 낮았다. 51만 5천 년~31만 5천 년 전 사이에는 좀 더 따뜻한 간빙기였다. 이 따뜻한 시기에 아프리카 바깥으로 인간 거주지가 확대되었는데, 작은 무리의 채집민들이 아시아와 유럽의 강 유역과 삼림 속에서 동식물을 먹거리로 이용하면서 생활 영역을 점차 넓혀 간 것으로 보고 있다.[11]

아프리카를 처음으로 벗어난 호모 에렉투스는 인류의 기원론과 인류의 위치 설정을 둘러싼 논쟁의 불씨가 된 존재이다. 다윈의 진화론을 옹호한 독일의 헤켈은 동남아시아의 유인원인 오랑우탄이 인류와 비슷한 점을 들어 인류의 조상 화석이 아시아에서 발견되리라고 시사했다. 당시 유럽 사회는 1856년에 독일 네안더계곡에서 네안데르탈인 화석이 발견된 데 이어, 다윈의 저서 《종의 기원》이 출간됨에 따라 인류의 기원에 관한 관심이 고조되고 있었다. 인간의 기원에 대한 주류의 이론과 달랐던 헤켈의 강연에 참석한 네덜란드의 해부학자 외젠 뒤부아는 '잃어버린 연결고리(missing link)' 이론을 접하고 충격을 받았다. 그리하여 그는 대학 교수직을 내려놓고 인도네시아 동인도회사의 의무관으로 자원해서 가게 되었다. 그리고 수년에 걸친 각고의 노력 끝에 드디어 1891년 인도네시아 자바섬 중부 솔로강 유역의 트리닐에서 보존이 잘 된 두개골을 발굴하여, 피테칸트로푸스 에렉투스 일명 '자바원인'을 발견하는 큰 성과를 이루어 냈다.

20세기에 들어서서는 중국 베이징의 약종상에서 용의 이빨로 알려진 만병통치약이 나돌고 있었다. 이 용 뼈의 출처는 베이징에서 45㎞ 떨어진 주구점동굴이었다. 이 동굴에서 캐나다 출신 내과 의사 데이비드슨 블랙이 인류의 두개골 화석을 발견하고, 시난트로푸스 페키넨시스, 즉 '베이징원인'이라고 불렀다. 자바원인과 베이징원인은 나중에 재분류되어 호모의 분류학적 지위를 취득하여 호모 에렉투스(Homo Erectus)라고 부르게 되었다.[12]

대부분의 고인류학자들은 호모 하빌리스의 후예들이 열대 아프리카에서 진화하여 호모 에렉투스가 되었다는 데 동의한다. 그들은 앞에서 살펴본 대로 아르디피테쿠스 라미두스로부터 오스트랄로피테쿠스로, 호모 하빌리스로부터 다음의 인간들로 이어진다는 사실에 대부분 공감하고 있다. 초기 호미니드의 진화는 끊임없이 다양화라는 정형을 따랐으며 그 결과로 플라이스토세 초기 단계에는 대여섯 가지 종이 있었을 것이다. 그러나 약 100만 년 전에 이르면 유일한 생존자로 호모 에렉투스를 꼽고 있는데 전반적인 신체 비례가 현대인을 닮은 몸집이 큰 인간이었다. 고인류학자들은 호모 에렉투스가 현격히 변화하기 시작한 것은 200만 년 전으로 분석하고 있다.

호모 에렉투스는 가장 중요한 두발걷기를 위해서 하체의 구조가 변화되어 갔다. 특히 그들은 발가락 길이는 짧아지고 발바닥 가운데가 움푹 파여 먼 거리를 걷고 달릴 수 있으며 동물을 쫓아 사냥할 수 있는 능력을 갖추게 되었다. 어깨는 몸 쪽으로 내려와 대부분 근육과 점점 분리되었다. 목은 길어지고 팔은 짧아졌으며 코는 안면 중심부에 돌출되어 기능이 향상되었다. 털은 땀을 배출하기 위하여 점점 제거되고 머리털은 태양 직사광선의 부담을 줄이기 위해 점점 더 자라게 되어 호모 사피엔스와 유사한 형태로 변화하였다.

호모 에렉투스를 상징하는 두발걷기 진화에 따른 또 다른 견해는, 본질적으로 자손번식과 먹이구하기의 경제가 직립보행의 발전에 도움이 된 것으로 보고 있다. 왜냐하면 두발걷기가 번식의 성공을 증가시키는 수단이었기 때문에 네발걷기 대신 선택되었다는 것이다. 두발걷기는 먹이를 제공하고 보호하며 훈련의 형태로 높은 수준의 양육을 하여 더 많은 자식을 갖도록 해 준다. 더 많은 자식을 갖기 위해 마주 보며 하는 짝짓기가 식량분배의 유인책으로 충족되었다면, 사냥과 식량분배는 암컷이 성적으로 반응할 수 있는 기간을 늘려 주는 경향이 있었을 것이다. 호모 에렉투스 여성은 한 달에 3일이란 예측할 수 없는 기간만 임신할 수 있었기 때문에 성공적으로 임신을 하려면 여러 차례의 짝짓기를 하여야만 한다. 마주보면서 사랑을 나누는 이러한 행위는 인류의 중요한 진화적 요인이며 문화로 향하는 지름길이라고 보는 것이다.[13] 호모 에렉투스의 가족 양육과 마주 보며 수시로 이루어지는 성관계는 인류 진화에서 두발걷기와 밀접하게 관련된 것으로 호모 특유의 사고와 행동방식을 정확하게 파악한 견해로 볼 수 있다.

가장 오래된 호모 에렉투스의 화석은 케냐 북부 투르카나 호수 강둑에서 리처드 리키의 화석 발굴팀이 발견한 것이다. 수년에 걸쳐 두개골을 포함한 대부분의 유골을 찾아냈는데 9세로 추정되는 '투르카나 소년'은 키가 162㎝였다. 이 화석은 KNM-ER3733으로 명명되었는데 두개골 용량이 700cc~800cc 정도 크기였다. 눈두덩 뼈가 매우 두드러졌지만 이마가 잘 발달하였고 골반은 완전한 직립보행을 했음을 보여 주어,

자바와 베이징에서 발견된 화석과 매우 흡사한 모습을 나타내고 있다. KNM-ER3733의 연대는 180만 년~150만 년 전으로 측정되었다. 호모 에렉투스는 약 120만 년~100만 년 전의 지층에서 주로 발견되는데, 자바와 베이징의 호모 에렉투스는 약 90만 년~60만 년 전과 50만 년~35만 년 전의 것으로 측정되었다. 그밖에 알제리나 독일 등 북아프리카와 유럽에서 발견된 호모 에렉투스 화석은 대략 70만 년~50만 년 전으로 추정되고 있다.

이처럼 플라이스토세 지층에서 발견된 호모 에렉투스의 연대와 지리적 분포는, 플라이오세의 오스트랄로피테쿠스나 호모 하빌리스가 아프리카에만 나타났다는 사실에 비추어 봤을 때 상당한 의미를 내포한다. 플라이오세 호모로부터 진화한 호모 에렉투스가 상당 기간 아프리카에 머물다가 언제부터인가 아프리카 밖으로 나와 구대륙 전체로 확산되어 갔다는 것이다.[14]

그런데 고인류학계에는 인류 진화를 설명하는 데 있어서 병합파와 세분파로 나누어진다. 병합파 학자들은 지난 수백만 년간 존재했던 호미니드를 모두 호모 사피엔스로 묶은 데 비해, 세분파 학자들은 같은 기간에 여덟 개 이상의 호미니드 종이 있었다고 믿는다. 세분파에 속하는 런던 자연사박물관의 고인류학자 크리스 스트링어는, 플라이스토세 이후 180만 년 동안의 호모 계통을 호모 에렉투스 · 호모 하이델베르겐시스(현생 인류와 네안데르탈인의 공통조상) · 호모 사피엔스 · 호모 네안데르탈렌시스로 보는데 최근에 인도네시아에서 발견된 호모 플로레시엔시스[15]가 추가될 수도 있는 상황임을 주장하고 있다.

그런데 호모 에렉투스는 왜 아프리카를 떠나 유라시아 대륙으로 이주하게 되었을까? 여러 가지 배경이 있겠지만 호모 에렉투스는 전형적으로 채집과 수렵을 먹거리 확보의 기본으로 삼았던 것으로 볼 수 있다. 채집과 수렵방식은 무리가 일정한 지역에 거주하면서 숫자가 늘어나게 되면 먹거리 확보에 서로 경쟁하고 싸우는 매우 곤란한 상황이 발생하게 되었다. 점차 무리가 커지면 무리 중 일부는 새로운 지역에 진출하여 영역을 개척하면서 먹거리를 확보하는 이주문화가 자연발생적으로 자리잡게 된다. 따라서 사바나 생태계에서 새로운 땅을 차지하기 위하여 확산해 가는 과정의 연속으로 아프리카 밖으로 나서는 계기가 되었던 것으로 보인다.

또 다른 이유로 약 200만 년 전 빙하시대가 도래하면서 자신들이 살던 환경이 주기적으로 삼림에서 사바나로, 사바나에서 사막으로 바뀌는 데 적응했을 것이다. 그들은 수많은 포유동물이 바뀌는 식생대를 따라 이주하자, 사냥감을 확보하여 생존하기 위해서 그들도 따라서 이주한 것으로 보며 그 대표적인 지역으로 사하라사막을 꼽는다. 사하라 지역에는 사바나 기간에 많은 동물과 호모 에렉투스가 거주하였다. 그러나 건조기를 거쳐 사막화가 진행되면서 동물이나 채집민들을 북쪽으로 밀어내어, 그들이 튀지나나 지중해를 거쳐 지브롤터 등 유라시아 대륙으로 이주해 가도록 만들었던 것이다.

(2) 호모 에렉투스의 유라시아 대륙으로 확산

다수의 전문가들은 아시아에 200만 년 전 직후 사람들이 살기 시작했다는 데 의견을 같이하지만, 동남아시아 및 유럽의 최초 이주증거는 불확실하다고 보고 있다.

아시아에서 발굴된 화석 중 2018년 영국 과학지 〈네이처〉에 중국 과학원 주자오위와 영국 엑세터대 로빈 데닐이 공동 연구한 내용을 발표하였다. 논문은 '중국 남부 황토고원의 17개 퇴적층으로부터 석기 96점을 발견했다.'라며 '이 가운데 가장 오래된 퇴적층은 생성연대가 212만 년 전, 가장 최근 것은 126만 년 전인 것으로 나타났다.'라는 내용이었다. 현재 학계에 알려진 고인류 화석 가운데 가장 오래된 것은 약 280만 년 전 살았던 인류의 턱뼈로서 2015년 아프리카 에티오피아에서 발굴된 것이다. 아시아의 경우 1991년 조지아 드마니시에서 발굴된 177만 년~185만 년 전의 호모 에렉투스 두개골 화석과 석기가 가장 오래된 고인류 흔적이었다. 그러나 이번에 중국에서 발견된 석기는 드마니시보다 20여만 년이나 앞선 시기에 이미 아시아 일대에 고인류가 존재했을 가능성을 시사하는 것이다. 데닐 교수는 '초기인류가 아프리카를 떠난 시점을 다시 검토할 필요가 있다'고 말했다. 다만 연구팀의 이번 발굴 지점에서 석기와 다른 동물 뼈는 나왔으나 해당 석기를 사용했을 고인류의 화석은 출토되지 않았음을 밝히고 있다.[16]

유럽에서는 스페인의 시에라데 아타푸에르까 유적에서 약 120만 년 전으로 연대 측정된 인골조각들이 나왔기 때문에, 백만 년 전이면 적어도 몇몇 유단이 유럽에 살기 시작하였음을 알 수 있다.[17] 이처럼 호모 에렉투스가 열대 지방을 벗어나 중위도 온대 지방까지 진출할 수 있었던 것은 무엇보다도 불을 활용할 줄 알았기 때문으로 추정된다. 인류가 불을 언제부터 다루었는지를 정확하게 알 수 없으나 증거가 분명한 화석은 78만 년 된 이스라엘의 한 유적지에서 나왔다. 초기인간들은 건기 동안 큰 불이 일어나 사바나를 휩쓸며 덤불을 태우는 자연의 흐름에 익숙하였을 것이다. 불은 맹수에 대한 방호막이 되고 불길을 피해 달아나는 작은 동물들을 쉽게 잡을 수 있는 데 도움이 되었다.

불씨는 작은 것이지만 불은 호모에 의해 모든 것을 바꾸어 놓았다. 맹수들은 호모 에렉투스가 피워 놓은 불더미에 접근하지 못했다. 호모 에렉투스는 먹이사슬의 중간자 위치에서 상위포식자 위치에 오르게 되었다. 그들은 불방망이를 이용해 맹수들이 살던 동굴을 차지해 자신들의 보금자리를 확보하게 되었다. 불을 이용해서 추위를 극복할 수 있고 열대 지방을 벗어나 온대 지방까지 진출할 수 있는 능력을 갖추게 된 것으로 보인다.

호모 에렉투스가 불을 관리하고 이용하면서 식생활과 신체에 큰 변화가 나타나게 되었다. 고기나 구근류를 날것으로 먹을 때에는 소화에 장시간이 소요되기 때문에 위장의 비중이 컸다. 그러나 고기를 구워 먹고 견과류나 구근류를 요리해 먹게 되므로 위장의 비중이 줄어들고 이빨의 크기가 작아지게 되었다. 어금니를 비롯한 이빨의 크기가 줄어들게 됨에 따라 호모 에렉투스의 턱관절이 현저히 아담하게 되었다. 따라서 안면에 위치한 눈 위 뼈의 융기한 부분이 줄어들었고 머리뼈의 굵기가 가늘어지게 되었다. 결국 불에 구운 고단백 고기를 섭취하므로 소화가 잘 이뤄지고 뇌의 용량이 점차 늘어나 두개골의 크기가 커지는 선순환의 결과를 가져오게 된 것이다.

호모 에렉투스는 오랜 시간 동안 동아프리카의 사바나에서 유럽의 온대 지역, 조지아의 드마니시 지역, 자바의 열대림, 중국 남부 황토고원, 북중국의 주구점동굴에 이르기까지 다양한 기후에 적응해 갔다. 또 이들은 불을 이용한 식생활의 변화로 뇌의 용량을 계속 키워 가게 되었다. 베이징 부근의 주구점동굴에서 출토된 호모 에렉투스의 두뇌 크기가 78만 년 전 개체는 900cc인데 비해 20만 년 전 것은 1,100cc 정도로, 약 58만 년 동안 200cc 정도가 더 커졌음을 보여 주고 있어 인류 진화의 한 단면을 잘 보여 주고 있다.

(3) 호모 에렉투스의 문화

호모 에렉투스는 먹거리 채취와 사냥을 위해서 필요한 석기를 제작사용하였다. 가장 오래된 석기는 케냐 투르카나 호수 부근에서 호모 에렉투스의 두개골과 함께 발견된 178만 년 전에 만들어진 석기이다. 호모 에렉투스는 주먹도끼와 격지석기 그리고 찍개류를 비롯한 여러 용도의 석기들을 제작해서 사용했던 것으로 보인다. 이들이 만든 석기 양식을 '아슐리안' 석기라고 부르는데, 그 이유는 프랑스 북부 생 아슐 지역에서 다양한 석기들이 발견되어 표준화의 기준이 되었기 때문이다. 주먹도끼는 손으로 감싸 쥐어 위력적으로 사용할 수 있고 자르개의 날은 매우 예리해서 고기를 자르는 데 효용성이 높았던 것 같다. 아슐리안석기를 제작하기 위해서는 원석을 돌망치로 가격하고 석편들을 분리해 낸 후 원하는 형태를 만들었고 사슴뿔 등을 가지고 마무리 작업을 했던 것 같다.

호모 에렉투스는 커진 두뇌에 따라 향상된 지적능력과 위력이 있는 석기를 이용하면서 구성원들이 협동적인 사냥을 했다고 볼 수 있다. 그들은 동물의 행태와 습성을 파악하여 여러 명이 참여하는 합동작전을 통해서 효율적인 사냥을 해 나간 여러 유적지가 나타나고 있다. 특히 고위도 지역은 큰 무리를 짓고 이동하는 큰 몸집의 초식동물이 많았기 때문에 개인적인 사냥보다 집단적인 사냥이 더욱 요구되었을 것이다.

중국 주구점동굴의 약 40만 년~30만 년 전의 것으로 추정되는 지점에서 약 40여 명의 유골이 발굴되었다. 50m 깊이의 지층에서 나온 10만여 점의 석기와 수많은 동물의 뼈는 수렵생활의 베이스캠프 역할을 통해 코끼리 · 코뿔소 · 들소 등 몸집이 큰 동물을 합동 사냥한 것으로 보인다. 스페인 마드리드 북서부 토랄바와 암브로나에서는 거대포유류의 무리를 집단으로 수렵한 유적이 발굴되었다. 이 유적은 20만 년 전이나 혹은 40만 년 전 당시 습지가 있던 계곡에 자리 잡고 있었다. 수천 점의 아슐리안석기와 수많은 동물의 뼈가 발견되었다. 수십 마리의 코끼리, 사슴, 야생소 등의 뼈인데 이 동물들을 좁은 계곡에서 습지로 몰아 합동으로 사냥한 것으로 분석하고 있다.[18]

일부 고인류학자들은 호모 에렉투스가 약 170만 년 전 아프리카를 떠나 유라시아 대륙에 이주하여 현지에 적응하면서 여러 종의 인간으로 발전되어 나왔다는 견해를 가지고 있다. 그들은 플라이스토세 기간 중 호모 에렉투스, 호모 에르가스테르, 호모 하이델베르겐시스, 호모 네안데르탈렌시스, 호모 로데시엔시스 등 다섯 종의 인간이 서로 다른 문화적 환경 속에서 나왔을 것이라고 믿고 있다. 그러나 앞에서 살펴본 대로 드마니시아인과 중국 남부 황토고원인 등 더 많은 인류가 살았을지는 확실하게 판단을 내릴 수 없는 것으로 보고 있다. 그래서 고인류학계 일부의 견해는 약 170만 년 전 호모 에렉투스가 아프리카를 벗어나 유라시아 대륙에 이주하자, 세계 곳곳의 다양한 환경 속에서 여러 종의 인간이 진화되어 나올 수 있는 진화상의 변화를 초래했다고 보고 있는 것이다.[19]

호모 에렉투스의 아프리카 탈출과 온대 지역 진출은 다양한 도구와 불을 비롯하여 문화적 적응능력이 수반되지 않고는 이루어지기 어려운 상

한민족과 고조선 · 한(韓)

황이라고 말할 수 있다. 그래서 호미니드의 진화방식을 생체적 진화 대 문화적 진화가 차지하는 비중으로도 파악해 볼 수 있겠다. 라미두스를 비롯한 초기의 호미니드는 대체로 갖추고 있는 생체적 능력으로 자연에 순응하며 살았다. 환경이 변화하면 이 변화에 생체적으로 적응하는 종은 살아남고 그렇지 못한 종들은 생존할 수 없어 도태되었다. 그러다가 호모에 들어서서는 커진 두뇌를 활용하여 생존에 필요한 행동 양식을 습득하게 되었다. 두발걷기, 손쓰기, 도구 만들기, 불 활용하기, 자녀 양육하기, 마주 보고 섹스하기 등의 문화적 적응능력을 향상시켰다.

원시적이고 초보적인 석기를 제작하고 이어서 좀 더 발전된 아슐리안 석기를 제작하면서 호모 에렉투스는 생체적인 진화보다 두뇌적이고 문화적인 진화의 비중이 점차 커지게 되었다. 호모는 환경에 대한 지식과 기술을 축적해 가고 문화적인 가치를 후대에 전승시키면서 생존에 유리한 여건을 확보하여, 아프리카를 넘어 유라시아 대륙 여러 지역으로 확산되어 갔다고 볼 수 있겠다.

3) 호모 사피엔스(Homo Sapiens)

(1) 호모 사피엔스의 출현

호모 사피엔스의 기원을 파악하는 문제는 인류의 계보를 정리하는 데 가장 어려운 문제에 속하는 것으로 본다. 그 이유는 아직 호모 사피엔스에 대한 명확한 실체가 없으며, 인류의 아프리카기원설과 현생인류의 출신 지역에 관한 문제와도 결부되기 때문이다. 그런데 호모 사피엔스의 기원을 파악하다 보면 호모 에렉투스 이후 등장한 고인류라고 불리는 몇 가지 화석들이 나타나기 때문에 문제가 복잡해진다. 고인류 화석은 호모 에렉투스와 호모 사피엔스의 특징이 혼재되어 있으므로 어느 속에 해당한다고 명확하게 구분해 내기는 어렵다.

고인류학계에서는 이 점에 대해서도 두 종류의 학설이 제시되어 왔다. 하나는 호모 에렉투스에 이어서 호모 사피엔스로 이어진다는 아프리카기원설로 호모 사피엔스는 아프리카에서만 진화해서 유라시아 대륙으로 진출 발전해 갔다는 주장이다. 다른 견해는 다지역진화설로 호모 사피엔스는 아프리카, 유럽, 아시아에서 호모 에렉투스를 이어 독립적으로 진화 확산되었다는 주장이다. 그러나 오늘날에는 생화학적 분석에 힘입어 아프리카기원설이 다수를 이루고 있다고 볼 수 있다.

먼저 살펴볼 내용은 아프리카기원설로 지금으로부터 100만 년 전에 호모 에렉투스가 자바와 중국까지 진출했고, 호모 사피엔스는 20만 년 전에 아프리카에 등장했다고 본다. 호모 에렉투스와 호모 사피엔스 사이에 등장한 유력한 호모는 호모 하이델베르겐시스로 꼽고 있다. 호모 하이델베르겐시스는 약 80만 년 전에 아프리카에 등장했고 이어서 유럽에 나타났다고 한다.

1907년 독일 하이델베르크 지역 고고학 발굴현장에서 인간의 아래턱 화석이 발견되었다. 이 아래턱은 나중에 등장하는 네안데르탈인이 지닌 파생형질의 원형을 지녀 하이델베르겐시스는 유전적으로 네안데르탈인의 조상으로 보고 있다. 호모 하이델베르겐시스는 약 40만 년 전 유럽에 진출한 것으로 추정한다. 아프리카를 떠나 스페인, 이탈리아, 프랑스, 영국, 독일 등 유럽에 정착한 하이델베르겐시스는 약 30만 년 전에 네안데르탈인으로 진화되고, 아프리카의 호모 하이델베르겐시스도 약 20만 년

이전에 호모 사피엔스로 진화해 전 세계로 퍼져 나갔다는 가설이다.[20]

또 다른 견해는 다지역기원설로 인류는 약 100만 년 전까지는 한 뿌리였지만, 호모 에렉투스가 아프리카를 벗어난 후 아시아와 유럽 등지에서 각자의 특성에 따라 발전했다고 보는 것이다. 호모 사피엔스가 지닌 인종적 특징은 각 지역에서 오랜 세월 동안 진화해 온 결과라고 보는 것이다. 옛 인간들은 60만 년 전부터 13만 년 전 사이에 유라시아 대륙에서 한층 현대적 형태의 인간 쪽으로 진화하고 있었다. 아프리카, 아시아, 유럽에서 나온 화석은 에렉투스 특징과 사피엔스 특징을 모두 나타내며 두뇌용적이 커지고 두개골 폭은 넓어진다. 두개골 뒷부분은 더욱더 둥글어지며 골격은 강건해지고 어금니는 작아진다.

이런 일반적인 추세는 잠비아의 카브웨 유적에서 출토된 브로큰힐 두개골과 같은 아프리카 화석들에서 잘 나타난다. 아시아 지역인 중국에서도 에렉투스 특징과 사피엔스 특징이 모두 나타나며, 중국 연구가들은 그 특징들이 그곳 현대 주민 집단에서도 보인다고 주장한다. 유럽에서도 에렉투스 특징과 사피엔스 특징의 모자이크 양상을 나타낸다. 그러나 각 대륙에서 나온 화석들은 상당한 차이가 있다. 유럽 화석들은 아시아 것보다 좀 더 강건하게 보이며 좀 더 옛스러운 네안데르탈인 형태를 향해 진화하고 있다는 내용이다.[21]

유럽에서는 직립원인에서 호모 사피엔스가 출현하기까지 시간 계열을 따라 지속해서 화석들이 나타나지 않기 때문에 체계적인 파악은 상당히 어려운 형편이다. 예를 들면 직립원인이 유럽에 진출한 것이 70만 년 전즈음이라면, 그 이후 40만 년 전 간의 지층에서는 호모의 화석들이 출토되지 않고, 30만 년 전이나 되어서야 고인류 화석이 등장하기 시작한다는 것이다.

영국의 스완즈콤에서 발견된 두개골은 꽤 현대적인 인류로 호모 사피엔스와 네안데르탈인의 특성을 모자이크적으로 진화했음을 뒷받침해 준다고 할 수 있다. 그리고 독일의 슈타인하임의 30만~20만 년 전 지층에서 선 인류라는 두개골 화석들이 발견되었는데 영국의 스완즈콤인과 동시대인으로 보고 있다. 이 화석들은 그리스 페트로나의 약 30만 년 전 지층과 프랑스 피레네산맥 아라고 지역의 약 20만 년 전 지층에서 발견된 화석들과 매우 유사한 것으로 밝혀졌다. 고인류학자 스트링어는 이 화석들이 매우 다양한 형태를 띠고 있으며 12만 8천~1만 년 전에 나타나는 고전적 네안데르탈인과 가까운 계보 관계에 있다고 주장했다.[22]

다지역기원설을 지지하는 일부 인류학자들은 동아시아의 화석과 고고학적 기록이 완전 교체모델을 부정하는 설득력 있는 증거를 구성한다고 생각한다. 포페, 월포프, 손 등은 호주의 초기주민과 자바원인 사이의 강한 유사성이 존재하고 있고, 그들 모두가 대략 40만 년~50만 년 전 같은 시대의 아프리카인과는 매우 다르다는 것을 확인하였다. 그들은 아시아 주민에서는 높은 빈도로 나타나지만, 아프리카인에서는 매우 낮은 빈도로 나타나는 앞니 단면의 '삽' 형태와 같은 체질적 특징을 예로 들었다.

다지역진화의 연속설 주창자들은 동북아시아에서 현생인류 뇌 용량의 점진적인 지역적 진화뿐 아니라 인간의 체질적 형태에서도 연속성을 강하게 보여 주는 증거를 인용하였다. 중국의 주구점 · 따리 진뉴산에서 출토된 뼛조각들이 여기에 대한 기본적인 증거를 형성하는 것으로 보고 있다.[23]

중국 고인류학계 다수학자들은 100만 년 전부터 살았던 호모 에렉투스가 진화하여 현대 중국인의 조상이 되었다고 주장한다. 주구점 머리뼈 화석을 연구한 독일 출신 해부학자 프란츠 바이덴라이히는 이 화석이 오늘날 중국인들에게서 나타나는 특징들을 가지고 있어서 현대 중국인의 조상이라고 주장한 바 있다. 중국 고인류학자 우신즈는 호모 에렉투스와 호모 사피엔스가 서로 다른 종이 아니라 서로 다른 아종, 즉 '호모 사피엔스 에렉투스'와 '호모 사피엔스 사피엔스'라고 주장한다. 인류는 각 지역에서 에렉투스로부터 진화해 사피엔스가 되었는데, 전 지구상에 호모 사피엔스가 동일하게 나타날 수 있었던 것은 끊임없는 집단 간의 유전자 교류가 있었기 때문이라며 '교배에 의한 지속성' 이론을 설파하고 있다.[24]

그러나 최근 DNA 해독기술이 발전하면서 호모 연구도 활기를 띠고 있다. 벨기에 트루알웨스동굴에서 바닥 속의 먼지 샘플을 채취하여 수만 년 전에 살았던 네안데르탈인의 DNA를 막스 플랑크 진화인류학연구소 연구진이 명확하게 밝혀낸 바 있다. 인류의 단일기원설을 뒷받침하고 있는 DNA 분석 유전학자들은 '전통의 화석연구는 본업이 아니라 부업'이라고 말하며 '젊은 고인류학자들에게 화석 찾기를 중단할 것'을 권유하고 있다. 이에 대하여 스반테 페보 박사는 '아직 네안데르탈인 연구가 다 끝나지 않은 상황으로 화석연구 중단은 성급한 판단이며, 화석연구 기반에서 새로운 DNA 분석이 이뤄져야 한다.'라고 큰 우려감을 표명하고 있다.[25]

지금까지 호모 사피엔스 출현에 대하여 다소 애매하지만 아프리카기원설과 다지역기원설을 살펴보았다. 과연 어떤 내용이 과학적이고 논리적인지는 고고학 자료나 생화학적 자료를 더 살펴보아야 하겠다. 그러나 고인류학계의 다수 견해는 호모 에렉투스에 이어지는 호모 사피엔스도 아프리카에서 출현하였음을 인정하는 추세에 있다고 하겠다.

(2) 네안데르탈인(Neanderthals) 등장

호모 사피엔스 계보에서 현생인류와 유전자 교환이 있었던 것으로 평가받고 있는 네안데르탈인은 호모 사피엔스 계보에서 상당히 중요한 비중을 차지하고 있다. 주로 유럽과 서아시아에서 살았던 네안데르탈인의 유적에서 상당히 많은 유물이 발굴되고 있고, 이들이 호모 사피엔스

네안데르탈인 모형

사피엔스와 생존 기간이 상당히 겹치고 있기 때문이다.

이들의 해부학적 특성은 스페인 아타푸에르까에서 출토된 늦어도 30만 년 전 옛 유럽주민의 화석에서 나타난다. 크로아티아에서 발견된 3만 8천 년 된 다리뼈의 네안데르탈인 DNA 조각들은 네안데르탈인의 직접 조상들이 일찍이 41만 8천 년 전에 현대인의 조상으로부터 갈라졌음을 시사하고 있다. 독일 뒤셀도르프 근처 네안더계곡에서 1856년 처음 발견된 네안데르탈인은 현생인류 이전에 첫 번째로 확인된 화석이었기 때문에 많은 관심을 받아 왔고, 유인원을 닮아 얼간이 같은 사람으로 평가받아 왔다.

과거 인류학자들은 네안데르탈인이 호모 에렉투스와 호모 사피엔스 사피엔스의 일부 집단을 연결하는 고리가 되는 것은 아닌지 추론한 바 있다. 양자 사이에는 네안데르탈인이 둥근 두개골과 눈썹두덩이가 심하게 솟았고 안면이 앞으로 튀어나왔으며 팔이나 다리의 뼈가 유난히 굵다. 전체적으로 네안데르탈인은 예스러운 특성과 강인하고 건장한 체격

을 가졌으며 두개골의 용량은 현대인보다 약간 크다고 하겠다. 이런 특징들 때문에 이 멸종된 호모를 완전한 현대인이 아닌 호모 사피엔스 네안데르탈렌시스로 분류하게 된 것이다.

네안데르탈인은 약 20만 년~3만 년 전쯤까지 유럽과 중동의 레반트 지역을 비롯한 서아시아 지역에서 번성하였다. 그들은 현대인과 똑같은 자세와 손놀림 능력을 갖추고 있었지만, 육중한 사지 뼈를 가진 점이 현대인과 차이가 있다. 넓적다리와 앞 팔 부분이 약간 휜 것은 그들의 근육의 힘이 한층 컸음을 나타낸다. 네안데르탈인은 키에 비해 근육이 두껍게 잘 발달하여서 추위를 견디는 능력이 탁월하므로 10만 년 이상을 생존한 것으로 보고 있다.[26]

(3) 네안데르탈인의 문화

네안데르탈인의 문화와 기술은 이전의 호모들보다 훨씬 다양하고 정교했다. 그들이 남긴 도구들 대부분은 프랑스 남부의 무스티에(LeM-oustier) 유적 명을 따라 부르는 무스테리안 석기공작에 속하며, 여러 종류의 독특한 형태를 나타내어 이 시기부터 중기 구석기시대로 분류한다. 무스테리안 석기들은 주먹도끼와 달리 대부분 도구를 격지로 만들었으며 가장 많은 것은 긁개와 창끝이다. 그들의 무기 중 일부는 복합도구였는데 찌르개와 대를 묶어 창을 만들어 사용하였다.

프랑스 서남부의 도르도뉴 지방에 있는 수십 곳의 무스테리안 유적들은 동굴, 바위그늘, 한데유적들로 구성되며 대표적인 유적지가 콩브 그르날 계곡에 있는 동굴이다. 프랑스와 보르도는 이 동굴에서 64개의 중첩된 주거층을 발견했는데 8만 5천 년~4만 5천 년 전 사이의 주거지로 보고 있다. 이 동굴에서는 19,000점 이상의 무스테리안 석기들이 발굴되었다. 석기들은 층위에 따라 다양한데 격지 같은 돌조각이나 톱니날도구들이 다량 집중되어 있었다.[27]

네안데르탈인은 주로 동굴에만 거주하던 얼간이 같은 사람이 아니고 다양한 문화 활동을 했던 것으로 보인다. 프랑스 브뤼니켈동굴에는 약 17만 6,000년 전에 가로 4m, 세로 5m의 복잡한 원형 구조물을 종유석과 석순을 이용해서 상당한 수준의 예술작품을 만들어 놓았다. 네안데르탈인들은 빙하기에는 생존을 위해 따뜻한 지중해 해안가로 거주지를 옮겼다. 스페인 지브롤터 해안에 있는 뱅가드와 고르함동굴에서는 조개껍데기·오징어·문어 등 해산물과 석기·모닥불터 등이 발굴되었다. 프랑스 르 레 구르두동굴에서는 네안데르탈인 무덤에서 봉분과 토템신앙을 상징하는 동물 뼈가 확인되어 의도적으로 시신을 매장해 왔음이 밝혀졌다.[28] 이러한 사실은 네안데르탈인이 사람이 죽는다는 것과 내세를 인식하는 정신세계를 가지고 있을 정도로 지적인 능력이 상당하였음을 보여 주고 있다.

사실 네안데르탈인은 유럽과 서아시아뿐만 아니라 중앙아시아 알타이 산맥의 여러 지역과 한반도에까지 진출한 것으로도 볼 수 있다. 단양 상시 바위그늘 유적에서 출토된 사람 화석이 네안데르탈인 계통으로 보는 견해도 있기 때문이다. 알타이 지역 카라봄 유적의 중기 구석기문화층에서 네안데르탈인이 사용한 것으로 보고 있는 르발루아 석핵과 무스테리안 도구들이 출토되어, 현생인류보다 훨씬 먼저 알타이 지역에 자리 잡았음을 알 수 있다.

요약하면 현생인류와 생존 기간이 겹쳤던 네안데르탈인은 주로 유럽

한민족과 고조선 · 한(韓)

에서 생활하면서 추운 날씨에 적응하여 생존할 수 있도록 강건하고 예스러운 모습으로 변했다. 이들의 문화적 수준은 얼간이 같은 수준이 아니고 죽음을 인식하고 사체를 매장하는 상당한 정신세계를 가지고 있었다. 석기제작기술은 이전의 호모들보다 훨씬 다양하고 정교한 도구를 제작하는 무스테리안 문화를 창조해 간 것으로 보인다. 주거지는 독일, 프랑스에서 스페인과 남부 러시아까지 멀리 퍼져 갔다. 이들은 약 2만 4천 년 전에 지브롤터에 있는 고람동굴에 마지막 흔적을 남기고 멸종했다.

네안데르탈인이 사라진 배경은 서아시아와 유럽에서 마주친 호모 사피엔스 사피엔스와의 경쟁에서 기술과 지능 및 협동력에서 근소한 차이로 밀렸다. 그리고 약 3만 년 전에 발생한 빙하기의 매서운 추위로 식량이 부족하고 활동에 큰 제약을 받아 홀연히 사라진 것으로 보인다.

네안데르탈인과 현생인류 "동침 잦았다."

현생인류의 대부분은 네안데르탈인의 유전자를 조금씩 가진 것으로 연구되고 있다. 네안데르탈인과 현생인류의 동거가 빈번했고 특히 인종별로 동거 기간에 차이가 있을 거라는 내용이다. 아프리카를 나온 인류는 유럽을 거쳐 아시아로 이주하는 동안 네안데르탈인을 만나게 된다. 서로 성관계가 가능했던 이 두 존재는 약 3만 년의 시간을 함께 보낸 것으로 알려졌다. 이로 인해 오늘날 대부분 사람은 네안데르탈인의 DNA를 2% 정도 가지고 있지만, 아프리카에만 머물렀던 사람들은 이 유전자를 가지고 있지 않다.

최근 과학자들은 다양한 인종의 게놈을 면밀하게 관찰한 결과 동아시아 사람들이 유럽 순혈의 사람들보다 약 12%~20%나 높은 네안데르탈인 DNA를 가진 것으로 드러났다. 이 발견은 네안데르탈인과 인류의 동거 기간이 실제로는 더 길었고 인종별로 달랐다는 것이다. 템플대학교의 과학자들은 수많은 데이터를 종합해 동아시아인과 유럽인 그리고 네안데르탈인의 DNA 패턴을 분석했다. 연구팀은 알고리즘을 사용해 네안데르탈인의 DNA가 동아시아인과 유럽인에 응용될 수 있는 모든 교차번식 경우의 수를 계산해 낸 것이다. 연구팀은 '우리는 인간과 네안데르탈인 사이에 유전자 교환이 간헐적으로 진행됐고, 지리적으로 기간에 차별 점을 보인 것으로 확인했다.'라고 말했다. 즉, 네안데르탈인과 인류가 특정 기간에만 동침한 것이 아니라 간헐적으로 성관계를 맺었고 또 유럽인보다 동아시아인이 더 빈번하게 네안데르탈인과 동침했다고 보고 있다.[29]

4. 현생인류가 번성하다

1) 호모 사피엔스 사피엔스(Homo Sapiens Sapiens) 등장

드디어 우리는 나와 같은 종인 호모 사피엔스 사피엔스를 알아보고자 한다. 호모 사피엔스 사피엔스는 호모 사피엔스의 아종으로 매우 슬기로운 사람인 현생인류를 뜻하는데, 연구자에 따라 호모 사피엔스와 구분하지 않고 같은 계보로 보기도 한다. 현생인류의 뇌 용량은 네안데르탈인

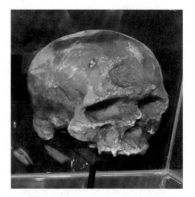

호모 사피엔스 사피엔스 모형

보다 적었고 신체적 구조도 약체였지만, 여러 가지 약점을 극복하고 지구촌 곳곳에 퍼져 갔던 것이다.

한민족과 고조선 · 한(韓)

둘 사이에는 어떤 차이점이 있었을까? 현생인류는 호모 에렉투스나 네안데르탈인보다 좀 더 개선된 도구를 만들었고 협동하여 사냥할 수 있는 능력을 갖춘 것으로 보인다. 또 언어의 발달로 생각과 감정을 상대방에게 전달할 수 있는 의사소통의 수단을 갖게 되므로 최상위 경쟁자가 되었다고 할 수 있다. 이러한 능력을 키워 간 현생인류는 아프리카를 넘어 서아시아, 동남아시아, 동아시아, 유럽, 오세아니아, 남북미 등 지구촌의 주인공으로 널리 확산되어 가게 된다.

'우리는 누구인가?'의 가장 근본적인 물음인 '현생인류의 출현지는 과연 어디인가?'에 대하여 고인류학계는 다양한 방법을 통해서 연구 추적해 왔다. 이 물음에 대해 현생인류와 유사한 화석들의 고고학적 증거와 해부학적 현대인은 사하라이남 아프리카에서 일찍 등장하였음을 여러 인류 화석이 입증해 주고 있다. 약 20만 년 전에 남부 아프리카에서 북동 아프리카에 걸쳐 살던 호모속에서 돌연변이가 나타나 현생인류의 한 예스러운 형태가 번성하였다. 이 인구 집단은 이전 호모 에렉투스로부터 진화한 것으로 두개천정부가 더 높아졌으며 그 밖에도 해부학적 현대인에 유사한 신체 특성이 있었다. 약 20만 년 전 이후로는 많은 아프리카인이 예스러운 특징과 현대적인 특징의 모자이크 양태를 나타냈다. 약 15만 년 전경에 들어서서는 많은 아프리카인들은 옛 인간과 현대인 간의 특성을 좀 더 나타내게 된다.

대표적으로 현생인류처럼 키가 크고 건장한 체격에 넓은 이마와 얇아진 눈썹두덩을 가진 남성 화석 하나가 19만 5천 년 전쯤의 에티오피아의 오모키비시 유적에서 발굴된 바 있다. 또 고인류학자 팀 화이트와 그의 동료는 에디오피아 아디스아바바 북동쪽에 있는 헤로토에서 두개골 세개와 더불어 인간 신체의 다른 부위들을 발견해 냈다. 그 두개골들은 해부학적 현대인의 것이나 원시적인 형태로 특정 짓는 사소한 차이가 있어서 지역 말로 연로자라는 뜻의 '호모 사피엔스 이달투'라고 명명했다. 성인 남성 두개골은 길고 억센데 현대인의 두개골보다 아주 근소하게 컸으며 윗니들이 심하게 닳았다. 오모키비시 및 헤로토 발견물들은 현대인의 등장을 낳은 생물학적 발전이 유럽을 포함한 세계 어느 곳보다도 먼저 동아프리카에서 15만 년 전이면 이미 거의 제 길로 들어섰음을 보여 주는 사례로 이해되고 있다.[30]

현생인류로 진화하는 데 신체적 형태 변화와 더불어 뇌 구조의 변화도 궁금한 내용이다. 현생인류가 뇌 구조의 차이로 네안데르탈인보다 더 지혜로웠기 때문에 생존할 수 있었다는 연구 결과가 있다. 일본 게이오대 나오미치 오기하라 연구팀은 네안데르탈인과 초기 현생인류의 뇌 구조를 비교한 결과 현생인류의 소뇌가 8배가량 더 크다는 사실을 발견해 〈사이언티픽 리포트〉지에 발표했다. 소뇌는 언어능력이나 집중력 등과 관련 있다고 알려져 있다. 연구팀은 네안데르탈인과 초기 현생인류의 두개골 화석 각 4개를 컴퓨터 시각화 프로그램에 재구성한 결과 뇌 용량에는 큰 차이가 없었지만, 현생인류의 소뇌가 8배가량 컸고 뒤통수는 더 작은 것을 밝혀냈다. 연구진은 현생인류의 뇌 구조 정보를 이용해 소뇌가 클수록 상황에 맞게 지식을 재구성하는 인지 유연성 등이 뛰어남을 확인했다. 연구팀은 '소뇌의 해부학적 차이는 네안데르탈인과 현생인류의 사회적 능력에 중요한 차이를 가져왔다'고 말했다.[31]

생태 인류학자 로버트 폴리의 연구는 약 10만 년 전의 아프리카 사바나 삼림이 현대인이라 하는 신종의 발달을 촉진하는 데 이상적인 환경을 제공한 것으로 보고 있다. 아프리카 원숭이의 진화를 연구한 결과 널리 산재한 집단들이 다양하게 분기한 사실을 발견한 것이다. 폴리는 아프리카에서 현대인이 진화했다고 볼 수 있는 때와 비슷한 시기에 한 가지 원숭이속이 무려 16종으로 흩어졌다고 말했다. 그리고 이 연구처럼 현대인이 조각조각 모자이크를 이룬 열대 환경에서 옛 선조들로부터 자신들을 떼어놓은 뚜렷한 특성을 발달시켰다고 추정했다. 그곳에는 질 좋은 먹을거리와 존재를 예측할 수 있는 지역들이 있었다. 일부 인간 집단은 그런 환경에 대한 반응으로 다양한 범주의 행위를 발전시켰다. 이들은 상당한 규모의 무리를 가진 큰 사회 집단을 이루고 살았으며 식단을 다양하게 선택적으로 구성했을 것이다. 그리고 일부 집단은 이런 결과로 두뇌를 활용한 다양한 사냥기술을 개발했을 것이다. 또 이들은 효과적인 무기를 가지고 사전계획을 세워 더 나은 사냥조직을 갖춤으로써, 안정된 생활을 유지해 갔던 것으로 보고 있다.

특히 20만 년~13만 년 전 사이에 동남 아프리카 전역의 석기제작기술에서 상당한 변화가 있었음을 나타내고 있다. 오랫동안 써 오던 주먹도끼 기술이, 날카로운 격지를 나무 창대에 결합하는 경량화된 도구와 나무가공 및 동물해체에 쓰이는 전문화된 도구에 자리를 내주고 밀려난 것이다. 중간 크기의 격지로 만든 간단한 도구들은 해부학적 현대인이 10만 년 전 이후 개발한 구석기 후기 무기들의 옛 원형으로 보고 있다.[32]

분자생물학의 유전자분석법은 1993년 미국의 생화학자 캐리 멀리스가 발명한 '종합효소연쇄반응기법'을 기초로 하여 개인의 DNA를 분석하는 방법으로 초기인류 진화의 연대를 파악하는 데 큰 역할을 해 왔다. 모든 생물체는 각 세포에 유전물질을 담고 있는데, 이것이 각 생물체의 발달에 필요한 단백질의 합성에 주형을 제공해 주는 것으로 알려졌다. DNA로 불리는 이 물질은 두 가닥의 탄소 분자 사슬이 꼬여 있는 이중나선형의 구조를 하고 있는데, DNA의 각 가닥에는 염기라고 부르는 아데닌·구아닌·시토신·티민이 일렬로 달려 있다. 각 염기는 반드시 상응하는 다른 염기 즉 아데닌은 티민과 만나고 시토신은 구아닌과 만났을 때 결합하는 성질을 갖고 있다. DNA는 바로 이 상응하는 염기서열을 갖는 두 가닥의 사슬이 결합된 것이다. 그리고 유전정보는 염기쌍의 서열을 일컫는 것이며 그 일단이 유전인자를 구성한다. 미토콘드리아 DNA는 핵 DNA보다 훨씬 빠른 속도로 돌연변이를 축적하기 때문에 돌연변이율을 측정하는 데 유용한 도구가 된다. 미토콘드리아 DNA는 유전자 수가 37개에 불과하며 세포질에 존재하고 모계를 따라서만 전달되어 계보를 역추적하는 데 매우 효과적이다.

이 원리를 이용하여 캘리포니아 버클리 대학의 유전학자 윌슨과 칸은 아프리카, 아시아, 유럽, 오스트레일리아, 뉴기니의 여성 147명의 태반에서 미토콘드리아 DNA를 채취해서 분석하였다. 분석결과는 한 명의 여성 선조에서 두 집단으로 나누어지는 것으로 나타났다. 즉, 아프리카 집단이 다른 집단들에 비해 상응 정도가 뚜렷이 낮았지만, 다른 집단들은 내부적으로 상응하는 정도가 높았다.[33] 정리하면 아프리카 집단의 염기서열이 다른 집단들에 비해 많은 변화, 즉 돌연변이를 많이 겪었음을 보여 준다는 것이다. 아프리카 집단이 다른 집단들보다 오래전에 결별해서 독립적으로 진화했고, 모든 참가자의 모계조상 '이브'는 약 20만 년 전 아프리카에 살았던 한 여성으로 거슬러 올라간다는 결론이다.

그리고 2008년에는 인류의 유전적 다양성 분석에 대한 논문이 〈네이처〉에 실렸다. 세포핵 게놈 중에서 약 50만 개의 DNA가 사람에 따라 다양한 형태로 나타나는데, 유전학자들은 전 세계 29개의 집단을 대상으로 이를 분석했다. 그 결과 현생인류가 동아프리카 사바나 지역에서 발생한 후 전 세계로 퍼져 나갔다는 주장이다.[34] 결론적으로 DNA를 분석한 내용에 의하면 현생인류는 약 20만 년 전 동아프리카에서 출현한 것으로 평가하고 있다 하겠다.

앞에서 살펴본 인류 화석이나 유전자분석으로 파악된 현생인류 기원에 대한 내용은 최신 연구 자료가 속속 발표되면서 이전과 다른 결과가 발표되기도 하여 인류기원을 파악한다는 것이 얼마나 어려운 일인가를 새삼 느끼게 된다.

2017년 〈사이언스 타임〉지에 '현생인류 나이는 35만 년'이라는 내용이 게재되었다. 보도 내용에 따르면 독일 막스 플랑크 진화인류학 연구소 등이 참여한 국제공동연구진은 '호모 사피엔스가 30만 년 전 북서부 아프리카에 살았음을 보여 주는 화석을 발견했다.'라고 밝혔다. 이전까지 가장 오래된 화석은 아프리카 동부 에티오피아에서 발굴된 19만 5천 년 전의 화석이었다. 그러나 모로코 제벨이르후드 유적지에서 이보다 10만 5천 년이 더 늘어난, 30만 년 전 화석이 발견되었다는 것이다.

이어지는 내용으로 현생인류가 30만 년 전보다 5만 년이 더 늘어난 35만 년 전에 출현했다는 연구 결과도 소개하고 있다. 이 연구를 수행한 연구진은 스웨덴 웁살라대학과 남아프리카 공화국 요하네스버그대학 등의 공동연구팀이다. '로이터' '워싱턴포스트' 등 언론에 따르면, 연구진은 약 2,000년 전 남아프리카 콰줄루나탈주 발리토만에 살았던 소년 등 약 7명의 유골 유전자를 분석한 후 이들의 선조 나이를 추적했다. 추적방식은 발리토만에 살았던 유골을 통해 유전명령을 재구성했고 그 명령의 기원을 과거로 역추적해 가 보니 이들의 조상인 '현생인류'가 35만 년 전 출현했음을 알아냈다는 것이다.[35]

〈사이언스 타임〉지는 지금까지의 연구 결과를 기반으로 현생인류가 탄생한 곳은 아프리카 북서부와 남부 두 지역이며, 탄생 시기는 26만 년 ~35만 년 전으로 봐야 한다고 새로운 내용을 전하고 있어 우리를 혼란스럽게 하고 있다.

2) 현생인류가 아프리카를 넘어서다

드디어 현생인류는 어떻게 언제쯤 아프리카를 넘어서서 아시아, 유럽, 오스트레일리아 등지로 퍼져 갔을까? 아프리카에서 유라시아 대륙으로 넘어가기 위해서는 여러 경로가 알려져 있다. 먼저 동아프리카에서 사하라사막을 넘어 모로코로 가서 지브롤터해협을 건너 스페인으로 가는 방법과 튀니지에서 시칠리아를 거쳐 이탈리아에 이르는 방법이 있다. 또 이집트에서 시나이반도를 거쳐 레반트로 진출하거나, 에리트레아에서 바브엘만데브를 거쳐 홍해의 남쪽 끝으로 들어가는 경로도 있다.[36]

현생인류가 열대 아프리카를 벗어나는 시기는 대체로 10만 년 전부터인데, 그즈음에는 이미 해부학적인 현대인이 근동에 살았다는 유적이 있다. 현생인류가 아프리카에서 지중해 분지로 넘어가는 것을 가로막은 큰 장애물은 사하라사막이다. 북쪽에서 발달한 혹한의 빙하기 환경이 10만 년 전 이전부터 약 4만 년 전까지 사하라사막을 춥고 건조하게 만들었다. 동아프리카와 지중해 사이의 땅은 그 이전 오랫동안 사냥감 동물 떼가 흩어져 살고 개활지 초목이 자라고 있어 이동이 가능하였다. 나일강 유역은 건조한 시기에도 사람이 항상 살 수 있는 여건을 갖추고 있었다. 그러므로 가족 규모의 현생인류는 10만 년 전에도 사냥과 채집을 하면서 사하라를 가로질러 나일강 유역과 서남아시아로 갈 수가 있었을 것이다. 이 무리 중 일부가 사막 중심부로부터 북쪽을 향해 지중해 지역으로 이어지는 옛날에 존재했던 물길을 따라 북쪽으로 이동했던 것으로 보인다.

10만 년 전 이전의 레반트 지역 환경은 동북 아프리카와 유사한 기후 지대를 형성하고 있어 동물이나 현생인류가 이동하는 데 큰 무리가 없었을 것으로 판단한다. 소수의 현생인류가 9만 5천 년 전이면 근동에 이주하였는데, 이는 이스라엘의 카프제동굴과 에스-스쿨동굴에서 출토된 10여 개체의 인류 화석이 우리에게 알려 주고 있다.[37]

최근 〈네이처 생태진화〉에 휴그로컷 독일 막스 플랑크 인류사과학연구소 교수팀이 사우디아라비아 북서부 알우스타 사막에서 발견된 손가락 뼈 연대를 방사선동위원소로 재측정하였다. 그 결과에 의하면 현생인류는 이스라엘과 레바논 등 지중해 동부를 의미하는 레반트 지역까지는 쉽게 진출했다. 이 지역의 일부 화석은 약 18만 년 전까지 연대가 올라가게 되어 최소 이 시기에는 아프리카 밖으로 나간 것으로 추정하였다. 그리고 이들 대부분은 아시아로 확산되지 못한 채 사라졌다.

그동안 인류학자들은 현생인류가 약 6만 년 전 다시 아프리카 밖으로 진출한 다른 인류의 후손이라고 생각해 왔다. 하지만 최근 이를 부인하는 인류 화석이 아시아 곳곳에서 발견되기 시작했다. 2015년에는 중국 남부에서 연대가 8만 년 이상 올라가는 치아 화석이, 2017년에는 인도네시아 수마트라섬에서 7만 3천 년 전 화석이 각각 발견됐다. 이에 따라 인류가 아프리카를 벗어나 아시아로 확산한 시점도 6만 년 전보다 훨씬 빨랐을 것이라는 분석이 나왔다.

인류가 아프리카를 벗어난 제2의 경로도 새롭게 제기됐다. 제2의 경로는 기존에 알려져 있던 레반트 지역을 통한 이주 외에 아라비아반도 남부의 홍해를 건너갔을 가능성을 시사했다. 또 고기후 연구를 통해 당시 알우스타 지역이 사막이 아니라 초원이었음이 밝혀져, 당시 현생인류가 다양한 환경에 적응하는 능력이 있었다는 사실도 알게 됐다. 그래서 휴 그로컷은 '인류는 레반트 지역뿐만 아니라 서남아시아의 다양한 지역에도 진출할 능력이 있었다.'라고 주장했다.[38]

또 다른 내용으로 〈사이언스〉지에 이스라엘 텔아비브대의 헤르시코비츠가 이끈 국제공동연구팀은 이스라엘동굴에서 가장 오래된 호모 사피엔스 화석을 발견했다. 이 연구팀의 뉴욕 주립대 롤프 교수는 "미슬리아 화석은 경이로운 발견이다. 이는 우리 조상이 아프리카를 처음 떠난 때가 훨씬 더 이른 시기라는 것을 보여 주는 명백한 증거이다. 또한 호모 사피엔스가 다른 고대 인류와 훨씬 오랫동안 공존을 했으며 문화와 생물학적 교류를 할 기회를 많이 가졌을 것을 의미한다."라고 말했다. 화석은 위턱뼈로 이스라엘 카멜산에 있는 미슬리야동굴에서 발견됐다. 연구팀이 연대 측정한 결과 턱뼈는 17만 5천 년~20만 년 전 것으로 추정됐다. 이런 추정은 호모 사피엔스의 탈 아프리카 이동을 수만 년 앞당기는 것이 된다.[39]

위 내용을 참고해 보면 현생인류는 기존에 알려졌던 6만 년 전보다도 훨씬 빠른 약 20만 년 전부터 산발적으로 아프리카를 떠나 중동 지역에 흔적을 남겼던 것으로도 볼 수 있다 하겠다.

빙하시대 말기의 세계

지구촌은 지난 6만 년 중 대부분 기간들은 오늘날의 지리적 환경과 달랐다. 약 1만 8천 년 전 극빙하기의 절정기에는 거대한 빙원이 북유럽과 알프스를 덮었고 그 사이에 툰드라 개활지가 긴 회랑처럼 뻗어 있었다. 해수면은 간빙기인 지금보다 약 140m 이상 낮았다. 나무가 없는 광대한 초원이 중부 유럽에서부터 시베리아 변경지대와 그 너머 북쪽과 동쪽으로 펼쳐졌다. 중간중간 강 유역 부근에는 매머드·들소·순록과 같은 대형사냥감 동물 떼들이 유유히 이동하고 있었다. 현생인류가 극한 기후환경 속에서 살아남기 위해서는 대형동물을 사냥하는 법과 추위를 피하기 위한 방한복 그리고 따뜻한 거주지가 필요했을 것이다.

빙하 기간 중 열대 지방은 더 건조하여 열대림은 축소되고 초원은 넓어졌다. 바다 해수면은 크게 내려가 동남아시아의 광대한 대륙붕지대가 노출되었고 연안의 많은 섬들이 아시아 대륙 본토의 일부가 되었다. 지금은 바닷물 밑으로 잠긴 '순다'라는 대륙은 중국, 한국, 일본까지 육지로 걸어갈 수 있는 지리적 여건을 제공하였다.[40]

초기 현생인류의 이동에 따른 유전자연구에 의하면 약 6만 년 전 지금의 인도네시아인 순다랜드 초입에 도착하였다. 호주 매쿼리대 키라 웨스타웨이 교수팀은 수마트라섬 리다아제르동굴에서 유전자연구를 뒷받침하는 화석증거를 찾아내었다. 이 동굴에서 나온 치아 화석은 현생인류의 것이며 측정 결과 연대는 7만 3천 년~6만 3천 년 전이라고 학술지 〈네이처〉에 발표하였다. 키라 웨스타웨이는 '이번에 나온 화석의 연대가 약 6만 년 전 이곳에 인류가 왔다는 기존의 유전자 분석 결과와 비슷하여 가설의 신뢰가 높아졌다.'라고 언급할 만큼 현생인류가 6만 년 전 즈음에

는 인도네시아까지 도달한 것으로 보인다.[41]

지금의 오스트레일리아에서 약 4만 5천 년 전 이후로 인간이 거주했던 사실은 월란드라호 지역에 약 3만 7천 년~2만 6천 년 전이라는 연대를 가진 조개더미와 야영 유적들이 발견되어 참고할 수 있다. 이 유적들에서는 건장한 체격을 가진 해부학적 현대인의 두개골과 사지 뼈가 출토되었다. 인도네시아까지 진출했던 현생인류 중 일부는 뗏목을 만들어 이용할 줄 알게 되었다. 약 4만 년 이전에 외해 넘어 약 60㎞의 망망대해를 건너서 인도네시아에서 오스트레일리아 해안에 도달했던 것으로 보인다.

처음 유럽에 도착한 현생인류들은 약 5만 년 전에 아프리카에서 동쪽으로 걸어갔다가 중동을 거쳐 북쪽으로 왔다. 이들은 약 4만 4천 년 전경에 동남부유럽 및 중부유럽에 진출한 것으로 보인다. 이 사람들 중 일부는 크로마뇽인이라고 부르는데, 이 명칭은 1868년 프랑스의 도르도뉴 지방에 있는 크로마뇽동굴에서 현생인류의 유골이 발굴된 것에서 유래했다. 이들은 생활양식과 문화에서 큰 변화를 가져왔고, 창과 화살을 사용하여 먼 거리에서 안전하게 사냥했던 것으로 보인다. 크로마뇽인의 무덤에서는 목걸이와 보석이 묻혀 있는 것이 발견되었다. 빌렌도르프의 비너스는 오스트리아에서 발견된 풍요의 여신상으로 2만 4천 년 전 것으로 추정한다. 크로마뇽인이 그린 동굴벽화는 약 2만 5천 년 전에 그린 것으로 추정되고 있어[42] 현생인류가 이때쯤이면 유럽에서 본격적으로 자리를 잡았던 것으로 볼 수 있다.

3) 현생인류 동북아시아로 확산

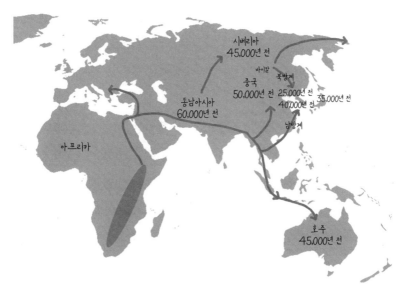

시베리아
45,000년 전

바이칼

중국 북방계
50,000년 전 25,000년 전
40,000년 전 35,000년 전

동남아시아
60,000년 전

남방계

아프리카

호주
45,000년 전

현생인류 동북아시아로 확산 추정도

아시아의 북쪽과 동쪽에는 광활한 땅이 펼쳐져 있다. 빙하기에 이 지역에는 몸체가 큰 야생동물들이 널려 있기 때문에 수렵생활에 적합한 곳이었다. 순록 등 야생동물 먹거리가 풍부한 중앙아시아와 시베리아에는 아프리카를 탈출한 현생인류를 부르고 있었다. 아프리카를 나선 현생인류 중 약 5만 년 전 남아시아 순다랜드에서 살던 사람들이 내륙 쪽으로 난 강 주변을 따라서 북쪽으로 이동해 갈 수 있었다. 그러나 중국 티베트에서 아프가니스탄까지 뻗어 있는 거대한 히말라야산맥이 가로막고 있어 이동에 큰 장애가 되었을 것이다.

현생인류가 어떻게 중앙아시아와 시베리아에 진출할 수 있었을까? 첫 번째 방법은 인더스강을 따라 올라간 사람들이 히말라야산맥 서쪽의 카이버고개를 넘어 계속 북쪽으로 갈 수 있었을 것이다. 또 다른 방법은 동남아시아를 통해 중앙아시아로 들어가는 방법이다. 중국 동쪽 해안선을 따라가다가 어느 정도 북쪽까지 다다른 이후에 방향을 서쪽으로 틀어 히말라야 북부 지역에 도착하거나, 알타이산맥을 통과해 동북쪽으로 들어갈 수 있었을 것이다.[43]

시베리아의 가장 오래된 고고학 유적은 히말라야산맥으로부터 북쪽으로 멀리 떨어진 러시아 알타이 지역의 카라봄 유적이다. 고고학자들이 카라봄 유적을 발굴한 결과 중기 구석기문화층에서 르발루아 석핵과 석편 및 칼과 같은 무스테리안 도구들이 출토되었다. 르발루아 석핵과 무스테리안 도구들은 네안데르탈인들이 사용한 유물들이다. 시베리아 카라봄 유적은 가장 오래된 현생인류가 출토된 유적이지만 이와 비슷한 시기인 4만 년~3만 년 전 유적이 남부 시베리아에서도 보고된 바 있다. 테드 고벨은 남부 시베리아에 원시인류가 정착하기 시작한 것은 20만 년~10만 년 전인 네안데르탈인이고, 현생인류는 그보다 훨씬 후인 4만 5천 년~3만 5천 년 전 사이였을 것으로 추정한다.[44]

시베리아 남부 알타이산맥에 위치한 데니소바동굴에서 발견된 뼛조각 화석의 유전자를 막스 플랑크 진화인류학연구소와 토론토대 및 옥스퍼드대 등 국제연구진이 분석하여 〈네이처〉에 발표한 바 있다. 네안데르탈인 어머니와 데니소바인 아버지 사이에 태어난 혼혈소녀는 약 5만 년 전 13세의 나이로 사망한 것으로 추정하였다. 데니소바 소녀는 현생인류의 유전자도 일부(1.7%) 가지고 있었다. 분석결과는 현생인류와 네안데르탈인 그리고 데니소바인 등 최소 3종의 인류가 함께 공존했다는 내용이다.

스반테 페보 막스 플랑크 진화인류학연구소장은 '서로 다른 인류 간에 교배가 기존 생각보다 더 빈번히 이뤄졌을 것.'이라고 말했다.[45]

빙하시대 말기에 현생인류 집단들은 멀리 동쪽으로 시베리아의 진주 바이칼호수에 이르기까지 스탭 툰드라의 많은 지역에 퍼져 살았는데, 이 것은 수렵채집민 생활의 자연스러운 역동성이 낳은 결과로 보인다. 스탭 툰드라는 바이칼호수의 북쪽과 동쪽으로 태평양까지 펼쳐져 있어 빙하시대 최말기까지 수렵채집민들이 다양하게 적응하면서 삶의 터전으로 삼았던 것으로 보인다.[46]

현생인류가 늦어도 4만 년 전에는 이미 시작된 환경 적응 능력에 의해 중부 아시아, 북중국, 그리고 동북단 지방으로까지 확산되었다고 본다. 몽골 건조 초원을 지나는 황허강의 양안을 따라 거주한 몇 가지 징후는 3만 5천 년 전쯤 나타난다. 스탭 툰드라 같은 개활지에는 수렵채집민들이 생활하면서 들고 다닐 수 있는 도구복합체를 제작사용하였다. 경량화된 세석기는 창미늘, 화살촉, 긁개날로 쓰도록 고안된 것이다. 세석기는 3만 년 전에 북중국에 처음 나타났고 2만 5천 년~2만 년 전에 이미 널리 사용되었다.[47]

현생인류의 동아시아 진출 경로는 혈액형 유전자 GM을 이용한 분화지수가 나타내는 자료에 의하면, 바이칼호수 부근에 있는 브리야트족이 몽골인종 중에서 Gmab3st 유전자가 100명 중 52명으로 가장 많았다. 이어서 한국인은 41명, 일본인은 45명인 데 비해 중국인은 화북 지방이 26명, 화남 지역은 9명으로 나타나고 있다. 이 분석은 시베리아로부터 남쪽으로 내려올수록 Gmab3st 유전자를 가진 사람의 수가 적어지는 것을 보여 주는 것으로 몽골인종이 바이칼호수 주변으로 확장 북방형 몽골계가 형성되었다는 것을 입증한다고 볼 수 있다.[48]

중국에서 지금까지 발견된 현생인류 중 가장 오래된 것은 저우커우뎬에서 6km 떨어진 티엔위안동굴에서 발견된 턱뼈와 팔다리뼈인데 방사선탄소연대 측정결과 4만 2천 년~3만 9천 년 전으로 밝혀졌다.[49] 이 외에도 동아시아에서 발견된 가장 오래된 현생인류 중 하나는 일본 오키나와섬의 야마시타초 유적에서 나온 다리뼈인데 방사선탄소연대는 3만 2천 년 전으로 분석되었다. 저우커우뎬의 산딩둥 머리뼈는 약 3만 년~1만 년 전의 것으로 보고 있다. 동북아시아 북극해에서 140km 떨어진 러시아 야나 강변에 현생인류의 주거 흔적이 발견되었는데 2만 5천 년~2만 7천 년 전에 매머드, 야생마 등을 사냥하면서 거주하였던 것으로 보인다. 알단강 중류역의 듁타이동굴에서 격지를 떼어 낸 창끝, 세석인 등 석기와 1만 4천 년~1만 2천 년 전의 매머드와 사향소의 뼈가 공반되었다. 듁타이와 비슷한 유적으로 알단강 강기슭에 베르헤네-트로티스카야가 있는데 방사선탄소연대 측정결과 약 1만 8천 년 전으로 나왔다. 그 후로는 동북아시아 광대한 지역에 걸쳐 세석인과 특징적 쐐기 모양의 몸돌들이 발견되는데, 이것들은 베링해협을 건너 알래스카와 더 남쪽 캐나다의 브리티시 콜롬비아에서까지 발견되었다. 베링육교는 마지막 빙하기 내내 동북시베리아 최극단과 알래스카를 연결했다. 상대적으로 따뜻한 시기에는 좁은 지협에 지나지 않았으나 빙하 극성기에는 넓은 평원이 형성되었다.

현생인류가 언제 최초로 신대륙으로 이주했는가? 미토콘드리아 DNA 계보를 연구하는 연구자들은 3만 년 전 이전에 신대륙에 거주를 주장하고 있다. 반면에 고인류학계는 1만 5천 년 전 이후 빙하시대가 끝날 무렵 바닷물이 육교를 덮을 즈음에 동북아시아 극단에서 알래스카를 건너갔다고 추정하고 있다.[50] 이는 현생인류가 빙하기 말에는 신대륙까지 확산되어 갔음을 보여 주고 있다.

　앞에서 살펴본 내용을 정리하면 현대인의 직계 조상인 호모 사피엔스 사피엔스는 매우 슬기로운 사람인 현생인류를 뜻한다. 현생인류는 네안데르탈인과 비교해 뇌 용량도 적고 신체 구조도 약체였지만, 석인과 세석인 같은 우수한 도구와 인식을 공유하는 원활한 의사소통 능력으로 최상위 경쟁자로 올라간 것으로 보인다. 현생인류의 출현지에 대하여 다양한 견해가 있지만, 고고학적 증거와 해부학적 현대인은 사하라사막이남 아프리카에서 약 20만 년 전 예스러운 형태의 현생인류가 번성한 것으로 보고 있다. 이 인구 집단은 호모 에렉투스로부터 진화한 것으로 두개천정부가 더 높아졌으며 해부학적 현대인과 유사한 신체 특성이 있었다. 에티오피아 오모 키비시의 화석과 헤로토에서 발견된 호모 사피엔스 이달투라는 두개골 화석 등은 현생인류가 15만 년 전 이전에 동아프리카에서는 이미 제 길에 들어섰음을 보여 주고 있다.

　분자생물학계에서는 미토콘드리아 DNA를 활용 아프리카, 유럽, 아시아 출신 여성 147명의 태반에서 채취한 DNA를 분석하였는데, 아프리카 집단이 다른 집단들보다 오래전에 결별 진화했고 참가자들의 모계조상은 약 20만 년 전 아프리카에 살았던 한 여성으로 거슬러 올라가는 것으로 보았다.

　2017년 〈사이언스 타임스〉지에 의하면 약 2,000년 전 남아프리카 발리토만에 살았던 7여 명의 유골 유전자를 분석하여 선조의 나이를 역추적한 결과 이들의 조상인 현생인류가 35만 년 전 출현했음을 알아냈다. 〈사이언스 타임스〉지는 지금까지의 연구 결과를 기반으로 현생인류가 탄생한 곳은 아프리카 북서부와 남부 지역이며 탄생 시기는 26만 년~35

만 년 전으로 보아야 한다고 강조하였다.

현생인류가 아프리카를 벗어나는 시기는 대체로 10만 년 전으로 보는 데 사냥과 채집을 하면서 사하라를 가로질러 나일강 유역과 서남아시아 지역으로 이동한 것으로 보고 있다. 대부분의 인류학자들은 현생인류가 6만 년 전에 다시 아프리카 밖으로 진출한 것으로 보아 왔다. 그러나 중국 남부에서는 8만 년 이상 올라가는 치아 화석이, 인도네시아 수마트라 섬에서는 7만 3천 년 전 화석이 발견되어 아시아로 확산한 시점이 6만 년 전보다 훨씬 빨랐을 것이라는 분석도 나오고 있다.

대체로 현생인류가 본격적으로 아프리카를 벗어난 시점은 6만 년 전 이전이며 6만 년 전경에는 인도네시아 순다랜드의 초입에 도착했다. 5만 년 전에는 동남아시아를 비롯한 동아시아로 퍼져나간 것으로 본다. 현생 인류 중 남부아시아에 머물던 일부 사람들이 인더스강을 따라 올라가다가 히말라야산맥 서쪽 카이버고개를 넘어 중앙아시아로 들어간 무리가 있다. 또 한 그룹은 동남아시아를 통해 동쪽 해안선을 따라 올라가거나, 북서쪽으로 방향을 틀어 히말라야 북부 지역이나 알타이산맥을 거쳐 시베리아 바이칼호수까지 확장해 간 것으로 보고 있다. 현생인류는 4만 년 전에는 중부아시아, 북중국, 동북단 지역으로 확산되었다. 유라시아 대륙 동남쪽 끝 고한반도에는 남·북방계 몽골인들이 각기 다른 시기와 과정을 거쳐 진입해 왔을 것이다.

필자는 중국 동해안을 따라 올라온 남방계 몽골리안들은 4만 년 전경부터 고한반도에 진입했을 것이고, 시베리아 바이칼호수 주변에서 형성된 북방계 몽골리안들은 2만 5천 년 전경부터 수시로 고한반도에 진입해 오는 장대한 여정을 펼쳤던 것으로 추정한다.

한민족과 고조선 · 한(韓)

제3장

한반도에 첫 사람이 등장하다 (구석기)

1. 구석기시대의 개요

지구상에 존재하였던 수많은 인류 중에 한반도에 최초로 등장한 첫 사람은 누구일까? 그리고 언제쯤 한반도에 진출했고 어떠한 자연환경 속에서 생활하였는지 매우 궁금해진다. 제2장에서 살펴보았듯이 호모 에렉투스는 두발로 능숙하게 걷고 뛰며 석기와 불을 무기 삼아 처음으로 아프리카를 벗어나 머나먼 아시아 대륙에까지 진출한 흔적을 여러 곳에 남겨 놓았다.

이 시기의 인류 화석으로는 잃어버린 흔적을 찾기 위해 가족의 희생을 감수하면서 인도네시아 자바섬을 뒤졌던 위젠 뒤부아의 자바원인이 있다. 이어서 데이비드슨 선교사가 발굴해 낸 북경 주구점의 베이징원인이 있는데 이들은 대략 90만 년~50만 년 전의 것으로 알려져 있다. 그러나 이후 화석 발굴자들의 부단한 노력의 결과로 1991년 조지아 드마니시에서 발굴한 177만 년~185만 년 전 호모 에렉투스의 두개골 화석과 석기가 있다. 2018년에는 중국 남부 황토고원의 212만 년~126만 년 전 퇴적층에서 96점의 석기가 발굴되어 초기인류가 아프리카를 떠난 시점을 다시 올려야 할 필요가 있다는 주장까지 등장하고 있다.

특히 중국은 고한반도에 고인류가 이동해 오는 길목으로 구석기문화를 파악하는 데 중요하기 때문에 주의 깊게 살펴보아야 한다. 중국에서 가장 오래된 전기 구석기 유적지로 화북 지방의 주구점 유적, 니하만 분지의 소장량과 동곡타 유적, 남쪽의 원모 유적 등이 있다. 니하만 분지의 유물은 고지자기법이나 고등동물 화석에 의하여 100만 년 전 이전으로 알려져 있다.[1]

이처럼 아시아 대륙과 중국 화북 지방에서 100만 년 이상으로 발표되는 고인류 유적이 발굴되어 있으므로 고한반도에도 상당히 오래전부터 호모 에렉투스가 진출해서 생활한 것으로 추정할 수 있다. 고한반도에 첫 주민으로 등장한 고인류가 어떠한 자연환경 속에서 어느 곳에 생활한 흔적을 남겼는지 기후 여건과 중요 구석기 유적들을 살펴보고자 한다.

고한반도에 최초의 인류 등장은 자연환경의 변화와 조건에 큰 영향을 받았다고 할 수 있다. 동북아시아에 위치한 고한반도에 인류가 진출해서 활동하던 시기는 신생대 후기 제4기인 플라이스토세(홍적세)로, 지구의 기후가 상당히 추워져 거대한 빙하가 형성되었던 시기로 일명 빙하시대라고 부른다. 제4기 동안 4번의 빙하기와 3번의 간빙기가 교차하면서 다양한 환경적 변화를 겪었던 시기이다. 인류가 고한반도에 진출하여 활동하면서 문화를 만들어 가는 과정에서 자연환경은 가장 큰 영향을 미쳤을 것이다. 고한반도에 최초로 등장했던 인류에 대한 이해와 연구를 위해서는 그 당시 고기후학에 대한 이해가 선행되어야 한다고 본다.

기후는 지리, 지형, 해수면 변동 등의 자연환경에 큰 영향을 끼치고 동식물의 분포를 좌우한다. 빙하 시기인 홍적세는 186만 년~73만 년 전까지를 전기 홍적세, 73만 년~13만 년 전을 중기 홍적세, 13만 년~1만 년 전까지를 후기 홍적세로 구분해 볼 수 있다. 고한반도 제4기 기후학은 연구 성과가 적기 때문에 인근 지역인 중국의 제4기 기후학에 관한 연구를 참고하여, 고한반도에 최초의 인류가 등장했다고 보고된 100만 년 전 즈음부터의 기후 내용을 유추해 보고자 한다.

중국의 홍적세 제4기 이후 기후 양태

· 110만 년~80만 년 전인 전기 홍적세 기간에는 가장 메마르고 추웠는데, 90만 년~80만 년 전에 들어서는 더 추워져 북중국이 빙하의 주변 지대 환경으로 변했다. 하르빈과 주구점에서 언 땅 트기 현상에 의한 쐐기 모양의 토양구조(ice-wedge)가 발견되며 오늘날보다 약 11℃~12℃가 낮았던 것으로 연구되었다.

· 80만 년~50만 년 전은 초기에는 따뜻하고 후기에는 습했다. 기후 변화가 자주 있었던 것은 아니지만 그 변동의 폭이 커 추울 때는 빙하가 티베트 남부 지방의 산기슭 아래까지 확장되었다.

· 50만 년~20만 년 전은 덥고 약간 메마른 기후가 특징을 이루는 가운데 메마르고 습한 기후의 변화가 자주 일어났다. 40만 년 전까지는 비교적 추워 주구점동굴에는 물리적 풍화작용을 받은 퇴적물이 쌓였다. 이후 20만 년 전까지는 따뜻하고 습한 것을 좋아하는 주구점 동물군이 요동반도 쪽으로 확산되고 오늘날보다 3℃~4℃ 높은 것으로 추정되었다.

· 20만 년 전~현재까지는 메마르고 추운 가운데 습하고 따뜻한 기후 변화가 다양하게 나타난 것으로 연구되었는데, 20만 년~15만 년 전까지는 메마르고

추웠다.

· 15만 년~9만 년 전은 후기 홍적세 기간 중 가장 따뜻하고 습했던 시기로 오늘날보다 기온이 2℃~3℃ 높았다. 그리고 지역에 따라 황해의 바닷물이 지금보다 5m~7m가 더 높았다.

· 9만 년~5만 년 전은 초기에 온난하였고 후기에는 메마르고 추웠다. 7만 년~5만 3천 년 전은 북중국에 툰드라와 초원지대가 발달하였으며 온도는 지금보다 약 10℃ 낮았고, 황해의 바닷물이 현재보다 50m~60m 낮았다.

· 5만 년~1만 년 전은 후기 홍적세 기간 중 가장 메마르고 추웠던 시기로 본다. 2만 3천 년 전 무렵 기후가 급격하게 나빠지고 북중국에 사막 툰드라나 초원지대가 나타나며 현재보다 약 12℃가 낮아졌다. 2만 1천 년~1만 3천 년 전에 바닷물의 높이가 지금보다 150m까지 낮아지고, 1만 2천 년 전 이후부터는 추위가 조금씩 풀리기 시작하였다.

· 1만 년~7천 5백 년 전은 기후가 온난하게 풀어지는데 초기에는 추웠으나 후기에는 비교적 따뜻하고 습하였다. 이때부터 간빙기로 부르는 홀로세(충적세)가 시작되었다.

· 7천 5백 년~5천 년 전은 충적세 기간 중 기후가 가장 따뜻했던 시기로 지금보다 4℃~5℃ 정도 높았다.

· 5천 년~2천 5백 년 전은 앞 시기보다 메마르고 추워졌다.

· 2천 5백 년 전에서 현재까지는 온도가 낮고 메마른 시기라 할 수 있다.[2]

위 내용을 참고해 보면 110만 년~80만 년 전 시기에 북중국이 빙하 주변 지대 환경으로 변하였다는 것은 고한반도에도 대부분 빙하 주변 지대 환경으로 추워져, 상원 검은모루인이 황해 평지를 건널 수 있을 것으로 추정된다. 이후 80만 년~50만 년 전은 따뜻하고 습한 양태를 보이나 추울 때 단양 금굴인이 진입하였을 것이다. 50만 년~20만 년 전은 덥고 약간 메마른 기후가 특징을 이루고 추운 시기에 들어온 화대인이 활동하고 이후 15만 년 전까지는 메마르고 추웠다. 이후 9만 년 전까지는 후기 홍적세 기간 중 가장 따뜻하고 습하였다. 9만 년~5만 년 전은 초기에는 온난하고 후기에는 추워지면서 5만 년 전부터 가장 메마르고 추웠던 시기가 도래하였다. 이 시기 이후에는 고한반도에 남방계 몽골인들이 남중국 해변을 따라 진입이 가능했던 것으로 보이고, 2만 3천 년 전부터 기후가 급격하게 나빠져 황해의 해수면이 지금보다 150m까지 낮아지므로 육지화가 되었다는 연구 결과로 볼 수 있다.

빙하기 중 가장 추웠던 때는 약 2만 년 전쯤으로 최후극빙기(Last Glacial Maximum, 약칭 LGM)라고 하며, 베링해에 수백 미터 얼음 다리가 만들어진 때이다. 고한반도에는 빙하가 밀고 왔던 흔적은 없으나 빙하주변부 기후라는 현상이 전개되었다. 주빙하(periglacial) 기후는 폴란드의 지질학자 보젠스키에 의해 암층의 생성에 관련된 동결풍화작용을 기술하기 위해 사용된 용어이다. 고한반도를 비롯한 아시아의 많은 지역은 빙하시대에 빙하가 직접 형성되지 못한 지역으로 주빙하 지역에 해당된다. 주빙하 환경은 연간을 통해 계절적인 변화를 나무의 나이테처럼 기록으로 남긴 것이 토양쐐기인데 우리나라 후기 구석기시대 연구에 참고가 되고 있다.

최후극빙기(LGM) 시기의 아시아는 현재의 아시아와는 다른 해안선을 가지고 있었다. 해수면은 현재보다 약 140m 정도 하강하게 된다. 황해의 수심이 깊은 지역은 120m까지 내려가는 부분이 있지만, 평균수심이 대략 60m 정도로 보고 있다. 따라서 고한반도의 황해는 바다가 아닌 낮은 구릉지로 형성된 유라시아 대륙의 동남쪽 평야가 되고, 고한반도는 반도가 아닌 대륙의 동남쪽 끝자락이 되는 것이다.[3] 동해 지역은 상당 부분 줄어들어 내륙호가 되고, 동남해안 지역은 대마도를 징검다리로 하여 큐슈 지역까지 연결되는 연륙 현상과, 북해도와 쿠릴열도가 연결되는 육교가 조성됐던 것으로 보인다.

신생대 제4기의 기후 변화는 동식물의 공간분포뿐 아니라 지표의 기복에도 많은 변화를 초래하였다. 중위도에 위치한 한반도의 경우 산지에는 풍화와 침식작용이 왕성한 시기와 그렇지 않은 시기가 반복되었다. 산지의 산록부와 하천에서는 침식과 퇴적작용이 일어나 곡저평야 · 선상지 · 범람원 · 하안단구와 같은 인류가 활동공간으로 이용하기에 좋은 지형들이 만들어졌다. 특히 해안에서는 침식 기준면인 동시에 퇴적 기준면이 되는 해면이 승강운동을 되풀이하여 해안선의 변화가 역동적이었으며, 해안단구와 해안 충적평야와 같은 지형이 형성되었다.[4]

2. 구석기 주민의 유적과 유물

고한반도에 첫발을 내딛었던 구석기 주민들의 유적과 유물의 구석기시대 편년은 전기, 중기, 후기 세 시기로 구분하는데 석기 공작의 발달에 의한 특징을 기반으로 하고 있다. 하지만 구석기시대 문화 진전의 속도는 매우 느려 구석기 형태는 수십만 년에 걸쳐 처음이나 별반 다르지 않다. 우리가 앞에서 살펴본 대로 아프리카에서 호모 하빌리스가 올드완석기를 제작한 이후, 호모 에렉투스의 확산으로 시작된 전기에는 찍개 등 비교적 단순한 손질을 통해 제작된 것으로 주먹도끼·가로날도끼·주먹찌르개·대형긁개 등 큼직한 석기가 많이 발견된다.

중기 구석기에는 대표적으로 네안데르탈인이 제작사용한 것으로 알려진 기능이 분화된 작은 석기가 증가하는 양상을 보이는데, 우리나라에서는 서구의 중기 구석기 특징인 르발루아기법이 확인되지는 않는다. 많은 지역에서 전기 구석기시대의 원시적인 석기 공작이 지속되면서 몸돌석기가 우세한 가운데 잔손질석기가 일부 포함되는 양상이라고 할 수 있다.

후기 구석기에는 현생인류가 지구촌 곳곳에 확산되어 석인을 이용하여 간접떼기로 여러 석기를 만드는 돌날기법이 등장하고, 이후 훨씬 더 정교한 좀돌날기법으로 발전해 간다. 돌날기법의 등장 과정에서 양질의 돌감을 일부 사용하였고. 좀돌날기법 등장 이후에는 흑요석이라는 유리질 돌감이 급증하여 후기 구석기의 기능이 보다 세분되고 소형화되는 양상을 보인다.

고한반도의 후기 구석기제작양상은 두 가지 다른 계통이 혼재하고 있는 것으로 볼 수 있다. 하나는 치밀한 석재로 제작된 석인기법과 다른 하나는 석영 같은 거친 석재로 만든 격지석기제작이 있다. 두 계통의 석기는 혼재되어 발굴되는데 그것은 후기 구석기시대 현생인류의 이동을 반영하는 것으로, 북방에서 내려온 석인기법과 남방에서 올라온 무석인기법이 고한반도에서 혼합된 것으로 볼 수 있다.

구석기시대 편년 시점은 우리나라 학계에서 일반적으로 사용하고 있는 편년체계를 기준으로 구석기 전기는 13만 년 이전(중기 홍적세), 구석기 중기는 13만 년~4만 년 전(후기 홍적세 전반부)까지, 구석기 후기는 4만 년~1만 년 전(후기 홍적세 후반부)까지로 구분하기로 한다.

사실 필자가 교육을 받았던 1960년대 한국사 교육에서는 한반도에 구석기나 신석기시대는 없었고 청동기시대에 들어와서 금석병용기시대가 있었다고 배운 바 있다. 일제 식민사학자들은 한반도의 역사가 일본보다 일천함을 강조하기 위해 구석기와 신석기의 유적과 유물을 애써 외면하였고, 강단사학자들은 일제의 주장을 대부분 방관하였기 때문이었다. 따라서 이어지는 구석기시대와 신석기시대 문화에 대해서는 유물이 출토된 유적지를 중심으로 살펴보면서 한반도에서 펼쳐졌던 상고사의 흔적을 구체적으로 알아 가 보고자 한다.

1) 전기 구석기 유적

한반도에서 전기 구석기 유적으로 알려진 곳은 남한 지역에 단양 금굴 1·2문화층, 연천 전곡리 원당 1문화층, 파주 금파리·가월리·주월리, 공주 석장리 아래층, 청원 두루봉동굴, 강릉 심곡리 유적 등이 있다.

북한 지역에는 상원 검은모루동굴, 평양시 승호구역 제3호동굴, 만달리 절골동굴, 상원군 청청암동굴, 평산군 해상동굴 등이 있다. 이 유적들에서는 석기나 동물 화석 등은 출토되었으나 사람 화석은 발견되지 않았다. 그런데 다행스럽게도 2000년 함북 화대군 석성리 일대 채석장에서 3개체분의 사람 화석이 발견된 것으로 보고되었다. 여러 유적 중 중요한 전기 구석기 유적 발굴내용을 살펴보자.

(1) 남한 지역
① 남한에서 가장 이른 시기에 속하는 충북 단양 금굴 유적
석회암동굴 맨 아래층은 전기 구석기층으로 70만 년 전 추정

한민족과 고조선·한(韓)

석기는 직접떼기를 사용한 긴찍개 · 휘인날 · 주먹도끼 등 출토

주변 경관이 아름다운 남한강변 단양 매포 도담리에 위치한 금굴은 석회암동굴이다. 충주댐 조성공사로 발굴 조사된 동굴 규모는 입구 높이가 8m에 길이는 약 85m 정도로 상당히 큰 규모이다. 금굴의 유적층은 아래에서 위쪽으로 Ⅷ~1층까지 있고 층 사이에 전 · 중 · 후기 구석기와 중석기, 신석기, 청동기 등 시대별로 문화층이 형성되어 있다. 석기제작기술은 충돌타격법과 망치 돌을 이용해서 박편을 떼어 내는 방법을 사용하여 긁개 · 여러면석기 · 뾰족찍개 · 주먹도끼 등을 만든 것으로 보이고, 여러 종류의 동물 화석이 발굴되었다.

금굴 유적의 1문화층은 70만 년 전, 2문화층은 45만 년~35만 년 전으로 추정하고 있다.[5]

② 아시아 최초로 양면주먹도끼가 발견된 연천 전곡리 유적

한탄강 구릉지대로 아슐리안형 주먹도끼발견, 약 30만 년 전 추정

자갈돌로 만든 양면도끼 · 찌르개 · 자르개 · 여러면석기 등 대량 출토

전곡리 출토 구석기

연천 전곡리 유적은 아시아에서 최초로 아슐리안형 주먹도끼 · 찍개 · 여러면석기 등이 다량으로 출토된 유적이다.

전곡리 유적은 한탄강가에 있는 낮은 구릉지대에서 전기 구석기 유물이 출토된 것으로 석기는 황갈색이나 적갈색 점토층과 사질 점토층에서 주로 발견되었다. 전곡리석기는 석영 또는 석영암으로 된 자갈돌을 기본으로 떼어 낸 대형의 박편으로 석기를 만들었고, 작은 자갈들은 직접 망치돌로 박편을 깨내어 양면핵석기 · 찍개 · 쌍날찍개 등을 만들었다.[6]

전곡리 유적에 대해서 다양한 연대측정지표가 축적되어 있다. 연구된 내용 중 현무암반 위로 쌓인 퇴적물을 바탕으로 퇴적 속도 및 퇴적 지속 시간을 고려하여 유물이 집중적으로 출토된 하부퇴적층의 연대를 30만 년 전경으로 보는 경우도 있다.[7]

③ 전곡리형 양면핵석기가 발굴된 파주 주월리 · 가월리 유적

지표조사에서 양면석기 채집, 시굴갱 점토에서 구석기 유물 출토

대형 양면핵석기 · 박편도끼 · 뾰족찍개 · 다각면원구 등을 지표 채집

파주시 적성면 주월리 · 가월리 구석기 유적은 사적으로 지정하기 위하여 1993년 8월 시굴을 실시한 곳이다. 지표조사에서 전곡리 유물과 유사한 석기 형태들이 다수 채집되었다. 시굴갱에서 발견된 유물들은 위로부터 구분된 1 · Ⅱ층에서 발견되고 있다. 전체 퇴적층의 구성은 밑으로부터 자갈 · 모래 · 실트 · 점토의 순으로 나타나는데 구석기 유물은 주로 점토층에서 수집되었다. 지표 채집된 석기는 내부분 대형석기에 속하는데 주먹도끼 · 뾰족찍개 · 다각면원구 · 대형긁개 등으로, 전곡리에서 발굴된 구석기와 유사한 형태를 보여 주고 있어 전기 구석기 유물로 분류

되고 있다.[8]

(2) 북한 지역

① 한반도에서 가장 빠른 구석기 유적 상원 검은모루동굴

석회암동굴로 물소 등 동물 화석 출토, 연대는 1백만 년 전 추정

홍적세시기로 직접 타격에 의한 주먹도끼와 망치돌 등 대형석기출토

평양시 상원읍 검은모루에 있는 석회암동굴로 1966년 채석과정에서 발굴 조사되었다. 5개의 지층으로 구분되어 있는데 1·Ⅲ·Ⅳ층에서 중기 홍적세 초기에 해당하는 원숭이 등 다양한 27종류의 동물 화석이 발견되었다. 특히 Ⅳ층에서는 동물 화석과 함께 여러 점의 석기와 강자갈돌이 수집되었다. 석기를 타제한 방법은 가장 원시적이고 초보적인 직접타격법을 사용한 흔적이 있다. 이곳의 석기는 큰 형태의 석기이며 2차 가공한 석기들은 보이지 않고 큰 석기도 양면 가공한 것은 없고 한 면을 타제한 것처럼 보이는 것뿐이다.[9]

석기 형태는 주먹도끼형과 첨두형석기와 망치돌 등이 있다. 검은모루 유적은 동물 화석의 전자회전공명법에 의한 연대측정 결과 1백만 년 전으로,[10] 북한 학계에서는 이 시기를 자바원인이 활동하던 때보다 앞선 시기라고 평가하고 있다.

② 화대사람이 출토된 화대군 석성리 화대 유적

한반도에서 호모 에렉투스 계통 화석으로 추정되는 '화대사람' 발굴

용암 연대는 열형광법과 고지자기법에 약 30만 년 전으로 측정

2000년 6월 칠보산 남쪽 변두리에 있는 화대군 석성리에서 화산 용암

속에 묻혀 있는 화석 인류의 유골이 발견되어 이 화석을 화대사람이라고 명명하였다. 유적 일대에는 5개의 화산분화구가 발견되었다. 화석 인류를 용암 속에 몰아넣은 화산분출은 광물암석학적 연구와 고식물 화석 및 포분 분석 자료에 기초하여 약 70만 년~10만 년 전에 있었던 것으로 파악하였다. 화석 인류와 관계되는 용암을 시료로 하여 연대를 측정하였는데 절대연대가 열형광법에 의하면 32만±4~5만 년 전이고, 고지자기법에 의하면 29만±4~5만 년 전으로 화석 인류의 연대를 30만 년 전으로 추정하였다. 용암덩어리 속에 있는 화석 인류는 세 사람분의 유골이 있었는데 어른 여성 1명, 미성년 1명, 어린아이 1명이었다. 어머니가 두 명의 자식을 데리고 부근을 지나다가 갑작스러운 용암분출로 용암 속에 묻히는 재난을 당한 것으로 보고 있다.

화대사람은 인류의 고유한 원시적인 특징을 뚜렷이 가지고 있는가 하면 현대 사람을 연상시키는 진보적인 특징도 없지 않다. 이 표본에서 가장 특징적인 것은 위턱뼈의 크기가 크고 얼굴뼈의 돌출상태를 반영하는 위턱굴이 상당히 큰 것인데 이것은 원시적인 특징이라고 할 수 있다. 화대사람은 고인에서 원인에 이르는 원시적인 특징과 함께, 신인이나 현대 사람에게서도 볼 수 있는 발전된 진보적인 특징도 가지고 있다. 원시적인 특징으로는 이틀부 돌출이 인정되고, 미성년이나 어른의 위턱뼈 천장은 유인원처럼 매끈하고 평활하다는 데 있다. 이러한 특징은 원인 단계의 화석 인류에서도 볼 수 있는 것이다. 이와 같은 인류학적 특징에 의하면 화대사람은 원인 단계 사람들과 신인 단계 사람들 사이에서 양자를 이어 주는 그 중간에 해당하는 고인 단계에 속하는 화석 인류로[11] 북한 학계는 발표하고 있다.

화대사람이 살던 시기에는 지구상에 혹한을 가져오던 추위가 물러가고 더위가 찾아들고 있었다. 이미 온대기의 기후환경이 조성되었고 아열대성 기후가 밀려오는 무렵으로 분석되고 있다. 화대사람은 한반도에서 첫 주민으로 살아온 호모 에렉투스로 보이고, 그때의 환경은 지금과 같은 온대기의 기후환경과 비슷한 느낌을 가지고 살아갔을 것으로 추정된다.

2) 중기 구석기 유적

한반도 중기 구석기시대 석기제작 양태는 석영을 사용한 자갈돌 석기 전통이 널리 퍼져 있다. 자갈돌을 이용한 찍개류와 여러면석기가 있고 유적에 따라서는 주먹도끼 · 주먹찌르개 · 대형긁개 등이 출토되기도 한다. 이 외에도 몸돌석기에서 격지나 돌조각에 만들어진 긁개 · 홈날 · 톱니날 등 다양한 격지 제작기법도 등장하는 것으로 보고 있다.

중기 구석기로 알려진 유적은 단양 금굴 3문화층, 공주 석장리 가운데 층, 수양개 Ⅴ지층, 제천 점말용굴 아래문화층, 청원 두루봉 일대, 광주 삼리, 양구 상무용리 아래문화층, 홍천 하화계리 Ⅲ의 4문화층, 순천 죽내리 1 · 2문화층, 함평 당하산 1문화층, 진주 내촌리, 제주 빌레못동굴 1 · 2문화층 등의 남한 지역과 상원 용곡리 1호동굴 1문화층, 덕천 승리산동굴 아래층, 평양시 력포구역 대현동 · 랭정동굴 · 중리동굴 유적 등이 알려져 있다.

중기 구석기시대에 해당하는 지층의 연대측정이 이루어진 유적은 금굴 · 점말동굴 · 석장리 · 용곡 1호동굴 등으로 측정값은 10만 년~4만 5천 년 전 사이로 나타나고 있다.

이 시기 사람 화석은 단양 구낭굴 · 상시 바위그늘 · 덕천 승리산동굴 · 력포구역 대현동 · 랭정동굴 · 중리동굴 등에서 발견되었다.

(1) 남한 지역

① 구석기 연구의 중심 충남 공주 석장리 유적

남한 구석기 연구의 선도적 역할을 해 온 유적 발굴지로 평가

주먹도끼 · 긁개 · 밀개 등 큰석기와 격지석기로 돌핵 · 송곳 등 출토

공주 석장리 구석기 유적 전경

백제의 고도 공주에 흐르는 금강 북안에 있는 석장리 유적은 큰물로 무너진 강가 언덕에서 우연히 발견되었다. 1964년부터 발굴을 시작하여 27개의 지층에서 전기 · 중기 · 후기 구석기의 12개 문화층을 밝혀냈다. 제4기 지질학을 참고한 연대는 1문화층에서 4문화층까지는 제2간빙기(약 35만 년~30만 년 전)인 전기 구석기로 밝히고 있다. 중기 구석

기 단계에는 제3간빙기(약 12만 년~7만 년 전)의 강가 쌓임층으로 된 5문화층에서 아슐리안 전통의 주먹도끼가 출토되었다. 9문화층에서는 석장리 유적의 발굴 계기가 된 자갈돌 찍개문화층이고, 10문화층의 연대는 BP 50,270년 이전으로 밝혀졌다. 후기 구석기문화는 11문화층이 BP 30,690년 전으로 확인되었고 12문화층에서 좀돌날몸돌이 발굴되었다.[12]

② 13만 년 전 퇴적층으로 형성된 경기 양평 병산리 유적

남한강변에 위치 5개 층으로 형성, 3층에서 중기 구석기 출토

유물은 망치돌·몸돌석기·긁개 등, 1층은 토양 쐐기점부터 형성

양평군 강상면에 위치한 병산리 유적은 남한강가에 자리 잡은 유적으로 1992년~1993년에 발굴되었다. 5개 층으로 구성되어 있는데 2·3·4층에서 뗀석기가 나왔다. 3문화층은 중기 구석기에 해당하는 망치돌과 격지가, 2문화층은 중기와 후기 구석기에 속하는 망치·찍개·몸돌석기·긁개 등이 나왔다. 1문화층은 LW의 시작부위에 해당하며, 3문화층은 두 번째 토양쐐기의 아래에 해당한다. 소수의 발굴품과 대부분의 지표채집품은 규암과 석영으로 제작되었다.[13]

③ 최초로 발굴된 현무암동굴 제주 빌레못 유적

용암동굴로 갈색곰 화석과 현무암제석기 발굴 중기 구석기로 추정

유적의 유물로는 박편석기인 긁개·송곳·홈날·톱니날 등이 출토

북제주군 애월면 어음 2리에 위치한 빌레못 용암동굴은 1973년에 발굴되었다. 동굴에서 갈색곰·사슴·노루 등의 동물 화석과 현무암제 박편석기 등이 수집되었다. 층위는 암반까지 3개의 층위로 구분되어 있고

2층에서는 동물 화석과 현무암제의 석기들이 함께 출토되었고 맨 아래 층에서는 석기만 수집되었다. 출토된 석기는 긁개·첨기·홈날 등의 박편석기와 뾰족찍개 등 큰 석기가 모두 발견되었다. 이곳의 편년은 동물 화석과 석기의 형태를 중심으로 한 상대연대로 중기 구석기시대로 추정하고 있다. 제주도에서는 현무암이 주된 암석으로 석기를 제작하는 석재를 현무암으로만 사용한 것이 특징이라고 할 수 있다.[14]

④ 인류 화석이 나온 충북 단양 구낭굴 유적

원숭이가 살았던 아열대 시기 사람 뼈가 출토된 석회암동굴

유적3층에서 인류 화석과 석기·원숭이·곰·호랑이 화석 출토

단양군 가곡면 여천리에 있는 석회암동굴로 파괴되거나 교란되지 않은 완전한 상태로 1986년에 발견되었다. 전체 층위는 8개 층으로 구성되어 있는데, 사람 뼈와 석기·뼈연모 및 많은 동물 화석이 제2퇴적층(3층)에서 집중적으로 출토되었다. 여기에서 출토된 사람 뼈는 형태와 크기로 보아 성인 남자로 판단하고 있다. 동물 화석은 짧은꼬리원숭이·사슴·곰·호랑이 등이 확인되었다. 한반도에서 아열대성 원숭이 화석이 출토 홍적세 중 따뜻한 시기에 형성된 것으로 평가하고 있다.[15]

⑤ 충북 단양 상시 바위그늘 사람은 네안데르탈인일까?

바위1그늘 유적에서 동물 화석과 뼈연모 및 석기 출토

2개체분 사람 화석은 네안데르탈인과 흡사 슬기 사람으로 평가

단양군 매포읍 상시리에 위치한 상시 바위그늘은 1981년에 발굴되었다. 이 유적에 있는 3개의 바위그늘은 모두 시기를 달리하여 사람이 살

았는데 1그늘은 구석기시대, 2그늘은 신석기에서 청동기시대, 3그늘은 늦은 구석기에서 신석기시대의 문화가 있음이 밝혀졌다. 1그늘의 문화층에서는 동물 화석과 뼈연모가, 5·7·9층에서는 석기가 출토되었다. 특히 5층에서 출토된 사람 뼈는 최소 2개체분인데 뼈의 특징으로 보아 슬기슬기 사람과는 다르고 네안데르탈인과 흡사한 슬기 사람으로서 특징을 보여 이를 '상시슬기사람'이라고 부르고 있다.[16] 신장 156㎝~158㎝쯤 되는 20살이 넘은 것으로 보이는 상시사람은 남한에서 처음으로 출토된 슬기 사람으로서, 당시 인류 확산과정을 파악하는 데 중요한 유적으로 평가할 수 있다.

(2) 북한 지역

① 다량의 인류 화석이 발견된 평양 상원 용곡 유적

검은모루 유적 인근에 있는 석회암동굴로 4개 문화층 형성

열 사람분의 뼈 화석과 톱니날석기·격지·찌르개·송곳 등 출토

평양에서 동남쪽으로 45㎞쯤 떨어진 곳에 상원 용곡 유적이 있는데 북쪽 방향 5㎞쯤에는 상원 검은모루동굴이 있다. 이곳에 있는 2개의 동굴 중 용곡 1호동굴은 문포천 주변 벼랑중턱에 있는 석회암동굴이다. 1980년부터 발굴된 이 동굴은 13개 퇴적층에 4개의 문화층으로 밝혀졌다. 출토된 석기는 1문화층(8층)의 석기는 정형화되지 못한 단순한 형태의 석기이다. 2문화층(9층)에서 톱니날석기가, 3문화층(10층)에서는 간접떼기인 눌러떼기수법이 쓰였고, 4문화층(11층)에서는 격지석기가 많은 점이 특징이다. 2·4문화층에서는 뼈로 만든 찌르개와 송곳이 출토되었으며, 뼈를 다듬어서 짐승 머리를 조각한 예술품이 4문화층에서 발굴되었다.

유적의 연대는 열형광법 측정 결과 50만 년~40만 년 전으로 측정된 6개의 자료를 제시하였다. 그러나 동물 화석의 상대연대나 화석 인골의 특징을 참고하여 1문화층을 중기 구석기로, 2문화층을 후기 구석기로 보는 해석도 제기되고 있다. 열 사람분에 해당하는 화석 인골이 발견된 용곡사람 가운데 2문화층에서 출토된 제7호 머리뼈는 암석에 눌려 형태가 변형되었으나 상태가 양호하다. 외형적인 특징으로 보아 35살 정도의 성인 남자로 보며 머리뼈의 지수는 69.7로 장두형에 속한다. 3문화층에서 출토된 제3호 머리뼈 길이의 지수도 69.7로 장두형이며, 부피는 1,650cc쯤 된다. 윗머리뼈의 지수는 93.8인데 이는 북경 사람과 슬기 사람의 사이에 해당한다고 볼 수 있다.[17]

② 북한 구석기 유적에 단초를 연 함북 웅기 굴포리 유적

서포항 야산에 위치, 신석기층 밑에서 구석기문화층 발견

중기 구석기층에서 유물 출토, 석영암제석기와 돌무더기 발견

두만강에서 가까운 서포항의 얕은 야산에 있는 웅기 굴포리 유적은 일본강점기 때 신석기 유적이 조사되었던 곳이다. 1963년에 북한이 다시 발굴하다가 신석기문화층 밑에서 후기 구석기와 중기 구석기문화층을 차례로 발견하게 되었다.

지층은 위에서 밑으로 7개가 구분되었고 Ⅱ~Ⅳ층은 충적세, Ⅴ~Ⅶ층은 홍적세에 해당한다. Ⅴ층의 문화는 굴포Ⅱ기인 후기 구석기에 속하고, Ⅵ층은 굴포Ⅰ기인 중기 구석기에 해당한다고 한다. 중기 구석기문화층에서는 유물이 13점 출토되었는데 석기가 10점이고 시설물로 보이는 돌무더기가 함께 발견되었다. 중기 구석기문화층의 석기 재료는 석영

암이 주를 이루고 있으며, 후기 구석기문화층은 고운 입자로 된 대리석이나 각암 등이 주가 되어 석기 재료의 차이가 뚜렷하다. Ⅰ기층에서 발견된 석기는 찍개 2개, 칼 1개, 박편석기 7개이고, 그밖에 돌핵 2개, 모룻돌 1개가 발견되었다.[18]

③ 인류 화석이 발굴된 평남 덕천 승리산 유적

대동강 주변의 석회암동굴에서 '덕천사람'과 '승리산사람' 화석 발굴

덕천사람은 슬기 사람으로, 승리산사람은 현생인류 계통으로 평가

덕천 승리산 유적은 동남방향으로 대동강을 바라보고 있는 석회암동굴이다. 구석기 유적에서 사람 뼈를 처음 찾아서 보고한 승리산 유적은 6개 층인데 Ⅳ층에서는 슬기 사람 계통의 '덕천사람'의 어금니 2개와 어깨뼈 1개가 출토되었다. 슬기슬기 사람 계통의 '승리산사람'의 아래턱은 Ⅴ층에서 출토되었다. '덕천사람'은 Ⅳ층에서 큰쌍코뿔이·하이에나 등 더운 기후 동물상 화석과 함께 출토되어 중기 홍적세 말기에서 후기 홍적세 초기에 있었던 슬기 사람 계통으로 분석하고 있다.

'승리산사람'의 아래턱의 길이는 현대인과 비슷한 76㎜이나 그 너비는 114㎜로 현대인보다 훨씬 큰 것으로 보고 있고, Ⅴ층에서 털코끼리 등 추운 동물이 출토되었다. 이런 자료로 보아 중국 주구점의 산정동인보다 더 이른 시기인 후기 홍적세 중기에서 말기의 슬기슬기 사람으로 분석하고 있다.[19]

④ '력포사람'이 발굴된 평양시 력포 대현동 유적

석회암동굴로 3개 문화층, 2층에서 어린이 머리뼈 한 개체분 출토

동물 종적 구성은 22종인데 사멸종 10종으로 중기 홍적세로 평가

대현동 유적은 대동강 부근에 있는 석회암동굴 유적이다. 3개 층으로 구성되어 있는데 II층 밑바닥에서 7~8세 어린아이의 머리뼈 한 개체분이 발굴되었다. '력포사람' 화석의 윗머리뼈 굽은 지수는 93.2로 슬기 사람(93.0)과 비슷하다. 동물의 종적 구성이 22종인데 사멸종은 큰쌍코뿔이 등 10종으로 45.4%를 차지하고, 검은모루 유적(62%)과 승리산 유적(34.9%)의 수치와 비교해 승리산 유적보다 높기 때문에 중기 홍적세의 이른 시기인 슬기 사람 계통으로 보고 있다.[20]

⑤ '랭정사람'이 발굴된 황해남도 대탄군 랭정동굴 유적

10층에서 중년 남자로 보이는 신인 단계 화석뼈 발굴

퇴적층 연대는 전자스핀공명법에 5만 2천 년 전으로 측정

대탄군 관산리 랭정동굴에서 석회암을 채취하는 과정에서 신인 단계의 화석 인류가 발견되었다. 12개 층으로 구분된 유적의 퇴적층 가운데 제10층에서는 사람의 마루뼈와 아래턱뼈 조각이 발견되었다. 중년 남자로 평가되는 이 화석에서는 마루뼈의 두께와 이빨의 크기 등에서 원시적인 특징이 인정되기는 하지만 그것이 이 화석을 신인 단계의 사람으로 보는 데 문제 될 정도는 아닌 것으로 평가하였다.[21] '랭정사람'의 화석이 발견된 제10퇴적층에 대한 절대연대는 열형광법에 의하면 4만 3,000년 전, 우라늄계열법에 의하며 4만 6,000년 전, 전자스핀공명법에 의하면 5만 2,000년 전으로 측정되었다.[22]

⑥ '중리사람'이 발굴된 평양 상원 중리 유적

중리 유적은 용곡동굴과 7㎞ 정도의 근접한 지역에 위치

2문화층에서 사람 뼈 화석이 상부 홍적세 초 퇴적층에서 출토

평양시 상원군 중리의 자연동굴에서 '중리사람' 화석이 발견되었다. 중리동굴 안에 쌓인 퇴적물의 전체 두께는 5.7m인데 화석을 포함한 퇴적층의 두께는 2.2m이다. 중리 동굴유적은 검은모루동굴 유적에서 남쪽으로 약 20㎞ 떨어져 있지만, 용곡동굴과는 서로 마주 보고 있다고 할 정도의 7㎞~8㎞밖에 되지 않는다.

'중리사람'의 인류 화석은 3개 문화층으로 구성된 유적의 제2문화층에서 나왔다. 이 문화층에서는 한 개체에 속하는 사람의 마루뼈와 아래턱뼈 등이 보존되어 있었다. 사람 화석이 나온 제2문화층은 퇴적관계로 보면 9~10퇴적층에 해당한다. 이웃 퇴적층에서는 상부 홍적세 초에서부터 나오는 야생하늘소 · 누렁이 · 큰뿔사슴이 나오므로 웃퇴적층은 상부 홍적세 초에 해당한다. 따라서 '중리사람'은 다른 나라에서 고인들이 살면서 구석기시대 중기의 문화를 창조하던 시기에 출현한 이른 시기의 신인으로 보고 있다.[23]

3) 후기 구석기 유적

후기 구석기시대는 현생인류가 주인공으로 등장하여 격지제작 · 돌날제작 · 슴베도구제작을 바탕으로 석인과 세석인기법이 사용된다. 후기 구석기 유물의 대부분은 전기나 중기 구석기 유적 상부층에 포함되어 있고 해를 더할수록 발굴 유적지가 크게 늘어 가는 추세에 있다.

후기 구석기 유적지로는 공주 석장리 10·11집자리 문화층, 수양개 Ⅳ지층, 단양 금굴 4·5문화층, 상시 1바위그늘, 제천 점말용굴 Ⅵ지층, 청원 두루봉 흥수굴, 제원 창내, 대전 노은동 1·2기, 용호동 1·2문화층, 청주 봉명동, 파주 금파리 Ⅱ지층, 양평 병산리 1·2문화층, 남양주 호평동, 용인 평창리, 광주 삼리, 홍천 하화계리Ⅲ 작은솔밭, 동해 발한동, 강릉 주수리, 순천 월평, 화순 대전, 익산 신막, 진안 진그늘 2지층, 군산 내흥, 밀양 고례리 등이 남한 지역 후기 구석기 유물이 발굴된 유적지로 보고되고 있다. 북한 지역에는 평양 승호구역 만달리, 상원 용곡 1호동굴, 웅기 굴포리, 덕천 승리산동굴, 금천동굴, 풍곡동굴 등이 있다.

그리고 후기 구석기시대 유적에서 인류 화석이 출토된 유적지로는 북한 지역의 만달리·풍곡리·금천·승리산 유적이 있고 남한 지역의 흥수굴 유적을 들 수 있다.

(1) 남한 지역

① 세석기의 중심지 충북 단양 수양개 유적

남한강변의 자갈층 위에 형성, 수십 개소의 석기제작터 발견

4층에서 슴베찌르개, 세석기 등 직간접떼기로 수만 점 출토

단양군 적성면 남한강변에 자리 잡은 수양개 유적은 1983년부터 발굴, 조사되었다. 중기 구석기문화층(Ⅴ층)에서는 넓게 발달된 자갈층 위에 모룻돌을 이용한 직접떼기로 만든 찌르개·긁개·주먹대패석기가 출토되었다. 수양개 유적에서 가장 많은 유물이 발굴된 후기 구석기문화층(Ⅳ층)에서는 슴베찌르개와 세석기 관련 유물들이 집중적으로 출토되었다. 석기제작방식은 직접떼기수법과, 돌날수법 및 눌러떼기수법과 같은

간접떼기수법도 보이고 있다. 특히 많은 수의 슴베찌르개는 일본 큐슈 지방에서 출토되는 유물과 비슷하고 일정한 범위 안에서 집중적으로 출토되고 있다. 수양개 유적의 대표적인 유물인 좀돌날몸돌은 크게 3가지 흐름으로 보고 있다. 먼저 공주 석장리에서 영향을 받아 좀돌날몸돌의 제작기술을 발달시켜, 한 줄기는 남쪽의 전남 승주 곡천과 화순 대전에서 일본 큐슈로, 또 한줄기는 북쪽의 평양 만달리를 거쳐 선봉 굴포리에서 우스티노브카→사할린→일본 홋카이도로의 전파에 큰 영향을 준 것으로 평가하고 있다.[24]

단양 수양개 출토 유물

② 사냥캠프의 석기제작터 전북 진안 진그늘 유적

금강 상류 용담호 수몰지구로, 석기제작소와 화덕자리 등 공간 활용

석인 · 석핵 · 슴베찌르개 · 밀개 등 후기 구석기 유물 1만여 점 출토

진안 진그늘 유적의 후기 문화층에서는 20여 곳의 석기제작소가 확인되었다. 긁개 · 밀개 · 슴베찌르개 등이 좁은 범위 내에서 출토되었다. 후

기 구석기문화층의 석기는 약 1만 점에 이르며 사용된 석재는 유문암·규장암·응회암·석영 등이다. 석인석핵과 석인·박편·슴베찌르개·밀개·새기게·뚜르개 등이 출토되었고 박리기술을 알 수 있는 타면 재생박편과 능조정 석인이 확인되었다. 1호 화덕자리에서 나온 숯을 이용한 연대가 BP 22,850±350년이다. 대체로 토양쐐기 위에서 유물이 출토된 진그늘 유적은 다량의 슴베찌르개를 참고 사냥캠프와 연관된 석기 제작터로 추정하고 있다.[25]

③ 한반도에서 빠른 세석핵이 출토된 강원 철원 장흥리 유적

토양쐐기 위에서 출토된 세석핵은 BP 24,400±600년으로 측정
세석인, 세석핵, 긁개, 슴베찌르개 및 북해도산 흑요석 출토

철원 장흥리 유적은 한탄강변 현무암 대지 위에 위치하는데 위에서부터 1문화층과 2문화층이 형성되어 있다. 1문화층은 토양쐐기 위에 있으며 2문화층은 토양쐐기층 내부에서 확인된다. 유물의 출토 양상은 2문화층이 산발적인 유물분포를 보이고 1문화층에는 주된 유물들이 포함되어 있다. 1문화층의 유물은 흑요석제 밀개·긁개·세석인·세석핵과 반암제의 긁개·석인·세석인·세석핵·슴베찌르개 등이다. 문화층의 연대는 1문화층 내부에서 채취한 것으로 1차 측정치는 BP 24,200±600년이었고, 2차 측정치는 석기 집중 출토지에서 채취한 시료로 BP 24,400±600년이 나와, 한반도에서 세석핵이 가장 이른 시기로 보고되었다. 박편 중 북해도에서만 출토되는 갈색흑요석이 한 점 확인되었다.[26]

④ 한데 막집이 발굴된 전남 화순 대전 유적

후기 구석기시대 한데 막집으로 기둥구멍 24개가 확인된 유적

배 모양 세석인, 새기개, 밀개, 긁개 등 후기 구석기층에서 출토

주암댐 수몰 지역 조사로 밝혀진 대전 유적은 전남 화순군 남면 대전 마을의 구릉 일대에 위치한 한데 유적이다. 문화층은 중기 구석기문화층 (Ⅳa), 후기 구석기문화층(Ⅴa), 중석기문화층(Ⅴb), 청동기문화층이 확인되었다. 후기 구석기문화층에서는 모룻돌과 격지가 함께 출토되었으며 유물 가운데 배 모양, 쐐기 모양 좀돌날몸돌들이 출토되고 막집이 발굴되어 주목된다.

후기 구석기 말기(약 15,000년 BP)의 특징을 보이는 좀돌날몸돌은 북부 지방의 만달리, 중부 지방의 석장리 · 수양개 등과 남부 지방의 곡천 · 옥과 등지에서 출토된 바 있어 비교 연구되고 있다.[27]

화순 대전 막집 복원 그림

⑤ 낮은 구릉의 부산 해운대 중동 · 좌동 유적

분지형 저구릉 대지 토양쐐기 상부에 형성된 후기 구석기 유적

중동에서 세석인, 세석핵, 밀개와 좌동에서 석영제망치돌 출토

해운대 중동 · 좌동 유적은 300m 정도 떨어진 근거리에 위치하며 낮은 구릉 대지상에 형성되었다. 유물은 갈색찰흙층(Ⅱ층)의 마지막 토양쐐기의 상부에서 출토되었다. 중동 유적에서는 석영 대신에 혼펠스를 주로 사용하였고, 좌동 유적에서는 석영제석기의 비율이 상당히 높다. 중동 유적에서 출토된 석기는 세석핵 · 세석인 · 밀개 · 긁개 · 석핵 등이다. 세석핵을 일본 북해도의 용별기법과 란월기법과 비교하면서 좌동 유적은 후기 구석기 후반, 중동 유적은 BP 17,000년~14,000년 전으로 평가하고 있다.[28]

⑥ 흥수아이가 발굴된 충북 청원 흥수굴 유적

석회암 흥수굴에서 2개체분의 사람 뼈와 석기, 동물 화석 발굴

흥수아이 1호는 인류학적으로 현대인과 슬기슬기 사람 특징 공유

흥수굴은 두루봉 조사의 10차 발굴에서 완전한 사람 뼈와 석기 및 동물 화석이 발굴된 구석기 유적의 문화 성격을 지닌 동굴유적이다. 흥수굴에서 발견된 2개체의 어린아이 뼈 중 흥수아이 1호 사람은 체질인류학적 분석으로 보면 5살 정도로 머리 크기는 1,200cc~1,300cc, 키는 110cm~120cm 정도이다. 흥수아이의 머리뼈는 좁고 길며 높은 머리이고, 특히 윗머리뼈의 굽은 길이는 긴가운형 얼굴이다. 북한 평양 부근에서 발굴된 력포아이의 윗머리뼈와 비교해 볼 때 흥수아이가 훨씬 크며, 이 길이는 만달사람 어른 뼈의 잰 값과 같음을 알 수 있다. 약 4만 년 전에 살

앉던 것으로 보이는 흥수아이는 머리뼈 잰 값의 결과로 현대인과 슬기슬기 사람의 특징을 함께 갖고 있다고 평가받고 있다.[29]

(2) 북한 지역

① 한반도에 구석기 존재를 알린 온성 동관진 유적

한반도 최초 구석기 유물은 일제강점기 동관진 유적에서 출토

털코뿔이 등 동물 화석과 흑요석석기, 뼈연모 등이 발굴됨

우리나라에서 구석기 유물이 처음으로 발굴된 두만강 부근의 동관진 유적은 일제강점기 때인 1933년 철도 공사 중 발견된 9종의 동물 화석에 대한 간단한 내용이었다. 일제는 식민사관 차원에서 동관진 유적의 구석기 유물을 부정하였다. 6개 층위로 된 이 유적 제1황토층(2층)의 밑에서 하이에나 · 털코끼리 · 털코뿔이 등 큰 짐승류가 발굴되었다. 동물 화석 이외에 흑요석석기 2점, 뼈 연모 4점이 보고되었다. 이 유적은 우리나라 구석기문화가 존재한다는 것을 고고학적으로 입증시키는 계기가 된 유적이다.[30]

② 함경북도 웅기 부포리 구석기 유물

지표 채집된 석기가 굴포2기층의 석기와 유사 후기 구석기로 평가

석재는 각암이 많고 긁개는 삼각형이나 타원형이고 석핵 등 채집

웅기 부포리 덕산에서 1964년에 지표 채집한 석기들은 유적을 발굴해서 확보한 석기들은 아니지만, 석기들의 특징이 웅기 굴포리 Ⅱ기층의 석기와 같다고 평가되고 있다. 부포리 석기의 석재도 주로 각암이며 간혹 부싯돌도 섞여 있다. 이곳의 각암은 상당히 풍화되어 녹이 나 있지만

속 부분은 검푸른 빛이 난다고 하였다. 유물의 종류는 삼각형 · 타원형 · 부정형 형태의 긁개와 칼, 찍개, 석핵 등이 있다.[31]

③ '만달사람'의 머리뼈가 발굴된 평양 만달리 유적

석회암동굴 유적으로 1층이 신석기, 2층이 후기 구석기로 형성

장두형의 만달사람 머리뼈와 세석인석핵 · 박편 · 돌망치 등 출토

평양에서 동쪽으로 약 40㎞ 떨어진 승호구역 만달리에 있는 석회암동굴 유적이다. 유적의 지층은 3개 층으로 나뉘었는데 위에서 아래로 1층이 신석기층, 2층은 후기 구석기층, 3층은 후기 홍적세층으로 구분하였다. 후기 구석기층인 가운데층에서 세석인석핵 8점 · 박편 3점 · 돌망치 2점이 발굴되었다. 석기 재료는 세석인석핵 중 규암제가 1개, 흑요석제가 7개이고, 박편은 흑요석제가 2개, 석영제가 1개이다. 이 유물 중 두드러진 것은 세석인석핵으로 구석기시대 후기를 나타내 준다고 하겠다. 후기 구석기층에서는 '만달사람'으로 명명된 많은 사람 뼈가 출토되었다. 20세~30세 정도의 남자인 만달사람의 머리뼈 지수는 72.6으로 전형적인 장두형에 속한다. 눈두덩은 상당히 발달되었으며 이마의 경사는 비교적 급하고 앞머리뼈의 옆모습은 활동 선을 그리며 현대인(86.0)과 비슷하다. 윗머리뼈는 상당히 굽었고 아래턱은 거의 완전하며 앞부분이 넓은 말발굽형으로 크고 두터우며 무겁다.[32]

만달리 유적의 중요 자료는 만달사람이 제작한 것으로 보이는 13점의 석기들이다. 차돌망치와 격지가 같이 발굴되어 직접 석기제작 행위가 있었던 것으로 해석하고 있다. 쐐기를 대고 약 5㎝ 미만의 길이에 너비 3㎜~5㎜ 되는 좀돌날을 5개~8개 떼어 낸 좀돌날몸돌이 주목된다. 석기제

작방법을 분석해 보면 수양개 Ⅲ 형식과 같음을 알 수 있고 15,000년 전후시기로 보인다.[33] 따라서 만달 유적은 북한 지역에서 후기 구석기시대 세석기문화를 대표하는 유적으로 평가할 수 있다.

④ 조선 사람의 특징이 있는 대동강 유역의 풍곡리 풍곡사람

대동강 풍곡 유적에서 조선 사람 특징이 있는 신인 단계 화석 출토

풍곡인 특징은 조선 사람 고유 모습으로 코마루가 높고 코뼈는 좁음

풍곡리 풍곡사람은 얼굴뼈 부분이 남아 있지 않은 '만달사람'의 자료적 제한성을 보충해 주기 위해서 언급한 슬기슬기 사람 계통이다. 풍곡사람의 화석에서 가장 주목되는 특징은 코 부위에서 잘 나타난다고 한다. 코마루가 동부아시아 범위로 볼 때 낮은 것이 아니라 오히려 약간 높은 편이다. 코뼈는 넓지 않고 상대적으로 좁다. 풍곡사람과 같은 시기의 화석 인류인 중국의 신인 산정동인과는 상당히 다른 차이가 난다. 산정동인은 반대로 코마루가 아주 낮고 코뼈가 넓다는 데 있다. 풍곡사람의 형태학적 특징에서는 조선 사람과 공통적인 고유한 특징이 있는데 그것은 상대적으로 코마루가 높고 코뼈가 얼마간 좁은 것이다.[34]

앞에서 살펴본 내용을 정리해 보면 한반도의 전기 구석기는 중기 홍적세 시기인 13만 년 이전으로 찍개나 주먹도끼 등 비교적 단순하게 손질해서 만들어진 대형석기들을 만들어 사용하던 시기이다. 약 100만 년 전의 상원 검은모루 유적과 70만 년 전의 단양 금굴 유적은 홍적세에 활동했던 호모 에렉투스가 빙하기 때 황해평지를 가로질러 대동강이나 남한강 유역까지 진출하여 한반도에 첫 생활 흔적을 남긴 인류로 추정할 수 있다.

이어지는 흐름은 양면가공주먹도끼를 제작사용했던 임진강과 한탄강 유역의 전곡리 · 주월리 유적군과 찍개 · 긁개 등이 출토된 석장리 2지구 아래층은 30만 년~12만 년 전에 형성된 곳으로, 호모 에렉투스가 추운 시기에 중국을 거쳐 한반도 중부 지역에 진입 활동한 것으로 볼 수 있다.

중기 구석기시대는 석기제작에서 조정된 타격면을 이용한 석기가 나타나는 것을 기준으로 삼고 있으나 전기와 유사하게 자갈돌을 활용한 여러면석기와 찍개 등이 보편적으로 제작된 것으로 보이며, 간혹 격지 제작기법이 등장한 시기로 보인다.

중기 구석기시대에 속하는 유적의 구석기들은 주먹도끼가 주로 출토되고, 6만 년~7만 년 전이 되면 대형석기류는 줄어들고 소형석기가 증가함에 따라 석영의 비중이 점차 커지게 된다. 7만 년 전에 기온이 급격하게 낮아져 인류 활동에 제약이 가해졌으며, 이 시기에 호모 사피엔스 계열이 황해평지를 건너거나 만주 지역을 통해서 한반도에 진입한 것으로 보인다. 5만 년 전경에 이르면 구석기 중기 유적 수가 남부 지역까지 확산되어 상당히 증가하는 양상을 보여 주고 있다.

후기 구석기시대는 현생인류가 등장해서 문화형성의 주체가 되었던 시기로 한반도에도 인류의 활동무대가 확장되면서 많은 유적과 유물들을 남겨 놓았다. 기후적으로는 극심한 빙하상태가 유지되면서 환경변화에 따른 인류의 이동과 확산이 폭넓게 이루어진 것으로 보고 있다. 후기 구석기시대는 인류가 원활한 이동을 위해서 이동에 편리하고 기능성이 뛰어난 새로운 석기가 요청되었을 것으로 보인다.

후기 구석기 전기는 4만 년 전부터 2만 4천 년 전으로 보는데, 석영제 격지제작 전통을 유지하면서 밀개 · 긁개 등의 격지석기제작으로 몸돌석기가 제작사용된 것으로 볼 수 있다. 석인기법이 등장하게 된 것은 기후 변화에 따라 동물 종류가 변화되므로 본격적으로 동물을 사냥하기 위해서이다. 수렵이동에 따른 거주자의 편의를 도모하기 위해 석핵에서 더 유용한 예비소재를 제작할 수 있는 석인기법이 더욱 활성화된 것으로 보인다.

후기 구석기 후기는 대략 2만 4천 년 전부터 1만 2천 년 전으로 보는데, 이 시기의 석기 양태는 돌날과 좀돌날 제작을 바탕으로 다양한 형태의 밀개·새기개를 제작사용하였다. 유적에 따라서는 좀돌날이 없는 석영 제작은 격지석기가 주를 이루는 등 새로운 형태의 석기들이 등장하였다.

후기 구석기시대는 자갈돌석기의 전통은 어느 정도 유지되면서 환경과 여건에 따라서 석인기법과 세석인기법을 탄생시켜 다른 형태의 복합적인 도구를 만들어 사용했다. 특히 슴베찌르개를 비롯한 다양한 찌르개가 제작되어 한반도에도 본격적인 수렵문화가 시작되었음을 알려 주고 있다. 흑요석과 같은 새로운 석재의 등장은 백두산 지역이나 일본 북해도 지역과도 연결고리가 이어져 한반도 구석기인들의 원거리 교역이 이루어졌음을 알 수 있다.

3. 구석기시대 이웃 지역 문화 양상

한반도는 아프리카로부터 머나먼 극동아시아 끝부분에 위치하고 있어 인류가 이 땅에 발을 딛기 위해서는 서쪽은 중국, 북쪽은 만주와 시베리아, 동쪽은 일본 열도 등 주변 지역을 거쳐야 진입할 수 있다. 호모 에렉투스부터 흔적을 남긴 동북아시아 구석기시대 문화 양상은 홍적세 전기 유적지는 소수에 불과하지만 홍적세 중기에는 수십 곳에 달하고 홍적세 말이면 수천에 달하는 구석기 유적이 광대한 지역에서 발굴되고 있는 추세이다.

현재 중국에서 원모를 비롯한 몇몇 고인류의 연대에 대한 논쟁이 존재하지만, 홍적세 전기의 대부분과 중기의 전 시기에 걸쳐 호모 에렉투스가 점유하였음을 대체로 인정하고 있다. 현재의 증거에 따르는 한 동북아시아에서 늦은 시기의 호모 에렉투스와 이른 시기의 호모 사피엔스 유적은 시간상으로 상당히 떨어져 있는 것으로 보고 있다.

동북아시아에서 후기 구석기의 시작은 세석기 기술의 등장이라는 특징이 있는데 세석기 유물군이 티베트에서부터 시베리아 알단강 유역까지 광대한 지역에서 발견되고 있다. 세석기 전통은 생계경제를 주로 수렵채집 양식에 의존하였던 만주, 내몽골, 동북한국, 일본 및 태평양 연안을 포괄하는 시베리아 동부 지역에 널리 퍼져 있다. 이 지역에서 가장 오래된 세석기 유물군으로는 산서성 치곡 발견 유물로 화살촉형 석기 등이 발견되었다. 양극타격으로 형성된 석핵과 박편들이 소량 존재하는데, 그 연대는 BP 28,945±1,370년으로 대부분의 연구자들은 가장 빠른 세석기로 인정하고 있다.[35] 한반도에 이웃한 여러 지역의 구석기문화 양상을 간략하게 살펴보고자 한다.

1) 한반도 진입 통로 중국

중국 대륙에서는 인류 화석과 타제석기 등이 구석기시대 전 시기에 걸쳐 다양하게 발굴 보고되고 있다. 구석기문화의 양상도 남부와 북부 서부와 동부 지역 등 다르게 나타나는데 중국의 다양한 환경과 문화접촉 과정에서 나타나는 자연스러운 현상이라고 하겠다.

중국의 전기 구석기 유적은 중국 베이징 부근의 주구점, 니하만, 남쪽의 원모 유적과 황하 중류 지방의 유적들은 중국에서 가장 오래된 구석기지점들이다. 니하만은 동북아시아에서 가장 오래된 유적으로 알려져 있는데 고지자기법이나 고등동물 화석에 의하여 100만 년 전 이전으로 동곡타와 소장량 유적이 있다.[36]

고인류 화석으로는 원모 분지에서 2개의 원인 앞니가 발견되었는데 직립인 원모인이라고 명명하였고 절대연대는 170만 년 전이 산출되었다. 또 섬서 남전의 진가와자와 공왕령에서 원인의 아래턱과 두개골이 발견되어 남전원인이라고 부르는데 고지자기측정으로 80만 년~100만 년 전으로 산출되었다. 그리고 북경원인은 주구점 용골산의 동굴 퇴적에서 다량의 동물 화석과 함께 석기가 출토되었는데 주구점 유적은 약 50만 년~23만 년 전까지 사용된 석회암동굴로 알려져 있다.[37]

중국의 중기 구석기공작은 전기 구석기와 큰 차이가 없는데 그것은 뚜렷한 환경변화가 없어 석기의 변화를 유발하는 요인이 별로 없었던 것으로 추정된다. 중국의 중기 구석기로 평가되고 있는 유적은 섬서성 대려 · 산서성 허가요 · 북경 주구점 유적의 제15지점 등이다. 주구점 제15지점은 고동물 구성으로 약 10만 년 전으로 판단하고 있다. 석기들은 석영과 쳐트 위주로 제작되었고 첨두기 · 조각도 · 찍개 등의 2차 가공 정도가 주구점 제1지점의 석기보다 더 많이 나타나고 있다. 중기 구석기 유적에서 발견된 고인은 섬서 대려인 · 산서 정촌인 · 호북 장양인 · 내몽골

사라—오소골의 오르도스인이 있다.[38]

중국의 후기 구석기문화는 약 5만 년 전에 시작된 것으로 평가되고 있다. 석기문화의 지역화가 뚜렷해져 북부에서는 석인과 소형석기가 주를 이루고 있으나, 남부에서는 대형석기가 그대로 잔존하는 양태를 보이고 있다. 북부의 소석기문화 전통으로 주구점문화를 계승한 치곡 석기 양태를 대표로 평가한다. 치곡 유적은 산서성 대동분지에 위치하고 있는데 살라우수 동물군이 나타나고 탄소연대는 약 28,000년 전후로 보고 있다. 이 유적에서는 화살촉형석기 · 도끼형칼 · 작은석인들이 발견되었는데, 석기들이 정련된 기법으로 가공되고 있으며 양극타격에 의해 형성된 석핵과 박편들이 소량 존재하고 있다. 주구점 유적의 최상층 윗면에 있는 산정동문화는 동물의 구성이 대부분 현생종이다. 현재 장강이남에 살고 있는 종들이 포함되고 있어 당시가 현재보다 더 따뜻했을 것으로 보며 탄소연대는 BP 10,520±360년으로 측정되었다.

북방 지역의 석기 변화는 살라우수 동물군에서 보듯이 초원성 식생이 확장되었다. 이러한 초원환경에 적응하면서 보다 정교한 도구의 제작이 요구되었는데 이는 대형 동물군을 사냥하기 위하여 제작된 것으로 보인다.[39] 후기 구석기 지층에서 발견된 신인은 광서 유강인 · 사천 자양인 · 산서 치곡인 · 주구점 산정동인 등이다. 산정동 유적은 석기가 많지 않고 골기 · 골침 · 장식품 등이 출토되었다. 산정동인은 골침을 만들어 옷을 꿰매 입었는데 그 절대연대는 18,000년 전으로 평가하고 있다.[40]

2) 르발루아 석기가 출토된 만주

북한 너머에 있는 만주는 현생인류의 각축장이었던 시베리아에 연결되어 있다. 북만주 지역은 빙하기 빙하 주변과 동토퇴적이 발달하고, 온난기에는 하류와 호소침적이 발달되어 있다. 만주의 제4기 포유동물은 털코끼리와 털코뿔소 등이 대표적이다.[41]

만주의 전기 구석기 유적인 요령성의 금우산 유적에서 긁개 · 소형찌르개 · 박편 등이 출토되었는데 하부층이 우라늄측정법에 의해 약 27만 년 전으로 밝혀지고 있다. 이 하부층에는 중부 홍적세에 속하는 동물 뼈와 몸 전체를 복원할 수 있는 고인류 화석인 금우산인이 발견되었다. 약 16만 년 전 유적으로 평가받고 있는 요령 묘후산 유적에서도 연대가 빠른 대형 박편석기군이 금우산보다 훨씬 많은 양의 석기가 발굴되었다.[42]

최근에는 길림 지역 선인동의 최하층(4층)은 16만 년~23만 년 전으로 밝혀져 이 지역에서 가장 오래된 석기군으로 평가받고 있다. 내몽고 지역 금사태동굴 유적은 8층 중 5~6층에서 특이하게도 르발루아 찌르개가 출토되었다. 이것은 동북아 지역 중 가장 동쪽에서 출토된 르발루아 계통 유물로 보고 있다.

흑룡강 지역에서 가장 오래된 구석기 유적은 아성시 교계 유적으로 17만 년 전 전기 구석기 유적으로 추정하고 있으며 만주 지역에서 가장 북쪽에 위치한 유적이다. 만주에 금후산 · 묘후산 · 교계 유적이 있어 20만 년 전부터 인류가 활동하였음을 이해할 수 있다.

중기 구석기 유적으로는 요령 지방의 합자동 동굴유적이 대능하 주변에서 발견되었는데 대능하에서 채취한 석영암 등 다양한 재료로 석기를 제작하였다. 석기는 자연면을 이용한 타면이 많고 박리타면도 사용하였다. 톱니날석기와 홈날석기가 확인되었는데 중기 구석기 후반부터는 석기의 소형화를 엿볼 수 있다.

후기 구석기시대에 들어선 이후에도 대형박편을 이용해 석기를 제작하는 전통이 우세한 소고산 유적 4층 및 소남산 유적과 노구하 유적 등이 있다. 세석인이 발굴된 유적은 요하 지역 서팔간방·흑룡강 지역 18참·고향둔·대홍둔·대포소·태자양산 유적 등이 있다. 만주 지역 세석인 석기군은 세석핵과 세석인의 출토 수량이 적어 석기 접합과 같은 공정이 불가능하고 석인기술이 적극적으로 활용되지 못한 것으로 보인다.

후기 구석기 말 이후에는 석기 재료로 흑요석이 채택되어 백두산 흑요석이 멀리 떨어져 있는 길림 대포소와 석인구 및 유동 유적에서 확인되고 있다. 흑요석을 사용해 박편을 이용한 소형석기제작 등이 다양하게 이루어져 간 것으로 보인다. 인류 화석은 길림 전곽현 청산두 유적 7층 윗부분에서 출토되었다. C14 연대는 7층 상부가 BP 10,940±170년으로 확인되었다. 인류 화석은 산정동인·유강인과 같은 계통의 원시적인 특징을 지닌 것으로 파악되었다.

만주 지역에서 털코끼리가 석기와 공반되는 사실은 인류의 수렵행위와 관련된 것으로 보인다. 소형박편석기의 발달은 털코끼리·털코뿔이 등 한냉 동물군의 출현과 관련이 있다. 빙하기의 삼림형 생계방식에서 초원형 생계방식으로의 변화에 기인한 이동성을 담보로 석기의 단순화와 복합도구가 증가하는 양상을 나타낸 것으로 해석하고 있다.[43]

3) 네안데르탈인 흔적이 있는 시베리아

후기 구석기시대 현생인류의 각축장이었고 북방계 몽골리안이 형성되어 나온 것으로 알려진 시베리아는 동쪽은 태평양을 접하고 서쪽으로는 우랄산맥 남쪽으로는 샤얀과 알타이산맥 북쪽으로는 북극해를 접하는 광대한 지역이다. 이곳에는 전기 구석기시대부터 인류가 살아온 흔적을 남기고 있다.

전기 구석기 유적은 아무르와 제야 분지의 휠로 모쉬키 · 쿠마리 · 우스트−투 유적과 알타이 지방의 Ulainka 유적으로 자갈돌 몸돌찍개와 찌르개가 출토되어 중기 홍적세로 보고 있다. 고르니 알타이 지방의 데니소바동굴에서는 아슐리안 전통의 석기와 유사한 석기가 출토되었다. 이 동굴유적의 하부지층에서 BP 282,000±56,000년이, 상부지층에서 BP 224,000±45,000년이 측정되었는데 르발루아형 찌르개 · 긁개 · 자르개가 출토되었다. 그보다 위의 문화층은 BP 155,000±31,000년으로 측정되었는데 석기는 긁개 · 몸돌 등 르발루아 형태를 띠었다.

중기 구석기시대 유적은 크라스노야 르스크 저수지 일대의 고르니 알타이와 투바 유적이 있다. 데니소바동굴의 제10층에서는 무스테리안형의 석기가 발견되었다. 투바 지역의 카라봄 유적의 하부층 스트라쉬나야 동굴, 우스트−카라콜 1지점 등은 BP 8만 년~5만 년의 연대로 측정되었다. 이곳의 석기들은 무스테리안형 찌르개 · 새기개 · 홈날 등으로 고르니 알타이 지역에서 발견된 이전의 것들과 연결되며[44] 전형적인 네안데르탈인의 도구로 볼 수 있다. 후기 구석기시대의 시베리아 유적은 수백 곳이 발견되었다. 초기 유물이 출토된 카라봄 유적의 석기들은 정교하게 만들어진 많은 돌날과 돌날을 만든 후 버려진 석핵·밀개·새기개 등이 있다. 이 위의 지층에서는 후기 구석기문화를 대표하는 세석기 등 각종 도구가 출토되었는데 세석기의 탄소 샘플을 측정한 결과 BP 42,000년이 나왔다.[45] 카라봄 유적에서는 말·털코뿔소·소·야크·양·늑대·토끼뼈 등이 발견되었는데 당시 카라봄 지역은 구석기인들에게는 좋은 사냥터였음을 이해할 수 있다. 데니소바동굴과 카라봄 유적에서 출토된 석기들은 무스테리안 형식에서 후기 구석기시대로의 발전과정을 잘 보여 주고 있다.

시베리아의 남부 지역에서도 수백 곳의 후기 구석기시대의 유적이 발견되었는데, 석기제작 장소와 집자리 및 동굴생활 유적이 포함되어 있다. 이들 유적에서는 문화상으로 몇 가지 특징이 나타나는데 이것은 남부 지역의 자연환경에 구석기시대 사람들이 적응해 가는 과정 중에 변화된 것으로 이해된다.[46]

시베리아에서 살펴본 여러 유적의 석기 양태를 참고해 보면 후기 구석기시대 현생인류가 이곳에 도착하기 전 이곳에는 네안데르탈인과 같은 고인류가 살고 있음을 알 수 있다. 대표적으로 데니소바동굴에는 20만 년 전경부터 이미 거주한 것으로 보이며, 현생인류는 5만 년 이후에 진출한 것이다. 시베리아 지역은 몽골초원과 만주를 거쳐 한반도와 연결되어 있어서 인류 이동과 문화교류가 꾸준히 이루어진 중요한 지역으로 볼 수 있다.

4) 빙하기 한반도와 연결된 일본

일본은 한국과 바다로 막혀 있지만 가까운 거리에 위치하고 있다. 홍적세 빙하기인 100만 년 전쯤부터 충적세가 시작되는 1만 년 전쯤까지 일본 열도가 아시아 대륙과 4번 정도 연결되었다. 일본 열도가 한반도와 연결되는 극빙하기에는 고한반도에 살던 사람들이 일본 열도로 이동하거나, 북해도와 쿠릴 열도를 연결하는 육교를 따라 시베리아 지역을 왕래하였던 것으로 보인다.

일본에서 가장 오래된 구석기 유적은 미야기현 이와데산 자자라기 유적과 후루카와시 바바단 A 유적이다. 자자라기 유적의 12 · 13 · 15층 석기들은 발열광연대측정결과 BP 7만 년~4만 년이 나왔다. 바바단 A 유적의 20층 윗부분에서 출토된 긁개 · 자르개 등은 BP 13만 년이 넘어서고, 19층 윗문화층에서 출토된 주먹도끼와 긁개는 BP 10만 년에 만들어진 것으로 보고 있다. 중기 구석기 유물은 BP 5만~3만 년쯤인 바바단 A 유적의 7층 윗부분에서 긁개 및 찌르개가 나왔으며, 자자라기 유적의 13층, 야스자와 유적 윗문화층에서 창끝 · 자르개 등이 출토되었다.[47]

일본의 후기 구석기시대를 대표하는 석기는 3만 5천 년~2만 년 전 제작된 나이프형석기로 격지의 한쪽 둘레를 남기고 반대쪽 가장자리에 등을 세워 예리하게 손질한 석기이다. 2만 년~1만 4천 년 전 시기에는 박편기술의 발달로 다양한 형태의 나이프형석기가 제작되었다. 동북 지방에는 돌날기법으로 만들어진 스기쿠보계 나이프형석기와 관동 중부 지방을 중심으로 한 창칼 나이프형석기가, 큐슈 지방은 삼릉 · 박편첨두기 등 다양한 석기가 사용되었다.

1만 4천 년~1만 년 전에는 최종 빙하기가 온난화되면서 돌날석기 대신에 좀돌날몸돌석기가 등장한다. 좀돌날은 돌날의 소형판으로 길이 2㎝, 폭 5㎜ 전후의 작은 석기로 돌날기법보다 석재의 활용도가 매우 높다. 좀돌날은 일본 동서 지역 형태로 분류할 수 있다. 북해도와 동북 지역에서는 유베츠기법에 의해서 제작되는데 이것은 시베리아 알단 유역에서 발생한 쐐기형 몸돌계보를 따르고 있다. 큐슈를 중심으로 서일본에서는 좀돌날몸돌 형태가 원추 또는 각추 상으로 만들어지는 후쿠이기법 등인데 이것은 중국 황하 유역에서 발생한 원추형의 좀돌날몸돌 문화이다. 양 지역의 차이는 당시의 자연환경 및 문화 계통상의 차이에 기인한 것으로 생각된다.

　　일본의 화석 인류는 중부 홍적세 후반의 슬기 사람으로 추정되는 우시카와인이 있고, 이외에 홍적세 말기 슬기슬기 사람으로 추정되는 밋카바인·하마키타인·히지리다케인·야마시다인 미나도가와인 등이 있다. 슬기슬기 사람의 연대는 약 1만 년~2만 년 전으로 평가하고 있다. 히지리다케동굴에서는 인골과 함께 좀돌날 등의 석기가 함께 출토되었다. 일본 열도의 후기 구석기시대 인골을 대표하는 미나도가와인은 중국 북부 주구점 산정동인보다는 오히려 중국 남부 유강인이나 동남아의 자바인 인골과 더 가까운 것으로 알려져 있다. 따라서 미나도가와인의 조상은 중국 남부에서 동남아까지를 포함하는 범위 내에 기원을 둔 집단 중의 한 갈래로 추정되고 있다. 산정동인은 두개골의 앞뒤가 길고 그 중앙 부분이 직선적이며 누에고치 모양이 있지만, 미나도가와인과 자바인의 두개골은 앞뒤가 짧다. 슬기 사람은 두뇌 용량이 현대인과 거의 같으나, 두개(頭蓋)가 낮고 눈썹 융기부가 크며 아래턱의 돌출이 없는 등 곧선사람의 원시적인 형태가 남아 있다. 슬기슬기 사람으로 진화하면서부터, 이마가 높아지고 얼굴이 거의 수직으로 되어 코뼈와 아래턱이 튀어나와 현대인과 비슷한 얼굴로 형성되어 갔다. 형질인류학적으로 후기 구석기 사람인 죠몽인은 약 2만 년 전의 가장 추운 시기에 일본 열도에 건너온 고몽골로이드 특징을 강하게 지니고 있다고 한다. 죠몽인의 선조는 약 3만 3천 년~2만 1천 년 전 사이에 일본 열도에 건너온 것으로 추정하고 있다.[48]

4. 한반도 첫 주민들은 누구인가?

아득한 옛날 한반도에 인류가 생활했던 첫 번째 흔적은 단양 금굴 동굴과 상원 검은모루동굴 등 전기 구석기시대 유적을 통해서 널리 알려져 있다.

이제 구석기시대에 이 땅에서 활동했던 인류의 화석을 통해서 그 갈래를 파악해 보고자 한다. 물론 한반도에서 발굴된 인류 화석들이 소수에 불과하므로 체계적이고 과학적인 내용을 파악하는 데에는 한계가 있다고 하겠다. 미흡하지만 현재까지 파악된 인류 화석을 중심으로 그 계통을 살펴보고자 한다.

1) '화대사람'은 호모 에렉투스 계통

한반도에서 출토된 인류 화석 중 가장 오래된 화석은 북한의 칠보산 남쪽 화대군 석성리 화산용암 속에서 발견된 세 사람분의 뼈 화석인데,

북한 학계에서는 '화대사람'이라고 명명하고 있다. 화석 인류와 관계되는 용암을 시료로 하여 절대연대를 측정하는 열형광법과 고지자기법에 의하면, 화석 인류의 연대는 약 30만 년 전으로 평가되고 있다.[49]

화대사람이 발굴된 화산분화구의 광물암석학적 연구와 고식물 화석분석 자료는 약 70만 년 전에서 10만 년 전에 화산분출이 있었던 것으로 평가하고 있다. 용암을 시료로 한 측정 결과는 약 30만 년 전으로 추정하고 있어 이때는 구석기 전기에 해당되므로 화대사람은 인류 계보상 호모 에렉투스로 평가할 수 있다. 한반도에는 검은모루동굴 유적이나 금굴 유적 등 소수의 전기 구석기 유적이 있지만 인류 화석은 출토된 바 없다. 그런 상황에서 화대사람이 출토되었다는 것은 한반도에도 호모 에렉투스가 실제로 살았다는 사실을 입증하는 자료로 대단히 중요한 의미가 있다고 하겠다. '화대사람'의 인류계보인 호모 에렉투스가 한반도에까지 어떤 경로로 진입했을까? 무척 궁금해진다.

앞에서 살펴본 바대로 호모 에렉투스는 약 200만 년 전경부터 아시아에 진입한 것으로 보고 있다. 중국 남부 황토고원 퇴적층에서 발견된 석기는 생성연대가 212만 년~126만 년 전으로 측정되었다. 조지아 드마니시에서 발굴된 호모 에렉투스 화석은 185만 년~177만 년 전으로 측정되고 있다. 한반도에서 가까운 중국 원모분지에서 발견된 원모인의 절대연대가 170만 년 전으로 산출되었고, 섬서성 남전의 진가와자와 공왕령에서 발견된 원인의 아래턱과 두개골은 100만 년~80만 년 전이 산출되었다. 북경 주구점동굴의 약 40만 년~30만 년 전으로 추정되는 지점에서는 약 40여 명의 인류 화석이 발굴되었다. 시베리아 지역에서는 아무르와 제야분지 및 고르니 알타이 지역의 데니소바동굴 하부층에서 전기 구석기 유물이 출토되었다. 일본 열도에서는 후루카와시 바바단 A 유적의 20층 윗부분에서 전기 구석기시대에 사용한 석기들이 출토된 바 있다.

중국의 주구점동굴 유적에서 활동하던 인류는 한반도에서 30만 년 전에 활동한 화대인들과 비슷한 시기에 생존했던 사람들이므로 같은 계통으로 볼 수 있다.

화대인은 아마도 중국 대륙을 경유하여 요령 지방의 금우산인보다 훨씬 이른 시기에 한반도에 진입해서 활동한 호모 에렉투스 계통으로 볼 수 있다. 이들은 북쪽에서는 함경도 화대군 부근과 평양 석회암 동굴지대 등에서 활동하였다. 한반도 남쪽으로는 한탄강 유역 전곡리 유적지 주변에서 아슐리안형 주먹도끼 · 자르개 등을 석영이나 석영암으로 된 자갈돌을 기본으로 떼어 낸 대형의 박편석기를 제작사용했을 것이다. 화대인들은 중국 주구점 직립원인들처럼 들소 등 몸집이 큰 동물들을 사냥하거나 주변의 식물 뿌리나 열매를 채집하면서 생활한 것으로 추정해 볼 수 있다.

2) '상시사람'은 호모 사피엔스 계통

중기 구석기시대는 13만 년~4만 년 전까지의 시기를 말하는데 한반도에서 중기 구석기시대 인류 화석이 발견된 곳은 남한 지역의 단양 구낭굴 · 상시 바위그늘 유적이다. 북한 지역은 용곡동굴 · 덕천 승리산동굴 · 력포 대현동 · 랭정동굴 · 중리동굴 등 여러 지점에서 인류 화석이 출토되었다. 석회암동굴인 단양 구낭굴에서는 성인 남자의 사람 뼈와 석기 · 뼈연모 등이 발굴되었는데, 짧은꼬리원숭이 · 사슴 · 곰 등 동물 화석으로 미루어 보아 홍적세 중 따뜻한 시기에 살았던 슬기 사람으로 보인다.

상시 바위1그늘 문화층 5층에서 인류 화석 2개체분이 발굴되었는데 뼈의 특징으로 보아 슬기슬기 사람과는 다르고 네안데르탈인과 흡사한 특징을 갖고 있어 '상시슬기사람'이라고 명명되었다. 신장 156㎝～158㎝쯤이고 20살이 넘은 성년으로 보이는 상시사람은 남한에서 처음으로 출토된 슬기 사람으로 인류 확산과정을 파악하는 데 중요한 유적으로 평가받고 있다.

제주도 대정읍 일대에서 구석기시대의 사람 발자국 화석 100여 점이 발견되었는데, 이는 아시아에서는 처음이자 세계적으로는 일곱 번째로 발견된 구석기시대의 사람 발자국이다. 대부분 21㎝～25㎝의 크기로 약 5만 년 전에 살았던 슬기 사람으로 평가하고 있다.[50]

북한 지역 용곡동굴 유적의 2문화층에서는 열 사람분에 해당하는 인류 화석이 발견되었다. '용곡사람'으로 불리는 제7호 머리뼈는 35살 정도의 성인 남자로 보는데 뇌의 용적을 나타내는 이마뼈의 크기는 산정동인보다 작으며

용곡사람 복원상

뇌 부피는 1,450㏄ 정도이다. 톱니날석기와 뼈로 만든 찌르개 등이 출토

한민족과 고조선 · 한(韓)

되었으며 불을 사용한 화덕자리가 3개나 발견되어 인류의 생활근거지로 사용된 것으로 보고 있다.

덕천 승리산 유적의 Ⅳ층에서 슬기 사람 계통인 '덕천사람'의 어금니 2개와 어깨뼈 1개가 출토되었다. 큰쌍코뿔이·하이에나 등 더운 기후 동물 화석이 함께 나와 중기 홍적세 말기에서 후기 홍적세 초기에 활동했던 인류 화석으로 평가하고 있다.

대동강 부근에 있는 대현동동굴 유적에서는 Ⅱ층 밑바닥에서 7~8세 어린아이의 머리뼈 일부가 발굴되었다. 머리뼈의 특징은 슬기 사람과 비슷하고 동물의 종적구성도 중기 홍적세의 이른 시기인 슬기 사람 계통으로 보고 있다.

랭정동굴 유적의 제10층에서 사람의 웃머리뼈와 아래턱뼈 조각이 발굴되었다. 중년남자로 보이는 화석의 웃머리뼈의 두께와 이빨의 크기 등에서 원시적인 특징을 인정하면서 신인 단계의 사람으로 보고 있다. '랭정사람'의 화석이 발견된 지층에 대한 절대연대는 열형광법에는 4만 3천 년 전, 우라늄계열법에는 4만 6천 년 전, 전자스핀공명법에는 5만 2천 년 전으로 측정되어 중기 구석기 말에 활동했던 인류로 볼 수 있다.

평양 중리동굴 제2문화층에서는 한 개체에 속하는 사람의 웃머리뼈와 아래턱뼈 등이 나왔다. '중리사람'은 동물 화석을 참고하여 구석기시대 중기의 문화를 창조하던 이른 시기의 신인으로 북한 학계는 평가하고 있다.

주변 지역인 중국의 중기 구석기시대에 활동했던 사람들은 섬서 대려인·산서 정촌인·호북 장양인·내몽골 사라-오소골 오르도스인이 있다. 만주 지역에는 대능하 주변의 합자동굴 유적지에서 톱니날과 홈날 석기 등 중기 구석기 유물이 출토되어 중기 구석기인들의 활동 흔적을 남기고 있다. 시베리아 중기 구석기 유적은 바이칼 지역과 고르니 알타이 지역 등에 위치하고 있으며, 데니소바동굴 유적과 카라봄 유적지에서는 네안데르탈인들이 사용하였던 무스테리안형 석기가 발굴되어 한반도와는 다른 양상을 보여 주고 있다. 데니소바동굴에서 발견된 뼛조각 화석의 유전자를 분석한 자료에 따르면 알타이산맥 지대에는 5만 년 전 네안데르탈인과 데니소바인 그리고 현생인류 등 3종이 공존하였음을 보여주고 있다. 일본의 중기 구석기시대 유물은 바바단 A 유적의 7층 윗부분과 야스자와 유적 윗문화층에서 출토되고 있다.

한반도에서 중기 구석기시대에 활동했던 사람들은 마지막 빙하기가 시작된 7만 년 전 이후 황해 평원이나 만주를 거쳐 한반도로 진입, 석회암동굴이 많은 중북부 지역과 남쪽으로는 제주도 지역까지 진출했던 것으로 보인다. 인류 계통상으로는 중기 구석기인을 호모 에렉투스로 보거나 또는 네안데르탈인 계통이나 슬기슬기 사람으로 평가하는 다양한 견해가 존재한다.

필자의 견해는 단양 상시바위1그늘 사람은 현생인류와는 다른 네안데르탈인의 특징을 가지고 있는 것으로 보아, 시베리아 남부 지역을 넘어서 르발루아찌르개가 출토된 내몽골 금사태동굴 주변을 거쳐 한반도에 진출한 호모 사피엔스 네안데르탈인이라고 추론한다. 북한의 '랭정사람'이나 '중리사람'은 분류상 중기 구석기시대인으로 호모 사피엔스 계통으로 평가하였지만, 4만 2천 년 전경에 중국 티엔 위안동굴에서 발견된 현생인류 화석이 존재하기 때문에 이들은 4만 년 전 중국 남해안을 따라 올라온 남방계 몽골리안으로 평가할 수도 있다고 본다.

3) '만달사람'은 호모 사피엔스 사피엔스 계통

남한에서 후기 구석기 인류 화석이 처음 발견된 곳은 청원 두루봉 유적이다. 두루봉 흥수굴에서 발굴된 2개체의 사람 뼈 중 흥수아이 1호 사람은 5살 정도로 머리 크기는 1,200cc∼1,300cc이며 키는 110cm∼120cm 정도이다. 발굴팀은 인근에서 구석기 유적과 동물이 많이 발굴된 점을 근거로 4만 년 전 구석기 인류 화석으로 결론을 내렸으나, 일부 연구자들은 후기 구석기 말 사람으로 평가하기도 한다.

북한 지역에서는 평양 동쪽에 있는 승호구역의 만달리 후기 구석기층에서 '만달사람'으로 명명된 많은 사람 뼈가 출토되었다. 20세∼30세 정도의 만달사람의 머리뼈는 전형적인 장두형에 속하고 눈두덩은 상당히 발달되었으며 앞머리뼈의 활동 선을 그리며 현대인과 비슷한 슬기슬기 사람으로 평가하고 있다. 만달인은 차돌망치와 격지를 활용하여 직접 석기제작을 한 것으로 보아 15,000년 전후로 보고 북한 지역의 후기 구석기시대 세석기문화를 주도했던 사람들로 보고 있다.

풍곡리 풍곡사람은 코마루가 동북아시아 범위로 볼 때 약간 높은 편이고 코뼈는 넓지 않으며 상대적으로 좁다. 반면에 비슷한 시기로 보는 중국의 신인인 '산정동인'은 코마루가 아주 낮고 코뼈가 넓은 편이다. '풍곡사람'의 형태학적 특징에서는 조선 사람과 공통적인 고유한 특징이 있는데 그것은 상대적으로 코마루가 높고 코뼈가 얼마간 좁은 것을 들고 있다.

중국 후기 구석기지층에서 발견된 슬기슬기 사람은 광서 유강인 · 사천 자양인 · 산서 치곡인 · 주구점 산정동인 등이다. 산정동인은 불을 사용하고 옷을 꿰매 입었는데 그 절대연대는 18,000년 전으로 평가하고 있다.

만주 지역에서 출토된 슬기슬기 사람 계통의 화석은 길림 전곽현 청산두 유적에서 발굴되었다. C14연대측정으로 BP 10,940±170년이 확인되었고, 중국 산정동인이나 유강인과 같은 계통의 원시적인 특징을 지닌 것으로 분석하고 있다.

시베리아 후기 구석기 유적은 수백 곳에서 발굴되었다. 석기의 양태를 비교해 보면 중기 구석기시대를 연결하여 다양한 석기문화가 후기 구석기시대 초기부터 출현한 것으로 보고 있다. 현생인류가 이곳에 도착하기 전 이곳에는 네안데르탈인과 같은 호모 사피엔스 계통의 사람이 살고 있었다. 데니소바동굴에서는 네안데르탈인, 데니소바인, 현생인류의 DNA

흥수아이 복원상

가 포함된 혼혈소녀가 발견되어 최소 3종의 인류가 살았다는 것이 확인되었다. 현생인류는 5만 년 전 이후에 알타이 지역 등에 진출하여 다양하게 활동한 것으로 수많은 유적이 말하여 주고 있다.

4) 한반도 현생인류에 대한 견해

한반도에서 후기 구석기시대 석인과 세석인을 제작사용하면서 여러 지역에 생활 흔적을 남긴 슬기슬기 사람은 어떤 계통의 사람이며 어디에서 왔는지 우리는 상당한 궁금증을 갖고 있다. 북한 학계는 현대 한국인의 직접조상으로까지 평가하고 있는 그들은 과연 누구인지 살펴보고자 한다.

(1) 다지역기원설

호모 사피엔스 장에서 살펴본 바대로 고인류학계 일부 연구자들은 동아시아의 화석과 고고학적 기록이 완전 교체모델(단일기원설)을 부정하는 설득력 있는 증거를 구성한다고 보고 있다. 다지역기원설의 대표적 주창자인 포페ㆍ월포프ㆍ손 등은 호주의 초기주민과 자바원인 사이에 강한 유사성이 존재하고 모두가 40만 년~50만 년 전의 아프리카인과는 매우 다르다. 특히 아시아 주민들에게는 높은 빈도로 나타나지만 아프리카인들에서는 낮은 빈도로 나타나는 앞니 단면의 '삽' 형태 같은 체질적 특징을 예로 들고 있다.

동북아시아에서는 현생인류 뇌 용량의 점진적인 지역적 진화뿐만 아니라 인간의 체질적 형태에서도 연속성을 보여 주는데, 중국의 주구점ㆍ따리ㆍ진뉴산에서 출토된 뼛조각들이 기본적인 증거가 될 수 있다고 말한다. 주구점 머리뼈 화석을 연구한 독일의 프란츠 바이덴리이히는 이 화석이 오늘날 중국인들에게서 나타나는 특징들을 가지고 있기 때문에 현대 중국인의 조상이라고 주장하고 있다.

중국 고인류학계 다지역기원론자들은 중국 대륙에서 100만 년 전부터 살았던 호모 에렉투스가 자체적으로 진화하여 현대 중국인이 되었다고 주장한다. 중국 고인류학자 우신즈는 호모 에렉투스와 호모 사피엔스는 서로 다른 종이 아닌 서로 다른 아종, 즉 '호모 사피엔스 에렉투스'와 '호모 사피엔스 사피엔스'의 아종관계라고 말한다. 인류는 각 지역에서 에렉투스로부터 진화해서 사피엔스가 되었는데, 전 지구상에 호모 사피엔스가 동일하게 나타날 수 있었던 것은 끊임없는 집단 간의 유전자 교류와 교배가 있었기 때문이라는 지속성 이론을 주장하고 있다.

(2) 북한 학계의 본토기원설

북한 학계에서는 신인 단계의 화석 인류가 세계적으로 가장 많이 발굴된 곳이 대동강 유역에 집중되고 있어, 그들 자체적으로 진화하였다는 주장을 강력하게 펼치고 있다.

첫 신인 화석은 1972년에 평남 덕천 승리산 동굴유적에서 발견하였는데 '승리산사람'으로 명명하였다. 1980년에는 평양 만달리와 평양 룡곡리에서도 신인 단계의 화석 인류가 발굴되었다. 이 밖에도 대동강 유역을 중심으로 한 서북조선 일대에서는 '금천사람' '풍곡사람' '대흥사람' '금평사람' '랭정사람' 등이 발굴되었고, 남한에서는 '흥수사람'이 만주 지방에서는 '유수사람' '전양사람' 등 소수의 화석 인류가 발굴되었다. 이웃 지역인 중국에서는 산정동인 · 자양인 · 류강인 · 하투인 등이 일본에서는 미나도가와인 등이 나왔다.

북한의 신인 단계 화석 인류는 동부아시아에서 가장 이른 시기에 출현하였고 그들이 인류의 진화과정을 마감 짓고 현대 사람의 모습을 갖추게 되자마자 조선 사람의 고유한 특징을 지니게 되었다고 강조하고 있다.

인류학적으로 조선 사람이라고 말할 때 그것은 현대 조선 사람뿐 아니라 고대 조선 사람 및 조선옛유형 사람들을 통틀어 이르는 말인데 이 집단들이 하나로 통일되는 혈연적 기초를 갖고 있다고 한다. 그것은 형태학적으로 얼굴의 높이는 중간 정도이고 머리의 높이는 상당히 높고 이마는 아주 곧다. 눈확의 높이는 얼굴 높이보다 상대적으로 높으며 코마루가 낮기는 하지만 동부아시아에서는 좀 높은 편으로 신인 화석들은 조선 사람의 고유한 특징을 그대로 지니고 있다고 분석하고 있다.

신인 단계 사람들이 조선 사람과 구별되는 특징은 머리뼈 형태에서 조선 사람은 단두형의 특징이 우세한데, 신인 단계 사람들은 장두형에 속한다. 머리뼈 보존상태가 좋은 '만달사람' '룡곡사람' '대흥사람'의 경우도 측면 윤곽이 장두형의 특징을 나타낸다. 이것은 화석 인류가 조선 사람과 크게 다른 사람이 아니고 원시성을 나타내는 징표에서 얼마간 엿보일 뿐이다. 일반적으로 족, 겨레에 해당하는 일정한 주민 집단은 신석기시대에 형성되기 시작하고 그 시원도 신석기시대의 사람들에서 찾을 수 있다. 하지만 우리나라의 경우는 신석기시대에 형성된 겨레의 연원을 구석기시대 후기에 출현한 신인 단계 사람에게로 소급해 갈 수 있다고 보고 있다.

신인 단계 사람들이 어디서 왔는가에 대하여는 동부아시아(바이칼호 부근)에 5만 년~6만 년 전에서 2만 년 전을 전후하여 큰 갈래의 집단이 도달하였다. 마지막 빙하기가 시작되는 2만 4천 년~2만 년 전에는 조선 서해가 육지로 변하자 이 지역에 도달하였던 집단의 한 갈래가 조선과 일본으로 퍼져 갔다고 보고 있다.

최근 우리나라, 중국, 일본에서 발견되는 잔돌날속돌의 친연성은 바로 이 시기에 같은 문화 전통을 지닌 후기 구석기인들이 동북아시아 일대에 작은 집단을 이루고 퍼져 살았던 근거로 여기고 있다. 그러나 구석기시대 후기중엽에 발생한 잔돌날속돌이 동부시베리아 어느 한 지역을 발생지로 하여 어떻게 짧은 기간에 광대한 지역으로 전파될 수 있었으며, 우리나라의 이른 시기의 잔돌날속돌이 동부시베리아의 늦은 시기의 잔돌날속돌로부터 생겨났다고 볼 수 있겠는가 하고 부정하고 있다.

우리나라에서 잔돌날속돌이 자생적으로 생겨났다고 보게 되는 근거는 잔돌날속돌을 남긴 사람들이 잔돌날속돌이 출현하기 이전 시기부터 구석기시대 문화를 창조한 사람들의 직계 후예라는 데 있다. 신인 단계의 용곡사람은 4만 년 전에 해당하는 이른 시기의 신인이고, 만달사람은 늦은 시기의 신인으로 우리나라 잔돌날속돌의 창조자이다. 그런데 이 두 신인 단계의 사람들은 다 같이 머리뼈가 앞뒤로 길쭉한 장두형에 속하고 그 높이가 높고 이마가 곧추선 사람들이다. 시대를 달리하는 두 집단의 신인들이 형태학적으로 유사한 것은 그들이 한 갈래의 사람들이었다는 것을 의미한다. 그리고 '만달사람'은 이웃 지역의 신인들과 뚜렷하게 구별되었다. 중국의 산정동인·자양인·류강인이나 일본의 미나도가와 인도 만달사람처럼 머리뼈가 그렇게 길지도 높지도 않았으며 이마는 곧추서지 않고 뒤로 젖혀졌다. 따라서 '만달사람'은 동북아시아에서 알려진 신인 단계 사람 가운데 오직 '용곡사람'과 같은 갈래에 속하고 그들과 친연 관계에 있던 사람들이다.

또 다른 근거로는 우리나라 잔돌날속돌의 연대가 시베리아의 잔돌날속돌의 연대보다 시간상으로 더 이르다는 데 있다. 석장리 유적에서 잔돌날속돌이 나온 문화층의 연대가 20,830년 전이고 수양개 유적의 연대는 18,630년~16,400년 전이다. 그리고 창내 유적과 샘골 유적의 연대는 20,000년~18,000년 전이다. 그런데 시베리아에서는 가장 오래된 잔돌날속돌이 나온 프로이츠키 유적에서의 측정연대가 BP 18,300±180년으로, 잔돌날속돌이 2만 년 전에 겨우 이르거나 대다수는 1만 년 전을 좀 넘어설 정도이다.[51] 결과적으로 다지역기원설은 조선 사람의 시원과 잔돌날속돌의 기원이 이역만리에 있는 것이 아니라 바로 우리나라 강토에 있다며, 인류가 아프리카에서 기원했다는 단일기원설을 부정하고 있다. 즉, 이른 시기의 신인인 용곡사람이 늦은 시기의 신인인 만달사람과 같은 갈래의 사람으로 한반도에서 자체적으로 발전했다는 입장을 주장하고 있는 것이다.

(3) 아프리카 단일기원설

현생인류의 확산에 대한 고고인류학계나 분자생물학계 다수 연구자들은 현생인류는 아프리카에서 기원해서 여러 차례 아프리카를 벗어났다. 특히 7만 4천 년 전 마지막 빙하기가 시작되고 해수면이 낮아지자 약 6만 년 전 이후에 본격적으로 구대륙 전역에 퍼져 나갔다고 주장한다. 현생인류 이동에 따른 유전자연구에 의하면 아프리카를 떠난 이브의 후예가 6만 년 전경에 지금의 인도네시아인 순다랜드 초입에 도착하였으며, 5만 년 전경에는 동남아시아와 극동아시아로 퍼져 들어간 것으로 보고 있다.

현생인류의 동아시아 진출 경로에 대한 고고학계의 연구와 혈액형유전자 GM의 분화지수가 나타내는 자료를 참고해 보면, 남아시아에 살던 사람들이 남중국 해안을 따라 올라와 한반도와 일본에까지 도달한 남방형 몽골계가 있다. 두 번째 그룹은 인더스강을 따라 올라가 히말라야산맥 서쪽의 카이버고개를 넘어 계속 북쪽으로 올라가 중앙아시아와 시베리아로 들어간 경우가 있다. 또 남중국 동쪽 해안선을 따라 어느 정도 북쪽까지 다다른 후 방향을 서쪽으로 틀어 히말라야 북부를 거쳐 알타이산맥을 통과해 바이칼호수까지 확장해 간 북방형 몽골계가 있다. 이 사람들이 빙하기 말 바이칼호수 주변에서 몽골초원과 만주를 거쳐 한반도에 진입한 것으로 볼 수 있다.

사람의 혈액 속에 있는 면역단백질IgG 속에는 인종에 따라 달라지는 특성을 보인 GM유전자가 있다는 것을 알아냈고 GM유전자로 몽골로이드계 사람들을 분석한 자료가 있다. 이에 의하면 북방형 몽골계 GM유전자가 높은 부리야트나 야쿠트 집단 내에도 5% 전후의 비율로 남방형 몽골계의 유전자 적색인 afb1b3유전자가 들어 있다. 한반도 주민의 GM유전자 패턴을 보면 기본적으로 북방형이라고 말할 수 있다. 한민족 중 남방계 유전자 적색인 afb1b3유전자의 빈도는 0.147이고, 일본인의 afb1b3유전자의 빈도는 0.106을 나타내 한민족은 일본 민족에 비해 높은 비율로 남방형 몽골계의 유전자가 들어 있다고 한다. 북방계 몽골리안으로 평가받고 있는 한민족이 중국 북부의 한족과 일본 민족과의 중간적인 수준의 GM유전자 패턴을 나타내고 있다고 하는 것은[52] 지정학적인 위치의 영향을 받은 것으로 볼 수 있다.

따라서 한반도에는 후기 구석기 초기에 인도네시아 등 동남아시아에서 중국 남부를 거쳐 해안가를 따라 한반도에 선착한 남방형 몽골리안 그룹이 있다. 그리고 바이칼호수까지 확장해 갔던 북방형 몽골리안들이 다양한 시기에 한반도에 도달했고, 그 그룹들이 합쳐져 후기 구석기 말 세석인문화를 만들어 간 것으로 추론할 수 있다.

석기 형태로 본 현생인류의 흐름

한반도 후기 구석기시대의 인류 화석이 만달사람과 홍수사람 등 소수이기 때문에 후기 구석기인들의 사용 도구인 석기의 형태학적인 변화를 참고하여 후기 구석기인들의 이동 흐름을 참고해 볼 수 있다.

석영 계통의 석재를 이용하던 중기 구석기시대의 석기기술은 4만 년 전경 후기 구석기시대에 들어서서 다양한 석기기술이 등장하게 되었다. 한반도의 후기 구석기에는 최상부 토양쐐기(EW)를 전후한 BP 25,000~20,000년에 석기제작기법에 큰 변화가 있었다. 석인기법과 세석인기법의 출현은 후기 구석기문화의 변화를 잘 보여 주고 있다. 슴베찌르개와 다양한 찌르개의 출토는 한반도에 수렵문화가 본격적으로 등장하였음을 알려 주고 있다.

후기 구석기시대 빙하기 기후의 극심한 변화는 인류의 이동을 촉진했던 것으로 보인다. 식생 변화에 따라 동물의 종류가 변화되고, 수렵을 통해 식량을 확보하기 위하여 가볍고 정교한 석기가 필요했을 것이다. 그리고 석인기법은 석기에 사용되는 원석 저장의 필요성을 줄여 주고, 하나의 석핵에서 더 유용한 예비소재를 제작할 수 있는 장점이 있어 등장한 것으로 보인다. 석인기법이 가장 먼저 등장한 유적은 남양주 호평동 1문화층의 3a지층으로, 밀개와 함께 응회암제 석인과 슴베찌르개가 출토되어 3만 년을 전후하여 석인기법이 한반도에 등장한 것으로 보고 있다.

석인기법에 있어서 알타이 지역은 카라봄, 데니소바동굴 등에서 출토된 능조정 석인으로 볼 때 르발루아기법에서 석인기법이 발생할 가능성이 높다. 그러나 한반도에서는 석영제 석기군에서 석인기술이 발전할 수 있는 기술 기반이 미흡한 것으로 보고 있다. 중국은 재지계 박편기술에서 석인기법이 발달했을 가능성이 크고, 일본의 큐슈 지방은 후기 구석기시대 초기까지 석인기법이 확인되지 않았다. 대체로 석인기법의 분포

지점과 현생인류의 확산경로는 유사한 흐름을 보이고 있다.

석인기법과 종장박편기술이 확산되어 갈 때 슴베찌르개가 등장한 것으로 보인다. 슴베찌르개는 한반도와 일본 큐슈 지역을 중심으로 분포 수렵문화에 많은 변화를 준 것으로 볼 수 있다. 화대리 출토 슴베찌르개를 통해 이 석기제작의 형식이 한반도에서 출현한 것임을 알 수 있다고 한다. 화대리 유적 다음 단계의 진그늘이나 수양개 유적의 유물처럼 정형화되어 가면서, 재지의 도구 형식과 외래의 박리기법이 합쳐진 새로운 방식의 도구가 슴베찌르개라고 한다.[53]

이어서 등장한 세석인기법은 후기 구석기시대 후반 동북아시아의 공통된 석기기술로 후기 구석기인들의 활발한 이동과 확산을 추정할 수 있다. 수양개 유적의 석인석핵은 밑면이 조정된 것으로 볼 때 석인석기군 내에서도 세석인을 부분적으로 제작할 수 있는 기술이 가능해졌다고 볼 수 있다. 세석인기법의 대체적인 흐름은 철원 장흥리 · 석장리 · 수양개 유적 등의 전반기와, 화화계리 · 화순 대전 · 만달리 유적 등의 후반기로 나누어 볼 수 있다. 슴베찌르개는 재지의 도구형식과 외래의 박리기법이 접목되면서 한반도 남부와 큐슈 지역에 집중적으로 제작되었다. 마지막 빙하기가 본격화되면서 등장한 세석인기법은 철원 장흥리 · 공주 석장리 · 단양 수양개 유적 기법이 먼저 성립되었다. 이어서 만달리 유적과 화순 대전 유적에 진출해서 살던 남북방계 몽골리안들이 기후 변화와 동식물의 변화에 발맞추어 수용 발전시켜 갔던 것으로 볼 수 있다.

빙하기가 끝나고 간빙기가 시작되는 구석기시대 말기는 세석인문화의 쇠퇴기라고 할 수 있다. 석촉이나 유엽형첨두기가 출토되었던 구석기 최말기 유적을 살펴보면 순천 월평 유적의 세석핵과 유엽형첨두기는 절대연대가 윗문화층이 BP 12,000년~14,000년으로 추정된다. 동해 기곡 유적은 석촉·세석핵·밀개 등이 출토되었는데 1문화층의 연대는 BP 10,200±60년이다. 청주 사천동 재너머들 유적에서는 석촉·그물추·모룻돌 등이 출토되고 연대는 BP 10,130±60년과 9,640±80년으로 측정되고 있다. 곡성 오지리 유적에서는 석촉·홈날·새기개 등이 출토되었는데 BP 9,180±80년으로 측정되고, 거창 임블리·동해 월소·포천 화대리(BP 10,130±60년) 등지에서 석촉이 출토된 유적으로 알려져 있다.[54]

후기 구석기 최말기 유물인 석촉이나 유엽형첨두기가 BP 10,000년경까지 여러 유적지에서 제작사용되었다는 것은, 후기 구석기에 한반도에 진입했던 남·북방계 몽골리안들 중 일부는 간빙기가 시작된 신석기 초기에도 한반도에서 거주 활동하였음을 보여 주는 사례이다.

구석기시대 한반도에 삶의 흔적을 남겼던 인류는 누구인가에 대하여 필자는 다음과 같이 정리하고자 한다. 한반도에서 구석기시대가 전개되었다는 것은 인류가 아프리카를 떠나 머나먼 여정을 거쳐 드디어 한반도에 진입해서 활동하였음을 나타내고 있다. 구석기 전기에는 100만 년 전과 70만 년 전으로 추정되는 검은모루동굴과 금굴 유적에 인류의 흔적을 남긴 바 있다. 이후 구석기 중기와 후기에 걸쳐 수많은 유적과 유물을 한반도 곳곳에 남겨 놓았다. 그러나 직접증거가 되는 인류 화석은 소수에 불과하여 한반도 인류 계보를 파악하는 데 한계가 있다고 할 수 있다.

한반도에서 출토된 인류 화석 중 가장 빠른 화대사람은 구석기 전기에 활동한 호모 에렉투스 계통으로 볼 수 있다. 구석기 중기 인류 화석은 단양 구낭굴 · 상시 바위그늘 · 용곡동굴 · 덕천 승리산동굴 · 력포 대현동 · 랭정동굴 · 중리동굴 유적에서 출토되었다. 이들의 인류학적 계보는 대체로 호모 사피엔스로 보고 있지만 여기에 다른 견해도 제기되고 있다. 이들 중 상시 바위그늘 출토 인류 화석은 뼈의 특징으로 볼 때 네안데르탈인과 흡사한 특징이 있기에 '상시 호모 사피엔스'로 명명 네안데르탈인도 진입한 것으로 본다. 구석기 후기 인류 화석으로는 흥수아이 · 만달사람 · 금천사람 · 풍곡사람 · 대흥사람 · 금평사람 등이 출토된 바 있고, 이들의 인류 계보는 확실한 호모 사피엔스 사피엔스로 보고 있다. 구석기시대인들 중 전기와 중기 사람을 북한 학계처럼 한민족의 직접조상이라고 평가하기에는 시간이 너무 멀고 인류 이동의 역동성을 고려할 때 무리한 것으로 판단된다.

　구석기 후기 빙하기인 4만 년 전경부터 동남아시아에서 남중국 해안을 따라 황해 평지를 건너 한반도에 진입한 남방계 몽골인들로 추정할 수 있는 흥수아이 · 용곡사람 등이 선착하여 자리를 잡은 것으로 보인다. 인도 카이버고개와 히말라야를 우회해서 바이칼호수까지 확장해 들어간 사람들은 북방형 몽골인의 신체적 특징을 형성시켰다. 이들이 2만 5천 년경부터 동남진해 몽골초원과 만주를 거쳐 한반도에 진입한 북방계 몽골인들로 이 땅에 자리를 잡아 간 것으로 볼 수 있다.

　석기 형태로 본 인류의 흐름을 보면 강원도 호평동 1문화층의 응회암제 출토 석인은 3만 년 전에 제작사용한 것으로 보고 있다. 철원 장흥리 토양쐐기 위에서 출토된 세석핵은 2만 4천 년 전으로 측정되고 있어 북방계 몽골인들도 이때부터 한반도에서 세석인 기법을 가지고 활동해 갔던 것으로 추정해 볼 수 있다.

결론적으로 한민족의 직접조상의 뿌리로 볼 수 있는 현생인류는 4만 년 전 이후부터 남방계 몽골인들이 황해평지를 건너 한반도에 진입하였다. 그리고 2만 5천 년 전 이후에는 북방계 몽골인들이 만주를 거쳐 한반도에 진입 활동하여 구석기 말 한민족 형성의 바탕이 된 것으로 필자는 판단한다.

한반도에 선주민이 자리 잡다
(신석기)

고한반도에서 세석기문화를 유지하고 있던 후기 구석기인들에게 빙하기가 지나고 1만 년 전부터 따뜻한 간빙기로 기후가 바뀌면서, 동북아시아의 지리적 여건은 오늘날과 같은 모습으로 크게 변하게 되었다. 고한반도에서 세석기로 사냥을 위주로 생활해 가던 구석기인들은 따뜻해지는 충적세 기후 변화에 한대동물을 사냥하기 위해 일부는 만주 지역으로 북상해 간 것으로 보인다. 따뜻한 날씨가 지속되면서 한반도에도 몸집이 작고 날쌘 동물들이 늘어 가고 다양한 식물들이 등장하여 신석기시대의 자연 여건을 형성하게 되었다. 이러한 자연환경의 변화는 당시 자연의 지배를 크게 받던 인류에게 상당한 영향을 끼치게 되었고, 인간은 생존을 위한 새로운 생활방식을 창출하여 적응해 가게 된다.

인류문화사적으로 볼 때 수렵 위주로 이동하던 생활에서 정착생활로, 타제석기에서 마제석기로, 농경과 목축에 의한 식량생산경제를 배경으로 전개된 문화를 우리는 신석기시대라고 부르고 있다. 서남아시아를 비롯한 지구상의 일부 지역에서는 약 1만 년 전에 농경을 바탕으로 하여 마제석기와 토기 그리고 농경정착생활이라는 문화적 요소로 신석기 문화의 전형을 만들어 가게 되었다. 이 시기에 농경의 시작은 인류문명에 큰 영향을 끼쳐 인류사회에 큰 변화를 가져오게 되므로 고든 차일드(G.V.child)는 농경의 출현을 하나의 혁명적 사건으로 보고 '신석기혁명'이라고 불렀다. 그러나 간빙기 이후 모든 신석기 문화가 세 가지 요소를 동시에 갖춘 것은 아니었고 각 요소가 세계 여러 지역의 신석기 문화에 등장하는 시기가 일정한 것도 아니었다.

간빙기 이후 농경은 늦게 나타났지만 마제석기를 사용하거나 토기를 제작사용하는 신석기 문화의 특성을 갖춘 문화가 번성한 지역도 있는데, 한반도 신석기 문화가 이러한 범주에 속하는 것으로 보고 있다. 우리나라의 신석기시대는 충적세의 오래된 토기의 출현에서부터 청동기 사용 이전까지 주로 사냥·채집·고기잡이에 의한 식량 공급을 배경으로 전개된 토기문화를 포괄하는 개념으로 사용되어 왔다. 토기의 출현을 신석기시대의 시발로 설정한다면, 우리나라의 신석기시대는 제주 고산리에서 발견된 토기의 절대연대가 약 1만 년 전으로 평가되고 있기 때문에 그때부터 청동기문화가 출현하기 전인 약 2천 년 전까지로 8천 년간 존속해 왔다고 할 수 있다.

한반도 내에서 지금까지 발견된 신석기 유적은 약 5백여 곳으로 추정하고 있다.[1] 초기의 유적지는 두만강 유역의 서포항·양양 오산리·부산 동삼동 지역과, 이보다 다소 늦은 시기의 황해도 지탑리·궁산리·서울 암사동을 비롯한 서부 지역에서 출현하여 한반도의 대부분 지역으로 확산되어 간 것으로 본다. 한반도에서 삶의 터전을 잡고 정착생활을 영위해 '선주민'이라는 호칭을 부여받을 수 있는 사람들이 살았던 신석기시대의 기후 여건과 사람의 특징 그리고 그들이 남겼던 문화의 흔적을 살펴보고자 한다.

1. 신석기시대의 자연환경

1) 신석기시대의 기후 변화

한반도에서 선주민들이 살았던 신석기시대는 신생대 제4기의 마지막 시기인 충적세(홀로세)에 해당하며 이 시기를 간빙기라고 부른다. 간빙기가 도래하여 날씨가 따뜻해지면서 지구의 자연 여건은 달라지게 되었다. 고위도 지방의 거대한 빙하들이 녹고 빙하가 녹은 물들이 바다로 흘러들어 바다 해수면이 점차 높아져 갔다. 간빙기 기후 변화의 요인은 지구 궤도가 변화하거나 대기 중의 이산화탄소의 농도가 변화하여 대륙빙하가 쇠 장하는 등의 여러 원인을 꼽고 있다.

이들 요소는 서로 대기, 태양, 빙하권에서 환류 관계를 이루며 지구의 환경변화 체계를 이루어 간다. 간빙기 기후는 홍적세 마지막 빙하가 물러가면서 기온이 상승하고 오늘날과 같은 기후환경을 이루는 과정으로부터 시작되었다. 지구촌의 여러 지역에서 나타난 간빙기 기후 변화의 양상을 다음과 같이 정리하고 있다.[2]

① **기후 회복기(BP 17,000년~9,000년)**
홍적세 말 최빙기에서 기온이 급격한 변화를 일으키며 차츰 올라가는 시기이나

때로는 2℃~3℃씩 내려가는 추운 기후를 보이기도 한다. 대기 온도가 점점 높아지다가 BP 10,000년 무렵에 오늘날에 가까운 기후로 돌아온다.

② 고온기(BP 9,000년~5,300년)

여름 기온이 오늘날보다 2℃~3℃쯤 높아 비교적 따뜻하고 안정된 기후를 보인다. BP 9,000년~8,800년경에는 알프스산맥과 로키산맥의 빙하가 확장되어 약간 추운 기후를 보였다. BP 6,200년~5,300년에는 기온이 크게 올라 해수면이 올라가고 산호초 성장선도 바다 북쪽으로 올라가면서 식물이 성장하는 데 좋은 조건으로 식생 변화가 나타났다.

③ 기후 하강기(BP 5,300년~)

지구의 기온이 하강하는 추세를 보이며 기후가 불안정한 시기로 이 시기에는 몇 번에 걸쳐 추운 기후를 보인다. BP 5,300년~4,800년과 3,200년에는 기온이 하강하고 BP 2,300년~2,200년 동안은 작은 빙하기라고 부를 수 있을 정도로 기온이 크게 하강하는 현상이 여러 지역에서 나타났다.

2) 신석기시대의 식생 변화

(1) 식물상의 변화

한반도는 삼면이 바다로 둘러싸여 있으며 중위도 지역에 위치하고 있어 사계절이 뚜렷한 온대 지역으로 분류되고 있다. 한반도의 남북 길이는 약 735㎞로 동서 길이 약 300㎞보다 훨씬 길어 기후구를 다섯 지역으로 구분할 수 있다. 식생에 따라 기후구를 남해안 난온대 상록활엽수림, 남부 난온대 낙엽광역수림, 중부 난온대 북부낙엽수림, 북부 냉온대 낙엽광엽수림과 개마고원 아한대 침엽수림으로 나뉘고 있다.[3] 이와 같은 식생 환경은 BP 5,000년쯤에 이루어진 것으로, 간빙기 동안 지금보다 더웠던 시기에는 식생 한계가 북쪽으로 올라가고 추웠던 시기에는 남쪽으로 내려오는 변화상을 보인다.

충적세의 고기후환경을 파악하는 데에는 화분분석 · 나무나이테분석 · 규조류분석 · 안정동위원소분석 등의 방법이 있는데 우리나라에서는 주로 화분분석이 이용되고 있다. 대표적으로 오리나무속은 온난하고 습윤한 지역에, 소나무속은 건조한 지역에, 참나무속은 온난 습윤한 지역에서 서식하는 것으로 연구되어 이것들의 우점관계를 분석하여 기후 변화를 해석하는 것이 일반적이다.

쌓임층에 들어 있는 화분분석기법에 따라 동해남부의 포항과 울산 방어진 화분분석은 BP 10,000년~6,000년까지 낙엽활엽수림을 이루고 BP 6,000년 이후에는 낙엽활엽수와 침엽수 혼합림으로 바뀐 것으로 보고되고 있다.[4] 따라서 동해안 지역에서는 BP 10,000년부터 기후가 온난 습윤해지면서 참나무가 우점종인 낙엽수림대로 변하고, 이어서 기후가 건조해지면서 BP 6,000년 이후에는 참나무와 소나무 혼합림으로 변해갔다고 이해할 수 있다.

이러한 현상은 중부 지역인 일산 유적에서 나온 결과와도 유사하다고 한다. 일산 가와지 새말 일대의 토탄층 화분과 규조류 등의 미화석분석을 통해 크게 3기의 화분대로 나누어 설명할 수 있다. 화분대 GWJ-Ⅰ기는 BP 8,000년~4,200년에 이르는 시기로 오리나무속이 70%~90%를 참나무속이 10%~30%를 차지하여 빠른 해면상승과 해진의 영향으로 매우 습윤한 시기이다. 화분대 GWJ-Ⅱ기는 BP 4,200년~2,300년 사이로 해수면 및 지하수면 하강으로 건륙화된 환경하에 소나무속이 증가하고 포자류와 초본류가 우점(優占)하는 시기이다. 화분대 GWJ-Ⅲ기는 BP 2,300년~1,800년까지의 시기로 해진의 영향과 인간의 자연환경에 대한 간섭으로 인해 초본류의 비율이 증가하는 시기로 연구되었다.[5]

(2) 동물상의 변화

간빙기로 인한 식생의 변화는 후기 구석기시대의 수렵민들에게는 가장 큰 영향을 끼쳤으며 새로운 도구로 화살 제작을 유도한 것이 바로 동물상의 변화 때문으로 볼 수 있다.

신석기시대 조기 단계 동물들의 큰 특징은 코뿔이와 같은 동물이 절멸된 것이며 특히 남한 지역에서는 동삼동 유적을 제외하면 소의 출토 예가 확인되지 않는다. 신석기시대 조기 단계가 되면 대부분 유적에서 사슴·노루·멧돼지·족제비·너구리 등이 사냥감으로 점유되고, 특히 바다짐승인 고래·강치를 비롯하여 바다사자·물범 등이 확인된다. 그리고 가마우지·오리·기러기 등 조류 유체가 다수 확인되어 수렵의 대상이 전시대보다 다양해지고 조류와 같이 빠른 동물도 사냥의 대상이 되었음을 알 수 있다. 이렇게 변화된 수렵대상물들은 신석기시대 조기 단계의 자료이지만 이미 신석기 초창기 단계에서부터 서서히 진행된 결과라고 추정할 수 있다.[6]

남해안 지방의 신석기시대 조개더미에서는 조개류가 많이 나와 동삼동이나 상노대도에서는 수십여 종이 보고되고 있다. 대개의 조개더미에서는 굴이 주체이지만 동삼동처럼 홍합이 많이 나오는 경우도 있다.

남해안 지방에서 보고되는 조개류를 보면 굴과 홍합 이외에 소라·밤고등·전복·비단가리비·투박조개·백합 등이 있고 민물조개인 재첩도 자주 나타난다. 물고기류는 대구·다랑어·숭어·고등어·졸복·방어·상어 등이 해안가 신석기 유적지에서 발굴되어 외해성 어로 낚시도 유지되었던 신석기시대의 다양한 식생을 보여 주고 있다.[7]

3) 한반도 주변의 해수면 변동

신석기시대는 간빙기로 해수면 상승이 진행되면서 현재의 한반도 모습이 갖춰지게 되어 해수면 변동 연구는 신석기시대 환경변화를 추정하는 데 중요한 참고자료가 되고 있다.

약 2만 년 전 홍적세 최종빙기에는 빙하의 발달로 인해 해수면이 약 140m까지 낮아진 것으로 연구되었다. 황해의 현재 평균 해심은 60m 정도이며 가장 깊은 곳도 100m 정도밖에 되지 않기 때문에 거대한 황해평원이 조성된 것으로 본다. 동해는 거대한 호수가 되고, 대한해협·쓰가루해협·소야해협은 대부분 육지화되어 일본 열도도 대륙과 연결된 것으로 보고 있다. 이후 충적세 간빙기가 시작되면서 오늘날과 비슷한 해안선이 형성되었다.

간빙기 해수면의 상승 속도와 최고 해수면의 높이 및 해침과 해퇴의 구체적 양상에 대해서는 다양한 연구가 제시되고 있다. 서해안 각 지역 퇴적층의 연대측정을 한 연구에 따르면 BP 8,500년~5,000년 사이에 해수면은 -8m 평균 고조선으로부터 -2m까지 비교적 빠르게 상승하였으며, 이후 현재에 이르기까지 점진적으로 상승한 것으로 분석하고 있다.[8]

충남 가로림만 조간대의 퇴적환경과 홀로세 해수면 변동곡선 연구는 BP 8,150년에서 현재까지의 해수면 변동을 대략 6단계로 구분 정리하였다. 1단계는 BP 8,150년~7,750년 사이로 약 400년 동안 해수면은 -10.9m에서 -1.7m로 9.2m나 상승하여 급격한 상승을 보여 준다. 2단계는 BP 7,750년~7,550년으로 해수면은 200년 동안 -1.7m에서 -4.6m로 약 2.9m 낮아졌다. 3단계는 BP 7,550년~6,700년으로 해수면은 850년 동안 -4.6m에서 -0.9m로 3.7m 상승하였으나 상승 속도는 1단계보다 완만한 흐름을 보였다. 4단계는 BP 6,700년~6,100년으로 해수면은 -0.8m에서 -2.1m로 1.3m 하강하였다. 5단계는 BP 6,100년~4,050년에 이르는 시기로 해수면은 -2.1m에서 2.0m로 4.1m 상승하였다. 6단계는 BP 4,050년~현재에 이르는 시기로 평균 해수면은 2.0m에서 현재 수준으로 2m가량 하강하였다. 그러나 6단계 기간 동안 해수면은 일정한 것은 아니며, BP 1,700년경에 다시 해수면이 2m까지 상승한 후 현재 수준으로 하강한 것으로 나타난다.[9] 서해안의 갯벌은 BP 7,000년을 전후한 시기에 형성되기 시작하여 해수면 상승이 현저하게 둔화되는 BP 5,000년경에 현재와 유사한 형태의 갯벌이 형성되었을 것으로 추정하고 있다. 동해안은 해수면이 BP 10,000년경에는 -25m, BP 7,000년경에는 -10m이던 것이 BP 6,000년경부터 현 수준에서 안정되었으나 BP 4,000년경에 해면의 상대적 저하가 평가된다고 하였다.[10]

화분분석과 해수면 변동에 대한 자료를 참고하여 한반도는 BP 10,000년 이후 신석기시대 환경변화를 몇 시기로 나누어 다음과 같이 정리한 연구도 있다.[11]

- BP 10,000년~5,000년

간빙기가 시작된 이 시기는 기온이 올라가 중부 지방이 낙엽광엽수림 지역으로 들어가고 북부 지방은 침엽수림을 이룬다. 남부 지방은 상록활엽수림을 이루고 BP 7,000년경에는 현재보다 높은 기후로 낙엽광엽수림이 북부 지방까지 확장되었을 것으로 미뤄진다. 중국 동북 지방에서는 현재보다 3℃~5℃ 높은 기온으로 나타나 식물 성장에 알맞은 기후를 형성 신석기시대 사람들의 농경과 채집활동에 좋은 여건이 마련되었다. BP 6,000년~5,000년경에는 바다 수면이 현재보다 3m~5m 높았던 지형들이 여러 곳에서 나타났고 바닷물 온도는 지금보다 3℃쯤 높았던 것으로 본다.

- BP 5,000년~2,000년

BP 5,000년~4,500년경에는 기온이 조금 내려가고 바다가 물러가는 시기로 보고 있고, BP 4,400년~4,000년경에는 춥고 습한 기후를 나타낸다. 이후에도 기온이 점점 낮아지고 BP 2,400년을 전후해서는 가장 추웠던 시기로 보고 있다.

앞에서 언급한 자료들을 정리하면 간빙기 기후 변화의 주기와 특징은 BP 17,000년~9,000년 시기에 빙하기에서 간빙기로 회복되었다. BP 10,000년 무렵에는 오늘날과 유사한 기후로 돌아오고, BP 9,000년~5,000년경에는 고온기로 해수면이 높아져 식물이 성장하기에 좋은 조건의 식생 변화가 나타났다. BP 5,300년부터 현재까지는 기후가 하강 추세를 보이면서 몇 번에 걸쳐 추운 기후를 보이는 것으로 연구되었다.

한반도 식생 변화는 중부 지역 일산 유적에서는 BP 8,000년~4,200년에 오리나무속이 70%~90%를 차지할 정도로 매우 습윤한 시기이고,

BP 4,200년~2,300년 시기에는 소나무속이 증가하는 건륙화 현상이 일어난 것으로 연구되었다. 간빙기가 진행되는 신석기 조기 단계 동물들의 큰 특징은 코뿔이와 같은 한대 대형동물이 절멸하였고, 사슴·멧돼지·족제비 등 날쌘 동물들과 고래·강치 등 바다동물 등이 사냥되었다. 해양 식량자원으로는 조개류와 미역류 그리고 대구·숭어·고등어 등 외해성 어류도 이용된 것으로 보인다.

해수면 변동은 약 2만 년 전에는 빙하의 발달로 해수면이 약 140m까지 낮아져 육지화된 황해가 중국 대륙과 연결되었고, 동해는 거대한 호수를 이루어 일본 열도와 연결된 것으로 보고 있다. 서해안 해수면은 BP 8,500년~5,000년 사이에 −8m 평균 고조선으로부터 −2m까지 빠르게 상승한 이후 현재에 이르기까지 점진적으로 상승하였다.

간빙기가 도래하면서 전개된 한반도 신석기 선주민시대의 자연여건은 BP 10,000년경에 기온이 올라가면서 한대성 동물 코뿔이가 북쪽으로 이동하여 한반도에서 자취를 감추었다. BP 8,000년경에는 중부 지방이 낙엽광엽수림으로 전환되면서 사슴·멧돼지·족제비 등의 온대형 동물이 활동하기에 좋은 환경이 제공되었다. BP 5,000년경까지는 현재보다 높은 기온을 보여 신석기 선주민들이 사냥과 채집활동에 좋은 시기였던 것으로 보인다. BP 4,000년경부터는 기온이 내려가 추워지고 건륙화 현상이 벌어졌던 것으로 정리될 수 있다.

2. 한반도 선주민은 누구인가

1) 한반도 선주민의 생김새와 계통

한반도의 선주민으로 해안가나 강 주변에 터전을 잡고 활동했던 흔적을 남긴 신석기시대 사람들은 누구인가에 대하여 다양한 연구들이 발표되어 있다. 그중 주목할 만한 몇몇 내용을 살펴보고 필자의 견해를 제시해 보고자 한다.

· **박선주 교수**는 우리 겨레의 기원과 형성에 중요한 시기인 신석기시대 주민들의 모습은 현대 한국인의 체질적 특성과 신석기 유적지에서 발굴 보고된 사람들의 뼈화석을 비교해 보면 그들의 생김새가 어떠했는지를 추정해 볼 수 있다고 했다. 사람 뼈대의 생김새는 그가 속하는 집단의 평균

안도 신석기인

생김새 범주에 속하기 때문에 적당한 규모의 표본을 통해 한 집단의 체질 생김새를 수학적으로 밝힐 수 있는 것이다. 한반도 신석기시대 유적지에서 사람 뼈가 출토된 곳은 함경북도 회령과 웅기 그리고 황해도 해주 등 북부 지역과 남해안의 섬 연대도 등이다. 머리뼈 크기에서 볼 때 한반도에서 살던 주민의 머리뼈는 구석기시대에서 신석기시대로 오면서 길이가 매우 짧아진다. 이어 신석기시대

와 청동기시대에 따른 차이는 찾아지지 않는다. 현재 한국 사람의 특징으로 알려진 짧은 머리 길이는 신석기시대부터 나타나지만 오늘날과 같은 형태는 철기시대 이후에 완전히 형성된 것으로 가늠한다.

한반도 출토 머리뼈의 변화에서 머리뼈 높이 위얼굴 너비 눈금과 콧금 등 7개 항목의 지수로 볼 때, 신석기시대에서 청동기시대를 거쳐 오늘날까지 계속 나타나는 특징은 높은 머리형과 위얼굴 너비와 길이지수의 가운 머리형이다. 그 외의 지수들도 신석기시대부터 이후 현대 한국 남자에 이르기까지 어느 정도 계속해서 나타나고 있다. 이를 다시 시대별로 살펴보면 구석기시대에서 신석기시대로 계속되는 특징은 비교된 7개의 특징 중 1개에 불과하다. 그러나 신석기시대에서 청동기시대로 이어지는 특징은 7개의 특징 중 6개가, 청동기시대에서 철기시대로는 4개의 특징이, 철기시대에서 현대로는 3개의 특징이 나타난다. 위에서 살펴본 지수들에 따르면 우리 겨레의 특징은 신석기시대에 형성이 되기 시작하여 청동기시대로 이어진 것으로 볼 수 있다.

간빙기 이후 따뜻한 기후와 함께 신석기시대가 시작되면서 동북아시아에는 새로운 문화 전통이 북쪽으로부터 남쪽으로 이동한 증거들이 나타난다. 이 시기에 한반도에서 발견된 주민의 머리뼈는 후기 구석기시대 머리뼈와는 형태와 크기에서 커다란 변화를 보여 주고 있다. 이는 자연환경의 변화에 따른 변화라기보다는 새로운 유전자가 유입됐을 가능성이 더 크다고 할 수 있다. 이 시기의 머리뼈는 북방 지역의 머리뼈보다는 북중국의 용산문화 및 앙소문화 담당자들

과 매우 가까운 정도를 보이는 것으로 파악하고 있다.[12]

· **손보기 교수**는 옛 사람 화석 재기와 생김새에서 화석으로 나타나는 잰 값을 따지고 분석하여 견주어 봄으로써 진화 발전해 온 갈피를 잡게 될 수 있다고 보고 있다. 유전인자가 이어지는 것으로 손끝무늬·손바닥무늬·머리뼈모습을 들 수 있는데 머리뼈는 여러 점을 재고 이들의 지수를 헤아려서 유전거리를 따져 내기도 한다. 중국 민족의 자리를 찾기 위해 중국 학계는 소수 민족에 대한 유전 관계와 유전거리를 연구하고 있는데, 중국에 사는 우리 겨레가 주목을 받고 있다.

먼저 한국 겨레는 머리 높이가 세계 여러 겨레 가운데 가장 높은 것으로 밝혀졌고, 동아시아 갈래 사람들 가운데 북쪽 갈래의 특징을 많이 지니고 있는 것으로 나타난다. 동아시아 사람 중 북위 30°보다 위쪽 지역에 북쪽 갈래의 유전인자를 지니는 사람들이 많은데 우리 겨레는 이에 걸맞으며, 오히려 고아시아족이나 퉁구스족 사람들과는 관계가 먼 것으로 나타난다. 생김새의 특징에 따른 유전거리는 흑룡강성과 요령성에 사는 중국족이나 만주족과 가장 가깝고 몽고족과는 그다음으로 가까운 것으로 나타났다. 면역백혈구분석(HLA)으로는 조선과 일본의 유전거리는 0.810이고, 몽고와는 0.720이며, 중국과는 0.208로 더 멀게 나타난다. 이처럼 한겨레는 일본-몽고-중국의 순서로 거리가 가깝지만 중국의 동북3성 지역은 일본 못지않게 가까운 것으로 나타났다. 한국 사람의 뿌리는 동북아시아의 중국 동북부와 한국 땅에서 오래 살았으며, 체질상 하나의 유전 집단을 이루고 다른 겨레와 섞임이 적었던 것으로 밝히고 있다.[13]

· **이홍규 교수**가 체질인류학과 한국인의 북방기원설에서 정리한 내용에 고생물학자 리처드클라인은 《인류의 성장과정》이란 책에서 "초기의 현생인류 두개골은 지금 세상에 사는 어떤 인종의 두개골과도 비슷한 부분이 없다. 현대인들이 1만 년~1만 2천 년 전 시작된 홀로세에 들어와서야 지금의 모습을 가지게 되었다는 것은 분명하다. 특히 몽골리안의 모습이 그렇고 유럽인인 코카소이드도 마찬가지이다."라고 인용하고 있다.

2만 2천 년~3만 4천 년 전 빙하기가 최고점에 이른 가장 추웠던 시기에 바이칼호수 부근에 있던 사람 중에서 몽골리안의 원류가 유년화 현상을 통해 진화해 나온다. 이 사람들은 Y염색체 유전형 O를 가지고 있는데, 강풍과 추위에 적응하면서 체열의 손실을 줄이기 위해 다부지고 뭉툭한 체형을 발달시켰다. 그리고 찬바람에 대처하기 위해 눈은 작고 가늘게 찢어지고 안구를 보호하기 위해 '몽고주름'이 발달된다. 몸은 얼어붙지 않게 하려고 체모의 숫자는 줄어든다. 약 1만 년 전 빙하기가 끝나면서 바이칼호수 부근에 있던 원몽골리안들은 남하하여 앞서 도착해 살고 있던 남방계 사람들과 섞인다. 요하 부근으로 남하한 원몽골리안들은 이 지역에 들어와 살고 있던 남방계 사람들과 섞이면서 새로운 문명을 발달시켜 가는 역할을 한 것으로 설명하고 있다.[14]

또 인류의 이동을 Y염색체 및 mt DNA유전체 유전형의 지역별 분포와 그 계통발생학 관계를 중심으로 재구성하여 제시한 오펜하이머의 연구에 의하면, 한국인들의 유전형은 동남아시아를 통하여 들어온 사람들과 시베리아를 통하여 이동한 사람들의 것이다. 이 유전형은 알타이 지역—바이칼호수—아무르강 유역에 걸치는 북방에서 마지막 빙하기를 지나면서 추위에 적응해 살아남은 몽골리안들이 남으로 이동하여 이미 한반도에 살고 있던 사람들과 섞이면서 형성되었다는 시나리오다. Y염색체 유전자형의 분포로는 남방형 염색체형 RPS4Y+(C)형과 YAP+(D)형이 약 20%를 차지하고, O*유전형이 75% 기타 약 5%의 F*, R, Q형이 있는데, 이들은 북방을 통하여 들어왔을 것으로 추정한다. mt DNA형에는 A, B, C, D, F, G, M, N, Y 등이 있는데, A, C, D, G 및 Y가 북방형이며, B와 F는 남방에서 기원하고, M9는 티벳 지역에서 기원한다. 이들 유전형의 일부는 남방에서 북으로 이동한 후 시베리아 지역에서 확장한 후 다시 남으로 내려온 것이다. 이러한 현상은 아프리카를 떠나온 현생인류 중에서 초기에 아시아로 이동한 사람들이 LGM(극빙하기) 시기에 4개나 그 이상의 지역에서 확장하였을 것을 전제한다. 알타이산맥에서 바이칼호수에 이르는 트란스바이칼 지역, 아무르강 유역에서 오호츠크해 연안 지역, 티벳 지역, 동남아시아에서 중국 남부 지역 등에서 형성된 것으로 보고 있는데[15] 상당히 합리적인 연구 결과로 보인다.

2) 선주민에 대한 북한 학계 등 여러 견해

· 북한사회과학원 고고학연구소 **장우진 선생**은 신석기시대 우리 겨레를 인류학적으로 조선옛류형 사람들이라고 부르고 있다. 조선옛류형 사람들은 우리 강토에서 구석기시대 후기의 문화를 남긴 신인들에 그 연원을 두고 있으며, 신석기시대에 이르러 조선반도를 중

심으로 하는 아시아 대륙 동쪽의 넓은 지역에서 형성되었다. 사람들의 형태구조적인 특징은 시대에 따라 크게 변화되지 않고 인류학적 징표들도 시대에 따르는 변화가 극히 적은 것으로 보고 있다.

구체적인 사례로 상원군 약물산 중턱에 있는 대흥 3호동굴 퇴적층에서 신석기시대 사람 3개체분의 머리뼈와 몸 뼈가 알려졌다. 이 유적의 1호 머리뼈는 40살~50살 정도의 남자 머리뼈로 보는데 그 길이가 185.5mm, 너비가 137.0mm이다. 머리뼈 지수는 73.8로서 장두형에 속하고 머리뼈의 높이는 139.2mm로 높은 머리뼈에 속한다. 이 유적에서 나온 다른 2개의 머리뼈도 유형학적으로 1호 머리뼈와 같은 특징을 가지고 있다고 한다.

평양 일대에서 발굴된 조선옛류형 사람들의 유골에는 유형학적으로 공통적인 특징이 있는데 대흥 3호동굴 발굴자들은 그것을 4가지로 종합하였다. 그것은 머리뼈가 높고 이마가 상대적으로 곧으며, 머리뼈가 높은 데 비하여 얼굴뼈가 높지 않고, 눈확이 높은 것을 들고 있다. 평양 일대의 조선옛류형 사람들은 유형학적으로 똑같다고 할 정도로 비슷한 특징을 가지고 있다. 인류학적으로 통일되어 있는 것으로 보아 그들이 하나의 유형을 이루고 있으며 그 집단이 혈연적으로 단일한 것으로 보고 있다. 조선옛류형 사람들은 구석기시대 사람들인 신인들에 연원을 둔 조선 사람의 직계선조라고 말할 수 있다. 조선옛류형 사람은 마제석기를 쓰게 된 신석기시대에 이르러 조선반도를 중심으로 하는 아시아 대륙 동쪽 지역에서 형성되었으며 독자적인 신석기시대 문화를 창조하였던 사람으로 보고 있다.

조선옛류형 사람들의 이웃 집단은 바이칼호수를 중심으로 하는 시베리아 일대와 중국의 황하 유역 그리고 일본 열도의 신석기시대 주민들을 염두에 두게 된다. 바이칼호수 동부 및 동남부 지역인 자바이칼 지역과 바이칼호수 서쪽의 연바이칼 지역에서는 서로 구별되는 고인류학적인 자료들이 알려졌다. 연바이칼 지역에서 나온 고인류학적인 자료들에는 유럽인을 연상시키는 인류학적인 자료들이 엿보이는데, 자바이칼 지역에서 드러낸 고인류학적 자료들에는 아시아 인종적인 특징들이 깃들어 있다. 자바이칼 지역의 신석기시대 주민들은 얼굴이 상당히 넓적하고 코마루와 코뼈는 돌출되지 않았으며 오히려 납작하다. 그들은 부리야트와 같은 중앙아시아 인종적 특징을 가지고 있거나 퉁구스와 같은 바이칼 인종적 특징을 가지고 있는 측면에서 조선옛류형 사람들과 뚜렷이 구별된다. 동부아시아에서 머리뼈 높이가 자바이칼 사람들은 가장 낮은데 조선옛류형 사람들은 가장 높은 상반되는 특징을 갖고 있기 때문이다.

중국 황하중류의 앙소문화를 남긴 사람들을 서안 반파류형 이라고 부르고 있다. 반파류형의 사람들은 남아시아 갈래의 특징을 가지고 있기에 태평양지의 동부 계열에 속하는 조선옛류형 사람들과 뚜렷하게 구별된다. 일본 열도에서 신석기시대를 대표하는 고인류학적 자료는 쯔구모류형이라고 할 수 있다. 쯔구모류형은 동남아시아 인종적 특징을 가지고 있는 것으로 하여 조선옛류형 사람들과 뚜렷하게 구별된다고 분석하고 있다.

대흥 3호동굴의 신석기시대 사람들이 조선 사람을 비롯한 동부아시아의 현대 주민들 가운데 어느 집단과 가까운 거리에 있는지를 분석하였다. 대륙지에 속하는 몽골 · 퉁구스 등과는 먼 거리에 있고, 태평양지에 속하는 조선·북중국·일본 사람들과는 상대적으로 가까운 거리에 있다. 대흥 3호 동굴유적의 신석기시대 사람들은 태평양지에 속하는 집단들 가운데서도 현대 조선 사람과는 북중국 사람들보다는 1.31배, 일본 사람들보다는 1.2배나 더 가까운 거리에 있다고 밝히고 있다.[16]

· 일본 신석기시대를 주도한 죠몽인의 본질이라는 장에서 소개된 **터너2세**(Victor Turner Ⅱ)는 남북아메리카·동북아시아·동남아시아·폴리네시아 주민의 치아 특징을 조사하여 몽골계 집단의 남방기원설을 발표하였다. 터너2세는 위 지역의 주민을 순다치계(sunda donty)와 중화치계(sino donty)로 구분하였다. 총 8항목의 특징이 두 계열을 구별하는 기준이 되는데, 그중에서도 홈이 있는 위턱의 앞니(삽 모양 앞니)는 순다치계 집단이 중화치계 집단보다 현저하게 적다고 한다. 이에 따르면 폴리네시아제도와 동남아시아의 주민과 미나토가와인·죠몽인·아이누인은 순다치계로 분류한다. 이누이트와 알류트(Aleut)를 포함한 아메리카인디언, 동북아시아(화남이북에서 바이칼호 이동) 제 지역의 주민과 아이누를 제외한 일본인은 중화치계로 분류된다. 순다치계의 집단은 미나토가와인이 오키나와에 나타나기 이전, 즉 30,000년~17,000년 전 사이에 동남아시아에 모습을 드러내 태평양연안을 따라 북상하여 일본열도로 이주하였다. 또한 미나토가와인은 죠몽인을 사이에 두고 아이누와 연결된다.

한편 지금으로부터 2만 년 전에 중국 내륙부로 이주한 집단에서 중화치계 집단이 생겨나고 그 일파가 약 2천 년 전 일본 열도로 이주하였다. 이들이 현재 일본 열도 주민들의 조상이다. 터너2세의 설에 의하면 아이누를 제외한 현대 일본인은 죠몽인과 직접적 관계가 없는 것으로 볼 수 있다.[17] 간빙기 온난화하는 기후에 따라 일본 열도 내의 선주민으로 볼 수 있는 죠몽인들은 변화하는 환경 여건에 적응하면서 신석기시대를 대표하는 죠몽토기 문화를 형성시켜 갔지만 현대 일본인의 직계 조상으로는 보고 있지 않다는 내용이다.[18]

· **신용하 교수**는 인류가 최후빙기의 대재난 시대를 극복하고 새 시대를 열기 시작한 것은 약 12,000년 전 지구 기후가 대체로 오늘날처럼 따듯해진 이후부터로 보고 있다. 약 53,000년~13,000년 전 최후의 빙기에 고한반도의 1,000여 개 석회암동굴이 밀집해 있는 제1동굴 지대를 비롯한 각처 동굴에는 이전에 고한반도에 있던 구석기인과, 북위 40도 이북에서 피한해 내려온 구석기인 및 유라시아 대륙 동남방 해안을 따라 들어온 구석기 신인들이 합쳐졌다. 그 결과 고한반도는 유라시아 대륙의 가장 인구가 많은 상대적 과잉 인구 지역의 하나가 되었다. 약 12,000여 년 전 지구 기후가 온난화되자 구석기인들은 모두 동굴에서 나와 부근 강변과 해안에 움막을 짓고, 새로운 용구로 마제석기와 토기를 만들어 사냥과 어로와 식료 채집을 하면서 새로운 '신석기시대'를 열었다. '구석기인'이 '신석기인'으로 진화하게 된 것이다. 고한반도 중부 1,000여 개의 석회암동굴이 밀집된 제1동굴 지대 부근에는 두 개의 큰 강의 발원지가 되고 있다. 강 주변에는 사람이 생활하기에 좋은 터전이 있어 남한강 유역과 금강 상류 주변에는 수십 개 단위의 신석기시대의 마을 유적들이 남아 있다. 신석기시대 시작과 함께 고한반도 중부 지역은 최

한민족과 고조선·한(韓)

대 인구 밀집 지역의 하나가 되었던 것으로 보고 있다.[19]

2011년에 부산 가덕도에서 6천 년~8천여 년 전 신석기시대 전기로 추정되는 다수의 인골과 무덤이 무더기로 발굴되었다. 한국문물연구원은 부산 강서구 성북동 부산 신항 준설토 투기장 내 유적 9,048㎡에서 신석기 전기로 추정되는 인골 26구를 비롯한 토기·옥·고래늑골·상어이빨·흑요석 등 상당수 신석기 유물을 발굴했다고 밝혔다. 인골은 모두 머리가 북쪽 또는 북동쪽으로 향해 있고, 융기문 혹은 압인문토기 20여 점도 부장품과 함께 발견되었다. 압인문과 융기문토기는 신석기시대 중기 이전 단계부터 사용된 토기이다. 인골은 시신을 반듯하게 펴서 묻는 신전장, 머리와 발을 굽혀 매장한 굴장까지 다양한 형태로 발굴되었다.[20]

중앙대 연구팀은 가덕도 출토인골 중 1차로 유골 10여 구의 유전자를 분석한 결과, 현대 한국인들에게는 없는 '유럽형 유전자'를 발견했다. 이 인골 중 일부 개체에서 유럽인만의 독특한 모계유전자 미토콘드리아 DNA가 검출되었다. 이 모계유전자는 현재까지 한국, 중국, 일본 및 동남아시아 지역의 주민에게서 검출된 사례가 보고되지 않은 매우 전형적인 유럽인만의 모계유전자이다. 또 가덕도 유골들의 독특한 매장 방식인 굴장은 독일에서 발견된 매장 방식과 비슷하다. 이 때문에 한민족의 유입경로에 대한 그간의 정설과는 다른 가능성도 제기되었다. 아프리카에서 기원한 인류가 중앙아시아 등을 거쳐 한반도에 이른 것으로 알려졌는데, 유럽 민족과의 연관성이 새롭게 나온 것으로 신석기시대 사람이 어느 계통인지 우리의 판단을 복잡하게 만들고 있다.[21]

한반도 선주민인 신석기시대 사람은 누구인가에 대하여 여러 연구자의 다양한 견해들을 살펴보았다. 박선주 교수는 신석기시대 유적인 회령과 남해안 연대도 등에서 출토된 사람 머리뼈의 잰 값과 지수에 의해 생김새를 가늠해 보았다. 머리뼈 크기로 볼 때 구석기시대에서 신석기시대로 오면서 사람 머리뼈 길이가 짧아지고, 신석기시대와 청동기시대에 따른 차이는 찾아지지 않는다고 한다. 머리뼈 지수를 보면 구석기시대와 신석기시대 사람의 지수는 다르고, 신석기시대부터 현대 한국 남자에 이르기까지 유사한 것으로 보았다. 우리 겨레의 특징은 신석기시대에 형성되기 시작하여 청동기시대로 이어진 것으로 보고 있다. 이러한 현상은 빙하기가 끝나면서 북방에서 새로운 유전자가 한반도에 많이 유입되어 신석기시대에 우리 겨레가 처음 형성되기 시작하고, 청동기시대 이후 다른 집단과 오랫동안 떨어져 한겨레 유전 집단을 이루어 간 것으로 보고 있다.

손보기 교수는 체질학상으로 본 한국 사람의 특징으로 머리 높이가 세계에서 가장 높으며 동아시아 북쪽 갈래의 핏줄로 이어지는 것으로 본다. 생김새에 따른 유전거리는 흑룡강성과 요령성의 중국족 및 만주족과 가깝고 몽고족과는 그 다음으로 가깝다. 면역백혈구분석으로는 조선과 일본의 유전자 거리는 0.810이고, 몽고와는 0.72이며 중국과는 0.2080으로 나타나 한겨레는 일본—몽고—중국 순서로 가까움을 나타내고 있다. 한겨레의 뿌리는 중국동북부, 만주, 한국 땅에서 오래 살았으며 체질상 하나의 유전 집단을 이루고 다른 겨레와 섞임이 적었던 것으로 보고 있다.

이홍규 교수가 소개한 내용은 2만~3만 년 전 동아시아와 유럽에 현생인류가 있었음에도 현대적인 두개골을 가진 인류가 홀로세에 나타난 것은, 몽골리안과 유럽인의 원조가 마지막 빙하기의 가장 추웠던 시점에 유전적 변이를 일으켜 형성된 것으로 보고 있다. 2만 2천 년~3만 4천 년 전 극빙하기에 바이칼호수 부근에 있던 사람 중에서 몽골리안의 원류가 진화해 나온다. 이 사람들은 강풍과 추위에 적응하면서 뭉툭한 체형을 발달시키며, 눈은 작고 가늘게 찢어지고 체모의 숫자는 줄어들게 된다. 약 1만 년 전 빙하기가 끝나면서 바이칼호수 부근의 원몽골리안들은 남하하여 앞서 도착해 살고 있던 남방계 사람들과 섞이게 된다. 한국인들의 유전형은 동남아와 시베리아를 통하여 들어온 사람들의 것으로 보고 있다. 이 유전형은 알타이 지역-바이칼호-아무르강 유역의 북방에서 빙하기를 지나면서 추위에 적응한 몽골리안들이 남으로 이동하여, 이미 한반도에 살고 있던 사람들과 섞이면서 형성되었다. Y염색체 유전자형의 분포로는 남방형 염색체형이 약 20%를 차지하고 북방형인 O* 유전형이 75%, 기타가 5%로 추정하고 있다.

북한의 장우진 선생은 신석기인을 조선옛류형 사람으로 부르고 있다. 이들은 구석기 후기문화를 남긴 신인들에 그 연원을 두고 신석기시대에 이르러 조선반도를 중심으로 아시아 대륙 동쪽 지역에서 형성된 것으로 본다. 평양 일대에서 발굴된 조선옛류형 사람들의 유골에는 공통적인 특징이 있는데 머리뼈가 높으나 이마가 상대적으로 곧으며, 머리뼈가 높은데 비해 얼굴뼈가 높지 않고 눈확이 높은 특징을 갖고 있다. 대흥 3호 신석기인들은 대륙지에 속하는 몽골, 퉁구스 등과는 먼 거리에 있고 태평양지에 속하는 조선, 북중국, 일본 사람과는 상대적으로 가까운 거리에 있는 것으로 평가하고 있다.

신용하 교수는, 인류가 최후빙기의 대재난시대를 극복하고 새 시대를 열기 시작한 것은 약 1만 2천 년 전 간빙기 시대부터라고 보고 있다. 기후가 따뜻해지자 구석기인들은 모두 동굴에서 나와 부근 강변과 해안에 움막을 짓고, 마제석기와 토기를 제작하면서 신석기시대를 열었던 것이다. 최후의 빙기에 북위 40° 이남의 고한반도의 1,000여 개 석회암 동굴지대에 이전에 고한반도에 있던 구석기인과, 북방에서 피난해 내려온 구석기인 및 동남아시아 해안을 따라 올라온 구석기인들이 합쳐져 고한반도는 인구가 많은 상대적 인구 밀집 지역이 된 것으로 보고 있다.

한민족의 뿌리인 신석기시대 이 땅에 살았던 선주민들은 누구인가에 대한 필자의 견해는 다음과 같다.

구석기 말 최종 빙기시대에는 고한반도가 중국 대륙 및 일본 열도와 연결되어 있어 인류는 필요에 따라 자유롭게 이동할 수 있었다. 충적세 간빙기가 시작되면서 한반도에 서해와 동해가 다시 형성되고 삼면이 바다가 되는 오늘날과 같은 모습을 갖추게 되었다. 신석기시대 인류는 자유로운 이동이 곤란해지고 주로 한반도 북쪽을 통해서 대륙으로 왕래할 수 있게 된다.

구석기 후기 고한반도에는 순다 랜드가 있는 인도네시아 등 동남아에서 생활하던 남방계 몽골리안들이 해안을 따라 북상하여 한반도에 도달한 무리가 있다. 시베리아나 만주 지역의 북방계 몽골리안들이 빙하기 기후 변동기에 압록강이나 두만강을 건너 동남진한 무리가 있었다. 간빙기 이후에는 한반도에 남방계 몽골리안의 진입은 어려워지고 바이칼호수 주변이나 만주 지역에서 형성된 북방계 몽골리안들의 진입은 꾸준히 이어져 온 것으로 볼 수 있다.

앞에서 살펴본 대로 사람 머리뼈 잰 값과 지수에 의한 생김새를 볼 때 한민족의 원형은 신석기시대에 형성된 것으로 나타난다. 체질학상으로 볼 때 한국 사람의 특징은 몽골족보다는 만주족에 가깝다. 면역백혈구분석으로 한겨레는 일본-몽골-중국 순으로 가까운 순서를 나타내고 있다.

한국인의 유전형은 시베리아와 만주 등 북방에서 빙하기를 지나면서 추위에 적응한 북방계 몽골리안들이 남으로 이동하여 이미 한반도에 들어와 살고 있던 남방계 사람들과 섞이면서 한민족이 형성되었다. 혈액형 유전자 GM을 이용한 분화지수가 나타내는 자료에 의하면, Gmab3st 유전자가 한국인은 41명으로 41%, 일본인은 45명으로 45%, 중국 화북 지방인은 26명으로 26%를 나타내고 있다. Y염색체유전자형의 한국인 분포는 남방형이 약 20%, 북방형이 약 75%, 기타가 5%로 추정하고 있다. 반면 북한 학계는 구석기시대 고인에서 신인으로 신인에서 신석기시대 조선옛류형 사람으로 한반도에서 자체적으로 진화된 것으로 보고 있다.

결론적으로 필자는 신석기시대 선주민은 고한반도에 구석기 말 진입해 와 살아왔던 약 30%의 남방계 몽골리안의 바탕 위에 구석기 말 전후 시베리아와 만주, 연해주 지역에서 동남 진해온 약 70%의 북방계 사람들이 혼합 정착생활을 하면서 한민족의 시조로 이 땅에 자리 잡아 온 것으로 판단한다.

3. 신석기를 제작사용하다

1) 한반도에 새로운 석기가 등장

고한반도에서 세석인기법이 쇠퇴하는 시기는 홍적세 빙하기가 끝나고 충적세 간빙기가 시작되었던 시기이다. 앞에서 살펴본 대로 간빙기가 시작되면서 기온이 상승하여 해수면이 높아지고 삼림구성이 침엽수에서 광엽수로 변화되었다. 이러한 환경변화에 따라 털코뿔이를 비롯한 한대 큰 동물들이 북쪽으로 이동하거나 따뜻한 기후에 소멸되고, 사슴이나 멧돼지 등 날쌔고 빠른 온대형 동물들이 등장하게 되었다. 기후 변화는 구석기 말기 사람들에게 여러 가지 선택을 요구했을 것이다. 한대 동물들을 따라서 북쪽 지방으로 이동해 가거나, 현지에서 머무르면서 세석인 제작기법을 버리고 화살촉 · 갈돌 · 마제석부 등과 낚시바늘 · 어망추 · 작살 등 식량자원을 획득하기 위한 새로운 도구를 선택하게 되었던 것으로 보인다. 한반도 신석기 개시기와 밀접한 관련이 되어 있는 구석기 최말기 세석인문화와 석촉 출토상황을 살펴보고자 한다.

순천 월평 구석기 말 유적

한민족과 고조선 · 한(韓)

· 순천 월평의 해발 200m 분지에서 출토된 세석핵·유협형첨두기는 BP 12,000년~14,000년으로 추정되고, 거창 임불리 황강의 서쪽 하안단구에서는 세석인·밀개·석촉 등이 출토되었다.

· 동해 기곡 해안단구에서 석촉·세석인·새기개가 출토되는데 1문화층은 BP 10,200±60년이며, 청주 사천동 재너머들 하안단구의 석촉·그물추·타제석부는 추정연대가 BP 10,130±60년과 9,640±80년이다.

· 전남 곡성 오지리 섬진강 지류 충적지의 석촉·새기개·돌날 출토연대는 BP 9,180±80년이며, 광주 신촌 영산강변 충적지의 석촉은 층위가 퇴적층의 맨 위층이기 때문에 BP 8,500년~10,000년으로 신석기 초기로 추정한다.

이들 유적의 입지는 바다와 접한 해안단구나 강과 하천의 하안단구상에 있다. 이러한 입지는 신석기시대 이후 선사인의 취락이 형성되었던 입지와 유사하다고 할 수 있다.[22]

세석인문화 종말기는 대략 BP 12,000년~8,000년으로 이 시기에 석촉이 등장하고 변형세석인기법과 양면조정찌르개가 출현하는 문화상을 보이므로 구석기시대 종말기로 평가하고 있다. 석촉은 세석인기법이 잔존해서 사용되고 있음과 동시에 활의 등장을 알리고 있다. 한국에서 구석기와 신석기의 경계가 되는 유물의 연대는 이 석촉의 등장으로 인해 BP 10,000년 전경으로 보고 있다 하겠다.

관련 유적은 하화계리 석기군중 세석인 관련 문화층 등이 해당된다. 이 시기는 어로도구의 출현, 토기의 등장, 삼림화의 촉진, 사슴류의 변화, 직인칼의 출현, 조합식찌르개에 사용되는 예비소재가 양면조정을 거쳐 제작된다. 화대리 1문화층 출토 석촉 2점과 기곡 1문화층 출토 석촉 3점은 절대연대와 유물 구성상으로 판단할 때 후기 구석기 종말기의 유물로 보고 있다.

지금까지 우리나라 신석기시대의 공백기로 알려진 BP 12,000년~10,000년 전의 문화상은 후기 구석기시대 전통이 남아 있었던 시기이다. 한국의 후기 구석기시대 석기 중 BP 12,000년~8,000년 석기로 분석 정리된 유적지는 다음과 같다. 석기군의 종류에 따라 불규칙박편 석기군에는 주수리1·기곡1·하화계리 작은솔밭 등이 있고, 석인 석기군에는 고산리·장년리·금평·상무룡리·하와계리·석장리 상부층 등이 있다. 그리고 양면조정 석기군에는 고산리·기곡·화대리1 문화층 등이 있다.

이 시기에 수혈 주거와 제분구의 부족, 토기의 미발달, 마제석부의 부재, 화덕 형태가 적은 점 등은 후기 구석기시대 말기에도 아직 정주화가 이뤄지지 못했음을 알 수 있게 해 준다.

한편 하화계리(Ⅲ) 작은솔밭·장흥리·하화계리 사둔지·해운대 좌동 유적에서는 주로 석영으로 만든 2㎝ 내외의 작은 제형석기가 확인된다. 제형석기는 소형박편을 타격에 의한 방식이 아닌 부러뜨려서 모양을 만드는 것이 특징이다. 토양쐐기(LW)층 최상부에서만 확인되는 이러한 구석기시대 석기는 신석기시대로 넘어가는 과도기에 등장하는 새로운 형식의 석기로 설정할 수 있다는 데 그 의의가 있다.[23]

석기 양태로 본 후기 구석기 말 육지부와 제주 신석기유적

① 후기 구석기시대 말기(BP 14,000년~12,000년)

· 한반도는 세석인문화 발전기로 볼 수 있으며 관련 유적으로는 상무

룡리 · 하화계리 작은솔밭(BP 13,390±60년) · 장흥리 · 월평 · 장년리 · 옥과 · 금평리 유적 등이 있다.

· 제주도는 BP 14,000년경에 해수면의 변동에 따라 육지와 연륙된 상태에서 전남 지역의 세석인문화가 유입되어 BP 10,000년까지 지속된 것으로 보이나 후기 구석기시대의 유적은 확인되지 않음.

② 세석인문화의 쇠퇴기(BP 12,000년~10,000년)

· 한반도에서는 무경촉이 등장하고 무토기 신석기시대 초창기로 볼 수 있다. 관련 유적으로는 포천 화대리 · 동해 기곡(BP 10,200±60년) · 청주 사천동 재너머들 유적이 있음.

· 제주도 지역에는 이 시기 유적과 유물이 아직까지 확인되지 않는다.

③ 신석기시대 초창기(BP 10,000년~8,500년)

· 한반도에는 토기가 없는 신석기 초창기 단계로 볼 수 있으며 유경촉이 등장. 관련 유적으로는 동해 월소 · 곡성 오지리(BP 9,180±80년) · 광주 신촌 등이 있다.

· 제주도는 고산리문화가 형성되어 석촉과 고산리식토기가 제작된다. 관련 유적은 고산리 · 강정동 최하층 등이고 이어서 토기제작기술이 발전하여 무문양토기 · 압날점열문토기가 제작되고 석촉과 갈돌 · 갈판이 제작사용되어진다.

한반도의 신석기 초창기 양상은 후기 구석기시대 말기의 세석인 문화 쇠퇴기에 무경촉과 유경촉이 등장되며 홈돌 · 소형절구 · 국부마제석부 등 마제석기가 등장 사용되나, 토기는 사용되지 않은 것으로 보인다. 제주 고산리문화의 세석핵은 지리적으로 가까운 전남 지역의 후기 구석기 유적인 월평·장년리·금평리 유적 등과 연관성을 엿볼 수 있어 한반도의 세석인문화가 유입된 것으로 추정한다. 제주도 초창기 유적의 석촉은 한반도의 화대리·기곡·신평 유적 등 후기 구석기 말기 유적의 석촉 제작과 제작방식이 형태적으로 동일한 것으로 본다. 대형갈판과 갈돌은 제주도 초창기 단계에 처음 등장한 것으로 우리나라에서 가장 오래된 것으로 추정된다. 한반도 신북 유적의 홈돌과 월평 유적의 소형절구에서부터 제분구 사용이 예상되며 갈돌·갈판의 선형이라고 볼 수 있다. 제주 고산리문화는 한반도 남부 지역에서 유입된 후기 구석기 전통의 석기제작기술에서 그 기원을 찾을 수 있으며, 기후 변화로 초래된 식생과 동물상의 변화에 대응하여 나타난 석기와 토기의 제작기술 발전 과정 속에서 성립한 것으로 볼 수 있다.[24]

신석기시대 새로운 석기가 출현하다

새로운 석기를 제작사용하였다고 이름 붙인 신석기시대 과연 새로운 석기가 등장하였을까? 한반도 신석기시대 석기 양상은 대부분 뗀석기와 간석기를 공반하고 있다. 신석기 유적지에서 비교적 많이 출토되는 종류는 돌도끼·갈판·석촉·그물추 등이고, 용도로는 수렵구·가공구·어로구가 많이 출토되고 있다. 여러 지역의 신석기시대 특징을 살펴보자.[25]

① 서북부 지역

서북부 지역은 황해도 궁산·지탑리 대동강 유역의 남경·금탄리 유적 등에서 많이 출토되었다. 출토된 석기는 수렵구·어로구·농경구·가공구 등 다양하다. 서북부 지역에서는 화살촉이 많이 출토되고 농경구와 가공구가 많이 보이는 것으로 보아 다른 지역에 비해 농경이 일찍 시작된 것으로 볼 수 있다. 궁산 1기 유적에서는 화살촉·갈돌·돌도끼 등이 출토되었다. 궁산 유적에서 출토된 30여 점의 말안장형 갈돌은 농경에 의한 조리가 시작되었음을 알려 주고 있다.

② 동북부 지역

동북부 지역의 서포항 유적에서는 어로구·농경구·수렵구·가공구 등이 출토되었다. 서포항 1기의 석기는 괭이·간돌화살촉·긁개·그물추 등 다양하며, 수렵구와 어로구가 주류를 이루고 있다. 이 시기에 사슴·멧돼지·노루·바다표범·고래 등의 동물 뼈가 출토된 것으로 보아 포유류, 해수류 등의 포획 활동이 이뤄지고 있음을 알 수 있다.

③ 중서부 지역

중서부 지역에서는 간돌화살촉이 가장 많이 발견되고 다음으로는 돌도끼와 갈돌·갈판이 출토되고 있다. 중서부 내륙에서는 농경과 관련된 석기가 많이 출현하며, 도서 해안 지역에서는 어로구·가공구가 주로 출토된다. 제1기 암사동 유적에서는 돌도끼·긁개·그물추 등 뗀석기가 주류를 이루고 있으며, 돌끌·돌창·화살촉의 간석기도 출토되고 있다. 농경과 관련해서는 돌칼·갈판·괭이·돌보습 등이 출토되어 서북부 지역과 비교해 볼 수 있는 지역으로 보고 있다.

④ 중동부 지역

중동부 지역의 가장 빠른 석기는 오산리 C지구에서 출토되었다. 최하층의 석기는 긁개 · 새기개 · 톱니날석기 등의 뗀석기와, 화살촉 · 결합낚시바늘 등의 간석기로 구분되고 있다. 뗀석기는 세석인과 세석인석핵이 출토되었으며 후기 구석기의 석기제작 전통을 이어받은 것으로 보인다. 조기 전기에는 오산리 A, B 지역에서 돌도끼 · 화살촉 · 결합낚시바늘 · 그물추 등 다양한 석기가 출토되었다. 문암리 유적에서는 돌칼 · 결합낚시바늘 등이 출토되었고 오산리 유적에서 나온 흑요석은 백두산에서 가져온 것으로 추정되고 있다.

⑤ 서남부 지역

제주 고산리 유적에서는 한반도에서 출토된 바 없는 어형화살촉이 갈색무문토기와 함께 출토되어 구석기시대에서 신석기시대로 이행하는 과정의 유적으로 평가되고 있다. 고산리 출토의 석기는 화살촉이 주류를 이루며 밀개 · 찌르개 · 홈날석기 등이 출토되고 있다. 전기 단계에는 돌산 송도를 중심으로 여수 안도 · 완도 여서도패총 등에서 빠른 단계의 석기들이 출토되고 있다. 돌산 송도에서는 뗀석기로 밀개나 돌도끼 · 돌끌 등 격지류가 많고 여기에는 흑요석도 포함되어 있다. 안도패총에서는 돌도끼 · 돌칼 · 작살 · 숫돌 · 흑요석 등이 출토되었는데, 특히 흑요석은 220여 점이나 확인되고 있어 조기 단계부터 그 이후까지 일본 큐슈와 교류가 활발하게 이뤄졌음을 알 수 있다.

⑥ 동남부 지역

동삼동 제1문화층에서는 화살촉·돌도끼·그물추·결합낚시바늘 등이 출토되었다. 동삼동패총의 최하층에서 큐슈의 도도로끼B식 토기와 흑요석 석기가 출토되고 있어 한일 간의 교류가 시작된 것으로 보인다. 우봉리 유적에서 출토된 석기는 돌도끼·찍개 등 뗀석기가 주류를 이룬다. 이곳에서는 날 부분만 마연한 간돌 도끼가 존재하고 있어 후기 구석기의 전통을 엿볼 수 있다고 한다. 동삼동 제2문화층의 유물은 간석기·결합낚시바늘·흑요석제 작살 등이 출토되어 유적의 성격이 어로의 비중이 높아지고 있다. 상노대도나 연대도패총에서는 공구류와 화살촉 등 종류가 다양해진다.

2) 한반도 주변 지역에서 토기 출현

한반도 주변 지역에서는 신석기를 대표하는 토기가 세계적으로 빠른 시기에 제작사용되기 시작하였다. 토기에는 기형, 문양, 태토 등이 시기와 지역에 따라서 다른 경우가 많기 때문에 토기의 제작 집단의 특징이나 문화계보를 파악해 볼 수 있다.

신석기시대 토기가 등장하게 된 배경은 무엇일까? 간빙기 기후 변화에 따라 사냥활동은 줄어들고, 식물채집이 많아지면서 뿌리채소나 견과류 등을 가공하기 위한 도구가 필요했기 때문으로 보인다. 토기는 취사용기로 사용하거나 음식료를 저장하고 운반하는 등 다양하게 사용되었다. 토기를 만드는 방법은 생활 근거지에서 적당한 흙을 채취하여 잘 반죽해 토기의 형태를 만들고, 문양을 시문하여 건조와 소성의 단계를 거쳐 완성시킨 것으로 보인다. 토기의 재료인 흙을 태토라고 부르는데 태토분석이나 문양파악으로 토기를 만든 지역이나 토기의 전파과정을 규명하는데 중요한 자료로 활용되고 있다. 그러므로 한반도 신석기시대 문화의 주류를 이루었던 토기의 흐름을 파악하기 위해서 먼저 한반도 주변의 신석기 토기문화의 흐름을 살펴보아야 할 것이다.

동북아시아에서는 세계적으로 빠른 BP 13,000년~10,000년 사이에 토기가 출현하고 있다. 아무르강 중류의 융기선문토기, 하류의 조흔문토기, 일본 열도의 무문융선문·조형문토기 등이 있다. 초창기의 토기는 기종이 세분되지 않고 단순하며 소성온도가 낮아 무른 편이다. 토기에는 초본류, 동물털 등의 비짐을 첨가하는 공통점이 있다. 토기의 기형은 원저·첨저·평저 등 다양하여 토기 출현이 특정 지역에서 발명되어 각지로 확산되었다기보다는 복수의 지역에서 발명되었을 가능성이 큼을 시사한다고 하겠다.

(1) 러시아 연해주 지역

아무르강 중류에서는 노보페트로프카문화로 불리는 융기문토기가 등장한다. 이 문화의 토기는 점토 띠를 기면에 붙여 다양한 문양을 시문한 융기선문토기로 대표되며, 석기는 각종의 타제석기와 함께 세석인을 이용하여 만든 석인촉이 다량 출토된다. 아무르 하류에서는 오시포프카문화로 불리는 초창기의 신석기 문화가 존재하는데 토기는 평저의 조흔문토기가 알려져 있다. 석기는 세석핵·양면가공첨두기·밀개·긁개 등의 조성을 보인다. 가샤 유적은 BP 12,960±120년과 10,875±90년의 연대를 보이며, 홈미는 BP 13,260±100년과 10,345±110년의 연대를 가지고 있다. 연해주 지역은 삼강평원과 유사한 압날문에 의한 아무르 편목문문양이 주를 이루는 루드나야문화, 압날에 의한 점선문을 주체로 하는 두만강 하류의 보이스만문화 등 전기의 문화가 나타났다. 그리고 중기와 후기에는 침선에 의한 어골문·타래문 등을 주체로 하는 자이사노프카문화가 나타났다.

(2) 만주 요서 지역

만주 지역에 대표적인 신석기 문화는 요하문명과 홍산문화가 있는데, 한반도 빗살무늬문양과 비슷하여 문화적 관련성이 매우 높다고 보고 있다. 요하 중상류에 위치한 요서 지역에 등장한 신석기 문화의 시기는 가장 빠른 내몽고자치구 소하서문화가 BC 7000년~6500년, 흥륭와문화는 BC 6200년~5200년, 부하문화는 BC 5200년~5000년, 조보구문화는 BC 5000년~4400년, 홍산문화는 BC 4500년~3000년, 소하연문화는 BC 3000년~2000년으로 평가하고 있다.

내몽고 흥륭와 주거 유적지

이 지역에서 BC 7000년경에 신석기 문화가 태동 발전한 것은, 신석기 기후대에서 참고한 대로 여름 기온이 오늘날보다 3℃~5℃ 높아 농경에 유리한 여건을 갖추었기 때문으로 보인다.

필자는 2011년 얼학회 홍산문화 탐방 전까지는 삭막하고 황량한 요서 지역에 무슨 대단한 신석기 문화가 있을까? 의아스럽게 생각하였다. 그러나 현지를 가 보니 흥륭와·사해·홍산·우하량·조양 일대 유적의 입지적 조건은 야산을 배경으로 밭이 넓게 자리 잡고 땅이 기름져 신석기문화가 발전할 수 있는 여건을 가진 것으로 보았다.

초창기 소하서문화의 도기 문양은 주로 평저통형관으로 도기 표면에 무늬가 없는 형태를 보이고 있다. 흥륭와문화에서는 세계 최고의 옥귀고리 등 100여 점의 옥기가 발굴되었고, 빗살무늬의 평저통형토기와 지자문토기가 발굴되어 한반도 신석기 문화를 대표하는 빗살무늬토기와의 관련성을 보여 주고 있다. 부하문화에서는 빗살무늬토기와 점치는 데 사용되는 복골이 출토되었다. 조보구문화에서는 빗살무늬토기와 황하 유역 앙소문화의 채도보다 빠른 그림이 그려진 채도가 출토되었다. 소하연문화는 동석병용시대로 초기 청동기시대인 하가점하층문화로 이어지는 것으로 평가하고 있다.

중국의 동북공정으로 관심을 받고 있는 홍산문화는 BC 4500년경까지 올라가는 신석기 문화로, 내몽고와 요녕성의 접경 지역인 적봉·조양·능원·객좌·건평 지역에 분포하고 있다. 홍산문화 만기(BC 3500년~3000년)에 해당하는 우하량 유적에는 제단·여신묘·적석총이 조성되어 높은 문화수준에 도달한 것으로 보였다. 일부 중국학자들은 우하량 유적이 후기 신석기시대에 이미 초기 문명 단계에 진입한 것으로 보고 있다.[26]

한민족과 고조선·한(韓)

(3) 일본 열도

남큐슈 지방에서는 약 1만 1천 년 전에 분화한 사쿠라지마 기원의 사즈마 화산재 밑에서 죠몽 초창기 유적이 속속 발견되면서 우세했던 토기 북방기원설의 설득력이 약해지게 되었다. 그리고 남큐슈의 유적조사 결과 두 단계의 문화가 존재하는 것이 밝혀졌다.

구석기시대부터 계속된 좀돌날에 석촉·석창·타제석부와 소량의 무문토기가 사용된 이른 단계와, 좀돌날이 소멸되고 석촉·긁개·갈돌·다듬돌과 융대문·융선문 등의 토기가 남쪽에서부터 번창하는 늦은 단계의 두 단계로 나눠진다. 늦은 단계에 속하는 큐슈 남부에서는 1만 3천~1만 2천 년 전에 날씨가 따뜻해지자 졸참나무가 증가하기 시작하며 여기에 너도밤나무림이 더해진 낙엽광엽수의 식생이 넓어진다. 소지야마 카코이노하라 유적은 그러한 환경변화에 적응해서 생활한 사람들의 유적이다. 유적에서는 많은 석기와 갈판·갈돌·토기가 출토되었는데, 토기는 견과류 가열처리 도구로서 식물채집 활동에 유용하게 이용되었다.[27]

한반도의 신석기문화는 동북 지방, 서북 지방, 중서부 지방, 중부동해안 지방, 남해안 지방 등 크게 5개의 영역으로 나누어진다. 각 영역은 육로와 해로를 통하여 주변 지역과 활발한 문화교류를 해 온 것으로 보고 있다. 동북 지방은 아무르강·연해주 지역의 신석기 문화와, 중서부 지방은 내몽골·만주 지역의 문화, 남해안 지방은 한반도의 동북 지방과 일본 서남부와 밀접한 관계에 있음을 알 수 있다. 중부동해안 지방은 해로를 통해 한반도의 동북·남부 지방 및 아무르중류역과, 육로를 통해서는 한강 유역의 중서부 지방과 밀접한 관계를 유지했던 것으로 보인다.

한반도 출토 신석기 초기의 토기 가운데 주변 지역과의 관련성을 보여 주는 토기로는 중국 동북 지방, 아무르 유역과 연해주 그리고 일본 열도의 혼슈·큐슈 지방과의 관련을 보여 주는 덧무늬토기가 있다. 덧무늬토기의 기원지인 일본 큐슈 장기현의 천복사와 복정 동굴유적 등에서 층위적 발굴에 의해 확인된 덧무늬토기 층에서 BP 12,000년 전후의 C14연대가 얻어졌다. 아무르강 유역의 토기 출현 시기는 BP 12,000년을 상회하는 것으로 보고, 덧무늬토기의 대표 유적지인 노보페트로프카 2호 주거지는 BP 11,000년~9,000년까지 올라간 것으로 발표되었다.

한국과 일본의 고고학계는 두 나라 신석기 문화의 기원을 자체기원설보다는 북방기원설에 더 큰 비중을 둔 것으로 보인다. 북방계문화의 일본 쪽으로 남하는 바이칼→아무르강→사할린 →홋카이도→혼슈 쪽으로 유입설을 들고 있다. 북방계문화의 한반도로의 남하는 내몽고→발해만→서해를 통한 서부 지방의 루트와 아무르→송화강→우수리강→연해주→동해를 통한 동남부 지방으로의 루트가 알려져 있다.[28]

초창기가 지나고 요하 유역에서 연해주에 걸친 극동 평저토기문화권에 커다란 변동이 일어난다. 조와 기장을 수반하는 요하 유역 신석기 문화가 확산되면서 토기문양이 자돌문·압인문 등에서 새김무늬인 지자문 문양이 등장하게 된 것이다. 요서 지역은 흥륭와—조보구—홍산—소하연 문화의 순으로 편년이 이루어지고 있다. 요동 지역은 요하 하류역과 요동반도 등으로 구별할 수 있는데 지자문토기의 전통을 갖는 신락하층·소주산하층·후와하층문화 단계와 침선계토기문화로 변화하는 소주산 중층문화군·소주산 상층문화 단계로 상대편년 되는 것으로 정리할 수 있다.[29]

4. 신석기시대 유적과 유물

1) 신석기 최고유적 제주 고산리

지상낙원의 섬 제주 고산리에 신석기인이 자리를 잡다

우리 땅에서 초창기 신석기시대 문화 흔적을 찾아낸 제주도 현경면 고산리 유적은 제주공항이 있는 제주시에서 멀리 떨어진 서편 해안가 오지에 있다. 유적지는 비교적 평탄한 곳이고 유물의 산재 범위는 약 150,000㎡로 남북 1,000m 동서 150m 정도이다. 고산리 유적지는 주변에 야트막한 65m 높이의 수월봉과 148m의 당산봉 야산이 있다. 차귀도를 중심으로 빼어난 해안 절경과 석양에 해지는 모습은 황홀경을 연출하여 일만 년 전 초기 신석기인들이 생활 터전으로 삼지 않았나 짐작이 된다. 차귀도에 전해지는 전설에 "옛날 호종단이라는 중국 사람이 장차 중국에 대항할 형상을 지녔다하여 이 섬의 지맥과 수맥을 끊어 놓고 돌아가려 하는데 갑자기 한라산 신이 날쌘 매가 되어 날아와 이들이 탄 배를 침몰시켰다."라고 해서 차귀도라는 이름이 전해져오고 있다. 이러한 마을 내력과 주변 경관을 차귀 10경으로 지어 고산리 일만 년의 역사를 기리고 있는 유서 깊은 마을이라 하겠다.

필자는 고산리 유적지에서 바라보이는 제주 바다를 보면서 최초의 신석기 유적지가 왜 내륙이 아닌 제주도의 최서편에 자리 잡았나? 궁금증을 가지고 6월의 뜨거운 태양 아래 한동안 망연자실 바라다 본 적이 있다. 고산리 유적은 1987년 한 농부의 신고로 제주대학박물관이 발굴 조사한 결과 한반도 내에서는 찾아보기 드문 독특한 유물구성을 보인다고 평가하였다. 유물은 석기가 대부분이나 소량의 토기편이 출토되었다. 석기는 3,000여 점이 채집 또는 출토되었는데 대부분 박편이고 모양을 갖춘 석기는 약 390여 점이다. 종류는 석촉이 가장 많고 긁개 · 첨두기 · 돌날석기 등이 있는데 전부 눌러떼기기법으로 제작된 5㎝ 미만의 소형 석기들이다. 토기는 심발의 아가리 주변에 3줄의 태선융기문을 돌린 덧무늬토기와 짚이나 동물의 털 같은 것을 혼합소성한 질이 거친 토기들이 출토되었는데, 기형은 편평하고 아가리가 내경하거나 직립한 심발형이다. 이 유물들은 모두 BP 6,400년에 폭발한 일본 아카호야 화산재층 밑에서 출토되고 있음이 확인되었다.[30] 제주 고산리 유적 발굴 유물에 대한 연구자들의 다양한 시각을 살펴보고자 한다.

고산리 유적지 전경

동북아시아 초창기 신석기 문화를 간직한 유적
고산리 유적의 유물조합은 일정 시기에 유입된 것이 분명하며, 그 시기는 후기 구석기 최말기의 토기가 발견되는 동북아 초기 신석기시대 전개 과정에서 찾아진다. 동북아 전체의 문화 양상은 러시아의 아무르강 유역, 연해주, 일본 열도 등 후기 구석기 최말기에서 신석기 초기로 연결되는 전환기의 문화적 양상이 자연스럽게 나타난다.

고산리 유물조합은 아무르강 하류 유적의 연대와 비교하여 적용하면 BP 11,000년~10,000년에 상한을 들 수 있다. 실제로 고산리 유물의 탄소연대 최고측정치는 BP 10,180±65년으로 나왔다. 고산리 신석기 유적지에 주민 유입이 BP 11,000년~10,000년경에 이루어졌다면, 당시 해수면 상승과정의 기후로 볼 때 급격한 많은 장애물이 있었겠지만 육로를 통한 유입이 가능한 것으로 볼 수 있다.[31] 이렇게 입도한 신석기인은 제주도 전역을 무대로 활동하게 된다. 현재 제주도에서 고산리식토기와 석기가 확인되는 유적은 월령리(고산리에서 북동 8㎞ 지점), 도두동(북동 40㎞ 지점), 삼양동 삼화지구(북동 45㎞ 지점), 강정동(남동 32km 지점) 등이 있다. 이들 유적은 유물 집중도로 보아 고산리를 중심캠프로 두고 이루어진 분파 과정의 유적으로 해석된다.

고산리식토기는 한반도 내에서는 제주도를 제외하고는 아직 발견된 바 없고, 아무르강 하류역에서 발생한 오시포프카문화 요소들이 홋카이도를 거쳐 일본 본토로 유입되고 남해안을 따라 제주도까지 영향을 미쳤다는 설과, 중국 동북 지방을 가로질러 대륙으로 노출된 황해평원의 강줄기를 따라 제주도로 전파되었다는 설이 주장되고 있다.[32]

석기조합은 세석핵 · 석촉 · 밀개 · 새기개 등의 후기 구석기 전통의 석기와 갈돌 · 갈판 · 마제석부 등의 새로운 마제석기의 조합으로 구성된다. 이 가운데 특징적인 것으로 세석핵 · 석촉 · 대형갈판 · 갈돌을 들 수 있다. 고산리 유적에서 출토된 부정형 세석핵은 격지를 소재로 한 퇴화형의 세석핵으로 소멸기의 양상으로 이해되었다. 그러나 강정동 유적에서 몸체와 타격면조정 등 정형성을 띤 세석핵이 확인되어 지리적으로 가까운 전남 지역의 후기 구석기 유적인 월평·장년리·금평리 유적 등의 세석인문화와 연관성을 엿볼 수 있다고 하겠다. 석촉은 제주도 초창기의 유적에서 다양한 형태로 구성되고 있으며 특히 물고기형석촉은 고산리 유적에서만 확인되고 있다. 물고기형석촉을 제외하면 화대리·기곡·신평 유적 등 육지부에 위치한 후기 구석기 말기 유적의 석촉과 제작방식이 형태적으로 동일하다.

이외의 유협형첨두기나 밀개·새기개의 유물조합은 한반도 후기 구석기 말기의 유적군에서 보이는 것과 동일하다. 대형갈판과 갈돌은 신석기 초창기 단계에 처음 등장하는 유물로 우리나라에서 가장 오래된 것으로 추정된다. 기후 변화로 도토리나 근경류의 채집활동이 확대됨에 따라 생겨난 도구로 신북 유적의 홈돌과 월평 유적의 소형절구에서부터 제분구의 사용이 예상되며 초창기 단계의 갈돌·갈판의 선형이라고 볼 수 있다. 이상의 세석핵·석촉·갈돌·갈판 등 특징적인 초창기 단계의 석기조합상으로 볼 때 고산리문화는 한반도 남부 지역의 후기 구석기시대 관련 유적과 연관성을 엿볼 수 있다고 하겠다.[33]

제주도 고산리 유물에 대한 여러 견해를 정리하면, 소량으로 발굴된 고산리식토기는 풀잎과 같은 식물성 섬유질을 바탕흙에 넣어서 빚어 구워 아무르강 유역의 조흔문토기와 유사한 모습을 띠고 있다. 유입경로는 아무르강 하류역에서 발생한 오시포프카문화 요소들이 중국 동북 지방을 가로질러 황해평원의 강줄기를 따라 제주도로 전파되었다는 설이 더 타당하다고 판단된다.

고산리석기나 강정동석기 등 신석기 초창기 세석핵은 후기 구석기시대 말기의 세석인문화의 연속선상에 있어 지리적으로 가까운 전남 지역의 후기 구석기 유적인 월평·장년리·금평리 유적의 세석인문화와 상당한 연관성이 있다고 하겠다. 석촉은 내륙 지방인 화대리·기곡·신평 유적 등 후기 구석기 말기의 석촉과 제작방식이 형태적으로 동일한 것으로 평가받고 있다. 이외의 유협형첨두기나 밀개·새기개의 유물조합상은 한반도 후기 구석기 말기의 유적군에서 보이는 것과 동일하다. 대다수를 차지하고 있는 석기제작의 문화적 양태를 고려해 볼 때 제주 고산리 유적을 조성한 신석기인들은 간빙기 기후 변화에 따라 전남 해안 지역 앞을 통과하여 따뜻하고 온화한 제주도 방향으로 이동 고산리 지역에 터를 잡은 것으로 보인다. 터를 잡은 이후에 아무르강 하류역 오시포프카의 토기제작 문화요소들이 일부 무리를 통해 제주도 고산리 지역으로 유입되어 제작사용된 것으로 추정한다.

2) 한반도 신석기를 대표하는 각 지역 유적과 유물

(1) 서남해 지역

제주 고산리 유적과 근접한 한반도 서남해 지역에는 여수 송도·완도 여서도·신안 소흑산도패총 등이 발굴 조사되었다. 신석기 초기를 대표하는 고산리식토기는 제주도 지역에서만 발굴되고 있고, 전남 서남해안 지역에서는 현재까지 발굴되었다는 보고는 없는 상황이다. 아마도 고산리 유적이 조성되던 1만 년 전 간빙기 시기에 해수면이 상승하는 추세여서 간빙기 초 전남 서남해안 평원지대에 형성되었던 신석기 초창기 유적들이 바다 밑으로 묻혀 버리는 상황이 벌어진 것으로 판단된다. 신석기 초기 유적 발굴은 마치 신안 앞바다 난파선에서 고려시대 청자를 수습해 내듯이 상당한 연구와 재원이 투자되어야 할 것으로 본다.

신석기 전기에 속하는 융기문토기는 여수 송도를 중심으로 거문도·낭도·대경도·대횡간도·안도·개도·백야도와 고흥 외나로도, 신안 소흑산도, 완도 여서도패총에서 출토되고 있다. 토기의 문양은 단일융기문·복합융기문·두립문 등 동남부 지역에서 출토하는 문양들과 거의 유사한 것이 출토되고 있어, 이 시기에는 남해안의 모든 지역이 동일 문화권이었음을 알 수 있다.[34] 서남해안 지역의 신석기시대 전기를 대표하는 여수 안도패총 등의 발굴 내용을 살펴보자.

① 대량의 흑요석이 출토된 전남 여수 안도패총

남해안과 제주도 사이 안도에서 신석기 인골 2구 발굴

융기문토기·석기·골각기·흑요석 등 720여 점 유물 출토

안도패총은 여수에서 동남쪽으로 약 35㎞ 떨어진 섬 지역에 있는데 제주도와 남해안 지역 간에 가교 역할을 할 수 있는 입지적 조건을 갖췄다고 볼 수 있다. 안도패총을 발굴한 국립광주박물관자료에 의하면 유적의 층위는 패각퇴적층, 패각유실층, 자갈퇴적층의 3개 층으로 대별된다. 유구는 무덤4기·야외노지9기·수혈유구11기·집석3기가 조사되었다. 무덤은 모두 토광묘이며 이 중 2개는 큰 돌들이 덮여 있는 구조이다. 토광 내부에는 앙와신전장으로 합장된 2구의 인골과 팔목에 5개의 팔찌를 낀 인골 등이 확인되었다. 유물은 토기류·석기류·골각기류 등 500여 점

이 출토되었다. 특히 흑요석 220여 점과 석시·결상이식·덧무늬토기 등은 남해안 지역 및 큐슈 지역과 서로 연결되는 유물들이다.

유적의 연대는 크게 패각퇴적층의 형성 시기와 형성 이후의 두 시기로 구분된다. 패각퇴적층의 형성 시점은 패각퇴적층에서 출토된 덧무늬토기를 지표로 볼 때 신석기시대 전기에 해당된다.[35] 여수 인근 지역은 신석기시대 패총유적만 20여 개소가 산재되어 있어, 패총유적을 집중 발굴하게 되면 신석기시대의 생활상을 좀 더 자세히 파악할 수 있는 거점 지역으로 판단된다.

② 남해안 교류의 중심지 전남 여수 송도패총

남해안 유적지로 일본과 교류 역할을 한 유적지로 평가

융기문토기류와 이음낚시, 조가비팔지, 흑요석 등 다양한 유물

송도패총은 섬의 북안에 있는 표고 2m~10m 내외의 낮은 언덕지대에 있는 유적으로 크게 4개의 퇴적층으로 이루어졌고 이 층위는 7개의 작은 층으로 나눠진다. 패각층의 두께는 50㎝~120㎝ 정도이며 제1층은 표토인 경작층으로 Ⅱ층인 흑갈색 혼도패총과 함께 교란된 층위이다. Ⅲ층 맨 위의 Ⅲ-a층은 덧무늬토기와 함께 굵은 침선문토기와 가는 침선문토기 및 무늬없는토기가 출토되었다. Ⅲ-c층은 굵은침선문토기가 새로이 등장하고 덧무늬토기 등 Ⅳ층 유물이 계속되고 있다. 이음식 낚시바늘과 흙으로 만든 구슬 및 가락바퀴도 있다. 최하층인 Ⅳ층은 흑갈색 진흙층으로 덧무늬토기·붉은칠토기·무늬없는토기 등이 출토되었다. 3층에서는 2채의 집자리가 확인되었다. 1호 주거지는 패각을 파고 그 안에 진흙을 채워 만든 것인데 유물은 격지 등의 덜된 연모·변형덧무늬

및 무늬없는토기·갈판·사냥돌 등이 있다. 2호 주거지는 1호와 겹쳐서 그 아래에 위치하는데 바닥 가운데에 90㎝~100㎝ 정도의 화덕이 있다. 유물로는 갈돌·흑요석조각·변형덧무늬 및 무늬없는토기 등이 출토되었다. 4층과 바로 위의 3층에서 나온 숯으로 잰 방사성탄소연대 값은 BP 5,440±170년과 BP 5,430±170년으로 측정되었다.[36] 돌산 송도패총은 안도패총과 유사한 변형융기문토기와 흑요석 등이 발굴되어 일본과 남해안의 가교 구실을 수행한 유적지로 평가된다.

③ 제주도와 서남해안의 중간 거점지 전남 여서도패총

사람 분석의 기생충 분석 결과 육지 민물고기 간흡충란 검출

융기문토기·영선동식토기·주칠토기 출토 태토에 현무암 혼입

제주도와 서남해안의 중간 지점에 있는 여서도에서 2007년 목포대학교 박물관이 여서도패총을 발굴하였다. 패총의 구성은 교란된 1·Ⅱ층과 안정된 층의 Ⅲ~Ⅴ층으로 형성되었다. 토기는 무문양이 주를 이루고 있으나 융기문토기·영선동식토기 및 주칠토기가 출토되었다. 토기편 중에는 제주도의 현무암이 혼입된 것들이 확인되어 제주도와의 교류를 입증한다. 골각기로는 고정식 및 회전식작살·결합식조침·자돌구·장신구 등이 출토되었다. 패총에서 출토된 사람의 분석으로 추정되는 물체에서 회충 등 3종의 간흡충란이 검출되었다. 숙주는 민물고기이기 때문에 민물고기가 서식하는 남해안이나 제주도가 생활 본거지였을 것으로 추정하고 있다. 제주도의 현무암이 섞인 토기와 여서도에서 서식하지 않는 것으로 보이는 사슴·멧돼지 유체의 출토로 미루어 보아 여서도패총은 서남해안 지역과 제주도와 교역을 하던 중간기착지이자 어로활동기지의

역할을 한 유적지로 평가되고 있다.[37]

④ 1,004개 섬의 고장 전남 신안 소흑산도패총

서해 남단으로 신석기 문화 전파 양상이 유추되는 유적지

융기문토기와 압인문토기 및 석기류와 뼈연모 등이 출토

전남 신안군 흑산면에 있는 신석기시대 패총으로, 섬의 북단에 있는 가거도 등대쪽 서북방향으로 길게 뻗어 있는 도로개설 과정에서 알려졌다. 패총의 층위는 표토층이 5㎝~10㎝, 부식토층이 20㎝~30㎝, 순 패층이 10㎝~25㎝이다. 유물은 주로 부식토층에서 발견되었는데 다양한 종류의 토기류·석기류·뼈연모 등이 발굴되었다. 토기의 무늬는 덧무늬·굵은금무늬·점줄무늬·눌러찍은무늬 등과 무늬없는토기 등이 있고, 바닥은 둥근바닥과 납작바닥이 있으며 그 밖에 간돌도끼와 뼈바늘 등이 있다. 발굴된 토기의 무늬로 보자면 신석기 전기에서 중기에 해당한다.[38]

1979년 제주대학교 조사 시 이곳에서 융기문토기를 채집하였고, 1987년 목포대학교 조사에서는 겹입술토기에 베풀어지는 무늬도 나와 신석기 전기부터 가장 늦은 시기의 유적으로 평가받고 있다.[39] 소흑산도패총은 서해 남단에 위치한 섬으로 발굴된 토기의 형태가 융기문·압인문·겹입술토기편으로 신석기 문화가 전기에서 만기까지 존재한 것으로 보고 있다. 여수 안도와 송도 근접 지역에 위치하고 있어 신석기 문화가 전기부터 서해안 지역으로 확산되어 가는 양상을 파악할 수 있는 유적으로 평가된다.

(2) 동해안 지역

제주 고산리 다음으로 빠른 토기는 동해안 중부에 위치한 강원도 양양 오산리 지역에서 출토된 무문토기로 보고 있다. 신석기 초창기에 해당하는 오산리 유적 C지구의 최하층에서는 압날점열구획문토기와 무문토기가 출토되었다. 압날점열구획문토기는 대부분 적색으로 마연되어 출토된다. 이 유적 C지구 최하층에서는 좀돌날몸돌과 좀돌날이 출토되어 후기 구석기의 석기 전통을 이어받은 것으로 보고 있다. 연대는 BC 6000년 정도를 보이고 있어 제주 고산리 유적과 더불어 가장 빠른 연대를 보이고 있다. 강원도 지역의 조기 및 전기에 해당하는 유적은 문암리 · 용호리 · 오산리 · 망상동 유적 등을 들 수 있다.[40]

한반도에서 빠른 신석기토기는 아무르토기권과 연접되어 있는 동북 지역의 서포항이나, 죠몽토기가 등장한 일본 열도와 가까운 동남해안 지역에서의 출현을 예상할 수 있다. 그러나 현재까지는 동해안의 중간 지점인 강원도 양양 지역이 빠른 것으로 확인되고 있다. 오산리나 문암리 지역에서 출토된 무문토기나 융기문토기는 연해주토기문화나 죠몽토기문화 중 어느 하나의 전파로 제작됐다고 볼 수 있다. 다양한 견해가 있지만 동북해안 지역과 중부 동해안 지역 간 토기문화의 병행 관계에 대해서 서포항1기는 보이스만문화Ⅰ기와 병행하는데, 문암리Ⅶ층 단계에서 보이스만Ⅰ기 단계에 해당하는 압날문토기와 융기문토기가 공존하므로 서로 간에 병행관계가 성립되는 것으로 보는 것이[41] 타당하게 보인다. 동해안 중부 양양 지역의 신석기토기는 지리적 위치나 토기 제작 양태를 고려해 볼 때 일본 죠몽토기의 전파보다는 연해주 지역의 토기문화전파로 제작된 것으로 보아야 할 것이다. 동해안 중부 지역을 대표하는 양양 오산리와 문암리의 빠른 신석기 유적 발굴 내용을 살펴보자.

① 내륙에서 가장 빠른 강원도 양양 오산리 신석기 유적

한반도에서 빠른 8천 년 전 유적으로 초기 신석기 유적 평가

융기선문토기 · 덧무늬토기 · 빗살무늬토기와 인면상 등 출토

오산리 덧무늬토기

이 유적은 동해안에 위치한 양양군 손양면 오산리에 있는 한반도 초기의 신석기시대 포함층 및 주거지 유적이다. 1980년~1987년 중 3차례 발굴하였고 유적의 범위는 약 6,000㎡인데 이 중 600㎡가 발굴되었다.

유적은 현재의 지표면으로부터 생토면까지 깊이는 약 4.5m인데 모두 6개의 자연층위가 확인되었다. Ⅰ층은 청동기시대층으로 무문토기와 점토대토기 등이 출토되고, Ⅱ층은 신석기시대의 토기 형태인 첨저형빗살무늬토기가 출토되었다. Ⅲ층은 토기의 기형은 평저형인데 저부에는 나뭇잎 모양이 찍혀 있는 것이 많다. 신석기시대 하층인 Ⅴ층에서는 6기의 주거지가 확인되었다. 원형 주거지 안에는 70㎝×70㎝의 사각형 노지가

한두 개씩 있고, 다수의 평저형토기 및 소량의 융기선문토기와 돌로 만든 생활도구류가 출토되었다. 토기는 모두 평저인데 좁은 저부에 비해 몸체 부분이 넓은 발형토기가 대부분이나 옹형 또는 호형의 토기가 있으며, 시문은 구연부 주위에 국한하였다. Ⅴ층에서 채집된 목탄으로 방사성탄소연대를 측정한 결과 BC 5000년~6000년 사이로 측정되었다.[42]

② 오산리와 비슷한 시기의 고성 문암리 유적

융기문토기와 압날문토기가 출토 오산리와 비슷한 시기로 평가

3개의 문화층에서 토기류, 흑요석기, 결합식낚시바늘 등 출토

고성군 죽왕면 문암리 일대의 해안 쪽으로 뻗은 사구지형에 위치한 신석기시대 유적이다. A지구에서 확인된 5개의 유물포함층은 크게 3개의 문화층으로 구분할 수 있다. 상층에서는 Ⅳ-1층과 Ⅳ-3층에서는 수정석기 · 흑요석기 등이 출토된 야외노지 3기가 확인되었고, 이 층에서는 토기 출토량은 소량이며 구연부에 단사선을 누르거나 그어 시문한 빗살무늬토기편이 특징적이다. 주거지 2기를 포함한 Ⅳ-4층은 중층으로 내부에서 토기저부편이 출토되기는 하였으나 뚜렷한 문양을 보여 주는 부분은 없다. 토기밀집 유구에서는 오산리식의 특징적인 압날문토기와 문암리 유적의 특징적인 융기문토기 등이 공반 출토되고 있어, 문암리 유적의 연대는 오산리와 비슷한 시기로 추정할 수 있다. A지구의 서편에 위치한 B지구에서는 신석기시대 문화층을 2개의 층으로 구분할 수 있다. 하층에서는 오산리식의 압날문토기편과 결합식낚시바늘 등의 유물이 다량 출토되어 오산리 유적과의 관련성을 찾을 수 있다. 상층에서는 문암리 유적에서 특징적인 융기문을 손으로 누른 모양의 토기편이 다량 출토

되어 각 층 간의 성격을 대별해 주고 있다고 볼 수 있다.[43]

두만강 유역의 동북부 신석기 초기문화

동북부 신석기 문화권은 두만강을 공유하고 있는 한반도 동북 지방과 연해주 보이스만 및 자이사노프카 신석기 유적과 동일한 문화권에 속한다고 볼 수 있다. 두만강 유역을 포함한 북한의 동해안 지역 신석기 문화를 대표하는 유적은 서포항 유적과 나진패총이 있다. 서포항 유적지에서는 조기, 전기, 중기 등 5개 층의 신석기층이 확인되었다. 서포항1기 토기는 구연부와 동체상반부를 중심으로 다치구에 의한 압날문을 시문한 토기가 유행한 단계로 보이스만식의 다치구압날문으로 보고 있다. 나진 유적 토기는 문양 특징상 구연에 다치구압날문을 구연직하에서부터 촘촘히 시문한 부류와, 구연직하에 공백부를 두고 다치구압날을 시문한 것으로 보아 보이스만문화 단계의 것으로 평가하고 있다.[44]

③ 북한 신석기시대 편년의 기준 함북 선봉 서포항동 유적

연해주, 아무르강 중류 지역과 같은 양상의 동북 지방 대표 유적

납작밑토기, 화살촉, 어망추 등의 석기와 장신구 등 골기 출토

서포항동 유적은 웅기군 굴포리의 서포항동마을 동북쪽 산기슭에 위치하며 구석기시대 문화층 2개, 신석기시대 문화층 5개, 청동기시대 문화층 2개 등 시기를 달리하여 퇴적된 9개의 문화층이 확인되었다.[45] 이 중 신석기시대 문화층에서는 움집터의 유구가 발견되었는데 조개더미 유적의 1기층에서 1기, 2기층에서 4기, 3기층에서 9기, 4기층에서 5기, 5기층에서 2기 등 모두 21기가 조사되었다.

유물로는 1기층에서 빗으로 찍어 넣은 점무늬가 몸통의 뒷부분에 들어 있는 납작밑토기와 화살촉·칼·긁개·어망추 등의 석기, 작살·장신구 등의 골기와 함께 출토되었다. 2기층에서는 1기층과 마찬가지로 모두 납작밑토기이나 새로이 줄무늬가 들어 있는 것이 출토되었고 아가리가 약간 바라진 것이 보인다. 3기층에서는 토기의 형태 및 문양이 다양해졌는데 능형문·원형문·손톱문 등이 보이고 아가리 주변에 점토 띠를 덧붙인 것도 있다. 4기층에서는 토기의 무늬와 와문이 없어지고 번개무늬가 나타나며 민무늬토기의 수가 증가하고 겉면을 붉게 칠한 적색토기가 새로이 등장한다. 5기층에서는 몸통 윗부분에 어골문을 넣은 것과 아가리에 돋을무늬를 넣은 것이 출토되었으나 대부분 민무늬토기들이다. 이 유적은 한반도 동북 지방의 신석기시대 전 기간에 걸쳐 형성된 것으로 보고 있다. 시기는 1기와 2기는 전기로 3기는 중기로 4기는 후기 전반으로 5기는 후기 후반으로 편년하여, 연대는 각각 BC 5000년~4000년대, BC 3000년대 전반기, BC 3000년대 후반기, BC 2000년대 초로 추정하고 있다.

(3) 동남부 지역

부산 동삼동패총을 중심으로 하는 동남부 신석기 유적은 초기 단계부터 마지막 단계까지 다양한 유적이 자리 잡고 있다. 패총의 층위를 바탕으로 하는 편년 작업이 체계를 이루면서 한반도 전체 편년의 기준이 될 정도로 신석기 문화의 중심지라고 할 수 있겠다. 내륙 지역인 봉계리·임불리·오진리암음의 조사가 이루어져 내륙 지역의 양상도 파악되고 있다. 동남부 지역에서 신석기 조기에 해당하는 융기문토기는 토기의 표면에 점토 띠를 덧대어 다양한 기법과 문양 형태로 장식한 토기를 말한다. 융기문토기는 융기의 형상과 문양이 비교적 다양하고 기형에서도 평저심발과 굴곡형으로 대별된다. 굴곡형토기는 동부가 단을 이루고 문양은 자돌문이나 침선문이 복합되기도 한다. 이 토기는 평저심발토기와는 기형이나 문양에 있어서 차이를 보이며 일본 큐슈의 도도로끼B식토기와 관련된다. 영선동식토기는 전기에 해당되며 문양은 자돌문·압인문·침선문에 의해 구성되며 기형에 있어 환저기형이 출현한다. 김해 수가리패총에서 출토된 토기는 동남부 지역에서 중기에서 만기까지의 지표가 되고 있다.[46]

부산 지역에서는 8천 년~7천 년 전 후부터 물과 해물 자원이 풍부한 바닷가 주위에 신석기인들이 모여든 것으로 생각된다. 고기잡이와 사냥·채집생활을 하며 만든 동삼동·영선동·율리·수가리패총과 야외 조리용 화덕시설이 대량으로 조사된 범방 유적은 부산 지역에 살았던 신석기인들이 남긴 대표적인 유적이다. 남해안 지역과 일본의 해안 지역에 거주하는 신석기인들은 바다를 사이에 두고 오랜 기간 동안 계속 교류활동을 전개해 왔다. 범방패총을 비롯한 연대도, 상노대도패총 등 남해안 여러 유적에서 출토되는 일본 죠몽토기·흑요석과 일본 큐슈의 니사카라쯔 해안유적·사가패총·고시다까 유적에서 발견되는 각종 빗살무늬토기와 장신구 등은 당시 문화교류의 모습을 잘 보여 준다. 동삼동패총에서 출토되는 각종 죠몽토기와 흑요석제 석기는 당시 동삼동패총인들이 바다 건너 일본 지역과 직접 교류했음을 보여 주는 흔적이다. 특히 대량으로 출토된 조개팔찌는 국내 여러 지역뿐만 아니라 큐슈 지역 흑요석과의 교역 물로서 대마도 등지에서 공급되었을 것으로 보인다.[47] 동남부 지역을 대표하는 동삼동패총 등 다양한 신석기 유적 발굴 내용을 살펴보자.

① 동남해안 신석기 문화의 중심지 부산 동삼동패총

7천 년 전부터 형성된 남해안에서 가장 규모가 큰 생활패총

융기문토기 · 태선침선문토기와 박편찍개, 낚시, 뼈바늘 등 출토

동삼동 덧무늬토기

부산 영도구에 위치한 동삼동패총은 신석기시대의 패총으로, 남해안 일대에서는 가장 규모가 크고 여러 문화층이 겹쳐져 있어 남해안 지방의 신석기 문화 연구에 매우 중요한 유적이다.[48] 이 패총의 층위는 표토층 밑에 2개의 패각층과 2~3개의 혼패토층이 교대로 쌓여 총 5~6개의 자연층위로 퇴적되어 있다. 가장 오래된 Ⅰ기는 평저태세선융기문 · 두립문토기 등의 융기문계 토기가 대부분이며 석기는 박편찍개가 출토되

었다. 그다음 Ⅱ기는 단도마연·융기문·두립문·압인문·침선문계 빗살무늬토기 등이 출토되었다. 융기문이 극성을 이루고 영선동식의 압인문계 어골문이 새로 등장하면서 접선문계의 서해안 계통 빗살무늬토기가 조금씩 등장한다. Ⅲ기는 지두문·단도마연·태선침선문계토기 등이 출토되었다. 이 시기에는 융기문토기가 거의 없어지고, 중·서부 지방의 전형적인 빗살무늬토기 영향을 받은 태선침선문계토기가 크게 유행하다가 점차 변질되는 특징을 보여 준다. 마지막인 Ⅳ기는 Ⅲ기 후반부터 나타나기 시작한 침선문의 퇴화현상이 더욱 뚜렷해지는 한편, 새로이 접구연토기가 등장하고 무늬없는토기가 절대다수를 점하며 석기는 긁개·타제석부·흑요석제 석기 등이 출토되었다. 이 유적에서 얻어진 방사성 탄소연대는 BP 7,000년~1,510년까지인데 이는 신석기시대 초기에서 말기까지의 연대이다. 그러므로 이 유적은 남해안 지방 신석기시대 거의 전 기간을 걸쳐 형성되었다고 볼 수 있다.

② 낙동강 하류 부산 범방패총

신석기 전기부터 만기까지 다양한 형태의 토기출토 양상

융기문과 구순각목문토기, 마제석부, 반월형석기, 흑요석 등 출토

부산 강서구 범방패총은 낙동강 하류의 서쪽에 있는 신석기시대 패총이다. 확인된 자연퇴적층은 모두 24개 층이었으나 크게 3개의 문화층으로 구분할 수 있었고 출토 유물은 토기류·석기류·골각기류 등 다양한 편이다. 토기류는 남해안 지역의 신석기시대 전 기간에 걸친 다양한 토기가 망라되어 출토되었다. 특히 신석기시대 전기의 토기인 융기문·세격자침선문·두립문 ·지두문·자돌문·자돌계압인문·구순각목문토

기 등이 충위별로 다량 출토되어 신석기시대 전기 토기의 변화를 파악할 수 있는 유적지이다. 석기류는 마제석부·반월형석기·갈판·석촉·이음식낚시·흑요석박편 등이 출토되었다. 이음식낚시는 1문화층에서만 출토되고 갈판은 제Ⅱ문화층에서 출토되어 당시 사람들의 식생활 변화를 엿볼 수 있다고 하겠다.[49]

③ 신석기 중기 태선침선문토기의 핵심 김해 수가리패총

범방패총 인접지, 빗살무늬토기 영향 태선침선문계 토기 제작

융기문·압인문·빗살무늬토기, 마제석부, 갈돌 및 뼈바늘 출토

수가리패총 유적은 표토층 밑에 6개의 자연층위로 이루어졌는데, 3개의 순패각층과 3개의 부식토층이 교대로 퇴적되어 있고 퇴적층의 두께는 115㎝~205㎝ 정도이다. 이 유적은 빗살무늬토기의 변화를 통해 아가리 주변에만 시문된 압인문 계통의 토기와 두 가지 이상의 무늬가 복합되어 전면에 시문된 전형적인 남해안 식의 태선침선문계토기가 출토된 수가리Ⅰ기가 있다. 이어서 아가리와 몸통에 격자문과 삼각집선문이 시문된 수가리Ⅱ기, 둥근 밑의 겹아가리와 아가리 주변에 퇴화된 단사선문이 시문된 수가리Ⅲ기 등 3개의 문화층으로 구분된다. 남해안 식의 태선침선문토기가 출토되는 대표적인 유적지로 Ⅰ기는 남해안 신석기시대 중기, Ⅱ기는 후기, Ⅲ기는 말기로 추정하고 층위와 층위별 토기의 변화도 분명하여 전형적인 남해안식 태선침선문토기의 변화를 보여 주는 표지적인 유적이라 할 수 있다.[50]

수가리패총Ⅰ기에서 출토된 태선침선문계토기는 빗살무늬토기에 끝이 둥근 봉상의 시문구를 사용한 방법은 암사동을 중심으로 하는 중서

부 지역의 뾰족한 시문구를 사용한 방법과 다르기 때문에 태선침선문이라고 부르고 있다. 이 토기의 원류에 대해서는 암사동이나 지탑리 유적 등 중서부 지역의 빗살무늬토기 계통으로 분류하면서 궁산·지탑리·암사동 유적을 가장 빠른 단계로 남해안 지역에 영향을 미쳐 태선침선문이 발생한 것으로 보고 있다. 수가리 I 식토기와 관련된 탄소연대는 BP 4,500년경으로 보고 있어 중서부 지역의 빗살무늬토기문화가 신석기 중기에 본격적으로 남해안에 전파되었다는 점을 이해할 수 있다 하겠다.[51]

④ 중석기시대로 추정되는 경남 통영 상노대도 상리패총

최하층에 석기만 출토되어 신석기 이전 중석기시대로 추정
덧무늬와 압인문계토기, 긁개와 자르개석기 및 골각기 출토

통영 상노대도의 남쪽에 있는 상리마을 밭에 남아 있는 유적으로 1984년에 발굴되어진 곳이다. 유적지는 경작층 밑에 모두 10개의 자연층이 형성되어 있었는데 대체적으로 신석기시대 초기, 중기, 후기의 3시기로 구분하고 있다. 초기의 토기는 무늬 없는 것과 덧무늬가 주체를 이루나 8·7·6층으로 갈수록 어골문·점렬문 등 압인문 계통의 무늬가 많아진다. 석기는 타제석기가 많은데 7·6층으로 갈수록 긁개·밀개 등이 늘어나며 송곳·찌르개 등 골각기도 다양하게 출토되었다. 5층의 토기는 덧무늬토기가 출토되고 석기의 갖춤새가 다양해지며 뗀석기의 비중이 줄어들었다. 5층위의 방사성탄소연대는 BP 6,430±180년이고, 후기(4·3·2층)의 토기는 이중구연토기가 주를 이루고 있으며 방사성탄소연대는 BP 3,430±60년이다.[52] 최하층에서는 토기가 출토되지 않고 타제석기만 출토되어 중석기문화의 존재 가능성을 보여 주고 있는 유적지이다.

⑤ 신석기인 뼈 화석이 출토된 경남 통영 연대도패총

사람 뼈와 다양한 신석기 출토, 일본과 교류 확인된 유적

덧무늬와 빗살무늬토기, 돌도끼, 흑요석제화살촉 등 출토

연대도패총 인골 사진

통영시 산양면 연대도의 동북쪽 바닷가에 위치하고 있는 패총이다. 층
위는 7개 층으로 4층에서 7층까지는 신석기시대의 문화층인데 5~6층에
서는 신석기시대 무덤들이 확인되었다. 토기는 맨 아래층에서 덧무늬토
기, 그 위층에서는 빗살무늬토기와 덧무늬토기, 또 그 위층에서는 단사선
문토기가 나오는 등 신석기시대 여러 시기의 토기들이 층위별로 구분되
어 출토되고 있다. 석기는 돌도끼 종류가 가장 많고 이음낚시 · 그물추 ·
흑요석제 화살촉 등 다양하다. 신석기시대 무덤구조를 알려 주는 돌무지
시설과 사람 뼈가 여러 몸체분 나왔다. 사람 뼈 화석은 신석기시대 사람

한민족과 고조선 · 한(韓)

들의 체질 연구에 도움을 주며, 여러 사람의 귓속 소라 뼈가 물렁뼈에 의해 반쯤 닫혀 있는 점으로 보아 바다 밑까지 잠수하여 어물 잡이를 하였던 것으로 추정한다. 이 유적에서는 토기와 석기 가운데 일본에서만 출토되는 종류도 있어 이 시기에 두 지역의 문화교류가 활발하였음을 짐작하게 한다.[53]

⑥ 초창기 신석기 유적으로 평가가 분분한 청도 오진리 유적

남해안과 가까운 암음 유적, 무문양토기로 초창기 유물로 평가
조흔문 · 융기문 · 태선침선문토기와 돌도끼 및 그물추 등 출토

경북 청도군 운문면 오진리의 운문천변에 있는 바위그늘 유적이다. 바위그늘의 규모는 높이 2.5m, 너비 15.5m, 깊이 평균 3.5m이며 퇴적층은 4개층으로 형성되어 있다. 1층에서는 신석기 말기의 이중구연토기와 청동기시대의 무문토기 등이 출토되었고, 2층에서는 이중구연토기와 퇴화침선문 등의 빗살무늬토기가 출토되었으며 이 층을 파고 주거지가 설치되었다. 3층에서는 융기문토기 · 태선침선문계토기 등 연대적으로 격차가 있는 토기들이 함께 출토되었고 돌도끼와 자갈돌로 만든 그물추도 많이 출토되었다. 4층에서는 내륙에서 처음 발견된 무질서하고 조잡하게 무늬가 새겨진 질이 거친 토기가 출토되었다.[54] 이 유적에서는 신석기시대의 조기에서 말기에 이르기까지 전 시기의 유물이 출토되고 있다.

이 지역은 울산 세죽리 신석기 유적과 가까운 지역으로 토기 등 유물의 성격이 남해안 지역의 유물과 유사하다 하겠다. 오진리 유적에 대한 부산대학교 박물관 보고서에 4층에서 발굴된 토기를 '오진리식토기'로 분류하면서 최하층 문화로 인식하고 융기문토기보다도 이른 단계의 동

북아 초기신석기 문화와 관련되는 것으로 보고하고 있다.[55] 이러한 견해에 대하여 융기문토기와 동일층서상에 나타난 것도 아니며 구체적인 절대연대 역시 확인되지 않았다. 또한 이와 같은 성격의 하동 목도리패총에서 유사 융기문토기 1점이 출토되어 상대적으로 융기문토기보다 늦은 단계의 느낌을 주고 있다. 뿐만 아니라 구순각목문과 원저 및 첨저기형은 초기 후반 단계에 나타나는 것으로 남부 지방의 전체적인 편년관계를 통해 비교하더라도 융기문토기보다 앞선 초기 신석기문화 단계라는 주장은 납득하기 어렵다는 이동주의 견해도[56] 있다. 청도 오진리토기가 신석기 초기토기인지 여부는 좀 더 따져 봐야 하겠지만, 남부 내륙 지방에서 무문양의 조흔문토기가 확인되면서 신석기 초기 단계로 평가되는 것은 주목해야 할 일이다.

⑦ 신석기 주거지가 발굴된 경남 거창 임불리 유적

황강 주변 충적지에 위치, 주거지 4동, 토광 3기 확인

융기문 · 빗살문 · 무문토기류, 세석기, 마제석기 출토

거창군 남상면 임불리 황강변에 형성된 충적대지의 돌출부에 위치한 포함층 유적으로 1987년부터 2년간 발굴되었다. 이 유적에는 신석기시대 유구로 주거지 4동, 토광 3기가 발굴되었는데 강 주변이기 때문에 강물의 범람으로 인해 층위는 많이 교란된 것 같다.[57] 주거지는 길이가 200㎝~390㎝ 정도의 소형이며 평면 형태는 장타원형과 팔각방형 두 종류가 있다. 유물은 융기문토기 · 빗살무늬토기 · 무문토기 등이 출토되었고 세석기류와 타제석기 및 마제석기가 출토되었다. 융기문토기는 가운데 노지가 있는 원형의 수혈유구에서 단도마연토기편들과 함께 출토되었고

잔석기와 덧무늬토기가 공반 층위를 이루고 있다.

(4) 서북 지역

서북 지역은 평북과 자강도 지역으로 앞에서 살펴본 중강 토성리 · 영변 세죽리 · 의주 미송리 등의 유적들을 말하는데, 과거에는 이 지역이 신석기시대의 독자적인 문화권이 있다고 여기지 않았다. 그러나 1990년대 들어와 북한에서는 미송리 유적을 BP 8,000년에 해당하는 유적으로 보고, 압록강을 중심으로 하는 '미송리-소주산' 유형을 정하였다.[58] 그리하여 종래 미송리를 비롯한 서북 지방의 문화 갖춤새가 서포항 중심의 동북 지방과 유사하다는 주장은 약화되었다.

미송리-소주산 유형이 생겨나고 서북 지역의 독자적인 문화권이 설정된 근거는 미송리에서 나온 지자형 꼬불무늬에 있는 것 같다. 최근에 중국 동북 지방의 발굴 보고 성과와 방사성탄소연대의 소급으로 신락 유적의 연대가 BP 8,000년을 넘어서자[59] 북한 학계에서 이를 참고하여 신석기의 시대 구분을 전면 재평가하기에 이른 것이다. 남한 학계에서도 서북 지방인 압록강 유역을 연속호선문토기문화권인 요하 유역, 요동반도 및 제2송화강 유역의 지자문토기문화권으로 평가하고 있다.[60]

① 신석기 주거지가 다수 확인된 자강도 중강 토성리 유적

산간마을에 수 만m^2 크기 면적에 신석기에서 철기시대까지의 유구

신석기 주거에서 토기와 석기 출토, 토기는 바리형과 빗살무늬형

중강 토성리 유적은 산간마을인 토성리에서 가장 높은 곳에 위치하고 있다. 면적은 수만㎡로 신석기시대부터 철기시대까지 여러 시기의 유구

와 유물이 출토되었는데, 이 중 2·5·6·7·8호 주거지가 신석기시대에 해당한다.[61] 이들 주거지와 주변의 문화층에서는 토기·석기·토제품 등의 신석기시대 유물들이 출토되었다. 토기는 바탕흙에 활석이 섞여 있는 납작바닥의 깊은 바리형토기에 어골무늬가 아가리부터 바닥 위 5cm까지 시문되어 있는 빗살무늬토기와 바탕흙에 진흙이 섞여 있는 납작바닥의 깊은 바리형토기가 출토되었다. 이외에도 사발토기에 어골무늬가 시문되어 있는 것, 손톱무늬가 세로로 여러 줄 찍혀 있는 것과 번개무늬토기조각도 보인다. 석기는 도끼·활촉·그물추·괭이·흑요석기들이, 도제품으로는 산모양의 가락바퀴가 출토되었다. 이 유적의 연대는 서포항유형의 유물과 비교하여 BC 3000년대 말로 편년하고 있다.

② 신석기시대 움집터가 확인된 영변 세죽리 유적

청천강 중류 하안충적층 위에 신석기에서 철기시대 주거 유적
27기의 움집터 중 신석기 움집에서 떠무늬 등 금탄리1기형 출토

영변읍에서 동남쪽으로 약 10km 떨어진 청천강 중류의 하안충적층 위에 남아 있는 신석기시대에서 초기 철기시대에 걸친 주거 유적이다.[62] 유적의 층위는 세 시기의 문화층에서 27기의 움집터가 있다. 이 중 신석기시대 층에서는 움집터 1기와 포함층이 조사되었는데 집터 안에서 바탕흙에 활석이 섞여 있고 떠무늬·세모꼴무늬·무지개무늬가 조합되어 시문돼 있는 금탄리 1기 양상의 토기들이 출토되었다. 한편 포함층에서는 몸통에 각이 져 있는 납작바닥의 바리형토기에 어골무늬가 지그재그로 시문되어 있는 것이 출토되었다. 이 유적의 집터 안에서는 금탄리 1기 양상의 유물이 주로 출토되나 그밖의 포함층에서는 금탄 2기와 압록강 유

역의 빗살무늬토기가 보이는 것으로 보아 움집 안은 BP 5,000년 전반기로, 밖은 BP 5,000년 후반기로 편년되었다. 그러나 이 유적의 포함층 문화가 이미 신석기시대 말기에 가까워지는 것으로 보아 그 연대는 BP 3,500년경으로 움집 안은 이보다 좀 이른 BP 5,000년경으로 편년하고 있다.[63]

(5) 중서부 지역

한반도 서부경로를 통해서 형성된 지그재그무늬라고 불리는 연속호선문토기는 요하에서는 요서가 가장 빠르고, 이어서 요하평원과 길장지구에 출현하며 요동반도와 압록강 유역은 다소 늦다. 한반도 중서부 즐문토기의 주문양인 어골문은 바로 이 지그재그무늬에서 파생하였을 가능성이 높다.

융기문토기 단계에서는 공백지대이던 중서부 지역에 BC 4000년 무렵부터 전형적인 즐문토기가 출현한다. 중서부 즐문토기는 직립구연에 첨저로 이어지는 포탄형 기형이 특징으로 구연부, 동체부, 저부에 각기 다른 문양을 시문한 구분문계 토기와 토기 전면에 같은 문양을 시문한 동일문계 토기가 성행한다. 즐문토기가 먼저 출현한 곳은 대동강 유역으로 구연부 점열문과 동체부 종주어골문이 특징이며, 이어서 한강 유역에서는 단사선문과 횡주어골문이 주로 결합한다. 중서부에서는 전형적인 즐문토기문화에 앞서는 단계가 확인되지 않으나 주된 견해는 전형적 즐문토기의 기원을 요하 유역에서 찾는다.

토기 겉면을 부위별로 구분하여 전체에 무늬를 베푼 기법은 요동반도에서 먼저 나타난다. BC 5000년경의 소주산 하층문화가 대표적으로 바탕흙에 활석이 혼입되는 양상도 대동강 유역의 즐문토기와 동일하다. 소주산 하층문화의 다음 단계는 소주산 증층문화인데 전자는 무늬를 눌러서 시문하고 후자는 무늬를 그어서 시문한다는 점에서 중서부 즐문토기는 그 중간적 위치에 자리한다. BC 4000년기 전반으로 편년되는 중서부 1기의 전형적 즐문토기문화는 한반도에서 신석기 문화가 완성된 단계이다. 강 중하류 충적지에 정주 취락이 형성되고, 식량처리구와 공구류석기는 마제석기 중심이며 강안 충적지에서 조와 기장도 재배하기 시작한다.[64] 중서부 즐문토기문화의 중심지인 대동강과 한강 주변의 대표적인 유적지를 살펴보자.

① 서북 지역 신석기토기 편년의 기준이 되는 온천 궁산리패총

소궁산에 움집 5기와 다량의 유물 출토, 원시농경 유물 존재

빗살무늬형단지, 사발, 골기송곳과 시문구, 괭이, 낫 등 농경구

평남 온천 궁산마을의 남쪽에 자리 잡은 소궁산 동남쪽 경사면에 형성되어 있는 패총유적이다. 유물층의 면적은 약 5,000㎡ 정도이며 유적의 층위는 약 20㎝의 부식토층 밑에 30㎝ 미만의 패층으로 구성되었고, 그 사이에 깊이 60㎝~70㎝에서 120㎝ 이상인 움집 5기와 많은 유물들이 출토되었다.[65]

빗살무늬토기는 점토질 바탕흙에 활석과 석면을 섞은 것과 모래와 운모를 섞은 것을 사용하였다. 그릇의 모양은 독·항아리·단지 등 여러 가지가 있는데, 단지·사발 등 일부토기는 납작 밑이지만 독·항아리와 같은 큰 그릇들은 모두 둥근 밑과 뾰족 밑의 그릇이다. 무늬는 뾰족한 시문구의 끝으로 눌러 찍은 자돌문계와 침선문계의 수법으로 시문하였는

한민족과 고조선·한(韓)

데 아가리무늬는 점렬문·손톱문·어골문이 있고, 몸통무늬로는 종주어골문·찰과문 등이 있다.

궁산 유적에서는 괭이·굴봉·낫 등 농경에 관계되는 유물이 다량으로 출토되어 원시 농경이 활발하게 전개된 것으로 이해된다. 그러나 유적이 해안가에 위치해 있고 그물추가 다량으로 출토된 점으로 보아 주된 생업경제는 어로에 있었던 것으로 보인다. 토기의 무늬와 유물상으로 보아 1·2·3·4호 주거지를 BC 4000년대로, 2기는 BC 3000년대 중반기로 편년하고 있다.

② 신석기 집터에서 다량의 그물추가 나온 평양 금탄리 유적

대동강 지류 남강변 위치, 신석기문화는 궁산유형으로 평가

움집터에서 빗살무늬토기, 괭이, 갈판 등과 그물추 다량 출토

평양시 사동구역 금탄리에 있는 신석기 및 청동기시대의 주거지 유적으로 대동강 중류의 한 지류인 남강이 대동강에 합류하는 지점에서 좌안을 따라 1.6km 올라간 하안단구 층에 자리 잡고 있다. 이 유적에는 시기가 다른 3개의 문화층이 조사되었는데 Ⅰ·Ⅱ문화층은 신석기시대, Ⅲ문화층은 청동기시대의 것으로 평가되고 있다.[66]

Ⅰ문화층에는 장축이 남북으로 놓인 움집터 1기가 조사되었는데 여기에서 전형적인 뾰족 밑 그릇 전면에 줄무늬·톱니무늬·어골무늬를 교대로 배합한 빗살무늬토기가 출토되었다. Ⅱ문화층에서는 방형·장방형 움집터 4기가 조사되었고 이 집터 안에서는 둥근 바닥의 토기 전면에 어골무늬가 들어 있는 것, 마연된 몸통의 중간쯤에 덧띠가 한 줄 붙어 있는 토기들이 출토되었다.

석기로는 도끼 · 괭이 · 그물추 · 갈판 · 자귀 등이 출토되었는데 9호 집터의 동벽 밖 1m 지점에는 그물추 600여 개가 몰려 있는 채로 수습되었다. 출토된 토기에 궁산문화유형의 잔존요소가 남아 있는 것으로 보아 이 문화를 궁산유형에 포함시켜 I 문화층은 BC 3000년대 전반기로, II 문화층은 BC 2000년대 초로 편년하였다.

③ 신석기 초기농경 유적으로 꼽는 봉산 지탑리 유적

재령강 지류에 위치, 움집터에서 탄화곡물 출토 초기농경 유적

토기는 심발형, 석기는 도끼, 보습, 낫 등 초기 농경구 출토

봉산 지탑리의 대방군 토성 안밖에 위치한 주거지와 포함층 유적으로 이곳은 재령강의 한 지류인 서흥천변을 끼고 있다. 신석기시대에서 초기 철기시대에 이르는 유적으로 지탑리에 있는 대방군 토성안의 I 지구와 이곳에서 남동쪽으로 750m 떨어져 있는 II 지구가 발굴되었다.[67] I 지구의 층위는 표토층 · 고대문화층 · 신석기문화층으로 구성되어 있는데 신석기문화층에서 움집터 1기가 조사되었다. II 지구에서는 청동기시대의 팽이형토기문화층이 확인되었으며 신석기시대 움집터 2기와 청동기시대의 움집터 1기가 발굴되었다.

토기는 바탕흙에 활석과 석면이 섞여 있는 밑이 뾰족한 심발형토기가 대부분이나 납작바닥돌기도 약간 출토되었다. 밑이 뾰족한 심발형토기에는 아가리 · 몸통 · 바닥에 서로 다른 무늬가 새겨져 있는데 아가리에는 점줄무늬 · 손톱무늬 등이, 몸통에는 종주어골무늬 · 타래무늬 등이, 바닥에는 짧은빗금무늬 · 행주어골무늬가 주로 새겨져 있다.

석기는 활촉 · 창끝 · 맷돌 · 그물추 · 보습 · 낫 등이 출토되었고 2호 움

집터에서는 피 또는 조로 보이는 탄화곡물이 3홉 정도 출토되어 한반도 최초의 농경 가능성을 시사하고 있다. 지탑리 유적의 연대는 1호 주거지와 퇴적층은 BC 4000년대로, 2·3호 주거지는 BC 3000년대로 추정하고 있다.

④ 한강 유역에 신석기시대 문화를 연 서울 암사동 유적

한강 곡류지점변에 25기 움집터, 지탑리나 궁산 유적과 비슷한 년대

움집은 원형이나 장방형 등, 구분문계 빗살무늬토기, 석촉, 연석 출토

암사동 빗살무늬토기

암사동 유적은 한강이 곡류하는 지점의 남안강변을 따라 동서로 형성

되어 있는 충적사질층의 대지 위와 그 양쪽 경사면에 형성되어 있는 포함 유적층으로, 층위는 3개의 문화층으로 구성되어 있다.[68] 제1문화층은 명갈색 또는 적갈색의 사질층으로 전형적인 서해안식 빗살무늬토기와 주거지 적석유구들이 확인되었다. 제2문화층은 흑회색 사질층으로 후기 빗살무늬토기와 청동기시대의 유물이 출토되었고, 제3문화층은 표토 아래 형성된 흑갈색 부식토층으로 백제문화층이다.

유적의 최하층인 제1문화층에서는 25기의 움집터가 확인되었는데, 움집의 평면 형태는 말각방형·원형·장방형·타원형 등이 있다. 빗살무늬토기의 태토는 운모가 섞인 사질토가 대부분이나 기벽이 얇고 정선된 태토의 토기에는 석면·활석이 섞인 것이 많고, 이외에 활섬석·휘석 등도 나타난다. 기형은 직립구연과 첨저의 반란형이나 포탄형이 기본이고 원저 및 말각평저도 있으나 후자는 대체로 소형완이다. 반란형의 첨저토기는 입 지름과 높이가 거의 비슷하며 높이는 20cm~40cm가 많은데 60cm가 넘는 대형도 있다. 무늬는 구연부·몸통부·저부의 세 부위에 각기 다른 무늬를 시문한 구분문계가 주류를 이루나 몸통 무늬가 전면에 시문된 동일문계도 있고, 소형 평저토기에는 무늬가 생략되거나 사격자문이 거칠게 시문된 것도 있다. 석기는 자갈 등의 둥근 면을 떼 내어 만든 긁개·찍개·도끼 등의 타제석기가 주류를 이루며, 마제석기로는 석촉·석추·돌낫·돌도끼·연석 등이 발굴되었다.

암사동 신석기유적은 구분문계 토기가 주류를 이루는 아래문화층과 동일문계 토기가 주류를 이루는 위문화층으로 나눠진다. 아래문화층은 지탑리·궁산 유적과 비슷한 시기의 유적으로 서한빗살무늬토기문화 중 빠른 시기에 해당하며 그 연대는 BC 4000년~3500년 사이로 보고 있다.

⑤ 사람 뼈가 출토된 충북 단양 상시 바위그늘 유적

단양 상시 3바위그늘 유적에서 신석기시대 사람 화석이 출토

융기문·빗살무늬토기류, 석촉·갈돌석기, 투박조개팔찌 발굴

단양 상시 2·3바위그늘 유적 모두에서 신석기시대의 유물이 출토되었다. 그중 내용이 자세하게 소개된 것은 3바위그늘로 넓이 14㎡의 유적인데 입구 길이는 4m, 그늘 안의 길이는 9m이다. 4문화층은 적색사질점토층으로 융기문토기가, 3층은 갈색고운모래층으로 빗살무늬토기가 출토되었고, 1·2층은 교란되어 빗살무늬토기·석기·골각기·사람 뼈 등이 함께 출토되었다.[69]

융기문토기는 구연단 4㎝ 밑에서부터 2㎝ 간격으로 덧띠 4줄을 평행으로 부착하여 그 위를 일정한 간격으로 눌렀고, 토기 겉면은 잘 마연되고 기형은 밑이 납작한 발형토기로 추정된다. 빗살무늬토기는 대부분 점토에 석영이나 운모가 섞인 태토로 빚었으며, 외반된구연 2점 외에는 모두 직립구연이고 밑은 뾰족하다. 석기는 자르개·석촉·숫돌·갈돌 등이 각층에서 고르게 출토되었다. 4층에서 출토된 평행융기대문은 비교적 이른 시기의 무늬이므로 이 층의 연대는 신석기시대의 조기 또는 전기에 속할 것으로 보인다.

1~3층에서 출토된 유물은 그 수가 적어 층위 간의 변화는 알 수 없으나, 단사선문·횡주어골문·평행사선문 등은 토기의 바닥 또는 몸통 무늬가 생략된 단계의 것으로 그 시기는 신석기시대의 후기 이후에 속할 것으로 추정된다. 구연부에 빗방울 모양처럼 시문된 1~2열의 단사선문은 남해안의 신석기 말기 유적에서 많이 나타나는 무늬로 보고 있다.

선주민들이 본격적으로 이 땅에 자리 잡았던 신석기시대의 여러 유적을 살펴보았다. 충적세(홀로세)의 간빙기가 시작되면서 기후가 점차 따뜻해져 우리 땅 황해평원에 바닷물이 유입되어 서해 바다가 형성되었다. 제주가 육지에서 바닷물이 유입되어 섬으로 변해 가는 시기에 남해안에는 풍부한 어류가 서식하고, 육지에는 광역활엽수림이 조성되어 도토리·밤 등 견과류가 제공되는 새로운 환경이 조성되었다.

후기 구석기 최말기에도 한반도를 떠나지 않고 중부 지역의 석회암 동굴지대나 남부 월평 유적지의 막집 형태와 같은 주거지에 피한해 있던 구석기인들이, 남해안이나 제주도 지역 간빙기의 새로운 환경에 적응하면서 정착해 갔던 것으로 볼 수 있다. 기후가 따뜻한 제주도 서쪽 끝자락 고산리에서 초기 신석기인들은 자리를 잡고 사냥과 채취생활로 제주 지역의 여러 곳으로 신석기 문화를 확산해 가게 된 것이다. 서남해안 지역은 제주 지역과 가까워 고산리 유적과 유사한 생활 근거지가 형성되었을 것으로 추정할 수 있다.

점차 확산되는 서남해안의 바닷물에 밀려서 초기 신석기인들은 내륙 방향으로 생활 터전을 옮길 수밖에 없는 상황이 벌어졌다. 신석기 초기 유적들은 바다 밑에 잠겨 들게 되고 비교적 지대가 높은 여수 안도·송도, 소흑산도 지역의 신석기 유적은 남아 있게 된다. 서남해안보다 부산·경남이 위치한 동남해안 지역은 유적이 고지대에 위치하므로 전기 신석기인들이 정착해서 생활할 수 있는 상황이었기에 동삼동·영도패총 등이 자리 잡고 신석기 전기부터 활동해 온 흔적을 남겨 왔다. 제주도를 포함한 남부 지역 신석기인들은 한반도가 대륙에서 분리된 이후 여러 신석기 유적지에서 꾸준히 정착생활을 이어 온 것으로 볼 수 있다.

두만강 유역에 위치한 동북 지방의 평저문토기인들은 신석기 초기에는 비교적 따뜻한 날씨가 조성되어 풍부한 어류포획으로 생활 근거를 갖고 활동을 해 왔지만 점차 추워져 소규모 유적을 남기면서 명맥을 유지해 간 것으로 보인다. 중동부 지역인 강원도 양양 오산리 유적은 신석기 초기에는 융기문토기인의 이주가 이후에는 동북계 평저토기인이 자리 잡았고, 신석기 중후기에는 서부의 빗살무늬토기인들이 이주하여 생활한 유적지로 평가할 수 있다. 압록강 유역의 서북 지역은 요동 지역의 연계문화권으로 지자형토기가 전파되어 신석기 전기부터 선사인들이 거주한 흔적을 남기고 있으나, 유적의 수가 제한되어 있음을 보여 주고 있다. 대동강과 한강 유역의 중서부 지역은 신석기 초기에는 공백 상태로 유지되다가, 전기 후엽부터 지자형빗살무늬토기 문화인들이 이주하여 강가나 해안가에서 잡곡농경과 수렵채취생활을 영위해 갔던 것으로 보인다. 이들은 점차 영역을 넓혀 신석기 중기 이후에는 남부 및 동부 지역에까지 빗살무늬토기 문화를 전파하여 한반도 신석기 문화를 소위 빗살무늬토기라고 부를 수 있는 문화적 여건을 만들어 가면서 한반도에서 선주민의 역할을 수행해 간 것으로 볼 수 있다.

청동기시대 원주민이 형성되다
(청동기)

1. 청동기시대의 자연

1) 지리적 여건

우리는 아프리카에서 인류가 출현하였고 장대한 여정을 거쳐 한반도에 도달하였던 구석기시대 사람들과 간빙기 이후 이 땅에서 신석기 문화를 일구었던 선주민의 흐름을 살펴보았다. 드디어 한민족 문화의 원형이며 원주민이라고 평가할 수 있는 청동기시대 사람과 문화에 대하여 파악해 보자. 청동기시대의 유적과 유물은 방대하고 추가되고 있기 때문에 필자가 파악한 자료에 의해서 일반적인 양상을 살펴보고자 한다.

구석기시대에서 신석기시대까지는 현재 한국 영토인 압록강과 두만강 이남에서 제주도까지를 중심 지역으로 살펴보았다. 그러나 청동기시대는 청동기문화의 핵심인 비파형동검, 무문토기, 고인돌 등의 유적과 유물이 한반도뿐만 아니라 만주 지역인 요령, 길림, 흑룡강성 및 내몽고자치구 일부 등 광대한 지역까지 문화적 공통성을 가지고 있다. 청동기시대 초기에는 나라도 국경도 없었기 때문에 한민족 역사문화의 영토라고 할 수 있는 만주 지역까지를 검토 대상으로 살펴보고자 한다.

(1) 한반도

한반도는 지리적으로 북부, 중부, 남부 세 지역으로 구분해 볼 수 있다. 북부는 압록강에서 두만강을 잇는 선에서 임진강부터 추가령 구조곡을 잇는 선까지로 청동기 유적은 주로 저평한 압록강과 청천강 주변에서 확인된다. 또 서해안 구릉지대에는 대동강수계를 따라 침식분지가 형성되어 있는데 청동기시대 주민의 흔적은 침식분지와 대동강 · 예성강 · 재령강 양안에 발달한 충적지대에서 발견된다.

중부는 광주산맥이남에서 차령산맥이북까지의 영역을 지칭하며 서울 · 경기도 · 강원도 · 충청도 북부 지역이 여기에 해당한다. 태백산맥을 기준으로 그 서쪽으로는 북한강과 남한강수계가 펼쳐져 있는데 하천망의 주변에서 청동기시대 유적이 확인된다. 서해 쪽으로 갈수록 한강하류는 물론 안성천 · 삽교천 · 곡교천 등과 같은 하천 주변으로 넓은 충적평야가 발달해 있다.

남부는 차령산맥이남을 포괄하는데 충청도 남부 및 전라도를 포함하는 서남부와 경상도 및 제주 섬을 포함한다. 서남부의 경우 금강 중 · 하류 및 만경강 · 동진강 유역의 평야지대와 그 배후 구릉 모두에서 청동기시대 유적이 발견된다. 노령산맥이남 지역에서는 섬진강 · 보성강 양변의 하안계곡과 곡간분지, 서남부 지역에 흐르는 영산강 주변의 넓은 평야와 완만한 구릉 및 탐진강 양안의 충적대지에서 청동기시대 유적이 발견된다. 동남부는 낙동강 중상류 지역에 분포하는 침식분지나 남강 하류 지역을 중심으로 충적평야가 조성되어 있다. 남강은 낙동강 서안의 또 다른 지류인 황강과 함께 경남 서부내륙 산악지대를 통과하면서 침식분지를 형성하는데, 낙동강수계에서는 이런 침식분지와 충적지대가 청동기시대 주민의 주된 활동무대였다.

(2) 만주

만주라는 명칭의 타당한 설은 숙신의 전음인 주신에서 나온 것으로, 1636년 청 태종이 등극하면서 청의 발상지인 후금을 만주로 개칭하였다. 순치제 이후 그 명칭을 빈번하게 사용하게 되었고 오늘날 중국 동북삼성과 일부 내몽고자치구를 일컫는 지명으로 본다. 만주는 대흥안령산맥, 소흥안령산맥, 장백산맥으로 둘러싸여 있고 세 산맥의 안쪽으로는 만주평원이 펼쳐져 있으며 남쪽으로는 발해만이 자리 잡고 있다.

요서 지방은 칠노도산 이동 및 서랍목륜하이남의 내몽고자치구와 의무려산 이서의 요령성 일대를 지칭한다. 노합하·대릉하·소릉하는 요서의 남동쪽 경관을 관통하며 흐르는데 청동기시대 유적들은 하천망 주변에서 주로 확인된다. 요동 지방은 의무려산 동쪽의 요령성 일대를 지칭한다. 이곳의 지형은 장백산맥과 천산산맥 주변에 분포하는 산지성 구릉지대와 요동만으로 흘러드는 요하에 의해 형성된 평원지대로 이루어져 있다. 청동기시대 유적들은 요하의 지류인 태자하와 혼하 중상류 지역의 구릉지대에서 주로 확인된다. 길림 지방은 길림성 일대와 흑룡강성 서남부로 이루어져 있는데 이곳의 지형은 매우 다양하다.

만주 지역은 약 61만㎢로 한반도의 세배에 이르는 넓은 면적을 포괄하는 만큼 기후 또한 매우 다양한데, 한국 청동기문화와 관련이 있는 유적들이 분포되어 있는 요서와 요동 지역이 그러하다. 요동은 온대 대륙계 절풍 기후 지역에 해당하여 겨울은 길고 여름은 온난하다. 평균온도는 같은 위도에 있는 다른 지역에 비해 비교적 높고 일조량도 풍부하다. 만주평원은 세계 3대 흑토 지역 중 하나로 흑토는 부식질과 영양소가 풍부하여 농업생산성이 매우 높다.[1]

2) 기후 여건

이미 신석기시대 기후 변화에서 살펴본 바대로 신석기 말 청동기시대 개시기라고 볼 수 있는 BP 4,800년~3,200년에 기온이 하강하였다. 청동기 말인 BP 2,300년~2,200년에는 작은 빙하기라고 할 정도로 기온이 크게 하강하는 현상이 여러 지역에서 나타난다. 동해 남부의 포항과 울산 방어진 지역은 간빙기 이후 낙엽활엽수림을 이루다가 BP 6,000년 이후에는 낙엽활엽수와 침엽수혼합림으로 변화된 것으로 분석되고 있다. 서해안 중부 일산 유적의 화분대 GWJ-Ⅱ기는 BP 4,200년~2,300년으로 청동기문화가 전개되던 시기인데, 해수면과 지하수면의 하강으로 건륙화(乾陸化)된 환경하에 소나무속이 증가하고 포자류와 초본류가 우점하는 시기로 나타났다. 충남 가로림만 홀로세 해수면 변동곡선 연구에 따르면 청동기시대 개시기인 BP 6,100년~4,050년 단계에는 해수면은 −2.1m에서 +2.0m로 4.1m 상승하였다. 이후 BP 4,050년~현재에 이르는 시기는 평균 해수면이 +2.0m에서 현재 수준으로 2m가량 하강하여 청동기시대부터는 약간 추워져 해수면이 낮아진 것으로 연구되었다.

한반도 중남부 지역의 청동기시대 기후와 식생 변화

한반도 중남부 지역 기후 및 식생 복원을 위해 BP 3,500년~2,000년의 화분분석과 대형식물유체 자료를 활용한 평가에[2] 따르면, 강원 지역은 청동기시대에 동아시아 계절풍의 악화로 인해 신석기시대보다 춥고 건조한 기후였다. 다수의 석호가 위치한 해안가는 춥고 건조한 기후의 영향과 인위적인 요인으로 소나무속이 참나무속과 함께 산림의 주요 수종이 된 것으로 본다. 강원 내륙 지방에서의 주요 대형식물유체로는 참나무속으로 연구되었다.

경기 지역은 해진 극상기 이후 해수면이 하강하고 온난했던 기후가 점차 차가워졌다. BP 3,200년경의 청동기시대 초기에 온난한 기후에서 생육하는 참나무속과 함께 습윤한 환경을 제시하는 오리나무속이 번창했지만, BP 2,300년경에 하강한 해수면에 대응해 저습지는 차츰 육지화되어 소나무속 중심의 산림체계를 이루었다.

충청 지역은 온난한 기후는 서서히 춥고 건조해졌지만 금강하류는 습윤하였고, 부여와 논산 지역에서 청동기시대의 오리나무속과 참나무속의 식생이 조성되었다. BP 2,300년경의 청동기시대 말에 근접해서 많은 저습지가 육지화되면서 건조한 환경 아래에 소나무속이 우점했다.

영남 지방과 호남 지방 모두 온난 습윤한 기후하에 청동기시대 초기에 오리나무속과 참나무속이 산림을 구성했지만, 이후의 한냉화 경향은 영남 지방에서만 확인되었다. 그러나 두 지역 모두 청동기시대 후기에 소나무속과 참나무속으로 우점 수종 교체가 공통적으로 일어나는 점에 있어 인위적으로 소나무속이 입지하게 된 요인을 배제할 수 없지만, 호남 지방에서도 다소간 한랭화 현상을 경험했을 것으로 보인다.

이로써 한반도는 BP 3,500년~2,000년경의 청동기시대 기간에 온난 습윤한 환경에서 한랭 건조한 기후로 서서히 변화한 것으로 볼 수 있다.

2. 청동기시대 사람은 누구인가

청동기시대 사람들은 누구인가 하는 문제는 한민족의 원류와 관련되어 있기 때문에 일찍부터 큰 관심을 받아 왔다. 한국 역사학계의 일반적 견해는 구석기시대 말 빙하기에 한반도가 인류의 공백지대로 남아 있다가, 간빙기가 도래하자 시베리아 바이칼호수 부근에서 온 고아시아족이 한반도로 이주하여 신석기시대 채집수렵과 어로문화를 이루었다. 이후 청동기시대에 들어서면서 알타이계의 예맥족이나 퉁구스족에 의해 교체되고 이 새로운 주민이 청동기시대의 농경문화를 영위해 갔다는 내용이다.

그러나 필자의 생각은 구석기 말 이후 한반도에서 주민 교체가 두부 자르듯이 일어날 수는 없고, 남·북방계 몽골리안 계통인 고아시아족·예맥족·퉁구스족·한족 등이 거주 구역을 달리하는 가운데, 이동과 교류를 통해서 청동기시대에 혈연적 융합을 이루어 나간 것으로 본다.

1) 중앙아시아 양상

동북아시아 청동기시대의 시작은 멀리 메소포타미아와 터키에 출현한 청동기문화가 흑해와 카스피해를 거쳐 초원의 길을 따라 알타이산맥이 있는 중앙아시아와 남시베리아에 전파되었다. 이후 몽골과 만주 지방으로 북방 청동기문화가 확산되어진 것으로 본다. 북방 청동기시대의 사람 두개안면 연구에 따르면 알타이산맥 주변의 아파나세브 · 파지리크 · 부리야트와 내몽골 지역 두개골 두개안면 분석은 같은 지역의 인종이 형태학적 특성에 있어서 상당한 이질성을 드러내고 있음을 보여 주고 있다. 코카서스인종과 혼합된 형태학적 특징을 가진 인종은 신장의 알타이산에 거주했다. 발달된 몽골인종 특성을 가진 인종은 부리야트와 내몽골 지역을 점유하고 후기 청동기시대에서는 더욱 뚜렷한 몽골인종의 형태학적 특징을 보여 준다. 중앙아시아와 시베리아 남부에서의 몽골인종과 코카서스인종의 혼합은 청동기시대 초기의 시작과 함께 점차 증가하고, 알타이산맥 지역 청동기시대 인종에는 동몽골인종과 혼합이 있었다. 시베리아 남부와 알타이산맥 지역의 파지리크, 타가르, 카라수크 청동기문화는 몽골 및 내몽골의 청동기문화와 일련의 관련이 있고, 청동기시대에 시베리아 남부, 몽골, 중국 북부에 거주하던 사람들 간에 대규모 지역횡단 이주가 발생한 것으로 보고 있다.[3]

2) 만주와 한반도 양상

청동기시대 사람의 형질적 특징에 관한 정보는 인골 자료에 대한 분석을 통해 얻을 수 있다. 그러나 중국 동북 지방과 한반도에서 출토된 양질의 인골 자료는 빈약하다. 한반도에는 화강암이 풍화된 사립질의 산성 토양이 분포하고 있어 인골이 남아 있기가 어렵다. 반면 중국 동북 지방은 토양 양상이 달라 무덤을 발굴하면 인골이 확인될 수 있으나, 지석묘와 적석묘를 중심으로 화장이 성행했기 때문에 좋은 상태의 인골을 찾기

한민족과 고조선 · 한(韓)

가 어렵다. 중국 동북 지방에서 인골이 출토된 주요 유적은 내몽골자치구 지역의 적봉 홍산후 · 적봉 하가점 · 영성 남산근 · 영성 소흑석구 · 오한기 대전자 등이 있다. 요령성 지역에는 조양 십이대영자 · 객좌 남동구 · 여대 윤가촌 · 심양 정가와자 · 대련 강상누상 · 강평 순산둔 · 본계 묘후산동굴 등이며, 길림성 지역의 서단산 · 소달구 · 영길 소단산 등이다. 중국 동북 지방의 주요 인골 자료를 두개골 형태 기준으로 분석하면, 요서 · 요동 · 길림의 청동기시대 주민이 동아시아계 몽골인종과 북아시아계 몽골인종이 뒤섞인 모습이었음을 알 수 있다. 중국 동북 지방과 한반도의 청동기시대 인골 자료를 비교 분석한 내용은 한국 주민의 해부학적 특징은 '높은머리'라는 것으로 알려져 있다.[4]

한편 중국 동북 지방 인골에 대해서 중국 학계는 이 지역에 산용 · 동호 · 예맥 등 여러 민족이 섞여 있었으므로 이 인골들도 동일한 민족에 속하지는 않았을 것으로 보고 있다. 반면 북한 학계에서는 이들이 현대 북중국인의 특징을 일부 보이기는 하지만, 고두 · 눈확의 크기 등 형질적인 자료와 비파형동검 · 석관묘 · 세문경 등의 유물이 여타 요동 지방 문화와 비슷하다는 점을 들어 고대 조선족의 일부로 보고 있다.

한반도에서 출토된 청동기시대 인골을 살펴보면 서포항패총에서 성인 남자 3개체분이 확인되었는데 두개골은 초단두형이며 신장은 151.3㎝~163.4㎝이다. 무산범의 구역에서는 주거 유적에서 성인 여자와 노년 남자가 확인되었는데 두개골 · 안면골 · 사지골 일부가 잔존해 있다. 제천 황석리 지석묘에서는 동침앙와장을 한 남자가 확인되었는데 신장 174㎝의 큰 키에 두개(頭蓋) 형태는 장두형으로 코카서스계의 형태를 띠고 있다. 춘천 중도 지석묘에서는 여성 유아를 화장한 흔적과 앙와굴절장 형태가 확인되었다. 송평동패총에서는 4기 중 3기는 단장, 1기는 합장했는데 동서방향으로 신전앙와장 형태였다. 나진 초도패총에서는 14개체분이 발견되었는데 반굴신장으로 매장되었다.[5]

한반도 일부 유적지에서는 일반적인 경향과 다소 차이가 나는 인골이 출토되기도 한다. 특히 제천 황석리 지석묘 출토인골은 신장이 크고 골격이 강건하며 두개가 장두형인 중년 남성으로 밝혀진 바 있다. 한국인의 일반적인 두개골은 '단두형'의 특징을 보이는 데 비해, 황석리 인골의 해부학적인 특징은 청동기시대 한반도에 코카서스 계통의 주민이 살았다는 이야기로 이어지고 있다. 최근에 춘천 중도와 정선 아우라지 유적에서 나온 인골 자료에서 장두형의 두개골이 확인되어 한국 청동기시대 주민구성의 다양성에 대해서 연구해 볼 필요가 있음을 알려 주고 있는 실정이다.[6]

3. 청동기시대 문화의 출현

1) 청동기의 등장

인류가 최초로 구리를 사용한 흔적은 BC 7200년경 터키 아나톨리아고원의 차이외뉘 유적에서 보이며 이집트를 비롯하여 메소포타미아, 코카서스, 이란 등 여러 지역에서 신석기시대에 순동을 사용한 흔적이 있다. 청동은 구리에 주석·납·아연 등을 합쳐 만든 합금이다. 두 가지 이상의 금속을 합금시키려면 구리·주석·아연 등 재료의 확보와 정련하고 주조하는 복잡한 과정을 거쳐야 하는 전문적인 기술이 필요하다. 이러한 청동기 제작 야금술은 한 차원 높은 지식을 요구할 뿐만 아니라 원거리 간의 교역증대를 가져옴으로써 고대사회를 변모시키는 촉진제 역할을 하게 된다. 그 사회는 전문장인의 등장으로 분업화되고 계층이 달라지는 계급사회로 발전하는 전기가 된 것으로 볼 수 있다. 인류는 청동기를 제작사용함에 따라 도시가 출현하고 문명이 형성되어 국가가 등장하는 결과를 가져오게 되었다. 우리나라의 경우에도 민족문화의 원형이 형성되고 최초의 초기국가인 고조선과 선한(先韓)이 등장하는 청동기시대가 전개되었다고 본다.

한국 청동기문화의 기원

한국 청동기문화는 비슷한 형식의 청동 유물이나 토기와 묘제를 통해서 만주 지역과 한반도에 걸쳐서 동일 문화권을 형성하였음을 확인할 수 있다. 대표적인 예로 한반도와 만주 일원에서 비파형동검과 무문토기들이 고인돌과 석관묘 등에서 출토되는 것은 광대한 지역과 문화의 차별성을 고려할 때 동일 계통의 문화로 볼 수 있다.

비파형동검·석관묘·고인돌을 만들어 사용한 사람들은 누구인가에 대하여 중국 학계에서는 만주 지역의 청동기문화를 북방계 청동기문화라 하여 자신들의 중원문화와 구별해 왔다. 북방계 문화를 형성한 집단을 동호·산융·동이·고조선·예맥·예맥퉁구스족 등 다양한 이름들로 불리는데, 일반적으로 만주 지역과 한반도 서북부에서 초기 단계의 청동기를 형성한 집단을 예맥족으로 본다.

예맥족이 거주한 지리적 범위는 서쪽으로 요하, 북쪽으로 송화강, 동쪽으로 연해주를 잇는 만주 지역과 한반도 서북부에 걸쳐 있는 것으로 보고 있다. 한반도 청동기시대의 대표적인 유물이 출토되는 묘제는 석관묘로 석관묘는 머리 쪽이 넓고 발 쪽이 좁아지는 형태를 취하고 있는데, 이러한 특징은 카라숙문화 석관묘의 특징과 유사하다. 동포의 경우도 카라숙문화의 유물로 청동기문화에는 중국문화가 유입된 흔적은 적고 일찍부터 우리 청동기문화는 초원의 길목에 있는 알타이 지역이나 시베리아 남부 지역에서 그 연원을 찾고 있는 것으로 말할 수 있다.

알타이 지역은 약 2,000㎞ 길이의 알타이산맥 또는 그것에 인접해 있는 지역을 가리키는 말로 황금을 의미하는 몽골어로부터 유래한 말이다. 알타이 지역은 구석기·신석기·청동기·철기시대의 유물들이 많이 발굴되었던 지역이다. 러시아 알타이공화국의 영토를 이루는 산지알타이, 즉 고르노 알타이를 중심으로 하는 지역과 서쪽에 인접해 있는 평지 알

알타이산맥 전경

타이 지역과 동쪽에 인접해 있는 투바공화국 등을 가리킨다. 현재 알타이 지역은 고대 메소포타미아문명이 그 지역의 북동방면에 위치해 있는 카스피해, 아랄해, 발카쉬호 등으로 퍼져 나가 중앙아시아로 진입해 들어가는 길목에 있는 지역이다. 알타이 지역은 작게는 서아시아 지역의 문화와 중앙아시아 지역의 문화가, 크게는 아프리카·유럽 지역의 문화와 아시아 지역의 문화가 서로 충돌해 하나의 보편문화가 탄생해 나온 지역으로 보고 있다.

알타이문명은 청동기문화·목축문화·매장문화·암각문화 등으로 특정 지을 수 있다. 그리고 금속기문화는 청동기문화를 출발로 해서 성립되어 나온 것으로 보고 있다. 고르노 알타이 지역에서의 청동기문화는 BC 3000년~2000년경 사이에 카스피해 북쪽의 볼가강에서 서북쪽의 우랄 지방으로 펼쳐진 삼림과 초원의 혼합 지역에 존재했었던 아파나세보문화를 기초로 해서 형성된 것으로 본다. 아파나세보문화가 동쪽의 미누신스크·알타이·투바·몽골 등으로 퍼져 나가고 있었는데, 그 과정에서 BC 2000년~1700년 사이에 고르노 알타이 지역에서는 카라콜문화가 형성되어 나왔다. 아파나세보문화의 주체는 유럽인종이었는데 반해, 카라콜문화의 주체는 유럽인종의 피가 섞인 몽골인종이었던 것으로 알려져 있다. 그런데 바로 이 카라콜문화의 특징이 청동무기·마구·분묘·암각화 등으로 규정짓고 있다. 그리고 BC 17세기경 이후 알타이 지역의 문화에서 카라수크문화로 전환되어 나왔다. 카라수크문화는 마차문화를 주축으로 해서 형성된 유목문화로 특징지어졌다.[7]

북방 초원문화는 후기 청동기시대에 석관묘를 주로 쓴 카라숙문화가 등장한다. 미누신수크 지방이 중심이 된 카라숙청동기는 BC 13세기~9

세기 사이에 시베리아 동부 및 중국 북부와 동북 지역으로 확산된다. 카라숙청동기들이 동아시아로 확산과정은 중국 북부와 내몽고 동남부 등 주변 지역으로 퍼져 가게 된다. 카라숙청동기의 남진현상과 맞물려서 내몽고 동남부 일대의 고기후 자료들에서는 한랭 건조화 현상이 간취된다. 특히 이 시기는 하가점하층문화가 사라지고 하가점상층문화가 등장하기 이전으로 유적의 수가 감소하는 시점이다.

이러한 카라숙청동기의 남하와 토착 주민 집단의 감소를 연결하여 해석하면, 이 무렵 중국 북방의 기존 주민 집단이 해체되고 이동성이 강한 유목 집단이 남하한 증거로 추정된다. 같은 시기 요서 지역 발해만 일대에서도 기존의 토착문화가 사라지고 대신에 중원 지역의 상주교체기에 이 지역으로 유입된 유이민들이 남긴 청동기의 매납유구가 등장한다. 카라숙청동기가 주변 지역으로 확산되어 동북아시아 지역에 비파형동검문화가 형성되는 시기로 한반도 북부, 연해주 북부 등지에서 단편적으로 카라숙청동기가 보이는 시기이다.

BC 9세기경 출현한 스키토-시베리아문화는 유목 경제 기반의 철기문화이다. 그 주요한 분포는 유라시아 초원지대로 서쪽으로는 흑해 연안과 시베리아 초원지대를 포함하고, 동쪽으로는 중국 동북 지방까지로 적봉시 일대의 정구자문화가 이 문화에 속하며 이는 때때로 스키타이계문화라고 불린다.

스키토 시베리아문화는 BC 9세기~2세기까지 존속한 것으로 보는데, 알타이 고원지대에 주로 분포하는 파지릭문화는 금, 은으로 도금한 맹수의 머리가 새겨진 스키타이계 동물장식으로 치장했고 무기로는 청동 및 철제의검, 동촉 등이 있다. 남부 시베리아 미누신스크 분지에는 봉분 주위를 사각형의 호석으로 돌리고 매장 주체부는 석관묘나 목곽묘로 된 분묘가 조성된 타가르문화가 있는데, 이러한 문화들이 한국 청동기문화 형성에 영향을 끼친 것으로 보고 있다.[8]

2) 만주 청동기

(1) 요서 지역

만주 요서 지역은 알타이문화권 및 남시베리아 지역과 근접해 있는 지리적 여건으로 인해 청동기문화가 일찍 개화된 것으로 볼 수 있다. BC 2100년경부터는 하가점하층문화가 등장하는데 하가점하층문화는 북으로 서랍목륜하 양안 남으로 연산산맥이북 동으로는 의무려산에 이르는 광대한 지역에 분포하고 있다. 특히 노합하 중·상류 유역과 대릉하 중·상류 유역에 위치하는 적봉시와 조양시 일대를 중심으로 번영하였다. 오한기 일대에만 약 2,000여 곳의 유적이 확인되며 대체로 BC 2100년~1500년경까지 존속한 초창기 청동기시대의 문화로 보고 있다.[9]

하가점하층문화인들은 반지하식 수혈가옥에서 거주하면서 상당 수준의 마을을 형성한 것으로 보인다. 청동기 유물이 출토되는 하가점하층문화 유적에서는 기경에서 수확과 곡물 가공까지 농업생산에 사용된 다양한 석제농기구가 확인되며, 탄화된 기장류 곡물도 드물게나마 발견된다. 이것은 하가점하층문화가 발달된 집약적 농업을 배경으로 성장하였음을 알려 주고 있다. 하가점 하층 유적의 주요 문화특징으로 대규모 취락과 치와 옹성이 부속된 석성이 출현했다. 토기는 협사의 흑색과 회색 등 세발그릇 위주이고 승문과 부가퇴문 등의 문양이 있으며, 청동기는 소형

장식품 등이 출토되었다.[10]

BC 1500년경 하가점하층문화가 사라진 후 하가점하층문화권역의 동부에 해당하는 지역에서 BC 1300년경 위영자문화가 발전하였다. 위영자문화의 토기는 모두 수제이며 소성온도는 낮고, 청동기 등 금속기 제작은 하가점하층문화에 비해 크게 발전하였다. 청동기에는 단검 · 도끼 등의 무기류와 칼 · 송곳 등의 공구류, 귀걸이 · 양머리장식 등 장식품류 등이 두루 포함되어 있다. 오한기 이가영자 유적에서 출토된 도끼와 송곳 거푸집으로 보아 청동기는 대개 위영자 문화인 자체가 제작한 것이며 외지에서 수입된 것으로 보지 않고 있다.[11]

노로아호산 이서 지역의 하가점상층문화권에서 청동기로 제작된 검 중 요령식동검 혹은 비파형동검이라고 부르는 동검은 일체형으로 제작된 중국식이나 북방식 검과 달리, 검 몸과 검 손잡이를 따로 주조하여 합체시키는 방법으로 검을 완성시키는 특징을 가지고 있다. 이처럼 초기 비파형동검이 출토되는 요서 지역의 청동기문화를 하가점상층문화라고 부른다. 하가점상층문화의 출현은 BC 11세기경으로 보는데 요령성 임서현 대정촌에서 발견된 동광은 상층문화기에 장기간 사용된 곳으로 BC 9세기경으로 측정되었다. 47여 조의 노천 채광에서 채집된 유물은 이 유적에서 채광, 선광, 야련, 주조 등 일련의 공정이 모두 수행되었음을 시사하고 있다.[12] 노합하 유역의 남산근 유적과 소흑석구 유적의 하가점상층문화 지역에서는 비파형태의 요령식동검과 함께 동과, 청동화살촉 등 무기류 청동기가 다량 출토되었다. 하가점상층문화의 대표적인 유물로는 홍갈색토기와 무문토기, 청동제 공구와 무기 등이 있다.

하가점하층문화와 상층문화는 양자 간에 약 500년가량의 공백기가 있는데 두 문화권 사이에 어떠한 계승 관계도 보이지 않는 것으로 보고 있다. 두 문화는 층위상 중첩된 것으로 하가점상층문화가 현지의 토착 거주민문화가 아니며 문화담당자 역시 이 지역에서 장기간 거주한 부족이 아닌 것으로 평가되고 있다.[13]

노로아호산 이동 지역에서는 십이대영자문화가 위영자문화의 뒤를 이어 성장했다. 조양 십이대영자문화의 청동기 생산은 활발하게 이루어졌으며 공예의 수준도 상당히 높았다. 청동기에는 요령식동검·창 등을 비롯한 무기류와, 차마구·칼·도끼 등의 공구류, 거울 및 각종 장식품 등이 포함되어 대체로 북방계 청동기가 출토되고 있다. 십이대영자문화는 청동기 제작기술이 상당한 수준이었으며 매우 전문화된 장인이 존재한 것으로 보고 있다.[14]

정리하면 요서 지역은 BC 2100년경 하가점하층문화의 성립과 함께 청동기시대로 접어들어 급격한 취락의 증가와 인구의 증가가 있었던 것으로 보인다. 하가점하층문화가 소멸된 후 요서 지역은 상당한 시간의 공백기를 거친 후 노로아호산 이서 지역에서는 하가점하층문화와 전혀 새로운 유형의 하가점상층문화가 등장하였다. 이 사회공동체에는 더욱 강력한 지배계층이 존재했던 것으로 남산근 M101호 무덤과 소흑석구 M8501호 무덤에서 수준 높은 청동기 부장품이 출토된다. 십이대영자문화 권역에서는 상당한 규모의 복합사회가 존재하였음을 몇몇 대형무덤을 통해 평가할 수 있다. 요서 지역은 하가점하층문화 성립 이후 다양한 문화적 배경을 가진 여러 인적 집단에 의해 청동기문화가 교체·발전되었던 것으로 볼 수 있다고 하겠다.[15]

(2) 요동 지역

요동 지역은 요서 지역과 한반도 북부와 연결된 지역으로, 신석기시대부터 청동기시대까지 북방 초원과 요서 지역의 문화가 빠르게 유입되고 그 문화를 동쪽의 길림 지역이나 동남부의 한반도에 전파해 준 것으로 볼 수 있다. 청동기시대의 문화는 주로 요서 지역에서 요동 지역으로 영향을 미쳤다. 요서 하가점하층문화에서 발달한 세발그릇과 삿자리무늬장식 등은 요동평원의 요하중류 일대에까지 영향을 미쳤다. 이 문화는 심양과 신민시 일대를 중심으로 한 고대산문화의 주요 요소가 되었고 이러한 특징을 갖는 문화를 고대산문화라고 부른다.

고대산문화는 이미 청동제 공구와 무기를 사용하고 있다는 점에서 요동 지역에서는 초기 청동기문화였다고 말할 수 있다.[16] 고대산문화는 요하 북쪽으로 이동한 주민에 의해 철령지구에서 순산둔문화로 변화되고, 이 순산둔문화가 발전하여 요령식동검을 사용하는 신락 상층문화로 계승되면서 요하중류 유역은 새로운 시대로 접어든다. 신락 상층문화 유적에서는 BC 12세기~8세기에 제작된 청동도끼와 칼이 출토되었다. 심양 신락 상층문화 단계는 요동 지역에서 청동기문화가 본격적으로 발전하던 시기로, 이 단계에 이르면 요동 전역에 이미 고인돌과 돌덧널무덤문화가 보급되고 요령식동검이 사용되었다.[17] BC 8세기~7세기 단계에 이르면 요동 지역에서는 요령식동검과 미송리형토기를 함께 부장하는 석관묘와 지석묘문화가 발전하는데, 이 시기에는 이른바 '미송리형토기문화'라고 부르는 요령식동검문화의 한 세부 유형이 성립된다.[18]

비파형동검의 확산기에는 비파형동검·창끝·청동도끼·청동화살촉 등이 유물 갖춤새로 나타나며, 대표적인 유적으로는 요양 이도하자·청

한민족과 고조선·한(韓)

원 문검·무순 감방·서풍 등이 있다. 이들 유적에서는 일반적으로 비파형동검과 미송리형토기가 출토되며, 이도하자 유적에서는 청동기 제작거푸집도 함께 조사되고 있어 이들 유물이 하나의 표지적인 의미를 지닌것 같다. 요동 지역에서 이 단계에 해당하는 심양 정가와자 유적은 나무덧널무덤인 6512호가 대표적인데, 이 무덤에서는 여러 점의 비파형동검과 화살촉·수레갖춤·청동도끼·청동단추 등 다양한 종류의 청동기가상당량 출토되었다. 그러나 중원 청동기 계통의 무기인 꺾창이 없는 점이 특이하다 하겠다. 마지막 단계는 비파형동검이 세형동검으로 변화하는 시기이다. 전형적인 세형동검이 요동 지역에서 출토되었다는 것은 비파형동검의 계승성을 어느 정도 인정할 수 있다.[19]

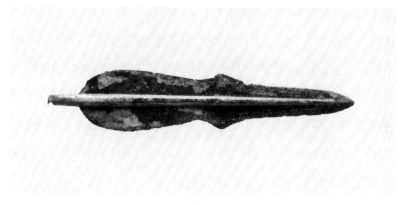

비파형동검

발해만에 인접한 요동반도 일대는 풍부한 농업생산을 기반으로 일찍부터 청동기문화가 발전하였다. BC 13세기~12세기경 여대시 지역에서청동기가 출현하였고, BC 13세기경으로 추정되는 우가촌 상층 유적에서도 청동기가 출토되었다.[20] 쌍타자 상층 유적에서도 동촉과 동제어구가 출현하였고, BC 21세기 후반으로 추정되는 초창기 유적에서는 손칼 · 끌 · 송곳 · 활촉 · 단추 · 방울 등의 청동기가 출토되었다.[21] BC 8세기~7세기로 비정되는 쌍방문화유형 단계에서는 줄무늬가 있는 미송리형토기가 유행하며 요령식동검이 출현한다. 이는 혼하 유역의 토기 및 청동 유물과 매우 유사한 것으로 보이며 석곽묘와 지석묘도 조영되었다. 쌍방6호 무덤에서 나온 요령식동검은 요동반도에서 발견된 동검 중 가장 빠른 것으로 편년된다. 이후 요양 · 무순 · 청원 등지에서 석관묘와 미송리형토기 및 요령식동검이 유행하게 되는데 쌍방문화 등에 많은 영향을 받았을 것으로 보인다.[22]

BC 10세기경 요동 지역의 대표적인 청동기문화인 미송리형토기 분포권은 크게 보면 지석묘 분포와 겹치고, 대체로 석관묘와 요령식동검의 출현 지역과도 일치한 것으로 본다.[23] 묘후산문화는 태자하 유역의 본계 지역을 중심으로 요하 양안의 청동기문화와 심층적인 접촉과 교류가 있었고, 동북으로는 길림성 지역 남으로는 요동반도와 혼강 · 압록강 유역에 영향을 끼치면서 발전해 나갔다. 혼하에서 태자하 유역은 일찍부터 요동 지역 청동기문화의 기원이 된 곳으로 돌널무덤문화와 미송리형토기 문화의 중심 지역이라고 볼 수 있다.

이후 BC 8세기~7세기와 BC 5세기~4세기 사이의 요양 이도하자는 고인돌로 대표되는 비파형동검 사회가 청동도끼 · 청동끌 등의 출현으로 큰 변화를 겪게 된 것으로 보인다. BC 8세기~7세기에 요령식동검과 미송리형토기가 등장하는 청동기문화가 바로 고조선과 부여 등 고대 한민족의 원류가 된 주민 집단인 예맥 계통의 문화로 보고 있다.[24]

요동 지역 고인돌

청동기시대에 등장한 것으로 보이는 고인돌은 요동과 한반도에 집중적으로 분포되어 있는데 요동 지역은 온화한 기후로 신석기 후기부터 농업이 발달하였다. 농경을 기반으로 하는 요동 지역의 청동기문화는 요서 지역처럼 유목적 요소나 무기류가 적고, 돌칼이나 돌도끼 등 농공구와 농경사회 요소가 강하게 반영된 유물이 중심을 이루고 있다.[25] 때문에 농경을 기반으로 하는 지역 집단이 존재했음을 나타내 주는 것이 고인돌 유적이라고 하겠다.

요동 지역 고인돌은 요동반도를 중심으로 집중되어 있는데 보란점 석붕구·와방점 화동광·대석교 석붕·수암 흥륭·해성 석목성·대련 관가둔에 분포하고 있다.[26] 태자하이북 지역의 혼하·휘발하 일대와 길림성의 통하·유하·백산·부송·정우·매하구·동풍 등 혼강과 송화강 유역에도 고인돌이 상당히 널려 있는 것이 확인되었다. 형태는 주로 북방식 고인돌이 많으며, 남방식이나 대석개묘라고 불리는 형식도 존재하는데 대·중·소의 크기로 무리 지어 있다.[27] 요동반도의 고인돌은 BC 2000년기 말 소형의 군집고인돌이 조성되고, BC 1000년기 전반에 매장 주체부를 지하에 만드는 큰 돌 덮개 무덤으로 변하였다. 다른 한편으로는 족장무덤을 크게 하여 집단의 숭배를 받는 거대 고인돌로 발전해 간 것으로 본다.[28]

요동반도 지역은 이른 시기부터 한반도 서북 지방과 문화면에서 유사한 점이 많았는데, 청동기문화가 발전하면서 대체로 요동 지역문화가 요동반도와 한반도 서북 지방으로 전파된 것으로 본다. 그 과정에서 신금현 와방점시 일대에서 먼저 고인돌과 돌널무덤이 병존하게 되었고 두 무덤이 조성된 쌍방유형을 낳아 다시 한반도 서북부 지역에 영향을 미쳤을 것으로 추정하고 있다.[29] 요동 지역의 고인돌에서 출토된 유물 가운데 특징적인 것은 미송리형토기 · 비파형동검 · 청동도끼거푸집 등이다. 미송리형토기는 보란점 쌍방6호와 봉성 동산 · 서산 그리고 본계 신성자 고인돌에서 출토되었다. 이 토기는 요동 지역의 돌널무덤과 북한 지역의 고인돌에서도 찾아지고 있어, 양 지역 간의 문화교류나 전파 관계를 이해하는 데 참고가 되고 있다 하겠다.[30]

미송리형토기

한때 한국 청동기시대의 대표적인 토기로 불려왔던 미송리형토기는 압록강 하류에 위치한 의주군 미송리 동굴 유적에서 출토되었다. 미송리형토기는 긴 목을 가진 작은 단지, 구연을 겹 싼 토기, 둥근 사발 형태를 띠었는데 요동 지역에서 요령식동검이나 청동도끼와 같이 고인돌이나 돌널무덤 중에서 출토되었다. 미송리형토기는 BC 1000년 전반의 비파형동검문화를 구성하는 중요한 요소로 평가받는데, 요동 혼하 유역에서 청천강에 이르는 지역에서 요령식동검과 함께 출토되기 때문이다.

혼하 중류 일대에서는 전형적인 미송리형토기가 출토되는 지역으로 무순 · 청원을 중심으로 소형 돌널무덤과 미송리형토기, 요령식동검, 부채모양 청동도끼 등의 유물이 집중되어있다. 같은 형태의 토기와 돌널무덤이 사용된 혼하 유역의 개원 일대는 미송리형토기 분포의 북쪽 경계 지역이다.[31] 단동지구의 대양하 유역 동구보 일대 달자영공사 서심 · 후원동 · 마가점공사 등에서는 묘후산 출토 토기와 유사하게 표면이 마연된 흑갈색의 단지가 나오고 있다.[32] 단동지구와 압록강 유역은 요동반도와 서북한 지역의 중간지대임으로 동일문화권이라고 보고 있다.

요동반도 남단 신금현 쌍방 유적지에서 미송리형토기 2점 · 겹아가리토기 · 요령식동검 · 도끼거푸집1벌이 나왔다. 아가리를 겹 싼 토기는 한강이남 지역에 주로 분포하는 점토대토기와 유사한 점이 많아 해로를 통해 요동반도에서 한반도이남 지역으로 전파되어 갔다고 보고 있다. 돌널무덤에서 출토된 요령식동검은 검날 좌우의 돌기가 둥그스름하게 검 끝에 치우쳐 비파형동검과 다른 고졸한 형태를 띠고 있다. 동일 지역에 6기의 고인돌이 있는데 제2호 고인돌 내부에서는 화장된 인골편과 토기단지 및 방추차가 출토되었다.[33] 요하 북쪽의 법고 · 개원 · 서풍 일대에서는 요령식청동단검 · 청동도끼 등과 함께 미송리형토기가 출토되었다. 법고현 대고가진 석립자촌에서는 돌널무덤이 10기 이상 조사되었는데 무덤 안에는 화장의 흔적이 있었고 미송리형토기와 물동이가 출토되었다.[34]

4. 한반도 청동기시대 문화

1) 청동기문화 개요

한반도에서 청동기가 출현하고 발전한 것은 앞에서 살펴본 바대로 알타이산맥이나 남시베리아를 거쳐 북방에 위치한 요서 지역에서 출현한 청동야금술이 요동 지역을 거처 한반도에 전파된 것으로 본다. 한반도에서 청동기시대가 본격적으로 전개되는 시기는 비파형동검이 유입되어 전파되거나 사용한 시기로 보는데 곡인의 창끝 · 선형동부 · 화살촉 · 손칼 · 장신구 등의 청동 유물이 출토되고 있다.

한반도 청동 유물의 기원지로는 내몽고 동남부 및 요령서부 지역의 하가점상층문화와 조양 십이대영자 문화로부터 요동반도에 이르기까지 다양한 견해가 있다. 내용을 좀 더 살펴보자면 내몽고 동남부인 영성에 위치한 남산근 101호 묘와 소흑석구 8501호 묘의 하가점상층문화 청동기는 무기 · 도구 · 장신구 · 차마구 · 중원 양식의 청동그릇 등 종류가 다양하다. 요령서부 조양에 위치한 십이대영자 유적의 토광석곽묘에서는 비파형동검을 포함한 무기와 도구 · 장신구 · 다뉴경 등이 출토되었다. 요하평원 심양에 위치한 정가와자 유적 6512호 묘에서는 비파형동검 · 장신구 · 다뉴경 · 마구 등이 출토되었다. 요동반도 및 주변 지역에 위치한 서풍 성신촌 · 보란점 쌍방 · 대련 강상 유적 출토품은 비파형동검 · 창끝 · 살촉 등의 무기 및 개인용 장신구 등이다. 특히 요동반도의 구릉지대에 위치한 성신촌 및 쌍방 유적의 청동기문화는 부여 송국리 석관묘 출토품과 비슷해 한반도 중남부 지역 청동기문화와 가장 유사한 것으로 보는 견해도 있다.[35]

한반도에서 청동기가 사용된 시기를 언제로 볼 것인가에는 다양한 견해들이 발표되고 있다. 청동기시대를 농경문화 관점에서 전기를 한반도의 무문토기 정착농경문화와 요령 지방의 반농반목 청동문화의 공존접변기인 BC 1500년~600년으로 보고, 후기는 한국식 농경청동문화기로서 이질적인 두 문화가 한반도에서 서로 융합되어 한반도 최초의 계급적 복합사회가 출현한 BC 600년~300년으로 보는 견해가 있다.[36]

(1) 청동기 종류

한반도 청동기시대 유적에서 출토된 청동 유물에는 무기 · 공구 · 의기 등 여러 종류가 많지만 그중에서도 청동검이 가장 많이 출토되었다. 따라서 한반도 청동기를 대표할 수 있는 것이 동검이기 때문에 보통 청동기문화를 동검문화라고 일컫는다. 청동기시대 전기에 해당하는 요령식동검 문화기와 후기에 해당하는 한국식동검 문화기에 사용되었던 청동기의 종류를 살펴보고자 한다.

· **요령식동검** 문화기의 청동기는 중국 요령 지방의 청동문화에 비해 단순한 내용을 보인다. 무기류와 공구류는 보이나 의기류 · 장신구 · 마구류는 보이지 않는다. 요령식동검은 비파형동검이나 곡인 청동검 등으로 불리고 있으며 만주 지방 특히 현재의 요령성 일대에 집중 분포되고 있다. 한반도에서는 함경북도를 제외하고는 전국적인 분포를 보인다.

비파형동검은 검신과 손잡이를 따로 만든 뒤 그것을 조합하여 사용하게끔 되어 있는 별주식으로 주조된다. 중국식동검이나 오르도스식동검처럼 검신과 손잡이가 함께 주조된 일주식의 동검과는 큰 차이를 보이고 있다. 전형적인 검신의 형태는 양인부의 상부 쪽이 튀어나와 돌기를 형성하고 있고, 그 아래쪽이 좁혀지다가 하부 쪽에서 다시 둥글고 넓게 퍼져 전체적으로 비파형태를 띠는 것이다. 검신 상부의 돌기부와 동일한 위치의 등대에는 척돌이 형성되어 있으며, 경부는 긴 편이고 측면에 얕은 흠을 낸 것도 있다. 전형적인 것에서 벗어난 것에는 인부가 곡인으로 처리되지 않은 것도 있고 척돌이 보이지 않는 것도 있다. 이 중 경부에 홈이 파진 형식은 요령 지방에서는 보이지 않는 것이며, 한반도에서도 중부이남 지역에서만 출토되고 있는 특수형식이다.[37] 검신의 형태는 후기로 갈수록 폭이 좁아지거나 척돌이 희미해지며 돌기부가 없어지는 등 전형적인 형태에서 벗어나는 추세를 보인다.

요령식동검 이외에는 수량도 적고 그다지 알려지지 않은 청동 유물로 요령식동모 · 동촉 · 청동도끼 · 청동끌 · 청동손칼 · 청동단추 · 청동방울 등이 출토되고 있다.

· 한국식동검은 **세형동검**이라고도 부르는데 비파형동검을 조형으로 하고 있어 서로 비슷한 점이 많다고 하겠다. 비파형동검과 세형동검을 비교해 보면 크기가 비슷하고 검신과 손잡이를 따로 만들어 조립하며 손잡이는 T자형을 이뤄 반부위에 검파두식을 장착하고 있는 공통점이 있다. 비파형동검과 세형동검의 차이점은 비파형동검은 검신이 비파형의 곡인을 이루고 있지만 세형동검은 직선화되고 예리해지며 마디가 뚜렷해지는 경향이 있다.

세형동검의 형식은 크게 I식과 II식으로 구분하는데 I식 검은 등대에 세운 능감이 마디까지만 나 있는 것이고, II식 검은 그것이 좀 더 발전하여 기부 또는 경부까지 나 있는 것이다. I식 검과 II식 검의 선후관계는 I식 검이 앞선 것이지만 I식 검이 II식 검의 시기까지 계속 제작되었기 때문에 동검의 형식만으로 어느 것이 먼저 만들어졌는지 분별하기는 쉽지 않다고 한다.[38]

세형동검

한국식동검 이외에 동모와 동과 등이 제작되었고 공구류에는 동부·동착·동사·송곳 등이 있다. 의기류 중 한국식동검기에 출현하는 동경은 꼭지가 가장자리에 치우쳐 2~3개가 달렸고 경면이 약간 오목하다. 꼭지가 달린 뒷면의 문양은 잔 선이 채워진 삼각문과 같은 기하학적 문양이 특징이다. 중국식동경은 중앙에 1개의 꼭지를 가졌고 대부분 경면이 튀어나온 볼록거울 형태를 띠고 있다. 한국식 다뉴경은 얼굴을 비추어 보는 기능을 가진 것이 아니라 태양빛을 반사하는 기능을 가진 종교적으로나 주술적 의식에 사용한 의기로 추정하고 있다. 요령 지방의 조양 십이대영자 유적을 비롯한 심양·본계 등지에서 고식의 나뉴경들이 요령식동검들과 반출되고 있어,[39] 한반도 다뉴경도 이 요령 지방의 다뉴경을 조형으로 하여 출현한 것으로 보고 있다.

한국식 동검문화의 성립기에 용도를 잘 알 수 없는 이형동기들이 출현하는데, 이들은 대체로 같은 계통의 단위문양을 가지고 있고 샤머니즘적인 요소를 가진 의례에 사용된 도구로 추정된다. 이형동기류에는 방패형동기·검파형동기·견갑형동기·원형유문동기 등이 있다.[40]

(2) 청동기 시기 구분

일반적으로 한반도 청동기 제작 양태에 따른 시기 구분은 비파형동검 시기와 세형동검 시기로 나누고 있지만 다양한 청동기 유물이 출토되므로 좀 더 세분해서 나누어 보기도 한다. 한반도에서 가장 빨리 사용된 청동기 유물은 압록강변에 위치한 평안북도 용천군 신암리 유적에서 출토된 청동제손칼과 청동단추 등을 들 수 있는데, 이것들은 초창기 청동 유물의 단편적인 모습만 보여 주고 있다.[41] 이외에 초창기 청동기 유물로는 나진 초도 무덤출토 순동제관옥, 평양 금탄리 8호 주거지출토 동포, 진주 옥방 5-D지구출토 곡옥형청동기 등이며, 아직 요령식동검은 출현하지 않았고 작은 소품 위주의 청동기만 발견되고 있다.

한반도 청동기문화의 본격적인 시대는 비파형동검이 등장하는 전기부터라고 하겠다. 이 시기에 해당하는 청동기는 주로 무덤에서 출토되는데 광주 역동 석관묘·춘천 우두동 석관묘·대전 비래동 1호 지석묘·서천 오석리 주구묘·배천 대아리 석관묘·신천 선암리 석관묘·김천 송죽리 4호 지석묘 주변 출토 요령식동검 등이 여기에 해당한다.

중기는 전반과 후반으로 구분하는데, 중기 전반은 전형적인 요령식동검이 사용되는 시기로 부여 송국리, 여수 적량동·월내동, 청도 예전동 출토 비파형동검이 있다. 평양 표대 10호 주거지와 덕천 남양리 16호 주거지 출토 요령식동모 등이 있고, 동부는 거푸집이 송국리 55지구 B호 주거지에서 파편 형태로 출토되었다. 중기 후반에는 변형된 요령식동검

한민족과 고조선·한(韓)

이 사용되는데 전기의 이형 요령식동검과 형태적으로 유사하나 동반된 유물에서 확연한 차이가 난다. 개천 용흥리에서 퇴화형의 도자와 함께 출토되었으며 평양 신성동 석관묘에서는 다뉴뇌문경 등과 공반되었다.[42]

후기 청동기시대에는 한국식동검이라고 부르는 세형동검이 분포하는데 대동강 유역, 함흥평야 일대, 충남과 전북 등 중서부, 낙동강 중하류에 밀집 분포하고 있다. 서북한에서 세형동검 반출 유적들은 대동강 하류부터 재령강과 예성강 유역으로 이어지는 평야지대에 집중적으로 분포되어 있다. 동북한에서는 함흥평야와 두만강 유역에서 세형동검문화 관련 유적들이 확인된다. 함흥평야 일대에서는 세형동검·동모·동과와 같은 무기류가 중심을 이루며 정문경이나 간두령도 확인된다. 한반도 중서부는 세형동검문화가 가장 발달한 지역인데 삽교천 유역부터 금강과 만경강 유역에 밀집 분포하며 한강 하류와 임진강 유역에서도 확인되고 있다. 청동기로는 세형동검·동모·동과·동부·동착이 있고 조문경과 정문경의 다뉴경 및 팔주령·쌍두령·간두령의 동령류가 있다. 서남부의 영산강 유역에서도 세형동검·동모·동과·동착이 있고 조문경과 정문경 및 각종 동령류가 출토되었다. 지석묘에서도 간혹 세형동검이나 동과 등이 출토된다. 한반도 동남부인 낙동강 중류의 대구부터 영천·경주로 이어지는 지역과, 낙동강 하류의 창원·김해 일대에서 세형동검문화 관련 유적들이 집중적으로 조사되었다.[43]

남한 지역에서 본격적인 청동기시대를 연 송국리형문화는 청동기시대 중기부터 후기까지 지속되는데, 시기적으로 요령식동검문화와 한국식동검문화 단계와 겹친다. 요령식동검과 공반하는 토기로는 북한 지역의 미송리식토기와 중부이남 지역의 송국리식토기가 알려져 있다. 한국식동검이 점토대토기 · 흑도장경호 · 환형파수호 · 조합식파수부호 등과 공반하는 것과 차이를 보이고 있어 문화적 상이성을 엿볼 수 있다.[44]

송국리형문화 단계에서 출토되는 청동기는 요령식동검이 대표적이다. 요령식동검문화는 요서의 하가점상층문화, 요동의 요령식 동검문화, 길장의 서단산문화, 한반도의 비파형동검문화라는 4대 동검문화권을 형성하고 있다. 특히 동검의 경부에 홈이 파인 유구경식의 동검은 한반도 중서부와 남부 지역에서만 분포하고 있는 특수형식으로 알려져 있다. 이러한 유구경식의 요령식동검은 송국리형 주거와 분포 양상이 동일하고 남부 지역에서는 송국리형문화와 깊은 관련이 있는 기반식 지석묘에서 출토하고 있어 청동기시대 중기의 송국리형문화와 밀접한 관련이 있는 것으로 인식되고 있다.[45]

남한 지역의 요령식동검은 소백산맥 일원과 남해안 지역에서도 출토되고 있다. 특히 남해안 지역의 지석묘나 그 주변에서 조사된 석곽묘에서 출토 빈도가 높은 편이다. 동검과 공반하는 유물로는 동모 · 동촉 · 석기 · 옥 등이다.[46]

요령식동검이 출토되는 지역은 구체적으로 금강 · 보성강 · 낙동강 유역과 남해안권에 집중되고 있음을 확인할 수 있고, 특히 고흥과 여수반도에서 집중적으로 출토되는 양상은 두드러진 특징이다. 한반도에서 120여 점 이상의 비파형동검이 출토되었다. 그 가운데 송국리형문화와 직접 연결해 볼 수 있는 동검은 얼마 되지 않는다. 따라서 송국리형 취락에서 동검을 제작할 가능성은 확률적으로 적으며, 유력자 혹은 지배자의 상징적 권위를 제고하기 위하여 유통망을 통해 취득했을 것으로 보고 있다.[47]

한민족과 고조선 · 한(韓)

화순 대곡리 청동기 유물

2) 청동기시대 무문토기문화

한국 청동기시대의 실상은 명칭에 비해 청동 유물은 적은 편이고 대부분 석기나 토기로 구성되어 있다. 따라서 청동기시대를 대표할 수 있는 무문토기를 중심에 놓아 '무문토기시대'라는 명칭을 역사학계에서는 오랫동안 사용해 왔다. 한반도에서 무문토기 등장과 함께 마제석기의 보급, 농경의 확산, 대규모 취락의 조성, 고인돌무덤의 등장 등 새로운 문화현상이 성립되어진 것으로 본다. 청동기시대 무문토기는 신석기시대의 빗살무늬토기에 문양이 있는 토기에 비교하여 문양이 없다는 의미로 무문토기라고 부른다.

무문토기는 장석 · 석영 · 운모 등이 혼입된 태토로 제작하여 약 800℃ 이하의 온도에서 소성된 그릇이다. 청동기시대의 빠른 토기에는 토기의 구연부에 각목 · 공렬 · 단사선 등의 무늬가 시문되거나 돌대가 첨부되는 것이 일반적이다. 토기는 나름대로 기능성 · 기술성 · 시간성을 파악하는 주요수단이 된다. 청동기시대 토기 중 심발형토기에 시문된 몇몇 문양은 청동기시대 전기의 편년 기준이 되고, 기형 차이는 중기와 후기 편년의 기준이 되고 있다.[48]

(1) 무문토기 양상

한반도 청동기시대에는 신석기시대에 비해 토기 기종이 다양해진다. 신석기시대에는 빗살무늬토기처럼 심발형토기가 주를 이루지만, 청동기시대에는 심발형 · 천발형 · 옹형 · 호형 등의 다양한 기형이 나타나게 된다. 조기 무문토기의 문양을 보면 가장 대표적인 것이 돌대각목문토기이다. 돌대각목문토기는 청동기시대 가장 이른 시기의 토기로 심발형토기의 구연부 약간 아래쪽에 점토 띠를 붙이고 그 위에 각목문이 새겨지는데 돌대의 크기는 상하폭이 대략 1㎝ 정도이다.

- **미사리형토기**는 심발형의 돌대문토기와 천발 · 호 등의 토기류인데 이 유형에 속하는 토기는 한강과 남강 유역 등 내륙의 강 안에서 발견된다. 미사리토기유형은 요동의 돌대문토기와 잡곡농경문화가 서북한을 거쳐 남부로 전파된 것으로 본다.
- **역삼동 · 가락동 · 흔암리식 토기**는 전기를 대표하는 토기이다. 역삼동식토기는 넓은 의미에서 공렬과 구순각목이 있는 심발형토기와 호형토기의 조합을 지칭하며, 팽이형토기가 주로 분포하는 평안남도와 황해도를 제외한 한반도 거의 전 지역에서 출토되고 있다. 가락동식토기는 이중구연에 단사선문이 시문되어 있는 심발형토기

를 의미한다. 구연부의 처리는 대동강 유역의 각형토기와 유사하지만 저부가 좁은 각형토기와 전체적 외관이 다소 다르다. 흔암리식토기는 역삼동식과 가락동식토기의 문양이 모두 시문되는 심발형토기를 의미한다. 흔암리식토기는 가락동식토기가 집중적으로 확인되는 충청내륙을 제외한 남한 대부분의 지역에서 확인된다.

· **송국리식토기**는 청동기시대 중기를 대표하는 토기로 최대경이 중위나 상위에 있는 배부른 동체부, 축약된 저부, 짧게 외반하는 구연부를 특징으로 한다. 송국리식토기는 일상생활에서 사용되었던 실용기이지만 옹관으로 이용되기도 한다.

송국리식토기

청동기시대 후기를 대표하는 원형점토대토기는 심발형토기의 구연부에 단면원형의 점토 띠가 부착된 형태를 하고 있다. 점토 띠를 부착한 점은 돌대각목문토기와 유사하지만, 원형점토대토기가 그 이전의 무문토기에서 발전되었다고 보기는 어려우며, 요령 일대에서

새롭게 전파된 것으로 이해하고 있다.[49]

- **팽이형토기**는 아가리를 밖으로 말아서 겹 싼 이중구연이고 밑바닥
은 좁은 평저로 굽처럼 만들었으며 약간 배가 부르다. 전체적으로
팽이 모양을 하고 있으며 평면에 세워 놓을 수 없을 만큼 밑바닥이
뾰족하고 좁은 것이 특징이다. 팽이형토기는 청천강 유역·대동강
유역·황해도 지방에 분포되어 있고 후대에 내려오면서 이중구연
부가 얇아지거나 사선을 그어 이중구연처럼 표시하기도 했다.

- **미송리형토기**는 평북 의주 미송리 유적에서 처음 발견되어 미송리
식토기라고 부르게 되었다. 미송리형토기의 형태는 밖으로 벌어진
긴 목을 가진 항아리인데, 몸체 중간에 띠를 말아 붙인 것 같은 한
쌍의 손잡이를 붙였고 입술 부분과 몸체에 횡으로 2~3개의 선을 돌
려놓았다. 미송리형토기는 압록강 하류 지역의 신암리 주거지·영
변 세죽리 주거지·개천 묵방리 지석묘 등에서 출토되었고, 요동반
도의 강상 석관묘에서도 미송리토기와 똑같은 토기가 출토되었다.

- **화분형토기**는 두만강 유역을 중심으로 많이 출토되는 토기군이다.
아가리가 약간 밖으로 꺾이거나 수직이면서 밑바닥은 비교적 넓고
몸체는 직선에 가까운 형태로 오늘날의 화분 형태를 하고 있다.

- **공렬문손잡이토기**는 함경남도 영흥읍에서 꼭지 모양의 손잡이가
달린 직립구연의 심발형토기가 출토되었는데 구연부 밑에 공렬문
을 돌렸다. 공렬문은 일찍이 두만강 유역의 화분형토기에서도 보이
고 있다. 압록강 상류와 함흥평야에서도 이러한 새로운 형태의 정
형화된 토기가 출현한 것으로 본다.

- **적색마연토기**의 태토는 모래를 섞지 않은 고운 흙이며 토기 표면을

한민족과 고조선·한(韓)

잘 마연하여 빛나게 하고 산화철을 발라 붉은색을 내었다. 기형은 목이 안으로 오므라진 평저의 단지와 항아리 등이다. 회령 오동 · 무산 호곡동 · 서포항 · 나진 초도 등과 만주 연길 지방에 분포되어 있다.

- **채문토기**는 평저에 배가 튀어나왔으며 길고 곧은 목을 가진 항아리인데, 몸체 어깨에 지그재그로 덧무늬를 돌리고 흑색의 점선 문을 그린 것과 U자형의 검은색 무늬를 그린 것 등이 있다. 기형은 중국 채문토기와 유사하고 무늬도 닮았는데 나진 초도와 웅기 송평동 유적 등에서 출토되었다.[50]

(2) 무문토기의 지역별 흐름

① 북한 지역

연해주와 연접한 두만강 일대에서는 신석기시대에서 청동기시대로의 변화 양상이 잘 나타나고 있다고 본다. 호곡동 Ⅰ기, 오동동 1 · Ⅱ기, 초도 Ⅰ기에서는 신석기시대 토기와 흡사하되 돌대문이 시문된 심발형토기들이 다수 발견되고 있다. 또한 두만강 주변인 용정시 금곡 유적에서는 신석기시대의 토기와 무문토기옹이 공반하고 있다. 대체로 이 지역권에서는 재지의 신석기시대 문화가 점진적으로 발달하여 청동기시대가 시작되었다는 것으로 이해할 수 있으며 전이기의 연대는 BC 20세기~15세기 전후로 추정한다. 동북한 청동기시대 조기를 대표하는 유적은 회령 오동 · 나진 초도 · 서포항 등을 들 수 있다. 이들 유적에서는 각목이나 무각목의 돌대가 부착된 심발형토기가 주로 발견된다. 동북한 조기의 연대는 BC 15세기~12세기로 보고 있다. 전기로 들어서면 돌대문토기는 점차 소멸하고 직립구연의 심발형토기가 유행하게 된다. 전기를 대표할 수 있는 유적은 조기 유적지 이외에 웅기 송평동과 연길 유정동 등이 있다.

· 압록강 하류 지역은 요동과 한반도를 이어 주는 지리적 길목으로 청동기시대 문화의 전개 과정을 이해하는 데 중요한 지역이다. 이 권역의 빠른 시기 청동기문화는 용천 신암리 유적을 표지로 하는데 3단계로 나누어 볼 수 있다. Ⅰ기의 유물은 쌍타자 Ⅰ기의 문양인 원형첩부분이 시문된 호형토기에 신석기시대 뇌문이 조합되고 있는데, 이것은 신석기시대에서 청동기시대로의 전환기적 양상을 보여 준다. 이 외에도 요동북부권 토기 요소인 돌대문과 횡대구획문이 발견되어 이 지역의 재지적인 신석기시대 문화에 요동의 다양한 요소가 선택적으로 수용되어졌다고 본다. Ⅰ기의 하한은 요동과 비슷한 BC 17세기경으로 추정한다. 압록강 하류권 청동기 중기의 표지 유적으로는 의주 미송리동굴 상층 유적으로 이 유적에서 발견된 토기는 대부분 미송리식토기이고 양이부발형토기도 일부 발견된다. 이 유적에서 나온 선형동부는 요동남부 강상 유적에서 발견된 용범의 문양과 동일한 형태를 띠고 있어 두 지역 간 문화교류를 추정할 수 있다.

· 청천강 유역 청동기문화는 조기부터 시작되는데, 영변 세죽리 유적에서는 각목과 절상의 돌대문토기가 이중구연토기, 종향대상파수부토기와 공반한다. 조기는 BC 15세기~12세기 전후로 추정하고 있다. 전기에 이르면 돌대문토기가 점차 소멸하고 심발형의 이중구연토기가 유행하는데, 돌대문토기가 일부 잔존하고 압록강 유역과 비슷한 양상을 보이고 있어 전기는 BC 12세기~9세기경으로 보고 있다.

· 대동강 유역은 신석기시대에서 청동기시대로 전이적 양상이 나타나는데 평양 금탄리 Ⅱ문화층과 남경 Ⅱ문화층에서는 횡주어골문

한민족과 고조선 · 한(韓)

과 단사선문의 옹형토기와 돌대문이 시문된 호형토기가 함께 발견되고 있다. 팽이형토기는 이중구연을 갖춘 옹과 호를 특징으로 하는데 이 시기에는 사선형의 거치문이 단위를 이룬다. 전기의 팽이형토기는 형태와 문양에서 변화를 보이는데 호의 구연부가 부드러운 곡선형을 띠고 있어 전기의 시기는 BC 13세기~9세기 전후로 보고 있다. 중기에는 팽이형토기 구연부에 문양이 없는 것이 다수를 차지한다. 또한 호형의 팽이형토기는 홑구연이 많아지고 구연부 아래에 한 줄의 침선을 돌리는 등 형태상 변화가 나타난다. 후기에는 평양 신성동의 석관묘에서 흑도장경호가 남경 유적에서는 점토대토기의 초기형으로 볼 수 있는 덧띠토기가 출토되었다.[51]

② 남한 지역

연해주나 요동 지역과 인접한 두만강 유역이나 압록강 하류 지역에서는 빗살무늬토기에서 무문토기로의 과정이 연속적인 데 비해서, 남한 지역에서는 단절적인 면이 더 강하다고 한다. 그 원인은 북쪽 지역에서 남한 지역으로 무문토기문화가 전파되었기 때문으로 볼 수 있다. 조기무문토기로 보고 있는 돌대각목문토기의 계통을 두만강 유역이냐, 압록강 유역이냐로 나누어져 있는데 돌대문토기의 기형과 기종구성 그리고 공반유물을 참고해 보면 서북 지역 계통설이 우세하다고 할 수 있다.[52]

남한에서 각목돌대문토기가 최초로 발견된 유적은 하남 미사리 유적인데 BC 15세기~12세기경까지 존속했던 문화로 추정하고 있다. 청동기 전기에 들어서면 유적의 수나 밀도가 급증하면서 문화의 양상이 명확해진다. 방사성탄소연대를 고려할 때 그 상한은 BC 12세기경까지 소급이 가능한 것으로 보인다. 조기에 이어 심발형토기가 주로 제작되지만, 대부토기와 적색마연대부토기 등이 발견된다는 점에서 조기와 대비된다.

전기 청동기 토기문화는 BC 12세기경으로 보는 역삼동, 가락동, 흔암리 등 세 문화 유형으로 나눌 수 있다. 역삼동유형은 공렬과 구순각목문의 문양요소가 단독으로 혹은 결합하여 토기에 시문된다. 가락동유형은 이중구연단사선문이 토기에 시문되고 대전, 청주를 중심으로 한 금강중·하류에 집중적으로 분포하지만, 역삼동유형은 이 지역을 제외한 남한 전역에 분포하는 점에서 차이를 보인다. 흔암리유형은 역삼동유형과 가락동유형의 토기문양요소가 혼합된 토기들이 발견된다. 전기 세 유형 토기의 형성과정에 대한 견해로는 역삼동유형이 동북한의 공렬토기문화, 가락동유형이 대동강 유역의 팽이형토기문화의 영향으로 성립되어진 것으로 본다. 흔암리유형은 두 유형이 각기 남하하여 중부에서 일정 기간 공존하다가 결합하여 발생된 것으로 보고 있다.[53]

중기 청동기문화는 송국리유형의 등장과 확산으로 대표되는데, 송국리형문화는 대규모 거점 취락을 통해 전국적인 발전 양상을 확인할 수 있다. 이러한 광의적 관점에서 송국리형문화기의 토기를 휴암리식토기, 관창리식토기, 송국리식토기, 직립구연무문토기, 원형점토대토기와 같이 5가지 유형으로 구분하기도 하는데 주요 유적별 양상은 다음과 같다.

· 송국리형 주거와 순수 방형계 주거가 하나의 취락을 형성하고 있는 부여 송국리 유적은 외반구연의 송국리식토기가 취락 전반에 유통되는 반면, 구순각목문의 유입이나 사용은 거의 없다고 볼 수 있다. 보령 관창리 유적이나 안면도 고남리패총과 같이 중서부 해안 지역은 송국리식토기에 구순각목문이 시문되는 최대의 유행지로 볼 수

있다.

· 서남부 지역의 대표적인 거점 취락인 장흥 갈두와 신풍 취락은 내만
구연심발과 외반구연호가 주요 기종이며 내만구연심발의 비중이 상
대적으로 높은 편이다. 순천 대곡리 취락에서는 송국리식토기와 함
께 공열문 · 내만구형심발형 · 직립구연호 토기 등이 공반하고 있다.

· 대구 동천동 유적에서는 내만구연심발이 출토되고 있는 반면 외반
구연호의 출토율은 적은 편이다. 대구 지역의 늦은 시기에 해당하
는 송국리형 취락은 심발형토기 전통의 영향을 받은 것으로 보인
다. 진주 대평리 유적은 충적대지를 기반으로 석기생산과 관련된
전문적인 수공업 집단의 존재가 파악된 거점 취락이다. 대평 어은
지구는 구순각목문 · 공열 토기의 빈도가 높은 반면 옥방지구는 내
만구연심발의 빈도가 높다.[54]

송국리 원형 주거

· 한강 하류역과 강원도 및 영남 동해안에서는 송국리유형과 성격을

달리하는 문화 양상이 나타나 비송국리문화권이라고 부른다. 강원 영서에서는 천전리유형이 있고 울산 · 경주 · 포항 일대에서는 검단리유형이라고 부르는 양식의 청동기 초기 토기문화가 자리 잡았던 것으로 본다. 후기 청동기문화는 점토대토기문화 혹은 수석리유형이 유행하게 된다. 점토대토기문화는 점토대토기 구연부 형태의 변화에 착안하여 원형 및 삼각형 점토대토기문화로 대별한다. BC 2세기경 삼각형점토대토기문화 단계에 이르러서는 철기가 사용되는 철기시대로 접어들게 된다. 점토대토기문화는 요동의 점토대토기문화가 해로를 통해 금강 하류역으로 파급되었거나, 육로를 통해 한강 유역권으로 전파되었을 것으로 추정한다. 송국리유형의 여러 요소가 후기에도 여전히 유행하면서 부여 나복리 · 군산 도암리 · 보령 진죽리 · 대전 궁동 유적지에서 점토대토기문화와 접촉하는 양상을 보이기도 한다.[55]

홍630.

점토대토기심발

3) 반월형석도가 등장하는 석기문화

청동기시대라고 하면 청동기가 주가 되고 석기는 사용빈도가 줄거나 제작기술이 퇴화되었을 것으로 생각할 수 있으나, 청동기시대에 가장 널리 사용되었고 출토 유물의 양도 많은 것이 석기이다. 청동기시대의 석기는 신석기시대보다 형태가 정연해지고 기능에 따른 분화가 분명하여 석기의 종류가 다양해졌다. 특히 농경과 관련된 반월형석도를 비롯하여 생업경제의 변화에 따른 다양한 석기가 등장하였다고 볼 수 있다.

(1) 석기의 종류

현재까지 파악된 청동기시대 대표적인 석기로는 마제석검 · 석촉 · 석창 · 반월형석도 · 편인석부 · 연석 · 지석 등이 있으며, 석기의 사용용도에 따라 수렵무기류 · 농경구 · 벌채목공구 · 식료가공구 · 의례구 등으로 구분하기도 한다.

① 마제석검

마제석검은 청동기시대를 대표하는 석기로 그 기원에 대해서는 석검의 조형을 청동검으로 상정하여 비파형동검을 조형으로 만들었다는 설이 유력하다. 석검의 형식은 검신의 아랫부분을 손으로 쥘 수 있는 자루가 마련되어 있는 유병식과, 경부가 장착된 유경식으로 구분하고 있다. 유병식은 손잡이 중간부에 단이 지거나 흠이 있는 이단병식과 별다른 구분흔적이 없는 일단병식으로 나눠진다. 마제석검은 실 용기에서 시간이 지나면서 의례용의 성격으로 변한 것으로 본다.[56]

마제석검

② 석촉

석촉도 청동기시대에 많은 양이 출토되는 것 중 하나인데 화살대에 결합되는 경부의 유무에 따라 유경식과 무경식으로 나눠진다. 유경식은 경부의 형태에 따라 일단경식과 이단경식으로 구분한다. 석촉의 형태는 시간에 따라 점차 변하여 전기에는 무경식과 이단경식이 주를 이루다가, 점차 일단경식과 일체형 석촉의 형태로 변하게 된다.[57]

③ 반월형석도

반월형석도는 형태상 반월형을 이루는 석도라는 의미이나 실제 형태는 다양하다. 반월형석도는 농경과 깊은 관련이 있는 석기로 인식되어

한민족과 고조선 · 한(韓)

농경문화의 변화를 이해하는 데 매우 중요한 석기이다. 반월형석도의 형식은 날 부분과 등 부분의 형태에 의하여 장방형·즐형·어형·단주형·장주형·삼각형석도로 구분한다. 삼각형석도는 호서와 호남 지방에서 유행하게 되는데 삼각형석도의 완성이 송국리 유적에서 이뤄진 것으로 보고 있고, 이후 송국리유형의 문화가 파급되는 지역에서 보편적으로 사용되고 있다. 반월형석도의 기능이 곡식의 수확을 위한 것으로 보고 있으며 장방형·어형·즐형석도는 잡곡농사에, 단주형과 삼각형석도는 벼농사에 이용된 것으로 파악하고 있다.[58]

④ 석부

석부는 벌채 및 목공구 용도로 몇 가지가 있다. 인부의 제작방식에 따라 양쪽 면을 모두 갈아 날 부분을 만든 합인석부와 한쪽에서만 날을 갈아 만든 편인석부로 구분되는데 합인석부는 나무를 자르는 벌채용 도구, 편인석부는 잘린 나무를 가공하는 가공구로 사용된 것으로 본다. 청동기시대 중기에 들어서게 되면 합인석부, 편평편인석부 등의 벌채·목공구가 조합을 이루게 되면서 무기의 제작사용이 보다 더 일반화되어 간 것으로 보고 있다.

⑤ 연석과 마석

갈판인 연석과 갈돌인 마석은 청동기시대 식료 가공구로서 대표적인데 수확한 곡물의 껍질을 벗기거나 가루로 만드는 데 사용한 것으로 보인다.[59]

마제석부

(2) 석기문화의 지역별 양상

① 북한 지역

· 압록강 하류역은 한반도 청동기시대 초창기를 알리는 신암리 유적과 미송리 유적으로 대표된다. 석기 중 석검은 신암리 2문화층부터 보이는데 유경식에 단면 렌즈형이다. 석촉은 신암리 1문화층부터 무경식 위주로 출토되며, 미송리형토기 단계에 와서 유경식이 나타난다. 반월형석도는 신암리 1문화층인 신석기 말기부터 어형이 사용되고 Ⅱ문화층부터 주형이 공반된다. 압록강 중상류역은 공귀리 유적에서 석촉은 무경식과 유경식이 동시에 관찰되며, 백두산 주변으로 흑요석제 석기가 함께 사용된다. 반월형석도는 장방형과 즐형·어형 등이 모두 보이는데 장방형과 즐형이 동북계인 반면 어형은 서북계로 보고 있다.

· 두만강 유역 석기 양상은 주변 지역과 다른 특징을 보여 준다. 유병식석검은 전혀 없고 유구석부도 출토되지 않는다. 석촉은 편평삼각만입촉이 이른 시기에 확인되고 점차 단면이 능형으로 변화한다. 반월형석도는 이른 시기부터 장방형·어형·즐형이 모두 출토되는 것이 특징이다. 양인석부는 단면 장방형에서 점차 방형과 원형의 순으로 변화한다. 이 밖에 이 지역만의 특징적 석기라고 할 수 있는 곰배괭이와 유경식석도 등이 있다.

· 대동강 유역은 팽이형토기 문화의 중심지로서 북한 지역에서 지역색이 가장 강하다. 석검은 유경식과 이단병식이 모두 보이는데, 신부 중간 부분이 잘록한 형태는 이 지역만의 특징으로 본다. 석촉은 이른 시기부터 유경식과 편평삼각만입촉이 공반되나 유경식이 대

다수를 차지한다. 석도는 대다수가 주형이고 편주형과 역제형은 늦은 시기에 출현한다. 석부중 양인은 단면 말각형이 대부분이고, 편인 중에서는 유단석부가 늦은 시기에 등장한다. 이 밖에 이 지역만의 특징적 석기로 알려진 돌돈이 출토되고 있다.

② 남한 지역의 시기별 양상

- 조기와 전기 석기

반월형석도는 조기 돌대문토기문화가 농경문화라는 관점을 성립하게 하였다는 점에서 중요한 의미를 갖는다. 조기와 전기의 구분은 대체로 토기를 기준으로 이루어지는데, 이것은 석기의 특성만으로 시기를 나눈다는 것이 어렵다는 것을 나타낸다. 삼각만입촉, 이단경식석촉, 반월형석도, 벌채석부, 편인석부 등 대부분의 석기들은 조기와 전기의 구분이 쉽지 않다. 청동기시대의 석기문화가 이전 신석기시대 석기문화와 어느 정도 연관성을 갖는지도 중요한 문제인데, 벌채석부를 비롯한 석부일부나 반월형석도 가운데 신석기시대 후기의 형식에서 기원한 것도 출토된다는 점을 고려해야 할 것 같다.

- 중기의 석기

송국리문화 이전 시기와 석기문화의 양상이 뚜렷하게 구분된다. 석도의 경우 송국리문화권에서만 확인되는 교인의 삼각형석도와 목제가공구로 유구석부가 출현함으로 석제 공구류의 완성을 이룬다. 이 두 석기는 한반도의 재지적 발전에 의한 대표적인 발명품이라고 할 수 있다. 석검은 이단병식에서 일단병식으로 변화하며 병부의 형태에 지역색이 가미된다. 반월형석도 가운데 삼각형은 주로 송국리문화권인 호서 · 호남 ·

한민족과 고조선 · 한(韓)

영남 서부를 중심으로 집중 분포하고, 그 외 지역은 주형·장방형·즐형 등이 전기 이후로 계속 사용된 것으로 보고 있다.[60]

송국리문화는 무문토기에 찍힌 볍씨자국과 삼각형석도·갈판 및 논밭 유구 등의 자료를 볼 때 발달된 농경문화를 영위했던 것으로 보이고 대표적인 농구류로 석겸을 들 수 있다. 송국리문화 단계에서 비로소 등장하는 석겸은 곡물수확용 도구체계가 완성에 이르렀음을 의미한다. 석겸의 등장으로 한 움큼의 벼 이삭을 잘라 모음으로써 효율적인 수확이 가능해졌다.[61]

– 후기의 석기

남한 지역의 청동기 후기 토기문화는 중기와 다르게 원형점토대토기가 사용되는 시기로 재지적 요소가 아닌 외래적 요소라는 특징이 있다. 이러한 영향으로 중기의 석기 양상과는 상당한 차이를 나타낸다. 석겸은 의기화 수준이 보다 뚜렷해지며, 석촉은 삼각형석촉이 출현하는데 외부에서 반입된 것으로 보인다. 유구석부는 원형점토대토기 단계까지만 확대되는데, 구의 형태가 호상이거나 흔적만 남은 경우가 많고 구하부가 수직으로 내려오게 된다. 석부 중 양인석부나 석착은 이후 삼각형점토대토기 단계까지도 잔존한 것으로 본다.[62]

4) 청동기시대 분묘문화

한반도에서 무덤이 본격적으로 조성되는 시기는 청동기시대부터이다. 앞선 신석기시대에는 연대도와 안도 등 일부 해안 지역 여러 곳에서 간단한 매장유구가 확인된 바 있으나, 이들은 사체를 묻은 뒤 주변 돌을 모아 덮은 간단한 돌무지 정도라고 볼 수 있다. 청동기시대의 분묘는 농경 정착사회의 특성으로 집단의 전통성과 집단 내의 계층성을 상징적으로 보여 주고 있다. 분묘를 축조하는 방식은 당시 사회의 규제와 관습에 따라 전통과 보수성을 강하게 유지한다고 본다. 따라서 청동기시대의 분묘 문화는 청동기사회의 문화 양상을 이해하는 데 대단히 중요한 요소라고 말할 수 있다. 청동기시대 분묘는 시기와 지역에 따라 상당히 복잡한 양상을 띠고 있지만, 이 시대의 분묘로 지석묘·석관묘·목관묘·적석목관묘·옹관묘 등을 들 수 있다.

(1) 분묘의 종류

① 지석묘

청동기시대를 대표하는 무덤인 지석묘는 우리말로 고인돌이라고 부르는데 청동기시대 전 기간에 걸쳐 한반도의 대부분 지역에서 이루어진 분묘이다. 특히 한반도에서 선사시대의 모든 문화요소 가운데, 지석묘만큼 한(韓) 시대의 특징을 부각시켜 주는 것이 없을 정도로 청동기시대에서 차지하는 비중은 대단히 크다고 할 수 있다. 한반도에서 지석묘가 가장 밀집된 곳은 평안도와 황해도 등 서북 지역과 전라남북도 등 주로 서해안에 연접된 지역이다.

이들 고인돌은 형식과 분포의 양상에 따라 북방식과 남방식으로 나누고 있다. 북방식은 넓고 편평한 판돌을 땅 위에 세워 네모난 상자 모양의 방을 짜 맞춘 뒤 그 위에 덮개돌을 덮어 책상 모양을 띠고 있어 탁자식 혹은 지상형이라고 부른다. 남방식은 땅 밑에 판돌이나 간돌 등을 쌓아 돌널을 만들고 무덤 위에 큰 덮개돌을 얹어 바둑판식 혹은 무지석식이라고 부른다. 한강을 경계로 하여 이북에는 주로 북방식이, 이남에서는 주로 남방식이 주류를 이루고 있다.

고창 지석묘 전경

지석묘의 편년에 대해서는 출토되는 유물인 토기류와 석기류의 양상을 참고하여 BC 10세기 전부터 기원 전후에 이르기까지 청동기시대의 전 기간에 해당되지만, 그 발생과 소멸 시기가 지역에 따라 다르고 남쪽으로 내려오면서 시대가 늦어지는 양상을 보여 주고 있다.[63]

한반도 지석묘의 분포 현황을 보면, 서북 지방인 대동강과 재령강 등을 포함한 평안남도와 황해도 북부 지역에 약 14,000기 정도가 분포하고 있다. 남한 지역에는 강원도 지역이 약 395기, 충청도 지역에 약 807기, 경상도 지역에 약 4,300기, 제주도에 약 40기 정도가 분포되어 있는 것으로 파악하고 있다. 지석묘가 집중적으로 분포하고 있는 호남 지역에서는 전북에 약 3,000여 기 전라남도에 약 19,053기 정도가 산재하고 있어 한반도 전체 지석묘의 상당량이 분포되어 있다. 전남 지역에서 지석묘가 청동기시대의 주된 묘제로 사용된 배경에는 한반도 서남부 지역의 끝이 기 때문에 새로운 문화의 변화에 보수적이고 폐쇄성이 오래 지속되었던 것으로 보고 있다.[64]

② 석관묘

석관묘는 청동기시대에 시베리아로부터 몽골을 거쳐 만주와 한반도에 이르기까지 넓게 퍼져 있는 묘제로서 우리나라에서는 지역과 시기에 따라 독특한 성격을 보이며 한반도 전역에서 확인되고 있다. 석관묘는 시신을 묻기 위해 판석을 세우거나 깬 돌이나 냇돌을 쌓아 올려 만든 매장시설을 일컫는다. 석관묘의 분포는 비슷한 시기에 나타나는 지석묘와는 비교할 수 없을 만큼 적은 양이지만 한반도 전역에 걸쳐 넓게 퍼져 있다. 석관묘는 짜임새의 성격에 따라 판석묘와 활석묘로 분류한다.

대체로 판석묘 중 단판석식이 반도의 서북 지방에 퍼져 있는데 비해, 복판석식은 주로 남부 지방 특히 부여 지역에서 성행되고 있음을 알 수 있다. 활석묘는 판석식에 비해 한 단계 늦은 시기의 것으로 주로 금강 유역에서만 확인된다. 판석묘에서 출토되는 주된 유물은 석검과 석촉이지만, 북한 지방에서는 드물게는 고식의 단추나 날개 촉 같은 청동 유물도 함께 나오고 있고, 남부 지방에서는 요령식동검 등 빠른 시기의 유물이 나오고 있다. 한편 금강 유역의 활석묘에서부터는 세형동검을 비롯하여 각종 무기나 의기와 같은 청동기 등 최성기에 만들어진 유물들이 출토되고 있다. 석관묘의 구조적인 측면과 출토 유물의 성격을 통해서 볼 때 그

한민족과 고조선 · 한(韓)

시대적 편년은 청동기문화와 궤를 함께한 것으로 보고 있다.

③ 목관묘

한반도 전역에서 지석묘와 석관묘가 조성되고 있을 때 큰 강 유역의 일부 지역에서는 새로이 목관묘라는 묘제가 등장하게 된다. 당시까지의 분묘 구조가 주로 돌로 이루어진 석묘였다면, 이때부터 분묘에 본격적으로 나무가 사용되어 역사시대에 이르러서는 분묘의 주요한 재료가 되는 것이다. 목관묘는 땅에 구덩을 파고 널을 안치하는 묘제를 가리키지만, 여기에 따로 덧널이 씌워진 덧널무덤이나 돌무지시설이 더해진 적석목관묘도 모두 목관묘의 범주에 들어간다. 북한에서는 대동강 유역, 남부 지방에서는 금강·낙동강·형산강과 영산강 유역에서 확인되고 있는 이들 목관묘는, 청동기시대 중기에 금강 유역에서만 초기의 목관묘가 잠시 나타난 것으로 파악되고 있다. 청동기시대 말기에 이르러 다시 성행하기 시작하여 청동제의 유물이 주로 부장되다가 철기류의 등장과 함께 점차 철기의 비중이 커지게 된다.

④ 옹무덤

옹무덤은 시신이나 유골을 항아리에 넣어 땅속에 매장하는 장법으로 청동기시대에 처음 나타나 원삼국 시기를 거쳐 삼국시대에 이르기까지 계속된 묘제이다. 한반도에서 최초의 독무덤 분포지라고 할 수 있는 금강 유역의 유적에서는 바닥에 구멍을 뚫고 곧추세운 항아리에 돌 뚜껑을 씌운 외옹무덤이 발굴되었다. 그러나 이후에는 합구식 옹무덤이 주류를 이루게 된다. 한반도에서의 옹무덤은 금강 유역에서와 같은 비교적 이른 시기의 것을 빼고는 대부분 청동기문화가 쇠퇴하고 철기문화가 본격적으로 시작되면서 영산강 유역 등에서 이루어진 묘제로 이해된다.[65]

(2) 분묘의 변천

한반도 청동기시대 분묘들은 지역별로 변이를 보이기도 하고 시기에 따라 변화하기도 한다. 요령 일대와 두만강 유역에서는 조기에 해당하는 토광묘 · 석관묘 · 석곽묘 · 옹관묘 · 적석묘 · 동굴묘 등의 묘제가 확인된다. 반면 한반도에서는 조기의 분묘가 아직까지 발견된 바가 없다고 한다.

전기에 이르면 분묘의 종류도 다양해지고 분묘축조를 통한 매장의 관행도 한반도 전역으로 확대된다. 만주 지방에서는 조기의 묘제가 전기에도 지속되는데 적석묘와 동굴묘가 중심이 된다. 지석묘도 이 단계부터 축조되었을 것으로 추정된다. 북한에서는 전기의 묘제가 많이 알려지지는 않았지만 두만강이나 대동강 유역에서는 석관묘 계열의 분묘나 지석묘가 이 단계에서 등장했을 것으로 추정한다. 전기의 늦은 시기에 이르면 지석묘 외에도 석관묘와 석곽묘 등 다양한 분묘가 남한 각지에 등장한다.

중기에는 송국리형 묘제로 불리는 석관묘 · 석개토광묘 · 옹관묘 등이 금강 유역을 위시하여 한반도 중 · 남서부 일대에 광범위하게 유행한다. 이 시기에 분묘의 수는 폭발적으로 증가하는데 매장을 매개로 하는 장송의례가 활발해지는 양상으로 보인다. 또한 분묘 간의 사회적 차이가 심화되는 양상이 나타난다고 할 수 있다.

후기에 이르면 한반도의 청동기문화는 급변하게 된다. 지역에 따라 지석묘 전통이 잔존하여 전남 동부와 경남 남해안 일대에서는 지석묘 축조

한민족과 고조선 · 한(韓)

가 늦게까지 성행하였던 것으로 알려져 있다. 그러나 후기에는 새롭게 적석목관묘가 채택되어 한반도 대부분의 지역에서 널리 퍼지게 된다. 요서와 밀접한 관계 속에서 형성된 요동의 적석목관묘 전통은 육로와 해로를 통해 한반도 북부와 남부로 파급한 것으로 보고 있다.

한국 청동기시대 분묘문화도 청동기나 토기문화처럼 주변 지역과 밀접한 교류를 통해 형성되고 발전해 간 것으로 보인다. 특히 전기 청동기시대에 이르면서 중원이나 북방의 초원문화와는 구별되는 독특한 문화적 정체성과 동질성이 요동과 한반도에 이르는 지역에서 나타난다. 청동기시대 전기와 중기의 비파형동검문화권이 형성되고 후기에 이르면 분묘문화는 문화적 동질성이 더욱 부각되며 세형동검문화권이 형성되었던 것으로 본다.[66]

송국리형문화에 진입한 지석묘 양상

송국리형문화가 석관묘·석개토광묘·옹관묘와 같은 묘제로 출발하였을지라도 기존의 재지 세력들과의 동화 속에서 지석묘가 갖는 상징성이 묘제로서의 거부감보다 동질감을 높이기 위해, 지석묘가 송국리문화의 전·후기에 걸쳐 비중 있는 묘제로 채택될 수 있었을 것이다. 그러므로 송국리형문화 요소가 확인되는 지석묘를 송국리형 취락의 후행 묘제로 보고 있다.

지금까지 지석묘가 송국리형 주거와 서로 관련된 것으로 보고 있는 유적은 진안 여의곡, 장흥 신풍·갈두, 사천 이금동이 대표적이다. 장흥 신풍과 갈두 유적은 3㎞ 내외에 위치한 취락으로 송국리형 주거군과 지석묘군이 한 지점에서 공간만을 달리하므로, 취락의 중심 시기와 주체는 송국리형문화 단계의 주거 집단과 지석묘축조 집단으로 볼 수 있다. 두 요소가 중복되지 않고 가까운 지점에 배치되었다는 것과 출토 유물이 송국리형문화[67]요소들로 이루어진 점으로 볼 때 동일 취락으로 보는 것이 타당하다고 본다.

이와 같이 지석묘문화를 배경으로 하는 송국리형 취락의 형성과 발전은 청동기 전기 단계에서 송국리형문화 단계로 사회가 변화하면서 그 사회구조가 복합사회적으로 변화하게 된 것에 기인했을 것으로 본다. 호남 지역에서 조사되는 대부분의 지석묘가 송국리형문화 단계에 해당되고 있다는 점은 호남 지역에 뿌리를 내리게 된 송국리형문화의 파급력과 보편성에 의해 점차적으로 문화적 동화과정을 밟았기 때문으로 판단된다.[68]

5) 급증하는 청동기시대 주거와 취락

주거는 사람의 근원적인 생존 요건인 의식주 중의 하나로 인간 활동의 표현물이 주거라고 할 수 있고 주거가 모여서 다수를 이루는 형태가 취락이다. 일반적으로 취락은 주거뿐만 아니라 이에 수반되는 부속건물 · 도로 · 수로 · 경지 · 환호 등 당시의 경관을 이루는 모든 것들을 포함한다고 하겠다.

(1) 주거 양상

청동기시대 한반도 주거는 대부분 상당한 규모의 취락이 조성된 상태로 발굴되고 있다. 청동기인들이 한 지역에 정착하여 거주하였기 때문에 서로 겹친 상태로 발견되는 경우도 많다. 청동기시대 주거의 평면 형태는 방형·장방형·원형·타원형 등 매우 다양하다. 한강 북쪽 지역은 대부분 장방형이며 방형 주거도 더러 발견된다. 한강이남 지역은 장방형 주거가 적지 않으나 원형·타원형 또는 둥근 방형과 장방형 주거가 많다. 한강이북의 주거는 청동기시대 일반적 주거의 특징을 갖는 것이고, 한반도 서남부 지역에서는 주거 안에 화덕이 없고 중앙에 타원형 구멍이 있는 송국리형 주거에 속하는 것이 많은 추세이다.

일반형 주거의 형식은 평면을 장방형으로 만드는 것이 기본이다. 주거의 면적은 가장 보편적인 것이 20㎡ 내외이다. 주거 바닥에 기둥을 세우는 방법은 기둥 구멍이나 바닥에 직접 또는 원시적인 초석 위에 세우는 등 여러 가지이다. 기둥 배치는 장벽에 평행으로 3열이나 4열로 세우는 경우가 많다. 주거 바닥에는 화덕을 설치하나 화덕을 한 곳에 만드는 경우와 두 곳에 만드는 경우가 있다. 송국리형 주거는 일반형 주거와 다르게 주거의 면적이 20㎡ 이하의 소형이 많으며, 주거의 벽이 원형이나 타원형인데 그중 원형이 가장 많다. 송국리형 주거의 가장 큰 특징은 주거 안에 화덕이 없고 중앙에 작업공이라고 부르는 타원형의 얕은 구멍이 있다.[69]

청동기시대 전기에서 중기로 진입하면서 주거의 수가 큰 폭으로 늘어가므로 대형 취락이 등장하였음은 남한 지역의 수많은 구제 발굴 등 청동기시대 유적 연구에서 파악되고 있다. 취락의 입지는 위치에 따라 산지성·구릉성·평지성으로 구분하고 있다. 산지성 취락은 외부로부터 공격에 대한 방어가 용이하고 수렵과 채집활동이 용이하다는 장점이 있는데, 대표적으로 여주 흔암리·천안 백석동·울산 검단리 취락이 있다. 평지성 취락은 지대가 낮아 침수 위협은 있지만 농작물의 관리 보호가 용이한데, 대표적으로 하남 미사리, 진주 대평리 어은·옥방 취락이 있

다고 하겠다.[70]

청동기시대 사람들의 생활 터전인 주거와 취락에 관해서 북한 지역은 주요 강 유역의 주거 양상을, 남한 지역은 지역별 취락 양상을 관련 자료를 참고하여 살펴보고자 한다.

(2) 지역별 취락

① 북한 지역

– 두만강 유역

두만강 하류에 위치한 선봉 서포항 유적의 청동기 초기 Ⅳ기 주거지는 평면이 방형이나 장방형이며 바닥은 조개껍질을 섞거나 진흙을 깔고 다졌다. 노지는 위석식인데 평면은 원형이 많다. 빠른 시기에는 단순위석식이 다수를 차지하나, 시기가 늦어질수록 석상위석식과 바닥을 얕게 파기만 한 토광식도 확인된다. 두만강 중류의 무산 호곡동 유적은 이른 시기에는 평면이 방형인 주거지가 일반적이다. 노지는 평면이 원형 및 타원형의 위석식이 주를 이루지만 가끔 토광식도 확인된다. 조금 시기가 늦은 회령 호동Ⅰ기와 호곡Ⅱ기에는 평면이 장방형인데 위석식보다 토광식노지가 많이 사용된다. 두만강 유역은 위석식노지의 평면이 원형이나 타원형만 확인되는 특징이 있다. 늦은 시기로 갈수록 위석식노지가 토광식노지로 변화하는 시기적 변화가 확인된다.

– 압록강 유역

압록강 유역의 중강 토성리 유적 2호 주거지는 평면이 장방형이고 노지는 타원형의 단순위석식이며 주공은 확인되지 않았다. 강계 심귀리 유적에서는 평면이 장방형이며 노지 1호는 단순위석식이고 2호가 석상위석식이다. 강계 공귀리 유적에서는 6기의 주거지가 조사되었는데, 시기적으로 3기는 빠르고 3기는 늦은 것으로 보고되었다. 하층 3기의 주거지는 평면이 장방형이며 노지는 단순위석식과 토광식이 모두 확인된다. 상층의 3기 주거지는 평면이 방형이며 노지는 석상위석식이고 주공은 벽면에 접해서 설치된 것이 특징이다. 같은 시기의 영변 세죽리 유적에서는 7동의 주거지가 조사되었는데 평면이 방형인 것이 다수를 차지한다. 노지는 단순 위석식이고 탄화된 서까래로 볼 때 기둥은 벽 쪽에 있었던 것으로 추정하고 있다.

– 대동강 유역

대동강 유역에서는 평양 금탄리 유적 2문화층 주거지가 가장 빠른 것으로 보고 있다. 이곳에서는 4동의 주거지가 조사되었는데 평면은 방형이며 노지는 단순위석식과 토광식이 모두 확인된다. 노지 주변에 토기를 엎어 저부를 도려낸 저장시설이 설치되어 있어 신석기시대 토기 전통과 유사한 것으로 보고 있다. 금탄리 유적 3문화층에서도 4동의 주거지가 조사되었는데 평면은 장방형이며 노지는 토광식이다. 금탄리 3문화층과 비슷한 시기로 알려진 봉산 신흥동 유적과 황주 침촌리 유적의 주거지는 모두 세장방형이며 노지는 대부분 토광식이다. 송림 석탄리 유적에는 100여 동의 규모가 큰 취락으로 알려져 있고 주거의 평면은 대부분 장방형인데, 주거의 바닥은 편평한 것과 일부 움푹 패인 것으로 나뉜다.

북창 대평리 주거는 평면이 장방형이며 단순위석식 화덕을 갖추고 기둥을 받치는 초석이 3열로 놓여 있다. 대동강 유역에서는 북한의 다른 지역에 비해 화덕이 위석식에서 토광식으로 급속히 변화하는 것으로 보아 단순위석식 화덕과 초석의 조합은 비교적 이른 시기로 비정될 수 있다 하겠다.[71]

② 남한 지역

– 청동기문화의 중계지와 기원지로 평가받는 경기 지역

경기 지역은 한반도 남부 지방의 청동기문화의 중계지 또는 기원지로 평가되어 다양한 양상을 띠고 있다. 조기 취락은 미사리유형의 취락이 중심을 이루고 조기 후반에는 대성리 · 연하리 · 정문리 등의 취락이 형성된다. 주거는 대형이고 취락은 소규모의 선상구조이다.

전기 전반에는 미사리형은 사라지고 운양동 취락과 같은 소형 주거지로 변모한다. 전기 후반에는 역삼동유형의 취락이 중심을 이루며 규모가 커지고 다양한 요소가 등장하기 시작한다. 취락은 주거공간 · 저장공간 · 생산공간 · 광장 등 다양하게 구성된다.

중기에는 기존의 역삼동유형의 취락이 이어지지만 전기에 비해 소규모이고 취락의 구성도 단순해진다. 이 단계에 경기 남부 지역은 송국리유형의 취락과 반송리식 취락이 확인되는데, 송국리형 취락은 2~4기 정도의 소규모이고 반송리식 취락은 규모가 크게 형성되었다.

후기는 수석리유형의 취락으로 대표되는데 구릉을 중심으로 환호취락이 발달하게 된다. 규모가 크고 다양한 반제리 취락을 제외하면 대부분 소규모나 다수의 유적에서 다양한 기능의 환호가 조성되었다.

– 북한강과 남한강 상류의 영서 지역

영서 지역의 조기 취락은 미사리형이 중심을 이루는데 북한강 유역은 전반부터 남한강 유역은 후반부터 형성된다. 전반에는 외삼포리 후반에는 아우라지 취락이 있다. 취락의 구성은 단순한데 1기 정도의 수혈유구가 관련시설로 확인되는 정도이다.

전기의 북한강 유역은 역삼동유형의 취락이 중심을 이루고 후반에는 대형의 세장방형의 주거지를 중심으로 중소형의 장방형 주거지가 주변에 분포하는 양상이다. 전기의 남한강 유역은 조동리유형 취락이 충적지를 중심으로 형성되고, 후반에는 취락 주변에 주구묘·석관묘 등 다양한 묘제가 나타난다.

중기의 북한강 유역은 천전리유형의 취락이 화천·춘천·가평 등의 지역을 중심으로 대규모로 발달한다. 취락은 다면구조를 보이고 구성요소도 다양해지고 취락 인근에 지석묘군을 형성한다.

후기에는 재지의 천전리유형과 외래의 수석리유형이 지역을 달리하며 공존 양상을 보인다. 천전리유형은 북한강 유역의 철정리Ⅱ 유적과 남한강 유역의 문막리 유적이 있고, 수석리유형은 북한강 유역의 거두리 2지구와 현암리 등이 있다.[72]

– 송국리형 취락이 형성된 호서 지역

부여 송국리 유적

호서 지역은 충청도 지역으로 서해안과 접하여 있고 아산만과 금강변에 넓은 충적지가 형성되어 있어 사람이 거주하기 좋은 지형 여건을 갖추고 있다. 조기의 취락은 금강 본류와 지류의 충적지에 형성되는데, 석상위석식 노지와 무시설식 노지가 설치된 장방형의 주거지가 소수의 수혈유구와 함께 확인되고 있다.

전기의 가락동유형은 차령산맥이남의 금강 중·상류역을 중심으로 분포하는데, 취락이나 주거지의 수에서 최대중심 분포지에 해당한다. 역삼동이나 흔암리형은 경기 남부 지역과 함께 아산만 권역을 중심으로 분포한다.

중기 송국리유형은 전기 후반과 중복되는 경향을 보이는데, 송국리유형의 생성과정에 있어서 자체발생설과 외부유입설 등 다양한 설이 발표되고 있다. 중기에 이르러 본격적인 도작농경이 이루어지면서 생산물을 저장한 저장공이나 고상건물지가 별도의 공간에 배치되기도 하고 의례관련 유구로 추정되는 율 책이나 대형건물지가 등장한 것으로 보인다. 송국리식 주거지의 변화는 방형 송국리식에서 말각형의 주거지로 이후 원형의 송국리식 주거지로 변모한 것으로 보고 있다.

후기의 취락은 교성리로 대표되는 고지성 취락이 등장과 함께 이뤄지지만 이후 기존주민들과의 접촉을 통해 점차적으로 동화되는 것으로 보인다. 고지성 취락은 교성리와 아산 대추리 정도이고, 나머지 취락은 구릉형의 형태를 보이고 있다.[73]

– 충적 평야가 발달한 호남 지역

전라남북도를 포괄하는 호남 지역에서는 금강 상류 지역과 만경강·영산강·탐진강 유역 및 남해안 지역 등에 청동기 취락이 조성되어져 있다.

조기 단계의 돌대문토기문화는 확인되고 있지만, 이 단계의 취락은 대규모로 조성된 주거군이 아닌 대형건물 한 두동 내외로 구성되었다는 점에서 세대공동체를 중심으로 공동생활을 했던 소규모 집단으로 파악된다.

전기 단계의 취락은 가락동·역삼동·흔암리유형으로 세분된다. 전기에는 구릉이나 평지를 중심으로 소규모의 취락을 형성하였다. 주거군으로 취락이 구성되어 있을 뿐 지석묘로 이루어진 매장영역이나 생산영역이 따로 구분되지 않았던 것으로 파악된다. 농경은 취락의 주요 경제체제로 자리 잡았던 것으로 추정되지만, 화전의 존재도 배재할 수 없으며 수렵이나 어로의 비중도 적지 않았을 것으로 추정된다.

중기 단계는 송국리유형의 취락이 조성되는데 이 시기에 송국리형 주거지·지석묘·석관묘·옹관묘와 송국리식토기·삼각형석도 등의 물질문화가 확산된 것으로 보인다. 취락은 구릉의 정상부나 사면 그리고 충적대지에 입지한다. 대부분 5기나 10~20기 정도로 이루어진 취락이 구릉과 같은 일정한 지점을 중심으로 무리를 이루어 산포하는 특징을 보인다. 진안 여의곡 유적과 같이 취락공간이 주거, 매장, 생산영역으로 분할되어 조성되는 것은 두드러진 특징이라고 할 수 있다. 이러한 취락구조와 농경체제를 바탕으로 거점 취락이 형성되면서 지역의 중추 세력으로 발전해 갔을 가능성이 높다.

후기 단계의 호남 지역은 원형점토대토기를 비롯한 조합식 우각형파수부토기, 두형토기 등을 바탕으로 방형의 수혈 주거를 축조했던 집단이 야트막한 구릉이나 충적대지에 소규모 취락을 조성해간 것으로 보인다.[74]

– 동해안 지역

청동기시대 취락은 하천과 바다가 합수되는 지역과 호안의 구릉지대에 위치하고 있어 동해안을 따라서 조성되었다. 영동 지역은 대체로 하천이나 호수 주변의 구릉 지역에 자리 잡고 있으나, 남부 동해안 지역의 일부 취락은 충적지에 자리 잡고 있다. 동해안 지역 조기 취락은 충적지에 위치한 충효동에서 돌대문토기가 출토되고, 대형방형에 석상위석식 노지가 있는 미사리식 주거 한두 동으로 구성되어 있어 남한 지역의 조기 취락과 같은 양상을 보인다.

전기에는 구릉능선에 일렬로 배치되고 주거지 두세 동이 구릉을 따라 일렬·병렬형으로 배치되는 점상 취락의 양상을 보인다.

중기 취락은 송국리문화가 확인되지 않는 지역으로 영동 지역은 포월리유형, 남부 동해안 지역에는 검단리유형의 문화로 경주 어일리의 대규모 취락과 울산 산하동 취락이 있다.

후기 취락에는 점토대토기문화의 확산에 따라 취락의 규모가 중형으로 확대되어 가면서 정주 취락의 형태를 보인다. 남부 동해안 지역은 원형점토대토기 단계의 형태는 대부분 단기간에 형성되다가 삼각형점토대토기문화에 들어가면서 환호 등 취락 양태가 다양해지고 확대되어 간 것으로 보인다.[75]

– 영남 지역

영남 지역의 청동기시대 지역상의 구분은 낙동강 중상류 지역인 경북 내륙과 금호강 유역, 낙동강 중하류역인 남강과 남해안 지역, 영남 동남부 지역인 형산강·태화강과 동해안 지역으로 구분될 수 있다. 영남 지역 주거의 변화상은 다른 지역과 유사하게 미사리식에서 둔산식·용암식으로 이어서 관산리식·흔암리식 순서로 변화 과정을 거치는 것으로 이해된다. 다만 금호강 유역은 둔산식에서 용암식으로 전환이 빠르게 전

한민족과 고조선 · 한(韓)

환되고, 남강 유역은 둔산식이 오랫동안 지속하며, 형산강·태화강 유역은 변형 둔산식이 나타나는 등 지역적으로 세부적인 차이를 나타낸다.

취락의 변천은 조기에는 2~3기 주거의 소규모 취락이 전기로 이어지며, 이후 대규모 취락으로 변모하여 평지를 비롯한 구릉과 산지에도 취락이 조성된다. 대규모 취락의 일부는 점차 중심 취락으로서의 기능을 갖추며 성장하고 이는 지역공동체를 형성하는 계기가 된다.

중기에는 취락의 구조가 앞 시기보다 더욱 복잡해져 전문기능을 수행하는 취락이 발생하고 광장이나 환호의 본격적 조성 등 취락 내 공공의 시설도 만들어진다. 전기 후반부터 본격적으로 조영되기 시작한 무덤은 중기가 되면 묘역지석묘라 불리는 수장층의 무덤도 조성된다.

후기가 되면 중기와 다른 문화 양상이 확인되는데 대규모 취락의 확인이 어렵고 주거지의 형태가 정형성을 띠지 않는다. 무덤 또한 소형화되며 의례적 성격이 강한 취락의 등장이 많고, 환호 또한 취락을 감싸기보다는 좁은 면적의 공지를 이중으로 둘러싼 형태가 많다. 후기의 취락 양상의 변화는 이주민 집단의 남하 과정에서 선주민과의 적응 과정에서 나타난 결과물로만 설명하기에는 미흡한 점이 많다고 하겠다.[76]

6) 청동기시대 농경문화

한반도에서 농경문화의 흔적으로 가장 빠른 유적으로는 신석기시대 후기유적으로 파악되고 있는 황해도 봉산군 지탑리 유적이다. 지탑리 유적에서는 조 또는 피 등의 곡립이 확인되고 유물로는 돌낫·돌쟁기·갈돌 등과 빗살무늬토기와 무문토기가 출토되었다.[77]

농경문화의 시작은 신석기 문화 후기부터 시작되었지만, 대부분의 빗살무늬토기 유적에서는 유물의 조합에서 농경 도구의 비중이 작아 농경이 전체 생계방식에서 차지하는 비중은 미약한 것으로 보인다.

(1) 농경문화 양상

한반도에서 본격적인 농경의 시작은 무문토기문화의 수용을 통해 농경이 시작되었으며, 이는 청동기문화의 기반문화로서 청동기문화 단계에서 본격적인 농업생산이 이루어지게 되었다. 무문토기는 마제석기를 반출하거나 청동 유물과 함께 반출되고 있어 청동기시대임을 잘 나타내주고 있다. 한반도에서 무문토기의 분포는 거의 전국적으로 확인되고 있는데 농경 유물로서 유구석부와 반월형석도가 반출되고 있다. 반월형석도는 수확용 도구로서 농경과 관련된 직접적 유물이란 점에서 신석기시대와 구별되는 생업경제의 변화상을 확인시켜 준다.[78]

무문토기시대 조기와 전기를 대표하는 돌대각목문 · 이중구연단사선문 · 공렬토기 등은 대체적으로 요동이나 압록강 · 두만강 유역 등지로부터 사람의 이동이나 문화 전파의 산물임이 인정되고 있다. 이런 토기를 사용하던 사람들과 함께 새로운 작물과 농경기술이 한반도로 유입된 것으로 볼 수 있다. 한편 청동기시대가 시작될 무렵은 동북아시아 일대가 전 시대에 비해 다소 한랭 건조해지면서 인구이동과 새로운 생계경제방식 확산의 환경적 배경이 마련되기도 한다. 새로운 농경에 기반을 둔 생계경제 여건은 마을의 입지와 규모, 저장시설, 생활도구 등 생활 전반에 큰 변화를 가져온 것으로 볼 수 있다.[79]

청동기시대 농경문화의 중심인 벼는 일반적으로 인도 동부에서 동남

한민족과 고조선 · 한(韓)

아시아로 전파되었고 중국의 화남 지역과 화중·화북 지역으로 확산된 것으로 보고 있다. 벼의 종류는 볍씨의 길이에 대한 너비의 비례에 따라 장립형인 인디카와 단립형인 자포니카로 구분되는데 화남 지방에는 장립형, 화중 지방에는 장립형과 단립형, 화북 지방에는 단립형이 재배되었다. 한반도에서 발견된 볍씨의 흔적은 BC 10세기경의 평양 남경 유적에서 발견 보고되었다.[80] 이 지역에서는 23기의 청동기시대 주거지가 확인되었는데, 36호 주거지에서 벼·조·수수·기장·콩 등 탄화된 곡립 5종류가 확인되었다.

청동기시대 전기 주거지인 경기도 여주 흔암리 유적에서도 볍씨의 존재가 확인되었는데, 볍씨의 장폭비율은 1.50 내외로 단립형에 속하는 것으로 본다.[81] 한반도에 벼농사의 전파경로로는 산동반도에서 요동반도를 거쳐 한반도 서북부로 연결되는 육로설과 황해를 통한 해로전파설 및 양 지역 동시전파설 등 다양한 견해가 있다.[82]

한반도에서 보고된 청동기시대 작물 분석 결과를 보면 재배된 작물은 기장·밀·보리·쌀·조·콩·팥 등으로 현재까지 50개소가 넘는 청동기시대 유적에서 탄화된 작물유체가 출토되었다. 대규모의 취락유적인 부여 송국리, 천안 백석동, 진주 대평리·평거동 등에서 모두 미곡·맥류·두류·잡곡의 작물조성이 확인되었다. 보리와 밀은 근동 지역에서 기원한 작물로 중국 대륙을 거쳐 한반도에 유입되었는데, 보리와 밀은 추운 지방에 잘 적응하기 때문에 북방 지역을 통과한 것으로 본다. 콩과 팥도 청동기시대 전기부터 본격적으로 재배되는 것으로 보고 있고 후기에 들어서면 전반적인 비중이 높아진다. 콩과 팥은 한반도에서부터 재배되기 시작했을 가능성이 있는 작물로 보고 있다.

청동기시대에는 곡물 이외에도 다양한 작물이 재배된 것으로 보는데 충주 조동리 · 태안 고남리 등 유적에서 복숭아의 씨앗이 발견된 바 있다. 이 밖에 청동기시대에 참외 · 오이 · 배추 · 갓 · 들깨 · 대마 · 박 등이 재배되었을 가능성은 있지만 실증적인 자료는 미흡한 편이다.[83]

(2) 지역별 작물유체 출토상황

① 서북 지방

작물 종자는 대동강 유역을 중심으로 한 팽이형토기문화권에서 몇 례가 나왔을 뿐, 청천강이나 압록강 유역에서는 발굴 보고된 내용이 없다. 팽이형토기문화 1기로 편년된 평양 남경 36호 주거지에서 출토된 탄화 곡물은 벼와 조가 가장 많으며 기장과 콩도 섞여 있다. 팽이형토기문화 2기로 편년된 남경 11호 주거지와 표대3 · 11호 주거지에서도 벼 · 조 · 기장 · 콩이 다량 출토되었다. 대동강 유역도 청동기시대에는 벼 · 조 · 기장 · 콩 · 팥 등이 재배되었던 것으로 본다.

② 동북 지방

무산 호곡 2, 3기의 여러 주거지에서 주로 기장으로 보이는 곡물가루가 토기 내부나 주거지 바닥에 퇴적된 것으로 보고되었다. 보고 내용에는 수수가루도 호곡 2기 15호 주거지의 토기 내부에서 육안으로 확인되었다고 한다. 회령 오동 유적의 주거지 퇴적층과 바닥에서도 육안으로 보아 콩 · 팥 · 기장처럼 보이는 탄화곡물이 다량 출토된 것으로 보고되었다.

③ 영남 지방

영남 지방에서 작물 종자 유체는 부유선별이 적극적으로 실시된 태화
강·형산강 유역의 울산권과 남강 유역에서 주로 확보되었다. 울산에서
는 청동기시대 전기에 잡곡 출토 빈도가 압도적으로 높아 유적과 유구
에서 모두 75% 이상을 차지한다. 후기에는 팥의 비중이 크게 늘고 벼도
전기보다 크게 증가한다. 진주 남강 수몰지구에서는 전기에는 조·기장
이 우세하고 벼·보리 등도 재배되었다. 후기에는 잡곡이 우세하나 벼·
밀·팥 등이 크게 증가하였다. 이외에도 거제 대금리, 창원 용암리에서
도 작물 종자 유체가 보고되었다.

④ 호서 지방

호서 지방인 충청남도에서는 벼·조·기장·보리·밀·콩·팥 등의
곡물 조성이 확인되었다. 잡곡 중심의 영남과 달리 이곳은 청동기 전기
부터 벼가 작물의 중심으로 전기 유적 모두에서 벼가 출토되었다. 잡곡
이 두 번째로 높은 출토 확률을 보이는데 대부분 조이고 기장은 장재리
안강골 뿐이다. 두류는 다른 지역과 달리 모두 팥이다. 후기에도 벼의 출
토 확률이 가장 높으며 잡곡이 급감한 반면 두류와 맥류는 크게 증가하
고 있다. 맥류의 경우 후기에는 밀보다 보리가 훨씬 더 많이 출현하였다.

⑤ 중부 지방

중부 지방에서는 북한강 유역의 가평 달전리·춘천 천전리 등에서, 중
서부 지역의 하남 미사리·여주 흔암리 등에서, 영동 지역의 강릉 교동
과 고성 사천리에서 작물유체가 출토되었다. 중부 지역 작물유체 부유

선별은 대부분 청동기 전기 유적에서 실시되었기 때문에 전·후기를 통합하여 곡물 종자 출토 상황을 파악하였다. 경기도에서는 벼의 출토 확률이 가장 높고 이어서 기장, 팥의 순서이나 출토 확률은 낮으며 이밖에 조·팥·맥류도 드물게 출현하고 있다. 강원도에서는 벼와 두류만 보고되었다.[84]

⑥ 호남 지방

호남 지방은 관개도작을 특징으로 하는 금강 유역의 송국리형문화가 확산되어 온 것으로 보고 있음에도 토기의 볍씨 압흔을 제외하면 작물유체가 보고된 청동기시대 유적이 현재까지 없는 것으로 파악되고 있다. 이 지역에서 식물고고학 정보는 BC 1세기경 광주 신창동과 조성리 저습지 유적 정도이다. 신창동 저습지에서는 최대 두께 155㎝에 달하는 압착된 벼 껍질과 함께 다량의 탄화미가 출토되었다. 전라북도에서는 체계적인 종실분석이 이루어진 청동기시대 유적은 아직 없다. 곡물 자료는 동정이 확실하지 않은 토기 볍씨 자국 위주이고, 종실 유체로는 익산 송학동 고수로에서 출토된 무문토기에 담긴 팥이 유일하다.[85]

앞에서 한반도 청동기시대의 청동기문화, 토기문화, 석기문화, 분묘문화, 취락문화, 농경문화 등에 대해 여러 가지 측면에서 파악해 보았다. 살펴본 내용을 정리하면 농경민족으로 살아온 한민족 전통문화의 원형은 벼농사를 위주로 하는 정착농경을 생계의 기반으로 하는 촌락공동체로 볼 수 있다. 그 전형적인 형태가 무문토기문화 단계에서 나타나 청동기시대가 전개되는 기간 동안에 완성되어졌다고 말할 수 있다.

한민족 전통가옥의 형태나 입지조건도 청동기 무문토기인들이 생활했던 주거 및 취락 양상과 비슷하다. 정착 취락생활에서도 요구되는 다양한 생활도구의 기본형도 청동기인들이 제작사용한 각종 토기에서 대부분 찾아볼 수 있으며, 철제농기구와 목공구의 전신도 돌을 연마해서 만든 마제석기에 잘 나타나 있다. 사회체제의 관점에서 보아도 농경 활동과 고인돌 조성 과정에서 요구되는 마을 단위의 품앗이나 공동 노동방식이 무문토기인들 때부터 시작되어 우리의 전통농경생활의 한 유형을 만들어 왔던 것으로 본다.

청동기시대에는 쌀을 비롯한 보리·수수·기장·조·팥·콩 등 오곡을 재배하였으며, 개·돼지·소·말 등의 가축을 사육했던 것으로 보인다. 청동기인의 의복은 실을 잣는 도구인 방추차가 주거지 유적에서 흔하게 발견되는 것으로 미루어 보아 야생식물의 섬유질을 재료로 하는 직조술로 베옷 따위의 의복을 지어 입었던 것으로 보인다.

청동기인들의 취락의 규모와 인구 집단의 규모 등은 지형적인 입지 형세와 밀접한 관련이 있음을 보여 준다. 농경이 가능한 땅이 많으면 그만큼 농사의 규모가 확대되어 생산량이 늘면서 많은 사람을 먹여 살리게 되고, 사람 수가 늘어나게 되면 주거가 늘고 취락이 점점 커지는 결과를 가져오게 된 것이다. 따라서 대규모 취락 내에는 주민 전체의 생활편익을 위해서 업무의 분담이 이루어지고, 주거·창고·석기제작장 등과 공동 집회장소 등의 공간 분화가 이루어졌다.[86] 청동기인들은 주거 내에 식자재를 저장해 놓고 요리를 하고 다양한 용도의 무문토기를 사용하면서 핵가족이나 대가족 규모의 가구별로 생활하였다. 주거 내의 조명과 보온 및 조리용의 노지를 중심으로 남녀별이나 작업내용별로 주거 내부 공간

을 구분 생활해 갔던 것으로 보인다.[87]

한반도에 청동기문화가 전래된 것은 지역에 따라 차이가 있겠지만 대략 BC 15세기~12세기경으로 추정된다. 비파형동검문화가 전파된 청동기 전기시대부터 본격적인 농경문화가 시작되었다. 초기에는 기장·수수·밀·콩·팥 등 잡곡 위주의 작물 재배가 이루어졌고, 송국리형문화가 형성되는 중기에는 벼농사가 본격적으로 확산되어 간 것으로 보인다.

신석기시대에는 해안가를 중심으로 살던 사람들이 청동기문화가 시작되면서 생활중심지가 강 주변의 구릉 지역이나 충적지 등에 주거를 마련 생활해 간 것으로 볼 수 있다. 처음에는 가족이 혈연을 매개로 마을을 이룬 씨족 취락을 형성한 족외혼 단위의 소규모 주거 집단을 이루었다. 점차 규모가 커져 대규모 취락이 대동강·한강·금강·만경강·영산강·낙동강 유역에 조성되어졌다.

청동기시대 원주민들은 봄이면 밭이나 논에 파종을 하고, 여름이면 잡곡을 수확하고, 가을이면 벼농사를 추수하면서 겨울 양식을 마련했을 것이다. 농사철에도 틈틈이 주변 야산에서 화살촉과 석창 등을 사용하여 노루·사슴·멧돼지 등을 사냥하여 부족한 단백질과 동물 가죽으로 방한용 의복을 지어 입었을 것이다. 울안에 개나 돼지를 키우는 가구도 있었으며 근처 냇가에서는 붕어나 잉어 등 민물고기를 잡아먹었던 것으로 보인다. 농한기에는 석제농기구나 마제석부 및 생활용 토기 등을 수리하거나 제작하였을 것이다. 부녀자들은 집안에서 아이들을 돌보거나 식사를 마련하고 방추차를 이용하여 삼베옷 등 생활에 필요한 의복을 지었던 것으로 보인다.

한민족이 산업화 이전까지 벼농사와 잡곡농사를 생계의 기본으로 하면서 집안 울안에서 소·돼지·개 등을 사육하고 주변 강가에서 물고기를 잡아 식생활을 보충하는 농경정착 취락생활이었다고 한다면, 그 생활 전통의 원형이 바로 청동기시대 무문토기인들로부터 비롯되어진 것이라고 말할 수 있다. 청동기시대에 형성되었던 농경정착 촌락생계경제문화는 생산력 발전으로 청동기사회에 잉여가 발생하자 생산에 가담하지 않고 먹는 지배계층이 생겨났다. 이들이 아마도 토지를 독점하고 노동력을 강제로 이용하여 생산물을 획득해 가는 계급사회로 전환시켜 간 것으로 보인다.

이후 청동기사회는 부족 간에 경쟁하고 성장하면서 청동기는 승리한 지배 집단에 집중되었으며, 복속당한 집단에는 부족장층 정도만이 동검·동경·장신구 등 소량의 청동기를 지닌 것으로 보인다. 청동기를 다량 소유한 집단은 생각보다 넓은 지역에 걸쳐 많은 집단을 지배한 것으로 보인다. 이들은 고조선의 예에서 보듯이 자신들을 '천신족'이라고 칭하면서 자기들의 지배가 모두에게 득이 된다고 정당화해 갔던 것으로 보인다.

한반도의 역사 주체로 등장한 고조선과 선한의 청동기시대는 열국시대-삼국시대-고려시대-조선시대에서 근대까지 살았던 우리 민족의 생활 양상과 거의 유사한 모습이었다고 평가할 수 있다. 따라서 한민족의 전통적인 문화와 사회체제의 원형은 바로 청동기시대에 형성되었으며, 청동기시대에 무문토기문화와 농경문화를 일구어 온 고조선과 선한의 선조들에게 한민족의 근간인 원주민이라는 칭호를 부여하는 것은 매우 적절한 역사적 명칭으로 판단한다.

'고조선 문화를 찾아서' 홍산문화 탐방

제2부

초기국가
고조선 · 한(韓)

초기국가 고조선 · 한(韓)

 우리 민족에 대한 초기 역사기록은 중국 문헌인 《관자》·《사기》·《삼국지》·《후한서》 등에 기록되어 있고, 한반도 최초의 초기국가 명칭으로는 조선·부여·한 등을 꼽을 수 있다.

 기존의 한국 역사학계 흐름은 앞에서 살펴본 고고학적인 연구 성과보다는 사료 중심의 고조선 역사에만 초점을 맞추어 온 것으로 보인다. 그에 비해 중국과 멀리 떨어져 있고 고조선의 강역에서 벗어나 있는 한의 초기역사는 관심 밖으로, 대동강이남 지역에서 출발한 한사는 고조선사에 도매금으로 묻혀가 버리는 경향이 대세였다고 말할 수 있다. 서두에서 언급했듯이 중국은 고조선사를 자국의 변방사로 취급하고 있어 한반도 상고사가 애매할 수 있고, 고조선의 후국이나 거수국으로 취급당하는 한사도 덩달아 애매해지고 있다. 그러므로 우리는 한(진)의 역사를 고조선사와 마찬가지로 똑같은 관심을 갖고 연구 평가해야 중국 동북공정에 대응할 수 있고, 한국 고대사의 모습을 제대로 이해할 수 있다, 더 나가서 중국 변방사가 아닌 한반도 자주독립역사를 제대로 정립할 수 있다고 본다.

따라서 필자는 BC 11세기경에 고조선이 대동강이북 지역과 만주에서 먼저 성립하였고, BC 10세기경에는 대동강이남 지역에서 선한(先韓)이 성립되어 우리 민족사의 시발점이 되었다는 관점을 갖고 있다. 고조선과 한의 바탕 위에서 고구려·백제·신라·가야 등이 고대국가로 성립하여 우리 민족사의 근간이 되었다고 판단한다.

한국사에서 서장을 장식하고 있는 고조선은 우리 민족의 초기국가로 정치사회를 형성하였고, '예맥'족이 중심축으로 역할을 해 온 것으로 보고 있다. 그러나 '고조선이 언제 등장하였고 중심지는 어디이며 강역은 어디까지인가.' 하는 문제는 오랜 세월 동안 역사학계의 쟁점이 되어 왔다. 이 쟁점에 대하여 제6장에서는 고조선 연구의 다양한 흐름을 필자 나름대로 살펴보고자 한다.

이어서 살펴볼 한(韓) 지역은 선사시대부터 배산임수의 터로 물이 풍부하고 충적평야가 적당히 분포되어 있어 인류가 삶의 터전으로 삼아 온 땅이다. 후기 구석기시대에는 남방계와 북방계 사람들이 진입해 왔고, 간빙기 신석기 이후부터는 주로 북방계 사람들이 들어와 터전을 잡았다. 대체로 대동강이남 지역으로 지칭되는 한(진)은 신석기시대 빗살무늬토기인들의 선주민 기반 위에, 청동기시대의 무문토기·고인돌·청동기와 농경문화를 소유한 이주민들의 진입에 의해 형성되었다고 본다.

새롭게 한의 문화를 시기별로 세분해 보자면 청동기 초기 무문토기와 고인돌문화, 역삼동·가락동·흔암리·송국리형 취락형성을 기반으로 하는 BC 10세기~5세기까지의 시기는 한에 앞선 선한(先韓)시대라고 구분해 볼 수 있다. 점토대토기와 세형동검문화기로 연 진개의 동진과 준왕의 남천에 즈음한 시기까지인 BC 4세기~2세기 초까지는 초기국가인 한(진)시대라고 부를 수 있다. 이후 마한·진한·변한으로 나누어져 발전한 BC 2세기 후반부터는 삼한시대로 보면서, 제7장에서는 문헌사료와 고고학자료를 참고하여 한의 전반적인 문화 양상을 새롭게 정리해 보고자 한다.

제6장

고조선이 형성되다

1. 단군조선

1) 단군조선의 역사상

단군조선은 우리 민족사의 시원이라는 점에서 역사학계뿐만 아니라 한국 사람이라면 누구나 관심을 가질 수밖에 없는 분야이다. 현존하는 한국 문헌에 쓰인 단군조선의 명칭은 고려시대 원 간섭기인 1280년경에 승 일연이 쓴 《삼국유사》에서 처음으로 언급되었다. 《삼국유사》〈고조선조〉에 단군조선과 기자조선을 함께 서술하고 위만조선을 별도로 구분하여 수록하고 있다. 약 7년 후인 1287년(충렬왕 13년)에 이승휴에 의해 쓰인 《제왕운기》는 《본기》를 인용하여 단군이 조선의 왕이 된 뒤 신라ㆍ고구려ㆍ옥저ㆍ부여ㆍ예ㆍ맥이 모두 단군의 역사와 맥을 잇고 있는 것으로 서술하고 있다.

이들이 단군에 대해 서술한 내용을 살펴보면,

《삼국유사》는 《고기》를 인용해 기록하기를 "단군왕검은 당요 즉위 50년 경인에 평양성에 도읍하고 처음으로 조선이라고 칭했다. 또 도읍을 백악산 아사달로 옮겼는데 이곳을 궁홀산이라고도 하며 또 금미달이라고도 한다. 단군왕검은 1,500년 동안 나라를 다스렸다. 주나라 무왕이 즉위한 기묘년에 기자를 조선에 봉하니 단군은 곧 장당경으로 옮겼다가 나중에 돌아와 아사달에 은거하여 신선이 되었다."

《제왕운기》는 《본기》를 인용, "단군은 요임금과 같은 해 무진년에 나라를 세워 순임금을 지나 하나라까지 왕위에 재임하셨다. 상나라 무정 8년 을미년에 아사달에 입산하여 산신이 되었으니, 나라 누리기를 1028년 …… 그 뒤 164년에 어진 사람(기자)이 나타나서 군과 신을 마련했다."

위 내용들은 중국 3황 5제 중 한 사람인 요임금 때 단군이 등장하여 우리 민족의 기원으로 단군조선을 세웠다는 기록이다. 단군조선은 요임금을 이은 하나라가 그러했듯이 청동기의 희소성과 문화의 광역성에 근거한 '홍익인간'이라는 이념 아래 널리 분포한 군장소국들을 지배하던 국가로 서술하고 있다. 여기서 고조선의 건국 시기가 경인년과 무진년으로 다르게 기록되었기 때문에 혼동될 수 있다. 그래서 조선 전기의 《동국통감》에서는 요 즉위 25년 뒤인 무진년을 택해 단기원년을 BC 2333년으로 정리하여 오늘날까지 사용되어 오고 있다.

《삼국유사》를 저술한 승 일연(1206~1289)은 26세 때인 고종 18년(1231년) 몽골군의 침입 이후 30여 년 동안의 대몽항쟁을 직접 겪었다. 고려가 원나라와 강화를 맺고 속국과 같은 처지에 놓이게 되자 일연은 당시 고려인들에게 민족적 자주의식을 심어 줄 요량으로 《삼국유사》를 저술한 것으로 보인다.

원 간섭기를 살던 당시의 지식인인 이승휴는 평양 일대 고조선의 역사를 기록한 《본기》 등을 참고하여 《제왕운기》를 저술하였다. 중국의 요임금과 같은 시기에 단군왕검이 나라를 세워 중국과 대등한 역사를 지녔다는 민족적 자부심을 부각시키기 위한 것으로 보인다. 《삼국유사》나 《제왕운기》에서 단군이 기자에게 왕위를 선양해 주었다는 기록은 요·순의 미담처럼 중국과 같은 문명국가 수준임을 나타내고자 서술한 것으로 이해된다. 이때부터 한민족의 역사는 단군이 세운 고조선에서 시작되며 이후에 등장한 역대 왕조들은 단군의 후예라는 역사상이 만들어진 것이다.

이후 이성계의 조선이 1392년 나라를 개창한 후 예조에서 "조선의 단군은 동방에서 처음으로 천명을 받은 임금이고 기자는 처음으로 교화를 일으킨 임금이오니, 평양부로 하여금 때에 따라 제사를 드리게 할 것입니다."라고 《태조실록》에 기록되어 있다. 단군은 조선 중·후기와 일제강점기를 거치며 위상평가에 우여곡절을 겪었지만 해방 이후 오늘날까지 우리 민족 상징의 구심점으로 평가를 받아 오고 있다고 하겠다.

조선(朝鮮)이라는 명칭의 유래에 대해서는 다양한 견해가 제기되어 왔다. 중국 측 사서에는 조선이라는 용어가 선진시대부터 꾸준히 등장해 오고 있다. 중국 측 기록인 《사기》 〈조선전〉을 주석한 《사기집해》에서는 3세기경 위나라 장안의 견해를 인용하여 조선에는 습수·열수·산수의 3개의 강이 흐르는데 이들을 합쳐서 열수가 되었다. 낙랑과 조선이라는 명칭은 이 강들의 이름에서 따온 것 같다고 하여 조선이라는 명칭이 지리적이고 자연적인 특징을 개념화하여 부르는 과정에서 나온 것으로 보고 있다.

조선시대 자료인 《신증동국여지승람》 평양부 군명조에서는 "동쪽 끝에 있어 해가 뜨는 지역이므로 조선이라고 하였으며", 안정복은 《동사강목》에서 "선비의 동쪽에 있음으로 조선이라고 칭하였다."라고 하였다. 신채호와 정인보는 《만주원류고》를 참고하여 조선을 '같은 소속'을 의미하는 만주어의 '주신'에서 온 것으로 해석하였는데,[1] '주신'을 '숙신'과 자연스럽게 연결시켜 조선으로 이해한 것이다. 북한 학계의 리지린은 조선은 만주 지역의 한 소수종족이었던 숙신과 같은 명칭이고 같은 종족으로 이해하는 내용이다. 조선의 명칭이 그 주변에 흐르는 3개의 강을 합쳐서 부르는 데에서 나왔다는 장안의 말을 새롭게 보완하여 습수 · 열수 · 산수라는 지명으로부터 숙신 · 식신 · 직신의 숙신족 명칭이 유래했다고 보았다. 다시 말하면 고대 조선의 명칭이 처음에는 지명을 바탕으로 생겼고, 나중에 종족이나 나라 이름으로 변화된 것이다.[2]

단군조선 건국에 대해서 《삼국유사》 권1, 〈고조선조〉에

"옛날 환인의 서자 환웅이 자주 천하에 뜻이 있어 인간 세상을 지망하였다. 그 아버지가 아들의 뜻을 알고 …… 이에 천부인 세 개를 주어 가서 다스리게 하였다. 환웅이 무리 삼천을 이끌고 태백산 꼭대기에 있는 신단수 아래로 내려와 그곳을 신시라 하였으니 이가 바로 환웅천왕이다. …… 이때에 곰 한 마리와 호랑이 한 마리가 같은 동굴에서 살고 있었는데 항상 환웅에게 기도하여 사람 되기를 원하였다. 이때 환웅이 신령스러운 쑥 한 줌과 마늘 20개를 주며 말하기를 '너희들이 이것을 먹고 햇빛을 백 일 동안 보지 않으면 곧 사람이 될 것이다.' 라고 하였다. 곰과 호랑이는 이것을 얻어먹고 21일 동안 삼가니 곰은 여자의 몸으로 변했으나 …… 웅녀는 혼인해서 같이 살 사람이 없으므로 날마다 신단수 아래에서 아기 갖기를 빌었다. 환웅이 잠시 변하여 혼인하였더니 이내 잉태해서 아들을 낳았으니 이름을 단군왕검이라 하였다. 그는 요임금이 즉위한 50년 경인년에 평

한민족과 고조선 · 한(韓)

양성에 도움하고 비로소 조선이라 일컬었다."

　위에 소개한 단군조선 건국설화에 대하여 이기백은 샤머니즘의 종교적 세계를 찾아볼 수 있고 또한 토테미즘이라는 사회적 요소도 찾아볼 수 있다. 단군은 삼한의 천군과 같은 의미를 지니고 있어 종교적 제사장으로 이해하였다. 그리고 환웅은 무로서의 기능을 가졌고 왕검은 정치적 통치자로 보았다.[3]

　천관우는 단군조선은 곰과 범을 상징하는 두 개의 족단이 선주하고 있었는데, 그곳에 천제의 아들을 자임하는 지배자와 족단이 동방으로 이주하여 선주민을 동화 또는 정복한 것으로 본다. 단군은 처음에는 고조선 지역의 어느 대표적인 족단의 지배자였는데 뒤에는 조상신이 되었고, 그 후의 역사 전개에 따라 단군은 점차 한반도와 만주방면 주민이 공통으로 섬기는 조상신이 되었다고 한다. 따라서 단군신화에 나오는 단군은 곰과 범(선주의 어렵민)과 천제의 아들(후래의 농경민) 사이의 동화 내지 교체를 보여 주는 것으로 오늘날 한민족의 직계조상이 형성되는 과정과 우리 역사에서 농경문화가 본격적으로 시작되는 단계를 반영한 것이라고 보았다.[4]

　김정배는 단군신화는 신석기시대인의 문화와 사상을 반영한 것으로 곰 숭배를 하던 고아시아족의 일파가 남긴 문화로 보았고, 기자조선의 주민은 고아시아족이 아니라 알타이계의 무문토기인들이었다고 하였다. 특히 청동기문화를 담당한 주민들은 중국 사서에 자주 나오는 예맥족으로서 기자가 동래한 사실은 믿을 수 없으므로 예맥족이 담당한 조선이라는 의미에서 기자조선을 '예맥조선'으로 달리 불러야 한다고 보았다. 또한 이들 예맥조선의 문화가 청동기문화로서 이 기간에 주로 지석묘와 석

관묘가 축조되었다고 보았다.[5]

　단군조선에 관한 다양한 견해를 정리하면 단군신화는 샤머니즘의 종교적 세계와 토테미즘이라는 사회적 요소를 내포하고 있고, 단군은 삼한의 천군과 같은 종교적 제사장으로 왕검은 정치적 통치자로 보는 견해가 있다. 이어서 곰과 범을 상징하는 두 개의 족단이 살고 있었는데 천제의 아들임을 주장하는 지배자의 족단이 동방으로 이주 선주민을 동화 정복한 것으로 농경문화가 본격적으로 시작한 단계를 반영하였다는 것이다. 다음으로 단군신화는 신석기시대인의 문화와 사상을 반영한 곰 숭배를 하던 고아시아족의 일파가 남긴 문화로 보면서, 기자조선의 주민은 알타이계의 무문토기인들로서 고조선의 문화는 신석기 문화와 청동기문화의 변환 속에서 형성된 것으로 보는 견해가 있다. 이외에도 다양한 주장들이 제기되고 있지만 나름대로 논리적이기는 하나 어떤 견해가 확실하다고 단정 지을 수는 없다고 하겠다.

　민족사학자인 정인보 선생은 《조선사연구》에서 '조선의 시조는 단군이시니 단군은 신이 아니요 인간이시다. 단군은 백두산과 송화강을 터전으로 삼고 조선을 만드셨으니 조선 민족의 여러 갈래는 모두 단군으로부터 생기고 조선의 정치와 문화는 모두 단군으로부터 열리었다.'라 하며, 일연의 《삼국유사》는 〈고조선조〉 기사에서 크게 두 부분으로 살펴보아야 한다고 하였다. 〈고조선조〉에는 '사실 부분'이 있고 허황된 '신화 부분'이 있어 진탄이 뒤섞여 있는 것이다. 〈고조선조〉에 중국의 사서인 《위서》를 인용한 부분은 모두 사실이다. 〈고조선조〉에 우리나라의 '고기'를 인용한 부분에는 사실 부분도 있고, 일부 믿기 어려운 신화기사가 있으니 이것으로 인해 읽는 이가 혼란스러워하고 있다고 언급하여 《삼국유사》의 문헌사료적 가치를 명쾌하게 평가하였다.

단군조선을 바라보는 시각은 연구자에 따라 다양하게 해석될 수 있겠지만 정인보 선생의 견해를 참작해 정리하면, 단군은 선조들의 구전을 통해서 전해 내려온 한민족의 시조로서 신이 아닌 인간으로 보아야 하고, 백두산과 송화강을 터전으로 조선을 만들었으니 조선 민족은 단군으로부터 시작되었다는 교훈적 역사상으로 정리되어야 한다고 판단한다.

2) 기자조선에 대한 시각

유교와 성리학이 큰 영향을 끼쳤던 고려와 조선시대에 이어 근현대에 와서도 논란이 많은 기자조선에 대한 여러 관점을 살펴보고자 한다.

BC 11세기 중국 은·주 교체기에 은대의 현인 기자가 동으로 조선 땅에 와서 왕이 되었다는 내용은 한나라 때 복생이 쓴 《상서대전》 은전에 이어 《사기》 송미자세가 및 《한서》 지리지에 비슷한 내용이 기록되어 있다. 그 요지는 '은나라 말 주왕의 폭정을 간언하다가 기자가 감옥에 갇혔고, 은을 멸망시킨 주 무왕이 석방시키자 기자는 조선으로 도망을 갔으며 이를 알게 된 주 무왕이 기자를 조선의 왕으로 봉했다.'라는 내용이다. 기자조선에 대해 고려와 조선의 유학자들은 기자가 조선의 왕이 되어 '예의범절과 8조법금' 등 문화를 전수해 주고, 교화를 받은 조선은 중국과 대등한 문화국가가 되었음을 자랑스럽게 생각하여 기자를 성현으로 떠받들고 추앙해 왔다는 것이다.

그러나 기자동래설에 대한 한국 역사학계의 해석은 중국 사가들에 의

하여 후대에 만들어진 역사기록으로, 인정될 수 없는 것으로 평가하고 있다. 기자동래설을 부정하는 논지는 주 무왕 때 기자가 조선 땅에 와서 왕조를 세웠다면 그는 상당한 무리를 이끌고 왔을 것이다. 그렇다면 요동 지역이나 한반도 북부 지역에 은나라 계통의 청동기 유물이 출토되거나 고조선계 청동기 유물에서 은나라 계통의 청동기문화 흔적을 찾아볼 수 있어야 하나 그런 흔적은 전혀 찾아볼 수 없다. 기자조선에 해당하는 시기에 존재했던 고조선의 청동기문화는 비파형동검에서 세형동검으로 이어지는 것으로 은나라의 청동기문화와는 계통을 달리하여 고고학적으로 동질성이 없다고 하겠다.

기자의 동래에 관해 기록한 《상서대전》은 기자가 살았다는 시기로부터 무려 800여 년이 지난 뒤에 쓰인 기록이고, 《사기색은》에는 기자의 묘가 하남성 몽현에 있다는 기록도 있어 문헌상으로 볼 때 기자동래설의 사실성은 의문시된다고 하겠다. 기자에 관한 기록이 《논어》나 《상서》 등 선진문헌에는 전혀 기록되어 있지 않다가 대외 침략적인 한 제국이 성립한 후인 BC 2세기에 와서 그런 기록이 등장하는 것은 정황상 문제점이 많다고 본다. 아마도 이 시기에 한 제국이 안정을 찾고 동방으로 팽창해 나가려 함에 따라 고조선 지역에 대한 관심이 고조되어, 마치 오늘날의 동북공정처럼 역사적 연고권을 설정하려는 의도가 작동되어 기자동래설을 기사화한 개연성이 다분하다고 하겠다.

후대의 《한서》 지리지에 기자의 조선 교화기사는 중국인의 중화사상에 의한 서술로 역사적 진실로 보기는 어려운 것으로 판단된다. 요서 지방 대릉하 유역 객좌현 고산 유적에서 출토된 은대 청동예기에 새겨진 '기후'와 '고죽'이라는 청동 유물이 기자조선의 존재를 증명한다는[6] 주장이 있다. 그러나 중국 고문헌에 난하나 대릉하 유역을 조선이라고 호칭한 바가 없으며, 그 지역에 거주한 영지, 고죽, 도하 등이 고조선의 주민으로 기록된 일이 없기 때문에 논리의 비약으로 보인다.

기자족의 동방이동에 대한 또 다른 해석은 초기에는 화북 지방에 있다가 요서와 요동을 거쳐 후대에 평양에 도달했다는 내용이다. 천관우는 기자가 은나라 출신이지만 동래한 후 기자족은 한국인을 구성하는 많은 요소 중 일부가 된 것으로 본다. 기자족의 일파는 난하 하류의 고죽국 근처에 한동안 거주하면서도 계속 조선이라고 불렸고, 이후 여러 세기가 지난 뒤 기자족단이 평양 지역에 도달한 것으로 해석하고 있다.[7]

위 내용을 참고해 볼 때 기자동래설은 청동기시대인 은·주 교체기에 조선에 와서 왕이 되었다는 것은 선진 이전의 역사기록이나 고고학 자료로 볼 때 진실성이 없는 이야기로 보인다. 《춘추좌씨전》·《상서》·《논어》 등 춘추시대를 기록한 고문헌에 언급된 '기자'를 한나라 때 확대 재생산하여 《상서대전》에 기록한 것으로 본다. 설령 기자동래설이 사실이라면 천관우의 견해대로 기자가 은나라 출신이지만 동래한 후 기자족은 한국인을 구성하는 극히 일부에 불과하다고 평가할 수 있겠다.

2. 문헌사료에 나타난 고조선

1) 중국 문헌에 최초로 등장한 고조선

문헌사료는 책이나 기록물에 적힌 역사적 가치가 있는 자료를 말하는데, 고조선에 관해 기록된 중국 측 문헌사료 중 조선을 최초로 언급한 것은 《관자》라는 사료이다. 《관자》는 중국 춘추시대 제나라의 재상 관중(?~BC 645)이 편찬했다고 전해지지만, BC 4세기경 전국시대(BC 403~221) 사람들이 기술한 것으로 추정되고 있다.[8]

《관자》는 춘추시대 산동반도 구릉지대 전역을 차지하고 첫 번째 패자로 인정받은 강자 제나라의 환공과 관중의 대화를 기록한 내용으로, 조선의 이름이 처음으로 언급된 기록으로는 《관자》 권23, 경중갑편과 규도편을 들 수 있다.

규도편에 "환공이 관자에게 '내가 듣건대 해내에 귀중한 예물 일곱 가지가 있다고 하는데 그것에 대해 들을 수 있겠소'라고 하니 관자가 '음산의 유민이 그 한 가지요 연의 자산 백금이 그 한 가지요 발과 조선의 문피가 그 한 가지요'라고 답하였다."

경중갑편에 "환공이 말하기를 '발과 조선이 조근을 오지 않는 것은 문피와 태복을 예물로 요청하기 때문이다. …… 한 장의 표범 가죽이라도 여유 있는 값으로 계산해 준다면 8천 리 떨어진 발과 조선도 조근을 오게 될'것이다."라고 기록되어 있다.

위 사료에 의하면 조선의 존재는 이미 중국 춘추시대인 BC 8세기~7세기경에 호랑이 가죽 문피가 귀중한 예물 중의 하나이며, 조선의 위치는 멀다는 뜻의 8천 리로 언급되어 당시의 고대중국인들이 조선이라는 존재를 인식하고 있었음을 확인할 수 있다.

BC 4세기~3세기경 저술되었으나 뒤에 곽박(276~324)에 의해 다시 편찬된 《산해경》 해내북경에는 "조선은 열양의 동쪽에 있는데 해의 북쪽이며 산의 남쪽이다. 열양은 연에 속한다."라고 하여 조선이 연나라 열양의 동쪽에 위치하고 있다고 구체적으로 설명되고 있다.

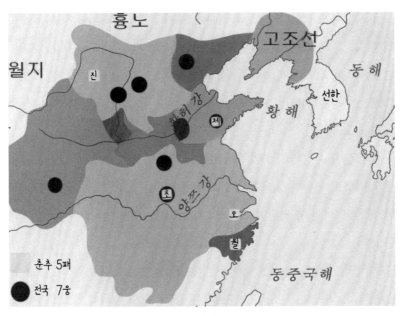

중국 춘추전국시대 세력 위치도

《전국책》권29, 연책에 "소진이 …… 연 문후에게 말하기를 연의 동쪽에 조선 요동이 있다."라 하여 BC 4세기경에 연나라 동쪽에 조선이 있었음이 언급되어, 조선과 연이 지리적으로 연접해 있음을 당시 북중국 사람들은 명확하게 인식하고 있었다는 것을 나타내고 있다. 소진과 연문후가 언급되는 이 시기는 본격적으로 중국의 전국시대가 전개되고 있었다. 춘추시대에는 분권적 봉건 질서 속에 읍을 단위로 유지되던 중층적 지배가 전국시대에는 군현제에 의한 직접지배로 바뀌었다. 제후국 간의 공격과 분쟁은 격심해졌고, 대규모 전쟁이 장기화되어 대다수 약소국이 강대국의 군현체제로 편입되면서 전국시대 7웅이 등장하게 되었다. 7웅으로 성장해 간 나라들의 제후들은 종전의 후나 군의 칭호를 버리고 초의 선례에 따라 왕호를 사용하게 되었다. 제후국 가운데 위 혜왕(BC 354년)이 왕을 처음으로 자칭한 이후 제 위왕, 건왕 등이 칭왕하고 BC 323년에는 연의 역왕이 칭왕을 하게 되었다. 당시 칭왕을 하기 위해서는 각국의 승인이 필요했고 일방적인 칭왕은 타국의 공격을 받을 수 있는 빌미가 되는데, 연의 칭왕에 대해 조선후가 연나라를 공격하고자 했다는 기록이 등장한다.

중국 선진 시기의 역사기록에 간혹 등장하던 고조선이 전국시대 칠웅 중 하나였던 연나라에 대항하려고 하는 고조선 내부의 상황은 3세기 후반 서진의 '어환'이 저술한 것으로 알려진 《위략》에 다음과 같이 기록되어 있다.

《삼국지》 권30, 〈동이전〉 30, 한 인용 《위략》

"옛날 기자의 후예인 조선후는 주나라가 쇠약해지자 연나라가 스스로 높여 왕이라 칭하고 동쪽으로 침략하려 함을 보고, 그도 역시 스스로 왕을 칭하고 군사를 일으켜 연나라를 역공하여 주 왕실을 받들려고 하였는데 그의 대부 예가 간하므로 중지하였다. …… 그 뒤 자손이 교만하고 포악해지자 연은 장군 진개를 파견하여 조선의 서쪽 지방을 침공하고 2천여 리의 땅을 빼앗아 만번한에 이르는 지역을 경계로 삼았다."

고조선의 칭왕 시기는 연의 역왕(BC 332~321)이 왕 칭호를 사용하고 있었으므로, 대체로 BC 4세기 후반으로 볼 수 있는 시기이다. '옛 기자의 후예인 조선후'라는 기록은 주나라의 종법질서를 역사기록의 근간으로 삼는 춘추필법의 관점에서 기록자가 고조선의 출자를 해석한 것으로 이해할 수 있다. 조선후가 칭왕을 했다는 것은 BC 4세기 후반에 고조선에도 대외적으로 중원의 열국들과 어깨를 나란히 할 수 있는 왕격을 유지하고 쓸 수 있는 실력자가 존재하고 있음을 알 수 있다. 고조선 왕이 군사를 일으켜 역공하여 주 왕실을 받들려고 전쟁을 하려 했다는 것은 연을 공격할 만한 군사와 장비를 비롯한 막대한 군수물자를 확보하고 있었음을 나타낸다. 그러자 '고조선 왕의 대부 예가 간하므로 중지하였다.'라고 하여 왕 밑에 대부라는 관직명이 구체적으로 언급되고 있다. 대부라는 관직은 춘추시대 주 봉건제에서 경과 더불어 족벌의 장에게 주어진 칭호로 국군—경—대부—사로 이어지는 수직적 지배질서 속에 중간 관리자의 위치에 있다고 하겠다.

《위략》의 조선후와 연왕의 갈등 관계는 연이 요동방면으로 진출하려는 팽창정책에 고조선이 맞서는 상황을 달리 표현한 것으로 볼 수 있다. 이어지는 기록에 '그 뒤에 자손이 교만해지고 포악해지자'라는 내용은 고조선의 왕도 전국 7웅의 여러 나라처럼 왕위를 부자 상속하고 있음을 인식한 기록으로 볼 수 있다. 고조선과 긴장 관계에 위협을 느낀 연왕은 결국 '장군 진개를 파견 고조선의 서쪽 지방을 침공하여 2천여 리를 빼앗아 만번한을 경계로 삼았다.'라고 기록되어 있다. 이 내용은 고조선의 영토가 서쪽 지방의 2천여 리를 뺏길 정도의 광대한 영토를 보유하고 있었음을 역으로 보여 주고 있다고 해석된다.

BC 4세기 후반에 고조선은 부자가 상속하는 왕권제도가 존재하고 연을 공격하려는 막강한 군사력과 서쪽 지방의 2천여 리를 빼앗길 정도의 광대한 영토를 보유하고 있었다면, 고조선은 소국이 아니라 전국시대 7웅 중의 하나인 연과 대등한 수준으로 성장하여 중국 역사기록에 등장한 것으로 보아야 할 것이다.

《삼국지》기록은 연나라에 이어 전국시대를 제패한 진나라와 관련된 고조선의 상황을 설명하고 있다.

《삼국지》권30, 〈동이전〉 30, 한 인용《위략》

"진나라가 천하를 통일한 뒤에 몽념을 시켜서 장성을 쌓게 하여 요동에까지 이르렀다. 이때에 조선왕 부가 왕이 되었는데 진나라의 습격을 두려워하여 진나라에 복속을 하였지만 조회에는 나가지 않았다. 부가 죽고 그 아들 준이 즉위하였다."

위의 사료에는 진시황이 천하를 통일한 후 몽념을 시켜 연 관할인 요동에까지 장성을 쌓는 등 공세를 취하자 이에 위협을 느낀 조선왕 부가 형식적으로는 복속했지만, 조회에는 나가지 않은 것으로 서술하고 있다.

앞의 내용을 참고하면 고조선은 중국 춘추시대인 BC 7세기 이전보다 훨씬 전에 존재하였고, 그 세력이 연과 각축을 벌일 정도로 성장하여 왕호를 사용하는 국가적 수준에 도달한 것으로 중국 측 사서에 명백하게 기록되어 있음을 파악할 수 있다고 하겠다.

2) 위만조선에 관한 기록

위만조선이 등장하던 당시의 중국 대륙의 정세는 혼란기의 전국시대를 제패한 진시황 정이 전국 순회 중 급사하자 대륙이 혼란에 빠지게 되었다. 고조선의 서쪽 경계인 요동 지방에는 전국시대 말 중국 통일전쟁 시기부터 연·제의 지역민들이 수시로 흘러들어 왔다. BC 210년 진시황의 사후에 일어난 진승의 난으로 중국 대륙에 혼란이 가중되었다. 그러자 조·제·연의 유민들이 피난해 옴으로 고조선의 서부 지역은 인구가 급격히 늘고 혼란스러운 상황에 놓이게 된 것으로 보인다.

한민족과 고조선 · 한(韓)

불사장생의 약을 구하며 영원한 제국을 꿈꾸던 진시황의 거대한 제국이 십수 년 만에 허무하게 무너진 것이다. 혼란기에 등장한 초 항우와 한의 유방은 천하 쟁패를 벌였고 결국 유방이 승리하여 한나라를 개국하고 황제로 등극하였다. 유방은 근친과 개국공신들에게 제후와 왕으로 봉하고 나라를 다스렸으나, 몇 년이 지난 후 성씨가 다른 제후 왕에 대한 척결을 단행하였다. 초 왕이었던 한신이 후로 강등되었다가 주살되었고, 연왕 노관은 제후와 왕들이 차례로 제거되어 가자 BC 195년 흉노로 도망가게 되었다. 이때 위만도 1천여 명의 무리를 이끌고 조선으로 망명한 후 조·제·연나라 유민 세력을 규합하여 새로운 세력으로 성장해 갔던 것으로 보인다.

《사기》 권115, 〈조선전〉에,

"연왕 노관이 한을 배반하고 흉노로 들어가자 만도 망명하였다. 무리 천여 명을 모아 상투를 틀고 오랑캐의 복장을 하고서 동쪽으로 도망하여 요새를 나와 패수를 건너 진의 옛 공지인 상하장에 거하였다. 점차 진번과 조선의 만이 및 옛 연·제의 망명자를 복속시켜 거느리고 왕이 되었으며 왕험에 도읍하였다." 라고 기록되어 있다.

한 초기 상황 속에서 유방과 같은 동향인 연왕 노관은 토사구팽을 당하지 않기 위해 흉노로 도망하였다. 이에 위기의식을 느낀 위만도 동쪽으로 오랑캐의 복장을 하고 도망하여 패수를 건너 진의 옛 공지인 상하장에 거하게 된 것이다. 이후 위만은 진번과 조선의 만이 및 중국의 망명자를 규합하여 왕검에 도읍하였다는 내용으로 기록되고 있다. 사마천이 그냥 조선이라고 해도 될 내용을 '조선의 만이'라고 강조한 것은 당시 조선에 대한 상당한 위협감을 느끼고 있는 한나라 식자층의 인식 수준을 반영한 것으로 볼 수 있다.

《삼국지》권30, 〈동이전〉30, 한 인용《위략》

"연나라 사람 위만도 망명하여 오랑캐의 복장을 하고 동쪽으로 패수를 건너 준에게 항복하였다. 서쪽 변방에 살게 해 주면 중국의 망명자들을 거두어 조선의 번병이 되겠다고 준을 설득하였다. 준은 위만을 믿고 사랑하여 박사로 삼았고 규를 하사하고 백 리의 땅을 봉해 주어 서쪽 변경을 지키게 하였다. 위만이 망명자들을 유인하여 그 무리가 점점 많아지자 사람을 준에게 보내 속여서 말하기를 '한나라의 군대가 열 군데로 쳐들어오니 들어가 숙위하기를 청합니다.' 하고는 드디어 되돌아서서 준을 공격하였다. 준은 만과 싸웠으나 상대가 되지 못하였다."

《삼국지》에서 인용한《위략》은 상당히 구체적인 내용을 전하고 있는데, 위만이 조선왕 준에게 의탁한 후 서쪽 변계에 거주하도록 해주면 조선의 번병이 되겠다고 준을 설득하였다. 준왕이 그를 신임하여 박사에 임명한 후 백 리의 땅을 주었다고 하였다. 그 후 위만이 중국에서 온 망명자들을 규합하여 세력이 커지자 한나라 군대가 쳐들어오니 왕을 숙위하기를 청한다는 거짓 보고를 하고 준을 공격하여 축출하였다. 고조선왕 준을 축출한 위만은 당시의 국제정세를 영리하게 활용하여 주변 지역에 세력을 확장해가게 된다.

《사기》권115, 〈조선전〉에,

"효혜고후의 시대를 맞아 천하가 처음으로 안정된 무렵이었다. 요동태수는 국경 밖의 오랑캐를 지켜 변경을 노략질하지 못하게 하는 한편, 모든 만이의 군장이 천자를 뵙고자 하면 막지 않도록 할 것을 조건으로 위만을 외신으로 삼을 것을 약속하였다. 천자도 이를 듣고 허락하였다. 이로써 위만은 우수한 무기와 재물을 얻어 주변의 소읍들을 침략하여 항복시키자 진번과 임둔도 모두 와서 복속하게 되니 사방 수천 리의 나라가 되었다."

이 기록에 따르면 위만은 주변 정치 세력과의 갈등 소지를 해소하고 안정된 국가체제를 구축하기 위하여 요동태수를 통해 한나라의 외신으로 편입해 간 것으로 보인다. 위만은 변경 밖의 오랑캐들을 통제하면서 한나라의 우수한 무기와 재물을 얻어 상당한 힘을 키운 다음 주변의 작은 읍들을 흡수하고 급기야는 진번과 임둔을 복속하여 새로운 위협 세력으로 성장해 간 것으로 볼 수 있다.

위만의 출자는 어디로 보아야 하는가?

조선의 왕으로 새롭게 등장한 위만은 어느 족속 출신인가는 상당히 중요한 역사적 의미를 가지고 있다고 할 수 있다. 앞에서도 살펴보았던 《사기》의 내용에 의하면 "연왕 노관이 한을 배반하고 흉노로 들어가자 만도 망명하였다. 무리 천여 명을 모아 상투를 틀고 오랑캐의 복장을 하고서 동쪽으로 도망하여"라는 기록과,

《삼국지》에서 인용한 《위략》에는 "연나라 사람 위만도 망명하여 오랑캐의 복장을 하고 동쪽으로 패수를 건너 준에게 항복하였다. …… 준은 그를 믿고 사랑하여 박사로 임명하고 규를 하사하고 백 리의 땅을 봉해 주어 서쪽 변경을 지키게 하였다."라는 기록에 대한 해석으로 위만이 어느 나라 계통인지 다양한 견해가 있다.

먼저 중국 사서의 기록을 그대로 인용하여 한나라계 연나라 사람으로 보는 일본 관변학자들의 견해가 있다.[9] 다음으로 위만이 관리로 있었던 연나라는 종족구성이 다양했고, 그가 망명할 때 상투를 틀고 오랑캐 옷

을 입었으며 중국식 국호를 쓰지 않고 조선을 그대로 사용했기 때문에 위만은 조선인이라고 보는 견해가 있다.[10] 위만의 원래 이름은 만으로 그를 연의 조선고지 점령에 의해 연인이 된 토착 세력의 후손으로 보는 견해도 있다.[11] 여러 견해 중 위만이 연의 조선고지 점령에 의해 연인이 된 토착민의 후예이거나 상투를 틀었고 조선이라는 국호를 그대로 썼기 때문에 위만은 조선인이라는 견해가 남북한 학계의 다수설로 자리 잡았다.

필자의 견해도 위만이 주군인 연왕 노관을 따라 흉노로 가지 않고 상투를 틀고 오랑캐의 복장으로 조선에 망명하였다는 기록으로 볼 때 연 땅이 된 조선고지 토착민의 후예로 보인다. 결국 위만의 역사는 출자와 관계없이 조선의 풍습과 국호를 따르고 조선 땅에서 펼쳐진 역사이기에 위만조선은 한국사의 영역이라고 보는 것이 당연하다고 하겠다.

3) 문헌에 나타난 고조선 종족명

고대 조선을 이룬 종족 이름은 무엇인가에 대하여는 《관자》에 조선에 관한 기록이 처음 나타났고, 선진 문헌에 나오는 조선이라는 집단이 등장하기 전에 활동했던 여러 종족에 대한 기록으로 《사기》〈오제본기〉를 참고해 볼 수 있다. "남쪽으로 교지·북발을 위무하고, 서쪽으로는 융·석지·거수·저·강 족이 있고, 북쪽에는 산융·발·식신이 있으며, 동쪽에는 장이·조이가 있다."

이 기사는 우의 치수관리로 순임금의 덕이 사방 오랑캐에까지 끼친 것을 말하면서 순임금 시기에 중국 동북 지방에 조이가 있었다고 기록되어 있다. 동이족의 하나로 기록된 조이를 중국 북방계 예맥족이 정착하기

한민족과 고조선·한(韓)

이전의 고조선 주민의 일부로 보고 있다. 조이는 중국 황해연안·발해만·한반도 북부에 거주하던 고대 종족들에 대한 범칭이므로 한반도 북부에 거주한 고대 종족들도 조이 계통에 속한 것으로 본다. 북한의 리지린은 고조선이 형성되기 이전의 원주민이 조이였는데, BC 2000년 무렵 북방 계통의 예맥족이 남하하여 조이와 혼합되었다고 보고 있다.[12]

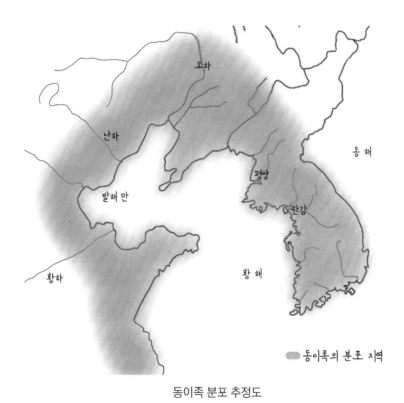

동이족 분포 추정도

상·주 시대(BC 16~8세기)와 춘추시대(BC 8~7세기)에 이르기까지 동이는 산동반도 일대의 조이·래이·우이·회이 등 여러 오랑캐를 포괄하는 개념이었다.[13] 이와 관련된 《사기》의 앞부분에 나오는 오제와 제이와의 관계를 보면 먼저 황제훤원 · 전욱고양 · 제곡고신 · 제요방훈 · 제순중화로 오제를 들고 있다. 삼황시기 말 염제 신농씨의 세력이 약화되자 각지의 제후가 싸울 때 치우가 가장 강력했다. 치우는 몸은 짐승 같고 사람의 말을 하면서 구리투구와 몸은 철갑옷을 하고 있었다. 이때 헌원(황제)이 덕을 닦고 무기 사용법으로 병사를 훈련시켜 염제를 판천에서 세 번 싸워 이겼다. 그리고 여세를 몰아 탁록 벌판에서 발의 도움을 받아 풍백 · 우사를 거느린 치우를 포위 살해하게 되었다. 이에 제후의 추대를 받아 신농씨를 대신해서 천자가 되니 호를 황제라고 하여 부르게 되었다. 요임금은 이름이 방훈이고 재위는 98년간이다. 순임금의 재위는 30년인데 북적 · 남만 · 서융을 제압하고 익산에서 곤을 죽여 동이 세력도 제압했다. 북의 산융 · 발 · 식신과 동쪽의 장이 · 동이 등을 포용하니 사방 5천 리의 천하가 항복되었다고 서술하고 있다.

여기에서 언급된 동이란 《설문해자》에서 '동이'의 '이'는 큰 활을 사용하는 사람이라는 뜻의 합성된 글자로, 동쪽에 사는 큰 활을 사용하는 사람들의 뜻으로 사용된 용어이다.

《후한서》 권85, 〈동이열전〉에서는 "이란 근본이다. 이가 어질어서 생명을 좋아하므로 만물이 땅에 근본하여 산출되는 것과 같다. 그러므로 천성이 유순하여 도리로서 다스리기 쉽기 때문에 군자가 죽지 않는 나라가 있기까지 하다."라고 기록하여, '동이' 사람들은 동쪽에 사는데 성품이 유순하고 큰 활을 사용하는 사람들이라는 뜻으로 사용되었다. 동이는 상고사회에서는 산동반도와 중국 동해안에 정착해 살던 사람들인데, 하나라와 상나라 시기의 동이족은 문화를 갖고 유순하면서도 큰 활을 사용하는 사람들이라는 좋은 뜻으로 불리었다. 그러나 화이족인 주나라가 본격적으로 등장하는 시기부터는 동이족을 이방인으로 경쟁상대로 여기게 된 것 같다.

BC 3세기 말 진시황이 동이족을 분산 이주시켜 감으로 종래의 동이족은 점차 화이족에 동화되어 가고, 동이라는 용어는 차별과 멸시의 호칭으로 사용되었다. 진나라 이후의 고문헌에서 동이의 명칭은 중국의 밖 동쪽 방향에 있는 만주·조선·일본 열도에 있는 사람을 비하해서 가르치는 호칭으로 사용되어 왔다.

고대 중국 상주시대에서 춘추시대까지 산동반도와 중국 동북 지방에 거주하던 동이족이 진과 한제국의 강대한 세력에게 통치되면서 산동 지방에서 살던 동이족은 자연스럽게 중국에 동화되어 갔고, 동북 지방에 거주하던 동이족은 고조선의 선주민으로 자리 잡아 간 것으로 볼 수 있다.

고조선과 예맥족

고조선의 주민을 형성한 집단으로 중국의 문헌에 자주 등장하는 예맥족은 고조선 주민 구성의 중심적 존재로서 고대사학계의 관심을 받아 온 종족이다. 우리 민족에 대한 최초의 명칭은 예맥, 예, 맥 등으로 서주 초기부터 중국 측 문헌에 보인다.

우리 민족을 지칭하는 예맥이라는 표현이 단칭인가 연칭인가에 대해 다양한 논란이 있지만, 대체로 예와 맥의 연칭으로 보고 있다. 이들은 한반도와 현재의 중국 동북 지역에 살고 있던 주민으로서 구체적으로 예족은 길림 지역의 송화강 및 눈강 유역과 한반도 일부에 분포하고 있었으며, 길림 지역 서단산문화의 주역으로 보고 있다. 맥족은 산동과 요동 및 한반도 북부에 분포한 것으로 이해되고 있다. 이들 예·맥은 이후 고조선·부여·고구려 등의 역사체 형성의 근간이 되었다. 이들 예맥의 분포 범위와 존재 시기는 고고학 상으로 비파형동검문화의 연대 및 범위와 일치하므로 이들 예·맥족이 바로 고조선을 구성한 중심 세력이었다고 볼 수 있다.[14]

예맥에 관한 중국 문헌자료로 가장 먼저 기록된 내용은 BC 12세기경 '주공 단'이 쓴《주례》에 맥족이 활과 수레를 사용하는 나라로 기록하고 있다. BC 6세기 사람인 공자가 쓴《시경》대아 한혁편의 "커다란 저 한의 성은 연나라 백성들이 완성시킨 것 선조가 받았던 명을 받들어 많은 오랑캐들을 다스리셨네. 왕께서 한 후에게 추와 맥을 하사하셨네. 북쪽의 나라들도 모두 다 받아 그들의 우두머리가 되셨네."라는 내용은 중국 섬서와 하북 지역에 거주했던 예맥과 관련된 내용이다. 주 선왕과 한 후를 기리기 위해《시경》에 쓰인 노래에서 추와 맥이 언급되어 있다. 추는 '되'·'퇴'의 음을 가지고 있으며 예의 본음도 '회'·'외'이기 때문에, 이는 동음이자로 여기에 쓰인 추는 예를 지칭한 별명으로 보았다. 따라서 추와 맥은 바로 예와 맥을 일컫는 것으로 보고 있다.[15]

예맥과 관련된 기록이《관자》소광편에도 쓰여 있다.

"환공 …… 북으로 고죽·산융·예맥에 이르렀다."

이 기록은 예맥이 연나라 동북쪽에 있던 산융의 동쪽에 인접되어있었다는 사실을 나타내고 있다. 예맥에 관한 명칭이 더욱 구체적으로 기록된 내용으로,

《사기》〈열전〉화식 "북쪽으로는 오환·부여와 인접해 있고 동쪽으로는 예맥·조선·진번에서 이를 취했다."

《사기》〈열전〉흉노 "여러 좌방의 왕장들은 동쪽에 위치해 있는데 상곡을 거

쳐 곧바로 가면 동으로 예맥·조선과 맞닿는다."

《한서》지4하, 식화 "팽오가 예맥조선을 물리치고 창해군을 설치하자 연과 제의 사이가 모두 들고 일어났다."

이들 기록에 부여·예맥·조선이 함께 언급되어 있고, 상곡을 거쳐 동쪽으로 가면 예맥·조선과 연결되어 있으며 예맥조선이라는 연 칭으로 사용하고 있다. 이 내용을 종합하면 예맥은 고조선을 구성하는 중심종족으로서 중국의 동북 방면에 위치한 조선 지역에 존재하고 있다는 사실이 한나라 때보다 구체적으로 언급되고 있다고 하겠다. 이후 《삼국지》나 《후한서》에 나타나는 예맥은 부여와 고구려의 선주종족을 칭하는 것으로 볼 수 있는데, 이는 예맥족이 초기에 고조선 세력으로 성장하였고, 이후 지역적 분화를 통하여 부여와 고구려 세력의 중심종족이 되어 간 것으로 볼 수 있다.

3. 고조선의 중심지와 강역

1) 고조선의 중심지

(1) 중심지에 대한 여러 견해

고조선의 중심지 문제는 《삼국유사》·《삼국사기》의 지명 주석에서부터 조선 전기의 《동국통감》·《동국여지승람》 등에서도 언급되었으며, 조선 후기 실학자들을 중심으로 논의가 활발하게 전개되어 왔다. 일제강점기를 거쳐 해방 이후 오늘날까지도 고조선의 중심지를 요령성 일대에 비정하는 요령설과 평양 일대에 비정하는 평양설, 그리고 요령 일대에서 평양으로 중심지가 옮겨졌다는 이동설 등 다양한 견해가 제시되고 있다.

고조선 중심지에 대한 사학사적인 인식의 흐름을 보면, 과거 몽골족이나 만주족 등 북방족의 침략을 받아 문화적으로 심각한 수모를 당했을 때는 아국의 독자성을 강조하기 위하여 고조선의 평양 중심설이 나왔다. 그리고 북방 고토에 대한 수복 의지가 있거나 우리 역사 무대를 한반도로 축소하려는 중국이나 일본 사학계의 왜곡이 있을 때는 요동 중심설이 등장하는 흐름을 보여 주었다고 볼 수 있다.

① 요동 중심설

요동 중심설은 조선 전기 단군조선에 관심을 갖고 있던 권람이 조부 권근의 응제시에 주석을 붙인 《응제시주》에서 낙랑은 압록강 북쪽에 있고, 기자의 건국지를 청주(요서,요동)로 비정하여 고조선의 중심지를 요동으로 파악하였다. 이후 홍여하는 《동국통감제강》에서 진번은 요양에 패수는 요하로 비정하고 청나라는 우리 고토를 강탈한 도적으로 고조선의 요동설을 주장하였고, 신경준과 이익 등도 고조선의 중심을 요동 지역으로 비정하였다.[16]

이후 요동 중심설은 일제강점기 신채호, 최남선, 정인보로 이어졌다. 해방 이후 북한 학계의 리지린은 대릉하를 고조선의 국경선인 패수로 보고, 어니하를 왕검성의 패수라고 비정하여 고조선의 중심지를 오늘날의 개평으로 보고 있다. BC 7세기 이전에는 개국·청구국·숙신국 등의 국명이 있었으나 BC 7세기 이후에는 조선만 보이는데 이는 여러 나라를 통일한 후이기 때문이다. 또한 그 시기는 알 수 없으나 난하 좌안지대인 창

여에 고조선의 도읍지가 언제인가 있었다고 보았다.[17]

남한 학계에서는 윤내현이 중국 사서를 중점적으로 검토하여 고조선과 위만조선의 요수는 지금의 난하였지 지금의 요하가 아니었으며, 당시의 요동은 지금의 난하의 동북쪽 지역을 지칭한다는 것이다. 따라서 요동은 고조선·위만조선의 영토였고, 고조선의 도읍지는 요동 지역인 본계, 창려, 북진 지역에 있었던 것으로 파악하고 있다.[18]

② 평양 중심설

고조선이 평양 지역에 위치하였다고 처음 기록한 사람은 《수경》에 주석을 단 《수경주》의 저자 역도원이다. 역도원은 북위시대 사람으로서 북위에 온 고구려 사신에게 낙랑의 위치가 평양성이라는 것을 확인하였다는[19] 기록을 남겨 이후 고조선 평양 중심설의 중요한 논거로 작용했다. 승 일연은 《삼국유사》에서 고조선 관련 지명에 대한 주석에서 단군이 도읍한 평양성을 당시의 서경으로 비정하였다. 이후 조선 중기 한백겸은 《동국지리지》에서 고조선과 삼한이 한강을 경계로 자리 잡고 있었다는 체계를 세워, 이후 고조선의 강역이 압록강이남 지역 즉 한반도에 국한되어[20] 있었다는 견해가 일반화되었다고 본다.

고조선의 평양 중심설은 일제강점기 일본인 학자들을 중심으로 체계화되었다. 1930년대 집중적으로 발굴된 평양 일대의 중국계 유물과 유적을 결정적 증거로 활용하여 식민지배의 역사적 설명 도구로 활용하기도 하였다.[21] 이병도 등 다수의 학자들은 아사달을 현재의 평양으로 보고 《사기》의 패수를 청천강으로, 《위략》의 만번한을 박천강 일대로, 《한서》의 열수를 대동강으로 보아 고조선의 강역을 지금의 평안남도 지역으로

비정하였다.[22]

③ 중심지 이동설

초기 고조선의 중심지는 요동 지역이었으나 후기에는 연 세력의 확장에 따라 그 중심지를 한반도 평양 지역으로 이동했다는 견해이다. 이 설은 해방 이후 남한 학계에서 주로 제기한 학설로서 중국의 문헌과 고고학적인 성과를 반영한 견해로 오늘날 다수설로 볼 수 있다. 노태돈은 중심지 이동설 관점에서 고조선의 변천을 연의 세력이 주초인 BC 11세기경 대릉하 중·상류 유역까지 진출한 것으로 보고 BC 8세기경 비파형동검문화가 발달하면서 남쪽으로 밀려난 것으로 본다. BC 7세기를 전후한 시기에 요서 지방에는 산융의 여러 집단이 활동하였고 이들과 비파형동검문화가 연결된다. BC 3세기에는 요서 지방은 동호의 지역이었고, 요하이동이 고조선 지역이므로 BC 3세기 초까지 고조선의 중심부는 요동에 있었다고 보아야 한다는 것이다. 이후 연의 기습공격을 받은 고조선은 그 중심지를 이동하게 되었으며 만번한이 고조선의 중심지였거나 동쪽 외곽이었다. 전기 고조선의 중심지는 해성현의 서남쪽과 개평현을 포괄하는 지역에 있었던 것으로 보았다.[23]

천관우는 기자가 동래한 후에 기자족은 한국인을 구성하는 많은 요소 중 일부가 된 것으로 보고 기자는 개인보다 집단으로 이해되어야 한다고 보았다. 기자족의 일파는 난하 하류의 고죽국 근처에 한동안 정착하였는데 바로 이 기자가 머문 지역이 조선이며, 조선왕의 구도를 뜻하는 왕험·험독도 요서·요동에 있었다고 한다. 그런데 기자족은 고죽국을 떠나 요서·요동으로 이동하면서도 계속 조선이라고 불렸으며 기자족은 기자의 사후에도 기자족단이라는 혈연 의식을 가지고, 은말주초로부터 여러 세기가 지난 뒤에 평양 지역에 도달한 것으로 보고 있다.[24]

김정학은 요령 지방 청동기문화는 조양·요동반도·요동 지방에 각각 읍락국가의 정치·문화적 중심이 있었는데, 당시에는 고조선을 맹주국으로 하는 연맹국가를 이루었다고 한다. 그러나 연의 침략으로 고조선의 세력이 약해져 동쪽으로 이동하게 되었고, BC 4~3세기경에는 고조선의 영역이 요동에서 한반도의 서북부에 걸쳐 있게 되었다고 주장하였다.[25]

서영수는 고조선은 초기 중심지가 요동 지역이었으나 연이 동호를 공격한 후 고조선을 침공하여 BC 282년경 요동에서 평양으로 이동하여 만번한을 경계로 삼게 되었다. 만번한은 개평과 혼하 하류인 해성과 영구 인근으로 보고 있다. 전성기 고조선의 강역은 대체로 요동반도를 중심으로 서쪽으로는 대릉하 유역에서 동호와 접하였고, 남쪽으로는 대동강 유역을 경계로 진국과 이웃하였으며, 북쪽과 동쪽으로는 예맥·부여·진번·임둔·숙신과 접하였다. 우리 민족 최초국가인 고조선의 중심지는 요동의 험독에서 그리 먼 곳이 아니라고 보고 대체로 요하이동 천산이서의 어느 지역일 것으로 추정하였다.[26]

앞에서 살펴본 고조선의 중심지는 어느 곳인지에 대한 다양한 견해들을 정리해 보고자 한다.

· **요동설**은 조선초 권람의 《응제시주》에서 기자의 건국지를 청주(요서·요동)로 비정하였는데, 그 당시 요동 지역이 부각된 것은 고려말 최영의 요동정벌 단행과 조선초 정도전의 요동수복을 계획했던 상황과 정서가 권람의 《응제시주》에 반영되어진 것으로 보인다. 이

후 홍여하와 실학자인 신경준과 이익은 고조선의 중심지를 요동 지역으로 보았고 일제강점기 신채호, 최남선, 정인보로 이어져 왔다. 해방 이후 북한 학계 리지린은 대릉하를 고조선의 국경선인 패수로 보고 고조선의 중심지를 오늘날의 개평으로 보았다. 윤내현은 중국 사서에 근거하여 고조선과 위만조선의 요수는 지금의 난하였고 당시의 요동은 난하의 동북쪽을 지칭하였기에, 고조선과 위만조선의 영토는 난하 동쪽이고 고조선의 도읍지는 본계, 창려, 북진으로 파악하였다.

고조선의 중심지가 요동 지역에만 있었다는 요동설은 문헌사학적으로 타당한 것으로 볼 수 있지만 평양 지역의 고고학 유적과 역사적인 위상을 제대로 반영할 수 없는 한계가 있는 것으로 보인다.

· **평양 중심설**은 북위 때 사람 역도원이 고구려 사신에게 낙랑의 위치가 평양성이라는 것을 확인한 기록을 바탕으로 주장된 설이다. 그러나 이 주장은 그 당시가 아닌 400여 년 전의 상황이며, 기록이 아닌 구전으로만 전해진 내용을 가지고 단정 짓는 것은 입증에 문제가 있다고 하겠다.

《삼국유사》에서는 지명에 대한 주석에 단군이 도읍한 평양성은 당시 서경으로 비정하였다. 일제강점기 식민사학자들은 평양 일대에서 발굴된 중국계 유물을 근거로 하여 평양설을 주장한 바 있고, 이병도는 아사달을 평양으로 패수를 청천강으로 열수를 대동강으로 보고 고조선 강역을 평안남도 지역으로 비정하였다. 이러한 주장들은 고조선 후기 상황에는 부합될지 모르겠지만 전기와 중기시대 상황은 반영하지 못하는 문제점이 있다고 본다.

· **중심지 이동설**은 초기 고조선의 중심지는 요동 지역이었으나 후기에는 중심지가 평양으로 이동했다는 내용이다. 노태돈은 BC 3세기 초까지는 고조선 중심지가 요동이었으나 연의 공격으로 그 중심지가 이동한 것으로 보았다. 천관우는 난하 하류의 고죽국에서 기자가 한동안 머물렀던 지역이 고조선이고 이후 요서와 요동으로 이동하면서 조선이라 불렸고 기자 사후에도 기자족단이라는 혈연 의식을 가지고 평양에 도달한 것으로 보았다. 김정학은 요령 청동기문화는 조양·요동반도·요동 지방에 각각 읍락국가의 정치문화 중심이었는데 고조선을 맹주국으로 하는 연맹국가를 이루었고, BC 4~3세기경의 고조선 영역은 요동에서 한반도에 걸쳐 있게 되었다고 보았다. 서영수는 고조선의 중심지는 요동 지역이나 후기에는 평양 지역으로 이동했고 전성기 고조선 강역은 요동반도를 중심으로 서쪽으로 대릉하 유역, 남쪽은 대동강 유역, 북쪽과 동쪽은 부여·숙신 등과 접하는 것으로 보고 있다.

필자의 견해도 문헌사료의 다양한 기록과 고고학 자료를 참고해 볼 때 고조선 중심지 이동설이 가장 타당하고 합리적인 논리로 판단한다.

(2) 중심지에 관한 북한 학계의 시각

고조선의 역사와 문화가 자리한 평양 지역을 중심으로 민족 주체성을 강조하고 있는 북한 학계의 고조선에 대한 시각을 살펴보고자 한다.

단군조선은 BC 30세기 초에 성립하여 1,500여 년간 존속한 우리나라의 첫 고대국가이다. 이 나라는 조선뿐 아니라 동방 아시아에서 처음으로 발생한 고대국가이기도 하다. 대동강 유역은 태곳적부터 살기 좋은 곳으로 원시사회 때부터 경제와 문화가 일찍 발전된 곳이다. 평양 검은 모루 유적에서 100만 년 전 원인 단계의 인류가 남긴 유적이 발견되었고, 고인의 화석인 화대사람·력포사람, 신인의 화석인 승리산사람·만달사람 등이 나왔다. 현대 조선 사람의 직접 선조인 조선옛유형의 사람들이 남긴 신석기시대와 청동기시대의 유적과 유물도 많이 발견되었다. 이것은 대동강 유역이 예로부터 사람들이 련면하게 살면서, 경제와 문화를 발전시키기에 적당한 고장이었음을 보여 준다. 대동강 유역에는 덕천 남양 유적, 평양 표대 유적, 남경 유적, 금탄리 유적, 봉산 마산리 유적, 지탑리 유적을 비롯하여 신석기와 청동기시대의 고대 대규모 부락터들이 분포되어 있다.

단군조선의 건국

첫 고대국가 고조선은 BC 30세기 초에 평양 지방을 중심으로 단군에 의하여 세워졌고, 일연이 쓴 《삼국유사》에 상세하게 서술되어 있다. 단군이 평양 부근에서 천신족과 곰 토템족의 혼인 관계에 의하여 출생하였다는 것은 단군릉이 강동에 있다는 사실과 결부시켜 볼 수 있다. 단군 신화에 나오는 태백산이 강동 지방에 있으며, 단군관계 설화가 깃든 단군굴, 단군못, 단군동들이 강동 지방에 산재되어 있다. 단군릉에서 발굴한 단군 유골의 ESR(전자상자성공명법) 수치가 5,011±267년 조건에서 5,011년 전경에 태어났고, BC 30세기 초 그가 20여 살이 되었을 때 건국했다고 볼 수 있다. 단군조선의 성립 연대 문제는 전조선(단군조선), 후조선, 만조선의 3조선 존속기간을 옳게 해석해야 한다. 만조선은 BC 194년~108년까지인데 단군조선의 성립 시기인 BC 30세기부터이면 약

2,800년간이 전 · 후 조선의 존속기간이 된다.

단군조선이 BC 30세기 초 형성되었다고 보는 고고학적 증거는 단군 유골의 계측 연대가 5,011±267년이었다는 것이고, 평양과 그 주변 100리 이내 지방에 1만 4,000여 기의 고인돌이 분포되어 있다는 것이다. 또 청동제무기인 비파형단검과 청동2인 교예 장식품 등이 BC 3000년기 초 중엽에 생산, 제작되었던 것을 들고 있다. 단군조선은 건국시조의 무덤에서 유해가 나왔으며, 국호가 '조선'이었고 수도가 처음부터 평양에 있었다. 고대국가의 존속과 그 문화 발전상을 보여 주는 노예순장무덤과 고대 성곽들, 청동무기를 비롯한 청동제품 등이 단군조선의 역사가 오래되고 독자적인 발전 경로를 밟아 왔다는 논지를 펴고 있다.[27] 이러한 북한 학계의 논지는 평양 지역에 단군 유적이 집중되어 일면 타당성이 있다고 볼 수도 있으나 고조선 강역의 전체적인 흐름보다는 대동강 유역의 평양 지역에만 초점을 맞추어 강조한 것으로 종합적인 시각이 뒷받침되어야 할 것으로 보인다.

2) 고조선의 강역 변동

고조선의 강역은 시기에 따라 확대되기도 하고 축소되기도 하면서 변천의 길을 걸었다. 단군조선의 초기 강역은 문화적으로 보았을 때 평양을 중심으로 대동강이북에서 요서와 요동 일대로 볼 수 있다. 평양을 중심으로 한 서북조선 일대 특히 강동과 성천, 묘향산과 구월산 일대에 단군과 관련된 전설과 지명이 많을 뿐만 아니라 단군조선 초기 대표적 유물의 하나인 팽이그릇이 집중적으로 출토되고 있다. 고조선의 강역은 단군조선과 후조선의 교체기에 후국들의 분립과 관련하여 북쪽과 동쪽, 남쪽에서 많이 줄어들었다고 인정된다. 그리하여 후조선 시기에는 대체로 철령 일대(요녕성), 평안북도와 자강도 접경지대, 함경남도 일대를 계선으로 하여 부여 · 구려와 접하였고, 남쪽으로는 멸악산맥 일대와 강원도 중부 일대를 계선으로 하여 한(진)국과 접하게 되었다. 그러나 고조선은 후조선 초기에 서쪽으로 세력을 뻗쳐 오늘날의 난하 중류 일대까지 일시 그 강역을 넓혔다고 볼 수 있다.[28]

중국학자들의 견해에 의하면, 요서지구 서쪽의 하가점상층문화와 요서지구 동부의 위영자문화의 질그릇들은 그 원형을 고대산문화에서 찾을 수 있고, 고대산문화는 순산둔문화로 이어질 뿐 아니라 요동 지방의 문화와도 공통성을 띠고 있다고 한다. 그리고 위영자문화는 대릉하 유역에서 창조된 문화로서 난하 이동 지역에까지 영향을 미쳤는데, 이 위영자문화의 출현은 고대산문화의 '서쪽에로의 진출'의 결과였다고 한다. 이 문화의 연대는 대체로 은허 시기에 해당하며 그 창조자는 《사기》〈오제본기〉 등에 보이는 '발인', 즉 고대조선 주민들로 보는 견해가 유력하다.[29]

후조선 초기에 해당하는 BC 2000년기 후반경에 고조선 사람들이 요서지구에 상당히 진출하였고, 이 시기에 고조선의 서변이 난하 계선까지 확대된 것으로 보인다. 그 후의 요수(BC 1세기 이전의 난하) 관계의 문헌 자료들에 근거해 보면 고조선은 대체로 BC 4세기경까지 난하 계선을 유지한 것으로 보인다. 그러다가 BC 3세기 초 연나라 진개의 침공으로 고조선은 서쪽 '2,000여 리'를 잃고 한때 요하 서쪽 요양 일대까지 물러섰으나, 다시 서쪽으로 얼마간 진출하여 지금의 대릉하(패수)를 경계로 하게 되었던 것으로 보고 있다.

문헌에 나타난 고조선 강역

앞에서 살펴본 고조선의 중심지에 이어서 문헌에 나타난 고조선 강역을 살펴보자. 중국 문헌에 등장하고 있는 고조선의 서쪽 경계를 파악해보면, 주나라 성립 이후인 BC 11세기경에도 이족들이 주나라의 변방을 자주 침공해 들어오고 있었다. 그러자 서주시기에 주는 소공석을 연에 봉하고, 당숙을 진에 봉하여 이족들의 침공을 막게 하였다. 연나라는 당시 황하이남의 소국이었으며 지금의 북경 일대는 연나라 땅이 아니라 동이족들이 거주하던 지역이었다. 북경 지역이 연나라 땅이 된 것은 BC 4세기경인 연 소왕(BC 311~270) 때 국력을 키워 북천한 때부터인 것으로 보인다.[30]

《사기》 권115, 〈흉노전〉에,

"연은 또한 장성을 쌓았는데 조양으로부터 양평에 이르렀다. 그리고 상곡·어양·우북평·요서·요동군을 설치하여 동호에 대항했다."라고 하여 연이 장성을 쌓고 5군을 설치 동호에 대항했다는 내용을 담고 있다. 진나라 때까지 요하는 지금의 요하가 아니라 난하라고 신채호 선생은 보았다.[31]

어환의 《위략》에 "연은 장군 진개를 파견하여 조선의 서쪽 지방을 침공하고 2천여 리의 땅을 빼앗아 만번한에 이르는 지역을 경계로 삼았다."라고 하여 만번한이 조선과의 경계임을 나타내고 있고, BC 3세기경까지는 고조선의 영역이 요하선까지 유지되다가 요동 지역 거점을 상실하였음을 보여 주는 것이다.

《사기》 〈조선전〉에 "연나라가 전성한 때부터 일찍이 진번조선을 공략하여 복속시키고 관리를 두기 위해 장새를 세웠다."라고 기록되어 있고, 《염철론》 권7, 비호편에 "대부 왈 옛날에 사이가 모두 강하여 침략해 들어와, 조선은 교를 넘어 연의 동쪽 땅을 빼앗았다."라고 기록되어 연의 진개가 한때 진번조선의 땅 2천여 리를 빼앗아 장새를 세웠으나, 이후 진번조선이 반격을 가하여 교를 넘어서 연의 동쪽 땅을 수복해 갔음을 설명하고 있다. 연나라와 진나라 시기까지는 요서와 요동의 경계를 이룬 요수는 지금의 난하를 가르치는 명칭으로 볼 수도 있다. 중국 고대에 요하 · 요수는 중국의 동북 지방에 있는 강의 호칭으로 여러 차례 변동되어 불렸기 때문으로 이해해야 할 것이다.

BC 3세기경 진의 중국통일과 고조선의 영역

중국의 전국시대(BC 403~221)에 연 · 제 · 한 · 위 · 조 · 초 · 진의 전국 7웅이 쟁패를 벌여 왔는데, 이 가운데 정이 이끄는 진나라가 가장 강하였다. 진은 한 · 위 · 조를 차례로 정벌하고 BC 222년에는 연나라를 그 다음 해에는 산동의 제를 멸망시켜 중국 천하를 통일하였다. 진시황은 천하를 제패한 후 기존의 열국들의 성들을 연결하여 만리장성의 수축을 추진하였다.

《삼국지》권30, 〈동이전〉30, 한 인용《위략》에,

"진나라가 천하를 통일한 뒤에 몽념을 시켜서 장성을 쌓게 하여 요동에까지 이르렀다. 이때에 조선왕 부가 왕이 되었다." "진이 연을 멸한 뒤에는 요동외요에 소속시켰는데……"

진시황은 몽념에게 장성을 쌓게 하였는데 요동에까지 이르렀고, 연나라에 의해 점령되었던 고조선의 서변 지역을 요동외요에 소속시켰다는 내용이다.

《사기》〈본기〉6, 진시황조에 "(진의)땅은 동쪽으로 바다에 이르렀고 조선에 미쳤다."

《회남자》18, 인간 훈에는 "성을 쌓았는데 서쪽으로는 류사에 이르고 북쪽으로는 요수와 만나며 동쪽은 조선과 연결되어 있다."

진나라 때 고조선의 지리적 위치는 그 유명한 만리장성의 동쪽 끝이 오늘날에 어디인가의 문제로 귀결된다. 기본적으로 진 장성은 앞선 연나라가 쌓았던 장새와 관련되는 것으로 장성의 동쪽 끝에 대해서도 통일된 견해는 없고 요서설, 요동설, 한반도 서북부설 등이 제시되고 있다.

- **요서설**은 진시황이 연나라 장성을 그대로 활용하고 북방과 경계를 이루었던 한·위·조의 성곽을 북서변으로 연결시켰다는 것이다.

  《수경주》1, 하수에 "시황이 태자 부소와 몽염에게 명하여 장성을 쌓게 하였다. 장성은 임조에서 시작하여 갈석에 이르렀는데……"언급된 대로 진 장성이 현재의 산해관 지역의 갈석산까지 연결된다는 내용이다. 《사기》의 내용에 진 2세가 갈석산에 다녀온 기록을 요동에 갔다 온 것으로 이해하고 있지만 현재의 산해관에 존재하는 갈석산의 위치에 의해 확인할 수 있다고 하겠다. 그리고 현재의 난하를 당시에는 요수로 칭했음을 논증하면서 진나라와 한나라 초기까지의 요동은 현재의 난하 이동을 가르치는 것으로 보고 있다.[32]

- **한반도 서북부설**은 낙랑군 수성현이 진나라 장성의 기점이라는 한참 후대의 《진서》지리지의 기사를 근거로 제시한 것인데,[33] 당시 장성의 축조 목적은 북방의 유목 세력의 남하를 막기 위하여 세워진 것으로 장성이 한반도 서북부에 있다는 견해는 전혀 수용될 수 없다고 본다.

- **요동설**은 《사기》〈열전〉흉노전에 "장성이 임조에서 시작하여 요동에 이

르렀는데 만여 리이다."라는 기록을 근거로 제시된 견해이다. 연과 진의 장성 유적지에 관한 고고학적 발굴성과를 참고하여 중국 고고학계가 발표하고 있는 요령성 지역의 장성은 남북으로 두 개의 줄기를 이루며 동서로 뻗쳐 있다. 북쪽 유지는 영금하 북안을 따라 적봉현 · 오한기를 횡단하고 길림성 나만기 · 고륜기 남부로부터 부신현으로 연결되는 것으로 확인하였다. 남쪽 유지는 객라심기와 적봉현 남부를 거쳐 노합하를 넘어 건평현 북쪽과 오한기 남부를 통하여 북표현으로 진입하는 것으로 보고 있다.[34]

진나라의 전국 통일 후 고조선과의 경계는 연 진개의 동진 이후에 펼쳐진 일이기 때문에 연장성이 임조에서 요동에 이르렀다는 기록을 참고해야 할 것이다. 중국의 고고학적 발굴성과에 근거하여 연장성 경계는 노합하 부근과 오한기 남부를 통해서 북표현으로 진입하는 것으로 이 지점이 BC 3세기경 고조선과 진의 경계로 볼 수 있다고 하겠다.

고조선의 북동쪽 경계

중국 사서에 고조선의 북동쪽의 경계에 대한 구체적인 기록은 없으나 사서의 여러 내용을 참고하여 그 영역을 추정해 볼 수 있다.

《후한서》〈동이열전〉 예전에는 "예와 옥저, 고구려는 본래 모두 조선의 땅이었다고 기록되어 있다."

당시의 예는 지금의 함경남도 일부와 강원도 지역을, 옥저는 함경남도와 함경북도를, 고구려는 평안북도와 중국의 길림성 남부 그리고 요령성 동부를 차지하고 있었는데 이 지역이 모두 고조선의 땅이었다는 것이다.

한민족과 고조선 · 한(韓)

당시에는 고구려와 옥저의 북쪽에는 부여가 있었다. 이 부여는 동부여를 뜻하는데 동부여는 대략 지금의 내몽고자치구 동부, 길림성 북부, 흑룡강성 전부를 차지하였던 것으로 추정된다.

《후한서》〈동이열전〉과 《삼국지》〈오환선비동이전〉에 따르면, 부여는 고구려와 동일한 풍속을 가지고 있었으며 고구려 사람들은 부여의 별종이라고 평가하였다. 언어와 풍속이 같아지려면 한 지역 안에서 오랜 기간 함께 생활하면서 문화적 교류를 갖지 않으면 안 된다. 그러므로 부여 지역도 고조선의 강역에 포함되었을 것으로 생각된다.[35] 따라서 고조선의 북부 경계는 후대 부여의 강역 경계로 보며 오늘날 중국과 몽골의 국경을 이루고 있는 얼구나허로, 동북부 경계는 중국과 러시아국경을 이루고 있는 흑룡강까지로 볼 수 있을 것이다.

고조선의 남쪽 경계

고조선의 남쪽 경계에 대해서 다양한 견해가 제시되고 있다. 조선 중기 한백겸은 《동국지리지》에서 고조선과 삼한이 한강을 경계로 자리 잡고 있다는 체계를 세워 이후 고조선의 남쪽 경계는 한강을 기준으로 구분되어 왔다. 북한 학계는 단군조선과 후조선 교체기에는 후국들의 분립과 관련해서 고조선 영역이 많이 줄어들었는데, 남쪽 경계는 예성강에서 임진강의 중하류 일대와 강원도 중부 일대를 계선으로 하여 한(진)국과 접하게 되었다고 주장한다.[36] 남한 학계는 위만조선 초기의 고조선 남쪽 경계가 대동강 유역을 경계 삼아 한(진)국과 이웃하는 것으로 보고 있다.[37]

고고학적 유물을 참고한 견해로 일반적으로 질그릇은 종류와 형태, 제작수법 등이 다양하게 나타난다. 그 다양성은 그것을 만든 주민 집단의 고유한 생활풍습을 반영하고 있으므로 팽이그릇이 나타나는 지역은 청천강유역이남과 한강유역이북 등으로 보고 있다.[38]

고조선의 남쪽 경계가 어디인가 대하여 다양한 견해가 제시되고 있는데 문헌자료와 고고학적 유물을 참고해 볼 때 시기에 따라 경계가 달라진 것으로 보고 있다. 필자는 준왕시기까지는 대동강 유역을 경계로 하였고, 위만조선기에는 진번을 복속시켰기 때문에 멸악산맥 주변을 남쪽 경계로 보고 있다.

4. 위만조선과 한(漢)

1) 위만조선과 한의 충돌

중국 전국시대와 진·한 교체 격동기를 거친 위만은 진의 옛 땅 상하장에서 세력을 키운 뒤 준왕을 축출하고 위만조선을 수립하였다. 그 후 위만조선은 부국강병책을 적절히 사용하여 인근 세력인 진번·임둔을 복속시키는 등 정복국가로 성장하였다. 이후 위만의 손자인 우거왕 대에 이르러 철제무기를 기반으로 강력한 군사력을 보유하게 되었다. 군사력을 배경으로 위만조선은 주변 세력들의 대 한나라교역을 중계함으로 중계무역의 이익을 독점키 위해 무역로 차단을 시도하였다. 이러한 행태는 주변 정치 집단과 한나라에 위만조선이 위협 세력으로 인식되는 결과를 초래하게 되었던 것으로 보인다. 당시 한나라와 흉노의 치열한 전투관계를 상정해 보면, 흉노와 고조선의 군사적 연대는 한나라에 상당히 위협적인 상황을 가져올 수 있기 때문에 한나라는 조선 침공을 시도하게 된 것으로 보인다.

《사기》 서3, 율편에 "효문제가 즉위하였을 때 장군 진무 등이 의논하여 말하기를 '남월과 조선은 진의 전성기에 내속하여 신하가 되었었는데 그 후에 병력을 갖추고 험한 곳에 의지하여 엿보고 있습니다.' 라고 하였다."

장군 진무가 위와 같은 판단을 내리게 된 것은 당시 북방의 강호 흉노가 동호를 격파하는 등 계속 팽창하고 있어 상당히 경계하고 있었는데, 중국과 경계를 접하고 있는 남월과 조선이 군세를 키워가고 있기 때문에 상당한 위협감을 느끼고 있음을 표현한 것으로 보인다.

《사기》〈조선전〉에 "손자인 우거에 이르렀는데 한의 망인들을 꾀어 모은 자가 자못 많았다. 또 일찍이 천자에게 입조하지 않을 뿐만 아니라 진번 옆의 여러 나라들이 글을 올려 천자를 알현코자 하여도 가로막아 통하지 못하게 하였다."

위만의 손자 우거왕 대에 이르렀을 때에도 위만조선은 한나라를 이탈한 유민들을 모아 상당한 세력을 키워 나가고 있었다. 그뿐만 아니라 주변 정치 세력들이 천자에게 입조하는 것을 중간에 가로막아 외신의 의무를 다하지 않는 등, 한에 위협적인 존재로 성장하였음을 알 수 있다. 위만조선이 한나라에 위협적인 세력으로 커가고 있을 때, 한나라는 흉노를 먼저 공략하고 평정하여 하서 4군을 설치하였다. 이어서 위만조선을 통제하기 위하여 섭하를 사신으로 보냈으나 별 성과가 없이 결렬되었고, 섭하가 전송하던 조선 비왕을 살해하고 한나라에 귀국하게 되었다. 한나라는 귀국한 섭하를 요동 동부도위에 임명하여 위만조선을 자극하자 위만조선은 섭하를 공격하여 죽이게 되었고, 한나라와 위만조선은 급기야 전쟁에 돌입하는 양상이 벌어지게 되었던 것이다.[39]

《사기》 권115, 〈조선전〉에,

"한은 BC 109년 가을 수륙양군을 동원하여 조선을 공격하였다. 루선 장군 양복은 제병 7천을 거느리고 산동반도에서 발해를 건너 왕험성으로 공격하여 들어갔고 좌장군 순체는 요동 지역의 병사 5만을 거느리고 출동하였다. 한의 수군은 주력군인 육군과 합동작전을 펼치기 위해 열구에서 기다리기로 하였으나 육군의 진격이 늦어져 단독으로 왕험성을 공격하다 조선의 수군에게 패하였다. 육로군도 요동병이 먼저 국경인 패수방면에서 위만조선군에게 격파되었으며 본진도 패수서군에게 격퇴되어 교착상태에서 양국 간의 화의가 추진되었다. 한무제는 위산을 파견하여 화의를 타결코자 하였으나 …… 화의는 결렬되었다. 그러자 한은 제남태수 공손수를 파견하여 위만조선을 다시 공격하였다."

이후 1년여에 걸친 전쟁에서 위만조선은 잘 버티다가 결국 지배층의 분열과 우거왕의 피살 등에 의하여 방어능력이 급격하게 약화되었다. 최후까지 항전하던 대신 성기 등 주전파의 노력도 성과 없이 BC 108년 위만조선은 붕괴되고 말았다. 위만조선은 한나라의 막강한 육·해군의 공격에 초반에는 잘 대응하여 화의가 추진되기도 하였지만 우거왕을 중심으로 하는 주전파 세력과 조선상 로인·니계상 참·상 한음·장군 왕협 등 주화파 세력 간의 내분으로 고조선은 결국 망하게 되었다. 이후 주화파 세력들은 중국과의 화의를 통해 중심 세력으로 새롭게 부상하여 위만조선은 역사 속으로 사라졌지만 그대로 영향력을 유지했던 것으로 보인다. 한무제가 원봉 3년 조선을 평정하고 4군을 설치했다고《사기》〈조선전〉에 기록된 것은 우리 민족사에 외세의 지배를 받는 첫 사례로 이후 2,000년 동안 중화제국의 영향을 받게 되는 뼈아픈 역사 장면으로 기억되고 있다.

한민족과 고조선·한(韓)

2) 위만조선의 정치구조

　격동기에 군사력을 기반으로 등장한 위만은 망명 초기에는 준왕 치하의 고조선 서계의 번병으로 역할을 하였으나 점차 유이민과 토착민을 규합하여 상당한 세력을 형성시켰다. 세력이 커져 감에 따라 준왕에게 하사받은 100리 땅으로는 세력을 유지할 수 없었고, 한나라의 위협도 불안의 요인이 되었을 것이다. 결국 위만은 은혜를 원수로 갚듯이 준왕을 공격하여 무너뜨리면서 정복 국가적 성격의 왕조를 탄생시켰던 것으로 보인다.

　《사기》〈조선전〉에 위만조선이 성립된 이후 상층 지배 집단으로 왕·태자·비왕·상·경·장군 등의 명칭이 등장하게 된다. 이러한 기록을 참고해 보면 위만은 준왕 때보다 한 단계 높은 왕격을 유지한 것으로 보인다. 준왕은 한나라에 조선후로 인식되던 상황에서 왕을 자칭한 것에 비해 위만은 왕으로서 상당한 수준을 보여 주고 있는 것으로 보인다. 특히 '태자'라는 호칭을 쓰고 있는 점에서 부자가 왕위를 계승하는 왕실이 존재하고 있음을 나타내고 있다 하겠다.

① 고조선의 지배구조
– 지역 종족의 책임자 상

　위만조선에는 왕·비왕과 함께 최고위 신분층으로 상이라는 관직이 언급되어 있다. 《사기》〈조선전〉에 기록된 상 한음, 상 노인, 니계상 참 등이 있는데 위만조선의 영역 중 노인은 조선 지역을, 참은 니계 지역의 책임자로 직무를 수행하는 직위로 보인다. 이들은 왕과는 혈연관계에 놓여 있지는 않지만, 지역분담을 통해 왕의 통치를 대행하는 역할을 맡았던 사람이거나 문관 직으로 고위직을 맡았던 사람들을 상이라고 부른 것 같다. 위만조선이 망한 후 니계상 참과 한음 등이 한나라로부터 1,000~2,000 호와 500여 호를 사여받은 것을 볼 때 상의 영향력은 상당한 것으로 볼 수 있다. 위만조선 말 역계경 상이 진국으로 망명할 때 소국의 평균 인구 규모로 볼 수 있는 2,000여 호의 주민을 이끌고 갔다는 것은 상이라는 직위가 큰 규모의 지역적 기반과 정치력을 가졌음을 보여 준다.

– 군사조직의 책임자 장군 · 비왕

장군이라는 직책은 위만이 군사력을 동원해서 일종의 쿠데타를 일으켜 준왕을 축출했기 때문에 국가체제를 갖출 때 초기부터 사용했을 것이다. 장군의 역할은 왕과 비왕 밑에서 치안을 담당하고 군대를 실질적으로 지휘 통솔했던 것으로 보인다. 위만조선에 '패수상군' '패수서군'이라고 부르는 단위부대가 있었다는 것은 조직화된 군사 조직체계가 있었음을 분명하게 나타낸다. 한나라와 화의가 논의될 때 한에 군량과 말 5,000필, 병사 10,000여 명을 제공하려 했던《한서》기록은 당시 위만조선이 상당한 군사력을 보유하고 있음을 보여 준다고 하겠다.

비왕은《사기》〈조선전〉협주에 '장사'라고 기록되어 장수라고 볼 수 있고, 본문에서 한나라 사신 섭하가 자신을 전송하기 위해 나왔던 비왕 장을 죽인 후 한으로 돌아가 '신이 조선의 장수를 죽였습니다.'라고 한 내용을 볼 때 군 직책과 관련된 호칭임을 알 수 있다. 비왕은 원래 왕을 보좌하는 부왕과 같은 존재이나 위만조선에서는 사신 접대나 무력에 관한 역할도 수행한 군사 최고위급 책임자로 볼 수 있다.

– 중간 지배계급 궁인

위만에게 축출되었던 준왕이 망명 시 동행했던 '좌우궁인'과 같은 직위는 왕의 측근에서 수행하는 필수 관직으로 일반 백성들과는 구별되는 신분으로 보인다. 궁인과 같은 중간신분 집단의 존재를 통해서 고조선의 국가조직이 체계적으로 구성되어 있음을 이해할 수 있다.

고조선은 원래 국가 형성 과정에서 혈연 의식이 강한 단위 정치체의 대소족장 세력을 국가의 지배 신분층으로 편제한 것으로 보인다. '상'과 '장군'직으로 편제된 이들은 지역 기반을 가진 세습 귀족을 형성하고 왕을 보좌하여 국가의 주요 업무를 처리한 것으로 볼 수 있다. 그러나 고조선의 관직체계는 문헌기록으로 볼 때 중국과는 달리 분화가 미흡한 상태로 문관직의 경우 대부분 상이라고 부르고 무관직은 장군이라고 호칭하는 등 특징적인 관직체계를 유지했다.

한편 중앙의 왕은 읍락의 우두머리인 대거수 또는 거수를 통해 지방사회 통제력을 행사하였으며, 유력한 지방의 거수들은 중앙으로 진출하여 상직에 오르기도 한 것으로 볼 수 있다.

② 고조선 토착 읍락

《사기》〈조선전〉의 기록을 보면 고조선의 지방사회는 일정한 수의 읍락으로 구성되어 있음을 알 수 있다. 대표적으로 위만조선처럼 '국'을 형성한 진번·임둔 등이 '소읍'으로 표기된 것으로 보아 위만조선 사회에서 '소읍'이라는 표기는 삼한의 소국 이상의 규모를 가진 읍락을 의미한다고 하겠다.

삼한의 78소국들은 대소의 읍락 집단으로 구성된 정치 집단이다. 그리고 소국의 기층사회를 구성한 읍락은 삼한사회뿐 아니라 한반도 각지의 취락 집단의 일반 명칭이기도 하지만 동시에 각 지역의 소규모 정치 집단에 대한 지칭이기도 하다.[40] 따라서 고조선의 읍락은 자연촌락과 구별되는 일정 지역 내에서 정치 경제적으로 통일된 의견을 나타낼 수 있는 지역 집단으로 볼 수 있다. 고인돌과 비파형동검문화를 기반으로 성장, 발전한 고조선 사회는 혈연 집단으로 구성된 다수의 읍락들이 중심이 되어 형성되었을 것이다.

삼한 소국에 관한 기록은《삼국지》나《후한서》등에 구체적으로 기록되어 있으나 고조선의 읍락에 관한 기록은 문헌에 나타나 있지 않다. 청동기문화 단계 이래로 형성되어 온 대소의 세력 집단이 소국을 출현시킨 읍락 집단으로 발전해 갔기 때문에 지석묘와 청동기를 부장한 무덤 등 청동기시대 유적지를 중심으로 고조선의 읍락 분포상태를 파악할 수 있을 것이다. 대표적으로 왕검성이 있던 지역으로 추정하는 대동강 유역의 평양 지역을 읍락 분포의 중심지라고 볼 수 있는 것이다.

③ 고조선의 정치

위만조선의 정치구조는 대부분의 주민 구성원인 토착 고조선계와 일부 중국 유이민계 집단이 연합하여 정치를 운영해 간 것으로 보인다. 앞에서 살펴본 대로 지역명을 띤 많은 토착의 족장들은 상직이라는 관직을 갖고 있고, 상대적으로 중국 이주민의 중앙 관료로의 진출은 소수에 불과한 것으로 보인다. 중국계 유이민 세력들은 중국의 혼란과 고역을 피해 고조선으로 도망해 왔기 때문에 진나라의 엄격한 법질서를 거부하고 고조선이라는 다수의 토착사회체제에 흡수된 것으로 보인다. 위만은 고조선 사회의 전통적인 지배체제를 계승하여 조선이라는 국호를 그대로 사용하고 정치의 안정을 꾀하기 위해 한나라의 외신직을 수행한 것이다.

위만은 한나라와 교류에서 받아들인 철기문화와 경제적 이득을 바탕으로 주변 지역을 정복해 가게 된다. 한나라의 선진 철제무기를 갖춘 군사력으로 주변 지역의 소읍과 소국들을 예속시킨 내용은,

《사기》〈조선전〉에 "고조선이 그 인방의 소읍을 침략하여 항복시키니 진번·임둔이 모두 예속하였다."라고 기록되어, 고조선과 인접해 있는 남쪽 지역의 진번과 동쪽 지역에 있는 임둔과 같은 소국 들을 예속시켜 강역을 넓혀 간 것이다.

고조선 왕은 확대된 여러 지역의 수취기반으로 각 지역에 설치된 읍락의 조직을 이용한 것으로 보인다. 이전부터 유지해 오던 지역공동체적 관계를 파괴하지 않고 그 지역의 우두머리를 통하여 간접 지배하는 방식을 택한 것이다. 고대사회에서 정복과 피정복 관계에서 벌어지듯이 고조선은 주변 소읍들을 예속시켜 이들 예속지에서 포로를 노예로 끌어갔을 것이고, 그 지역의 우두머리를 통해 필요한 물품을 상시로 수탈하는 제도를 적용했던 것으로 볼 수 있다.

3) 위만조선의 사회

위만조선의 사회 성격이 어떤 것인지는 구체적으로 알 수 없지만, 사서 기록에 나타나는 조선상 노인의 아들 최라는 사람의 내용으로 보아 지배계급 층에서는 부자지간에 신분 세습이 이루어진 것을 알 수 있다. 따라서 고조선 사회는 왕을 중심으로 중앙지배 계급, 지방지배 계급, 평민, 노예 등 다층제의 신분제를 유지해 갔던 것으로 보인다.

위만조선 시기의 인구수에 대해서는 구체적인 숫자는 없지만 《한서》

기록에 '예군 남려의 28만 명', 《삼국지》 기록에 '역계경과 함께 망명한 2천 호' 등을 통해서 상당한 규모의 인구가 존재하였던 것으로 유추해 볼 수 있다. 또한 한무제에 의해 설치된 한 군현 이후의 인구 상태를 기록한 《한서》 지리지와 《후한서》에 나타난 인구 숫자를 통해 위만조선의 인구수를 가늠해 볼 수 있다. 《한서》 지리지에서는 '낙랑군이 25현 62,812호로 406,748명'으로 기록되어 있고, 《후한서》에는 '18성 61,492호 257,050명'으로 기록되어, 위만조선의 낙랑군 인구는 대략 40만 명 정도로 추정해 볼 수 있다.

낙랑 1군에 40만여 명 정도의 인구를 가진 고조선 사회는 그들을 통제하기 위하여 복잡한 사회조직이 필요했을 것으로 보인다. 많은 인구를 지닌 사회의 질서를 유지하기 위해서는 치안을 유지할 수 있는 군사력과 사회법이 필요하게 된다. 《한서》 지리지에 고조선에는 기자가 만든 8조 법금이 있었는데, 이것이 후에 한나라의 영향이 미치면서 풍속이 혼탁해져 60여 조의 법령으로 제정된 것으로 기록되어 있다. 8조 법금은 고조선 후기의 사회 모습을 반영한 것으로 살인한 자는 사형에 처하고, 상해를 입힌 자는 곡식으로 보상하게 하고, 도적질한 자는 노예로 삼거나 아니면 50만 전을 내도록 규정하고 있다. 이러한 실정법은 생명의 존중과 신체의 보호 및 사적 소유와 노비제도가 존재하고 있음을 보여 주고 있다. 특히 남의 물건을 도적질한 자가 노비가 되지 않기 위해서는 50만 전을 내야 한다는 것은 화폐가 유통되고 있고, 그것을 집행하는 국가통치질서가 작동되고 있다는 것을 보여 주는 방증이라 하겠다.

4) 위만조선의 멸망과 한 군현 설치

한나라는 위만조선을 멸한 후 그 땅에 낙랑군을 설치하고 위만조선에 복속되었던 지역에 임둔군·진번군을 설치하였으며 그다음 해인 BC 107년에는 현도군을 설치하였다. 이에 관한 기록으로 《사기》〈조선전〉에는 한무제가 원봉 3년 조선을 평정하고 4군을 설치하였다고만 기록되어 있다. 《한서》 무제본기에는 4군의 명칭이 낙랑·임둔·현도·진번으로 기록되어 있다. 그러나 《한서》 지리지에는 낙랑·현도의 2군만 나타나 있다. 이처럼 중국 측 사서의 기록상 차이는 한 4군이 실제 설치되고 직접 통제하였는지 의문을 가지지 않을 수 없다. 실제로 한사군 중 진번군의 경우 《한서》 소제본기 시원 5년(BC 82년)에 담이군과 함께 폐지된 것으로 되었으며, 임둔군도 이때 함께 폐지된 것으로 나타나 있다. 현도군은 BC 75년에 그 위치를 이동하고 있다. 《한서》의 기록대로라면 한 4군은 겨우 26년 정도 존재했다고 볼 수 있다.

《삼국지》 권30, 〈동이전〉 30, 동옥저조에,

"한무제 원봉 2년 조선을 벌하여 만의 손자인 우거를 죽이고 그 땅을 나누어 4군으로 만들었는데 옥저성으로 현도군을 삼았다. 후에 이 맥들의 침입을 받아 군을 구려의 서북으로 옮겼으니 지금 이른바 현도고부가 그곳이다. 옥저는 다시 낙랑에 속하였다."

위 기록은 원봉 2년(BC 108년)에 4군을 설치했는데, 옥저성을 현도군으로 삼았으나 이 맥들의 침입으로 구려의 서북으로 현도군 치를 옮기고, 옥저를 다시 낙랑군 소속으로 옮겼다는 내용이다.

이후 후한 건무 6년(AD 30년)에는 옥저 지역의 동부도위가 폐지되었으며,《한서》지리지에는 낙랑군에 25개의 현이 있었다고 되어 있다. 그러나《후한서》지리지에는 낙랑군의 18성이라고 기록되어 있어 낙랑군이 축소되어 가고 있는 상황을 보여 주고 있다. 한 군현은 중국 측 사료에 나타나 있는 것처럼 한나라의 통제와 관리의 파견 등에 의해 직접적 통제가 이루어졌던 것으로 해석하기도 한다. 그러나 낙랑군을 제외한 진번·임둔군이 설치된 후 26여 년 만에 폐지되거나 현도군처럼 구려의 서북쪽으로 축출되었다는 사실은 한나라가 설치한 군현들이 이전 위만조선 전체 지역을 직접 통제한 것은 아니었음을 보여 주고 있다. 존속기간이 가장 길었던 낙랑군도 한나라의 직접통치를 받는 군현적 성격을 띠기도 하였지만 그러한 성격은 전한시대에 한정되며 이를 제외한 대부분 기간은 중국 유이민계 집단의 자치도시적인 성격을 가진 존재였던 것으로 보인다. 종래 이들 군현의 성격에 대해 일본인 학자들은 중국의 직접지배에 의한 통제를 상정하여서 한군현의 성격을 중국의 식민지라는 측면에서 이해하였다. 그러나 한군현의 성격을 이와 같이 볼 수는 없으며, 이들은 중국과 밀접한 관련을 맺고 있던 유이민 집단의 자치도시이거나 무역을 위한 조계지와 같은 성격의 존재로 보아야 한다는 의견이 유력하다.[41]《삼국사기》〈고구려본기〉에 보면 대무신왕 20년(AD 37)에 최리의 낙랑국을 복속시켰는데, 이것은 낙랑이라는 명칭이 한나라의 군현명만 있는 것이 아니라 독립된 나라가 존재하였음을 입증하는 것이다.

한반도 서북부에 대한 영향력이 점점 약화되자 후한의 광무제는 군사를 보내어 세력 만회를 꾀하는 기록이 있다.

《삼국사기》권14,〈고구려본기〉2, 대무신왕 27년 조에,

"가을 9월 후한의 광무제가 군사를 보내어 바다를 건너와서 낙랑을 치고 그

지역을 탈취하여 군현을 삼으니 살수이남이 한나라에 속하게 되었다." 이 기록에 따르면 낙랑군은 계속적으로 유지되지 못하고 유명무실한 존재임을 알 수 있다. 결국 이 같은 후한 광무제의 시도는 고구려의 요서 진출 등으로 실효를 거두지 못한 것으로 보인다. 한 군현은 초기 고조선 지역에 대한 통제와 견제를 목적으로 설치되어 직접 지배를 시도하였으나 토착사회의 반발과 저항에 의해 대부분 축출되거나 쇠퇴하여 토착사회와 병존하면서 중국계 유이민의 자치 세력이나 중계무역의 조차지와 같은 형태로 존재되었던 것으로 보는 것이 타당하게 보인다.

한사군은 지금의 난하와 요하 사이에 존재했다

한국 고대사를 중국 문헌사료 중심으로 연구해 온 윤내현 교수에 의하면, 한사군은 한반도 서북부 지역에 설치된 것이 아니고 지금의 난하와 요하 사이에 설치되었다는 주장을 설파하고 있다. 그 내용은 《삼국유사》 〈고조선조〉에 기자가 고조선으로 망명해 온 뒤 고조선은 도읍을 장당경과 아사달로 두 번 옮긴 것으로 기록되어 있다. 이것은 기자국이 고조선의 서부에 자리했고, 고조선은 그 동쪽에 계속 존재하면서 도읍을 옮겼음을 말하는 것이다. 따라서 기자국의 정권을 빼앗은 위만조선은 고조선의 서쪽에 있어야 하는 것이다. 위만조선은 건국 후 동쪽으로 고조선을 침략하여 지금의 대릉하까지 그 영토를 확장시켰다는 것이다. 서기전 108년에 한무제는 위만조선을 멸망시킨 후 그곳에 낙랑군·임둔군·진번군 등 3개의 군을 설치한 뒤 고조선의 서부를 침략하여 지금의 요하까지 빼앗아 대릉하와 요하 사이에 한사군이 설치되었던 것이다.[42]

낙랑군은 한사군 지역의 서남부에 위치하고 있는데, 대체적으로 지금의 중국 하북성 동북부에 있는 창려현의 갈석과 난하 중류를 그 서쪽 경계로 하고 있었던 것이 분명하다. 그 지역은 위만조선의 서남부 변경이었고, 위만조선 이전에는 고조선의 서남부 변경이었다. 낙랑군에 속해 있었던 조선현은 난하 중하류 동부 연안에 위치해 있었는데 이곳에 기자국이 그 말기에 자리해 있었음도 확인되었다. 서기 313년 고구려 미천왕은 낙랑군을 축출한 것이 아니고 난하 동부 연안의 낙랑군을 고구려가 공략한 연대이다.

지금의 평양 지역에는 한사군의 낙랑군과는 다른 또 하나의 낙랑이 있는데 그것은 최리의 낙랑국이었다. 최리의 낙랑국은 BC 32년보다 앞선 시기에 건국되었는데, 난하 부근의 낙랑군 지역으로부터 이주민들이 평양 지역에 와서 건국하였기 때문이다. 최리의 낙랑국은 서기 37년에 고구려에 의하여 멸망되었다. 그 후 7년이 지난 서기 44년에 동한의 광무제는 평양 지역을 공략하고 그 지역에 군사기지인 낙랑을 설치하여 행정적으로 낙랑군에 속하게 하였다. 동한 광무제가 이 지역을 공략한 것은 성장하는 고구려를 견제하기 위해서인 것으로 보인다.

서기 196년부터 220년 사이에는 공손강이 난하 하류 동부 연안에 있던 낙랑군을 나누어 대방군을 설치한 후 공손모 등을 평양의 낙랑에 파견하여 황해도 사리원 지역을 공략하고 그 지역이 신설된 대방군에 행정적으로 속하게 하였다. 한반도의 낙랑과 대방은 서기 300년에 완전히 멸망하여 한반도에 설치되었던 중국의 군사기지는 축출되었다. 그러므로 한사군이 한반도 북부 지역에 있었던 것이 아니고 지금의 난하와 요하 사이에 설치되었던 것으로 보고 있는[43] 견해로 문헌사료상으로는 논리적이나 고고학적으로 입증이 되어야 하는 과제가 있는 것으로 본다.

한민족과 고조선 · 한(韓)

5. 고조선문화권의 여러 나라

고조선문화권의 여러 나라

　고조선이 존재하였던 시기에 고조선 청동기문화권으로 볼 수 있는 부여 · 읍루 · 옥저 · 동예 등 여러 나라의 현황을 사서의 기록을 중심으로 간단히 살펴보고자 한다. 여러 나라 중 부여는 위만조선이 망한 뒤 고구려가 등장할 때까지 만주 지역에서 예맥문화권을 지탱해 온 중심 세력이라고 볼 수 있다. 특히 472년 백제 개로왕이 북위에 보낸 외교문서에서 백제의 근원이 부여에서 나왔다고 하는 계승의식을 가진 것으로 보아 부여는 우리 민족사에 큰 줄기 가운데 하나로 평가되어야 한다.

1) 부여

(1) 부여의 성립

부여는 백두산 천지에서 북쪽으로 흘러 형성된 송화강 유역의 광대한 송눈평원을 배경으로 연해주까지 걸쳐 성장했던 예맥계족으로서 한민족의 일원을 구성했던 유서 깊은 나라이다. 한국사에서 부여라는 명칭은 북부여 · 동부여 · 부여 · 졸본부여 · 남부여 등으로 불린 바 있다. 송화강 유역에 북부여가 성립되었고, 그 북부여에서 고구려를 건국한 시조 추모왕, 즉 주몽이 나왔다고 〈광개토왕릉비〉에 기록되어 있다. 주몽은 압록강의 지류인 혼강에 이주하여 고구려의 모체가 되는 졸본부여를 BC 37년에 세웠던 것이다. 이후 졸본부여의 비류와 온조가 한강 유역으로 이주하여 백제를 세웠으며, 백제 왕실은 성씨를 부여 씨로 삼아 부여의 건국 시조인 동명왕을 제사 지내왔다. 이후 고구려와 백제는 부여의 별종임을 나타내《삼국지》등에 기록되어 있고《무경총요》에서는 발해도 "부여의 별종으로서 본래 예맥의 땅이었다."라고 하여 발해가 고구려나 백제처럼 부여 계통에서 나온 것으로 해석되고 있다.

부여라는 이름이 기록상 가장 빠른 문헌은《상서》〈주관〉편에 "무왕이 동이를 정벌하니 숙신이 방문해서 축하했다."라는 기록에 대해, 공안국의 주석은 "해동의 여러 이족 구려 · 부여 · 한 · 맥 등과 같은 족속인데 무왕이 상을 이기니 모두 길이 통했다."라고 해석하였는데, 이 내용대로라면 부여가 서주 무왕시대인 BC 11세기 무렵에 언급되고 있다. 이후《사기》권129, 화식열전에 "연이 북으로 오환 · 부여와 인접했다."라고 하여, 동쪽의 조선 · 진번과 함께 그 이름이 보인다. 부여는 이미 선진시대부터 조선과 더불어 중국에 알려졌던 것으로 볼 수 있다.

부여의 명칭은 《산해경》에 '불여', 《일주서》 왕회 편의 '부루'가 부여라는 설이 있고, 한나라가 흉노의 좌지를 평정한 후인 BC 119년부터 한무제가 한 군현을 설치하기 전 시기에 출현했다는 설[44] 등이 있다. 북한 학계는 《사기》 권129, 〈열전〉 69, 화식의 오씨 과조에 진시황 때 오씨현의 '과'라는 사람이 주변 나라들과 장사를 하여 큰 이득을 본 내용을 전하는 중에 부여라는 명칭을 쓴 것으로 보아, 부여는 진시황 때(BC 246~210)에 이미 존재했다고 하여 고조선 시기에 있었던 것으로 보고 BC 3세기 후반경으로 비정하고 있다.[45]

한국 문헌에는 《삼국유사》 권1, 〈북부여조〉에,

"전한의 선제 신작 3년 임술 4월 8일에 천제가 흘승골성에 내려와서 오룡거를 타고 도읍을 정하여 왕이라 칭하며 나라 이름을 북부여라 했다. 스스로를 해모수라 불렀는데 아들을 낳아 이름을 부루라 하고 해로써 씨를 삼았다."라고 하여 북부여에 관한 내용을 전하고 있다.

《삼국유사》 권1, 〈동부여조〉에,

"북부여왕 해부루의 상 아란불이 꿈을 꾸었는데 천제가 내려와 '장차 네 자손으로 하여금 이곳에 나라를 세우게 할 것이니 너는 이곳을 피해라. 동쪽의 바닷가 가섭원이라는 땅이 있는데 토양이 기름지니 왕도를 세우기에 알맞다.'라고 말했다고 했다. 아란불이 왕에게 권하여 도읍을 그곳으로 옮기고 나라 이름을 동부여라고 하였다."라고 하여 동부여에 관한 내용을 전하고 있다.

김부식의 《삼국사기》 〈고구려본기〉 시조 동명성 왕조에 "부여왕 해부루가 동쪽의 가섭원으로 옮겨 동부여를 세웠다."라고 기록하여 부여왕 해부루가 동쪽으로 나라를 옮겨 동부여를 세운 것으로 서술하고 있다.

앞의 내용을 정리하면, 부여는 BC 3세기 후반 송화강 유역에서 북부여가 건국되었고 북부여에서 동부여와 졸본부여가 나온 것으로 볼 수 있다.

부여족의 기원

부여족에 관한 기록이 문헌사료에서 명확하게 나타난 내용은 없다. BC 1세기 중엽 후한 초 사상가인 왕충이 지은 《논형》 길험편에 "옛날 북방에 고리라는 나라가 있었는데, 그 왕의 시녀가 임신을 하였다. …… 그 뒤에 아들을 낳았다. 왕이 그 아이를 돼지우리에 버리자 입김을 불어 주어 죽지 않았고 …… 왕은 천제의 아들일 것이라 생각하여 그 어머니에게 거두어 기르게 하고는, 이름을 동명이라 하고 항상 말을 사육토록 하였다. 동명이 활을 잘 쏘자 왕은 자기 나라를 빼앗길까 두려워하여 죽이려 하였다. 이에 동명은 달아나서 남쪽의 엄호수에 당도하여 활로 물을 치니 물고기와 자라가 떠올라서 다리를 만들어 주었다. …… 동명은 부여 지역에 도읍하여 왕이 되었다. 이런고로 북이에 부여국이 있게 되었다."

이 내용에 의하면, 후한 때 북방에 고리라고 하는 나라가 있었고 그 시녀가 왕의 아이를 임신하여 출생된 자가 동명이라고 하였다. 그런데 동명이 활을 잘 쏘자 위험인물로 간주하여 왕이 죽이려 하였다는 것이다. 이에 동명은 남쪽의 엄호수를 건너 부여 지역에 도읍하여 왕이 되었다는 설화이다. 이 설화의 요지는 동명족들이 고리국에서 세력이 커지자 집단 내부에 갈등이 생기게 되고 결국 남하하여 나라를 세웠다는 것이다. 부여 건국 이전 길림 지역에 번성했던 청동기시대 서단산문화를 영위한 종족을 고고학계에서는 예맥으로 보고 있다.《후한서》부여조에 부여국이 본래 예의 땅이라고 기록되어 있는 것을 참고하면 송요평원과 송화강 유역의 선주민이었던 예족들과 맥족이 연합해서 부여라는 나라를 세웠다고 볼 수 있다.

(2) 부여의 강역

부여는 BC 3세기 후반부터 AD 494년까지 약 700여 년간이라는 긴 세월 동안 성립되었기 때문에 그 영역은 상당한 변화를 거쳤을 것으로 짐작해 볼 수 있다.

《삼국지》권30, 〈동이전〉 30, 부여조에,

"부여는 장성의 북쪽에 있는데 현도로부터 천 리 떨어져 있다. 남쪽으로는 고구려, 동쪽으로는 읍루, 서쪽으로는 선비와 접하며, 북에는 약수가 있다. (땅은) 사방 2천 리가 되며 호수는 8만이다. …… 동이의 지역에서 가장 평평한 곳으로 토질은 오곡이 자라기에 알맞다."라고 기록되어 부여의 영역이 한 장성과 고구려의 북쪽, 읍루의 서쪽, 선비의 동쪽과 접하며, 약수의 남쪽에 위치한 것으로 상당히 구체적으로 서술하고 있다. 한나라 때 현도군에서 동북쪽으로 천여 리 떨어진 곳에 자리 잡은 부여는 사방 2천 리의 넓은 땅이자 동이 지역에서는 가장 평탄한 땅이 펼쳐져 있어 오곡농사에 적합한 곳으로 소개하고 있다.

부여의 위치를 오늘날 길림성 북부나 흑룡강성 지역 또는 송화강 유역 등으로 보고 있는데, 그것은 북부여의 위치를《삼국지》나《후한서》등에 기록된 부여의 위치를 참고한 것이다. 고고학적으로는 서단산문화가 발굴된 오늘날 길림시와 장춘시 일원인 길장지구로 보고 있다. 그 배경은 대개 길림시 일대의 서단산문화를 부여 선주민의 문화로 보고, 이후 길림 일대의 한·부여 시기의 여러 유적과 유물 특히 동단산 남성자는 궁성으로 용담산성 일대는 도성으로 보기 때문이다.[46]

부여의 북쪽 경계로 약수가 등장하는데 약수는 《삼국지》 부여전과 《후한서》 부여국전에서 부여의 북쪽 국경이었다고 기록되어 있다. 《진서》〈동이전〉 숙신씨조에 "숙신의 북쪽은 약수를 끝으로 했다."라고 기록되어 있고, 또 약수라는 강은 부여뿐만 아니라 숙신까지도 경유하면서 흐르는 큰 강이었으므로 그러한 강은 흑룡강 밖에 없다고 보고 있다.[47] 여기서 설명하는 흑룡강은 중국 쪽에서 부르는 이름이고, 아무르강은 러시아 쪽에서 부르는 강 이름이다. 강의 상류는 내몽골과 몽골의 경계를 흐르는데 아르군강이라 불리고, 중류는 흑룡강성과 러시아의 경계를 이루는 흑룡강이라고 부르며, 하류는 서남에서 동북으로 흘러 연해주를 관통 오호츠크해로 흘러들어 가는 아무르강으로 불린다. 이러한 기록을 근거로 그 당시 흑룡강과 아무르강 주변에 별다른 세력이 없었던 것으로 보이기 때문에 부여의 강역은 길림성 북부와 내몽골자치구 동부 및 흑룡강성 대부분을 차지했던 것으로 볼 수 있다고 하겠다.

이후 부여는 읍루를 복속시켜 그 영향력을 연해주까지 확장해 간 것으로 보이는데, 《삼국지》 읍루전에 "한 이후부터 부여에 신속되었다."라고 하여, 부여가 읍루를 신속시킨 시기가 서한(BC 202년~AD 6년) 때인 것으로 추정된다.

(3) 부여의 사회 정치

부여는 고조선과 비슷하게 여러 소국으로 출발했다가 점차 합하여 연

한민족과 고조선·한(韓)

맹왕국으로 발전하게 되고, 왕권이 부자 세습되는 안정된 통치체제를 유지했던 것으로 보인다. 부여의 사회는 《삼국지》와 《후한서》의 기록에 보면 치자 계급으로 왕·제가·제사 등이 있고 피치자 계급으로 호민·하호·노비가 있다. 중앙에 왕이 있어 그 밑에 마가·우가·저가·구가가 있어 대가라고 하였다. 이들은 왕과 같이 직속의 가신으로 대사·대사자·사자 등을 두었다. 제가는 수천 수백 가로 이루어진 사출도를 통솔하는 독자적 세력을 갖고 있는 존재로 《삼국지》 부여전에 "제가는 나누어서 사출도를 주관했는데 큰 것이 수천 가, 작은 것이 수백 가였다."라는 기록처럼 지역에 따라 세력이 상당한 차이가 있음을 보여 주고 있다.

제가들은 왕이 있는 중앙에 머무르면서 네 방위의 사출도로 포괄되는 읍락공동체를 다스리는 고위관리의 역할을 수행한 것으로 보인다. 또 제가는 지방에 있는 수천 가의 하호 및 노예를 관장하고, 전란이 발생하면 제가 단위로 출전하는 군수장의 역할을 수행한 것으로 볼 수 있다. 제가의 통솔을 받는 읍락은 호민과 하호로 구성되어 있다. 호민은 지방에 살면서 상당한 재력을 소유한 소속장 출신의 후예로서 하호를 노복과 같이 부리는 위치에 있었다. 하호는 일반민으로 노복과는 다른 자유민이었지만 호민의 통제를 받았던 것으로 보인다.

《후한서》 부여조에 "읍락은 모두 제가에 주속되었다."라고 기록되어 있는 것을 보면, 읍락의 지배자는 '가'라는 뜻이고 가는 재지의 호민이 성장하여 중앙계급으로 편입된 계층으로 자신의 세력기반이 있는 읍락의 호민을 통해 하호인 다수의 민을 통제한 것으로 보인다.

부여는 초기부터 국가체제를 형성하여 사출도와 중앙에 국왕이 존재하고 왕위세습제가 확립되어 있었다. 《삼국유사》 동부여조에 나오는 "금와에 뒤이어 그의 맏아들 대소가 태자가 되었고 그에 의하여 왕위가 계승되었다."
라는 내용은 부여의 왕위가 자식에게 세습되었음을 나타낸다.

《삼국지》 부여조에 부여의 위구태 왕에게 요동의 공손도가 외교적 조처로 그의 종녀를 시집보냈다는 기록은 부여 위구태 왕이 국제적으로 인정받을 수 있는 국력과 외교력을 갖추고 있음을 여실히 보여 주고 있다.

부여의 법속

《삼국지》 권30, 〈동이전〉 30, 부여조에,

" · 살인자는 사형에 처하고 그 가족을 몰입하여 노비로 삼는다.

· 도둑질한 자는 그 물건의 12배를 배상토록 한다.

· 간음을 한 자는 사형에 처한다.

· 부녀자의 간음과 투기에 대해서는 증오하여 모두 극형에 처하여 그 시체를 서울 남쪽 산 위에 버려 썩게 한다. 다만 그 여자의 집에서 시체를 가져가려고 할 때는 소와 말을 바쳐야 한다."

반농반목 국가인 부여에서 살인자는 사형에 처하고 그 가족은 노비로 삼는다고 하여 연좌법을 적용하였다. 도둑질한 자는 12배를 배상시킨다고 엄하게 규정하는 것은 사회 구성원의 생명과 재산을 보호해 사회 안정을 꾀하고 있음을 나타내고 있다. 간음을 한 자는 사형에 처하되 부녀자의 간음과 투기에 대해서는 극형에 처해야 한다는 내용은 가부장적이고 일부다처제의 가족 형태가 상류층에 지배적이었음을 보여 주고 있다. 이처럼 부여 지배층의 강한 통제력은 일책십이법이라는 강력한 법을 통해서 유지되어 간 것으로 보인다. 부여에서는 "소를 죽여서 발굽으로 그 길흉을 점쳤는데, 소의 발굽이 갈라지면 흉한 것으로 여겼고, 합쳐지면 길한 징조로 여겼다."라는 《삼국지》의 기록에 따르면, 전쟁이나 국가의 대소사가 있을 때 천신제를 지내는데, 소를 잡아서 발굽으로 길흉을 판별하는 등 점복술이 비중 있게 다루어진 것으로 보인다.

(4) 부여의 경제 문화

송화강 유역에 자리 잡은 부여는 넓은 평야와 호수가 많아 농사짓기에 매우 적합한 지역으로 보인다.

《후한서》 부여국전에 "동이의 영역에서 최고로 평평한 지역으로 오곡이 자라기에 알맞다. 명마, 붉은 옥, 담비, 살쾡이 등이 출토되고 큰 구슬은 대추처럼 크다."라고 기록되어, 부여 사람들은 주로 농사를 지으면서도 집짐승을 기르는 목축을 겸했고, 좋은 말·옥·담비 가죽·큰 구슬 등이 산출되어 자연물산이 풍부했음을 설명하고 있다. 선주민이었던 서단산문화 만기 유적에서 돌도끼·반달칼·돌호미 등이 출토되는 것으로 보아 농업을 위주로 하는 정착경제 생활이 일찍부터 발전한 것으로 보인다.

《삼국지》 부여조에 "옛날 부여의 습속에 가뭄이 들어 농사가 흉년이 들면 그 허물을 왕에게 돌리고, 혹 왕을 바꾸거나 죽이기도 하였다."라는 내용은 오곡농사가 흉년이 들 때는 그 책임을 왕에게 돌려 죽이거나 바꿀 정도로 북방 지역에 위치한 나라임에도 농업을 중시하였음을 이해할 수 있다.

목축에 관련된 《삼국지》 부여조에 "그 나라에서는 가축 기르기를 잘하고 …… 여섯 가지 가축으로 관직 이름을 정했다."라고 하여 부여가 명마를 비롯한 여러 가지 가축을 전문적으로 기르고, 또 기르는 가축의 이름을 관직명에 사용할 만큼 목축의 비중이 컸던 것으로 보인다. 부여는 농업과 목축 외에 국제교역도 일찍부터 행하여진 것으로 볼 수 있다.

《후한서》부여국전에 "후한 영녕 원년 부여 왕세자 위구태가 후한 낙양에 와서 공물을 바치자, 천자는 위구태에게 인수와 금색 채단을 하사했다."라는 내용은 부여가 단순한 조공 차원이 아니라 부여의 특산물인 명마와 옥 등을 바치고 중국 비단을 받아 가는 실질적인 교역을 수행해 간 것으로 볼 수 있다.

부여의 경제는 생산계층인 하호와 노비들이 오곡 농사와 가축 기르기 및 적옥생산에 종사하여 귀족 계층에 제공하도록 하는 착취경제에 기반을 두고 유지되었다고 이해할 수 있다.

《후한서》부여국전에 "납월에 지내는 제천행사에는 날마다 계속해서 크게 모여서 마시고 먹었으며 노래하고 춤을 추었는데 그 이름을 영고라 했다. 이때에는 형옥을 중단하고 죄수를 풀어 주었다."라고 기록되어 있다. 이 기록은 부여인들의 하늘숭배사상이 돈독했음을 알게 해 준다. 12월경에 거행되는 제천행사인 영고 때에는 국가적인 축제로 추수를 감사하여 온 국민이 함께 먹고 마시며 노래하고 춤을 추며 하늘에 감사를 표한 것으로 보인다. 이때 형옥을 중단하고 죄수를 풀어 주어 구성원이 모두 동참할 수 있는 사회통합의 기회를 제공한 것으로 보인다.

《후한서》고구려조에 부여족은 고구려와 유사한 언어를 사용하여 고구려와 부여의 '언어, 제사'가 똑같다. 고구려를 부여의 별종이라고 하여 원래 예맥의 동일 종족이었기 때문에 언어와 풍습이 유사하다는 내용으로 이해된다.

부여에서는 형이 죽으면 동생이 형수를 취하는 취수혼이 널리 행해지고 있었는데, 이것은 부여사회가 친족 집단의 공동체가 존재함을 반영하는 것이다. 부여인은 백색을 숭상하여 흰옷을 즐겨 입었는데 상의와 겉

한민족과 고조선 · 한(韓)

옷과 바지를 입고 가죽신을 신었다. 나라 밖으로 나갈 때는 비단으로 수를 놓은 화려한 비단옷을 입었으며 상복도 남녀 모두 흰옷을 입었다고 《삼국지》 부여조에 전하고 있다.

2) 읍루 · 옥저 · 동예

(1) 읍루

동부여의 지배를 받았던 읍루는 《삼국지》 기록에 동이족 계통으로 보면서도 부여와는 언어와 풍속이 다르다고 하여 종족 분류가 애매하다. 그러나 읍루는 후에 숙신 계통으로, 그 이후에는 여진족과 만주족의 원류가 되어 청나라의 주역으로 성장해 간 것으로 볼 수 있다. 이들의 거주지는 목단강 중하류지대와 연해주 및 흑룡강 하류지에서 생활했던 것으로 보고 있다.

읍루는 《진서》〈동이열전〉 숙신씨전에 "숙신씨는 읍루라고 부르는데 불함산 북쪽으로 부여에서 60일 정도 걸리는 거리에 있으며, 동쪽은 넓은 바다에 닿아 있고 서쪽은 구만한국과 접했으며 북쪽은 약수에까지 이르렀다."라고 기록되어 북쪽은 아무르강과 접하고, 동쪽은 바다와 남쪽은 옥저와 접해 있어 오늘날 연해주 지역에 위치한 것으로 보인다.

《삼국지》 읍루전에 "사람들의 생김새는 부여 사람들과 흡사하지만, 언어는 부여나 고구려와 같지 않았다."라고 기록되어 외면적으로 보이는 사람들의 모습은 부여 사람과 비슷하지만 언어는 매우 달랐다는 내용이다.

읍루 사람들의 계통을 살펴보면 읍루의 지배족은 숙신족이고 토착족은 부여와 다른 문화적 차이가 있었던 선주민으로 보인다. 동부여의 지배를 받았고 이후 고구려가 이 지역을 차지한 것으로 보아 고조선문화권의 정치 세력으로 볼 수 있다고 하겠다.

《후한서》권85, 〈동이열전〉읍루전 기록에,

"그 종족의 수는 비록 적지만 매우 용감하고 힘이 세며 험한 산중에 살았다. 또 활을 잘 쏘아서 사람의 눈을 쏘아 꿰뚫을 수 있었다. …… 청석으로 화살촉을 만들고 촉에는 모두 독약을 바르므로 사람이 맞으면 즉사했다. 배를 잘 타고 노략질을 좋아했으므로 이웃 나라들이 꺼리고 걱정거리로 여겼으나 끝내 굴복시키지 못했다. …… 겨울에는 돼지기름을 몸에 바르는데 그 두께를 몇 푼이나 되게 하여 바람과 추위를 막는다. 여름에는 맨몸에다 한 자 정도의 베 조각으로 앞뒤만 가리고 다닌다. …… 동이들은 음식을 먹을 때 대부분 조두를 사용했으나 오직 읍루만이 그러지 못했으니 그 법도나 풍속이 가장 기강이 없었다."라고 소개되고 있다.

읍루는 비록 인구는 적지만 용감하고 활을 잘 쏘아서 전투에 능하였던 것으로 보인다. 바다에 접하고 있어 배를 잘 타고 노략질을 잘하므로 이웃 나라 사람들의 골칫거리로 여겼던 것 같다. 겨울에는 추운 기후 때문에 몸에 돼지기름을 발라 바람과 추위를 막았고, 여름에는 맨몸에 조그마한 베 조각으로 앞뒤만 가리고 다니는 열악한 생활상과 풍속에 기강이 없었다는 내용을 전하고 있다.

《삼국지》읍루전에 "대군장은 없었고 읍락에는 각각 대인이 있었다."라고 하여 큰 나라처럼 대군장은 없지만 읍락마다 대인이 있어 부족을 다스리는 것으로 나타나고 있다.

읍루는 《후한서》읍루전에 "한나라가 일어난 후 동부여에 신속되었다."로 기록되어 읍루는 일찍이 서한시대에 동부여에 복속되었던 것으로 서술하고 있다.

(2) 옥저

《삼국지》 동옥저조의 기록에 따르면 옥저는 개마대산의 동쪽 대해에 접해 있으며, 동북은 좁고 서남은 길어 천 리나 되고 북으로는 읍루·부여와 접하고 남으로는 예맥과 접한다고 하였다. 옥저는 동옥저로도 불렸으며 남과 북에 각각의 중심지가 있어 구분하였는데, 옥저의 중심 세력인 남옥저의 옥저성은 현재의 함흥 지역을 말하는 것으로 보고 있다. 남옥저의 중심지였던 함흥 지역의 정치 집단은 임둔의 중요 세력 중 하나였다. 이때 함흥 지역에는 부조현이 두어졌으며 옥저의 이름은 부조현에서 비롯되었다고[48] 옥저의 내력을 설명하고 있다.

동옥저는 《후한서》 동옥저전에 "동옥저는 동서로 좁고, 남북으로 길어 사방 천 리를 반으로 접은 것 같은 형상인데 …… 산을 등지고 바다를 향해 있으며 토질이 비옥하여 오곡이 잘 자라 농사짓기에 적합하다."라고 기록되어 농업이 발달했고 해산물도 풍부한 지역으로 보인다.

또 "동옥저 사람은 성질이 질박하고 정직하며 굳세고 용감했는데 창을 잘 다루며 보전에 능했다. …… 그들의 언어와 음식·거처·의복 등은 고구려와 비슷했다."라고 기록되어 동옥저 사람들은 오곡이 잘 자라 생활이 풍족했기 때문에 성격이 정직하고 용감하며 창을 능수능란하게 다루어 전투에 능하였다고 한다. 일상생활에 쓰인 언어나 음식, 거처와 의복 등은 고구려와 매우 유사했던 것으로 기록되어 있다.

《삼국지》 〈동이전〉 동옥저전에 인용한 《위략》에 의하면 동옥저에는 민며느리 풍속이 있어 여자의 나이 10살이 되기 전에 혼인을 약속하고 신랑 집에서 그 여자를 데려다 길렀다. 여자가 장성하면 다시 친정으로 돌아가게 하고는 여자의 집에 돈을 지불한 뒤 며느리로 삼았다며 여성노동력을 중시하는 당시 사회 풍습을 전하고 있다.

《후한서》 권85, 〈동이열전〉 동옥저전에,

"동옥저는 동북쪽 읍루의 노략질에도 항상 대비해야 했다. 읍루는 배를 타고 다니며 노략질하기를 좋아했으므로 읍루와 맞닿아 있었던 북옥저 사람들은 그들을 두려워하여 여름철에는 깊은 산속의 바위굴에 살면서 수비하고 겨울철에 얼음이 얼어 뱃길이 통하지 않아야 산에서 내려와 마을에서 살았다고 한다."

위 기록에서 보면 동옥저 사람들이 전투에 능하고 용감했지만, 먹을 것이 부족했던 읍루 사람들의 노략질에 대해 상당한 공포감이 있었음을 알 수 있다. 특히 북옥저 사람들은 뱃길이 열리는 여름에는 깊은 산속으로 피신해 살다가 뱃길이 닫히는 겨울이 되어야 하산해서 본가가 있는 마을에서 살았다는 당시 옥저 사람들의 어려운 상황이 설명되고 있다.

《삼국지》 동옥저전에 동옥저에는 5천 호쯤이었다고 기록되어 있으므로 동옥저의 인구는 가구당 5명으로 계산, 2만 5천여 명 정도로 추산할 수 있다.

"읍락에는 각각 대를 잇는 장수가 있었다."라고 하여, 동옥저에는 장수라는 촌장이 세습하면서 지역별로 소속 촌민을 다스려 공동체를 유지해 간 것으로 보인다.

《삼국지》 동옥저전에 따르면 결국 동옥저는 영토가 좁고 인구가 적은 나라로 부여 · 읍루 · 고구려 · 동예 등과 국경을 접하고 있어 많은 핍박을 받다가 《삼국사기》 고구려본기에 의하면 고구려 태조왕의(AD 56년) 동해안 진출로 고구려에 복속되었다.

《후한서》 동옥저전에 "고구려는 그 지역 사람을 뽑아 대인을 두고 그를 사자로 삼아 토착의 거수와 함께 동옥저 지역을 통치하도록 했다. 또 대가로 하여금 조세를 수납하도록 했는데 맥·포·어염·해초류 등을 천 리나 되는 먼 곳에서 나르게 했다. 그리고 동옥저의 미인을 고구려에 보내도록 하여 첩이나 종을 삼기도 했다."라고 하여 동옥저는 고구려에 복속된 이후 특산물과 미인을 바쳐야 하는 어렵고 고단했던 사정을 기록하고 있다. 결국 옥저는 큰 나라 사이에서 시달림과 괴롭힘을 당해 오다가 마침내 고구려 태조왕에게 복속을 당하였다. 복속 이후 고구려는 그 나라 사람 가운데 대인을 뽑아 토착지배층과 함께 수취체제를 유지해 간 것으로 보인다.

(3) 동예

동예는 《삼국지》〈동이전〉 예전에,

"북쪽은 고구려·동옥저와 남쪽은 진한과 접했고 동쪽은 큰 바다와 닿았으며 조선의 동쪽이 모두 예의 땅이라 하였고 호수는 2만이다."라고 기록되어 있다. 고구려는 오늘날 평안도와 길림성 남부에 동옥저는 함경북도에 진한은 경상북도에 있었으므로, 예는 한반도 동해안에 있는 예를 가르치는 것으로 볼 수 있다.

《삼국사기》〈신라본기〉 남해차차웅 16년 조에 북명인이 밭을 갈다 예왕의 인을 발견하여 바쳤다는 기록이 있는데, 북명은 지금의 강릉 지방으로 비정되고 있어 동해안 일대가 예족 분포지임을 추정할 수 있다.

동해안 지역 예족의 뿌리는 동북 지역 무문토기문화의 주역들이다. 공렬토기로 대표되는 동북 지방의 무문토기문화는 서북한의 팽이형토기와 압록강 중하류 유역의 미송리토기와는 다른 갈래를 형성하면서, 동해안을 따라 남하하여 한반도 중부 및 동남부 지역으로 확산되어진 것으로 볼 수 있다.[49] 이때의 예족이 동남부 지역으로 이동해 진한과 변한의 선주민의 역할을 해 간 것으로 추론된다.

BC 2세기경에는 동해안 예족 사회에도 다수의 정치 집단이 형성되어 있었으며 이들의 집합체를 임둔이라고 기록하고 있다. 임둔은 BC 2세기 초 위만조선에 복속되었다가 BC 108년 위만조선의 멸망과 함께 한의 임둔군으로 편제되었던 것이다.[50]

《후한서》 예전에 동예 지역은 평야가 부족하고 산악이 많아서 산과 강은 그들의 중요한 생활 터전이었다. 그렇기 때문에 모든 산과 강에는 마을 소유의 경계가 있어서 다른 마을 사람은 그곳을 함부로 침범할 수 없었고, 침범하면 노비와 소나 말을 부과하는데 이를 책화라 한다. 동예에서는 항상 10월이면 하늘에 제사를 지내는데 모든 사람이 밤낮으로 술 마시며 노래 부르고 춤을 췄으며 이를 무천이라고 했다.

《삼국지》 예전에 따르면 동예 노인들은 스스로 말하기를 고구려와 같은 종족이라고 했는데, 동예 사람들은 성품이 조심스럽고 진실하며 욕심이 적고 염치가 있어 남에게 구걸하거나 도움을 청하지는 않았다. 언어와 법령 및 풍속은 대체로 고구려와 같았고 의복은 다소 다른 점이 있었다 하여, 동예가 고구려와 같은 종족으로서 사회 수준도 고구려와 비슷하였음을 보여 주고 있다. 또 동예의 가구 수는 2만 호였다고 하는데 1가구당 거주인을 5명으로 계산하면 10만여 명쯤으로 결코 작지 않은 나라로 볼 수 있다. 관직으로는 후·읍군·삼로 등이 있어 하호를 다스렸다고 한 것으로 보아 동예에도 지배계급이 존재하고 일반 주민을 하호라고 불렀음을 알 수 있다. 결국 동예는 큰 나라로 성장하지 못하고 군장사회

단계로 남아 있다가 고구려에 병합되었다.

6. 고고학적으로 본 고조선

고고학적 관점에서 비파형동검을 제작한 집단은 누구로 보아야 할까? 청동기문화를 바탕으로 성립한 고조선문화에 대하여 토기·석기·청동기·분묘 등 다양한 유물들이 존재하고 있지만, 가장 대표적인 유물로 비파형동검을 꼽는 것이 학계의 일반적인 견해이다. 비파형동검의 중심지로 볼 수 있는 요령 지역에서는 비파형동모·선형동부·다뉴기하문경 등의 청동기 유물과 대체적으로 공반관계를 이룬다. 비파형동검은 다른 청동기에 비해 출토 사례가 많고, 가장 많이 제작 분포되었기 때문에 시간적 속성이 잘 드러난다. 따라서 비파형동검을 표지 유물로 하는 이 청동기문화를 비파형동검문화라 부른다.[51]

먼저 고조선문화권에서 비파형동검을 제작한 집단은 어느 종족 계통과 관련이 있는지 다양한 견해를 살펴보자. 초기 비파형동검이 출토된 하가점상층문화에 대해서 중국 조은악사도는 요서 지역 청동기문화 담당자를 동호족으로, 요동 지역은 동이족으로 보고 있다.[52] 북한 황기덕은 서요서 지역의 청동기문화인 남산근유형과 십이대영자유형의 청동기문화를 부여와 고구려의 옛 조상으로 파악되는 발족과 맥족의 것으로 보고 요동 지역에 존재한 고조선종족과 함께 고대 조선족의 소산으로 보고 있다.[53]

남한 학계에서 윤내현은 능하 유역 및 발해만 연안 일대에서 조사되는 비파형동검을 근거로 요서 지역을 고조선족의 영역으로 보고 있다.[54] 문안식은 비파형동검을 중심으로 형성된 능하문화 집단은 선진 문헌에 활동 기록이 남아 있는 예맥으로 추정한다. 예맥은 시베리아를 비롯한 북방 지역에서 이주한 집단이 아니라 요서와 내몽고 동남부 일대에서 요하문명을 영위한 집단에 뿌리를 두고 있는 것으로 보고 있다.[55] 이청규는 조양 십이대영자문화권에서 비파형동검이 다수 출토되었기 때문에 십이대영자문화를 고조선이나 동이족 계열로 파악하고 있다.[56] 복기대는 능하유역과 발해만 연안 일대의 십이대영자유형·오금당유형의 비파형동검은 능하문화를 담당한 족속으로 수준 높은 청동문화를 바탕으로 고조선에 비견될 정도로 발전된 사회경제생활을 했던 맥족 계통으로 보았다.[57]

정리해 보면 비파형동검문화의 담당자로 동호족·동이족·맥족·고조선족 등 다양한 견해가 제시되고 있다. 비파형동검은 대릉하 유역의 십이대영자유형이 가장 대표적이므로 요하문화나 능하문화를 주도한 예맥족으로 보는 것이 가장 합리적인 것으로 판단된다.

1) 초기 청동기문화

고고학적 관점에서 본 고조선 성립은 하가점하층문화에서부터 출발하여 고대산문화, 쌍타자문화, 묘후산문화로 연결되어진 것으로 볼 수 있다. 고조선족도 단일한 종으로 형성되었다기보다는 여러 집단의 동맹이나 연합을 통해 이루어진 것으로 보인다.[58] 만주 청동기문화의 첫 장을 연 하가점하층문화에서부터 고대산문화, 쌍타자문화, 묘후산문화 등 초기 청동기문화의 양상을 살펴봄으로 고조선 초기의 중심지에 접근해 보고자 한다.

한민족과 고조선 · 한(韓)

· 만주 청동기문화의 첫 장을 연 **하가점하층문화**는 앞장에서 살펴본 바대로 BC 2100년경부터 등장한 것으로 보았다. 하가점 유적은 신석기 문화로 유명한 홍산문화 유적지에서 동쪽 방향으로 약 15㎞쯤 떨어진 가까운 곳에 위치하고 있다. 하가점하층문화인들은 반지하식 수혈가옥에 살면서 유목이 아닌 농업을 주업으로 하며 오랜 기간 정착 생활을 영위한 것으로 보고 있다.[59] 하가점하층문화는 노합하 중·상류 유역과 대릉하 중·상류 유역에 있는 적봉시와 조양시 일대를 중심으로 번성하였다. 오한기 일대에만 약 2,000여 곳의 유적이 확인되며 BC 1500년경에 소멸된 것으로 알려져 있다. 하가점하층문화 시기에는 현재의 평균기온인 6℃~8℃보다 3℃ 정도 더 따듯하여 농경에 적합한 기후로 농업을 위주로 생활했으나 기후가 한랭화되는 급격한 환경변화로 거주민들이 점차 사라진 것으로 보고 있다.[60] 하가점하층문화가 단절된 이후 요동 지역에 청동기문화가 확산되어 간 것은 하가점하층문화인들이 농업을 영위할 수 있는 가능한 지역으로 이동했기 때문으로 볼 수 있다. 이들이 요동 지역과 요동반도 방면으로 이동 고대산문화, 쌍타자문화, 묘후산문화 등에 영향을 끼쳐 간 것으로 보인다.

· **고대산문화**는 신민시 고대자촌의 동편에 위치하고 있으며 요하의 지류에 해당하는 류하 양안을 중심으로 분포한다. 요서 지역 하가점하층문화에서 발달한 세발그릇과 삿자리무늬장식 등은 요동평원 일대에 살던 거주민들에게 영향을 미쳤고 고대산문화의 중요 요소가 되었다.[61] 고대산문화는 요하 중류 지역의 독자적인 문화 전통 위에 하가점하층문화를 받아들여 형성된 것으로 볼 수 있다. 고대

산문화는 요하 북쪽에서 이동한 주민에 의하여 철령지구에서 순산
둔문화로 변화되고, 순산둔문화가 발전한 후 요령식동검을 사용하
는 신락 상층문화로 영향을 미치게 된다. 신락 상층문화는 심양의
신락 유적을 비롯하여 요하 하류 및 혼하 유역, 태자하 유역 등에
주로 분포한다.[62] 신락 상층문화 단계는 요동 지역에서 청동기문화
가 본격화된 시기로서 요동 전역에 고인돌·돌덧널무덤 문화가 보
급되고 요령식동검이 사용된 시기라고 볼 수 있다.

· **쌍타자문화**는 요동반도 남부에 위치한 대련시 후목성역 일대로 세
시기로 구분하고 있다. 하층문화는 BC 21~16세기로 요동 지역에서
가장 빠른 청동기문화이다. 쌍타자문화는 BC 16세기에 중층문화
단계로 상층문화는 BC 14세기를 전후하여 등장한다.[63] 쌍타자 상층
문화 유형은 마제석기를 생산도구로 사용하는 단계로 산동 악석문
화의 영향이 사라지고 지역적 특색이 두드러지는 양두화문화가 등
장하였다.

쌍타자문화를 영위한 사람들은 적석묘를 축조하고 화장을 하는 장
례 습속을 갖고 있었다. 요동반도 일대에 조성된 적석묘는 무덤의
규모에 차이가 있는데 하나의 묘실에 10~20여 명을 같이 묻는 다
인합장이 성행한 것으로 보고되고 있다.[64] 이후 요동반도에서는 주
로 반도 북쪽에 분포하는 돌널무덤과 미송리문화의 영향을 받은 큰
돌덮개무덤이 유행하였고 이때 출연한 청동기문화가 쌍방문화유형
이다.[65] BC 8~7세기로 평가되는 쌍방유형 단계는 줄무늬가 있는
미송리형토기가 유행하며 요령식동검이 출현한다. 벽류하 유역 쌍
방 유적 가운데 돌널무덤에서 미송리형토기와 요령식동검 및 청동

한민족과 고조선·한(韓)

도끼 거푸집이 나왔다.

· **묘후산문화**는 본계현 묘후산에서 B동혈이 발견되면서 밝혀진 유적
  이다. 태자하 양안을 중심으로 석회암동굴에서 청동기 유물이 출
  토되었는데, 이는 요동 지역의 빠른 단계의 청동기문화로 평가받
  고 있다.[66] 묘후산문화유형 청동기는 태자하 유역에서 발견된 신석
  기 후기로 보는 마성자문화를 계승하고 있는 것으로 본다. 마성자
  문화는 태자하 상류 지역에 위치한 본계현의 산성자 · 마성자 · 장
  가보 등 동굴무덤유적이 조사되면서 알려졌다. 마성자 동굴유적은
  BC 20세기~BC 12세기까지 유지되었고 분포범위는 서쪽의 부신에
  서 동쪽으로 압록강 하구, 북쪽으로 송화강 상류 지역에 있는 영길
  일대에 이른다. 묘후산문화는 태자하 유역의 본계 지역을 중심으로
  요하 양안의 청동기문화와 접촉과 교류가 있었다고 보이며, 남쪽으
  로는 요동반도와 혼강 · 압록강 유역에 영향을 미치면서 발전해 간
  것으로 볼 수 있다.

2) 전기 비파형동검문화

(1) 요서 지역

고조선권의 동검문화와 관련해서 요서 지역의 대표문화는 하가점상층
문화로 보고 있다. 하가점상층문화에서는 북방이나 중국 청동기문화에
서 볼 수 없는 비파형검과 다뉴조문동경이 출토된다. 문화의 개성을
표시하는 이러한 양식은 청동기 후기에 한반도에서 발견되는 세형동검
이나 다뉴세문경으로 발전하여 완성된 것으로 본다. 이 점에서 하가점상

층문화는 한국 청동기문화의 조형이며 그 자체가 고조선 초기 청동기문화라고 평가할 수 있다.

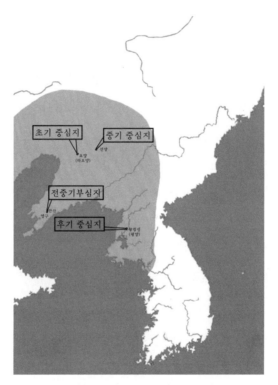

고고학적으로 본 고조선 문화중심지

요령성 임서현 대정촌에서 발견된 동광은 하가점상층문화기에 장기간에 걸쳐 사용되었다. 2.5k㎡의 범위 내에서 47여 조의 노천 채광에서 입수된 유물은 이 유적에서 채광·야련·주조 등 일련의 공정이 모두 이루어졌음을 나타내고 있다.

하가점상층문화 시기에 조성된 문화는 노합하 유역에 있는 남산근 유

한민족과 고조선·한(韓)

적과 노합하 상류 혹리하천 남안에 위치한 소흑석구 유적이 있다. 남산근 유적은 영성현의 서쪽 팔리한진의 서북쪽에 위치한다. 남산근 M101호 무덤은 1963년에 현지 주민에 의해 우연히 발견되었다. 이 무덤의 묘구 길이가 380cm, 너비는 장변이 223cm, 단변이 180cm, 깊이는 240cm에 달하는 수혈식 석곽목관묘이다. 유물의 총수는 500점을 상회하는 것으로 보이고 절대다수는 청동기이다. 청동 유물은 용기 · 공구 · 병기 · 차마기 · 동경 등 각종 장식품이 망라되어 있다. 특히 7점의 청동검이 발견되었는데 그중 5점이 카라수크문화 계통의 동검이고, 1점은 손잡이와 손잡이 끝 장식이 공반되지 않은 전형적인 비파형동검이며, 나머지 1점은 다른 형태의 동검이다.[67]

소흑석구 유적은 적봉시 서남쪽 약 40km 지점인 영성현 전자향 동남쪽에 위치한다. 남산근 유적에서 남쪽으로 약 20km 떨어져 있는 M8501호 무덤은 1985년에 촌민이 우연히 발견하였다. 이 무덤 역시 석곽목관묘로 잔장 310cm, 너비 250cm, 깊이 210cm이며 출토 유물은 400점이 넘는다. 출토 유물은 약간의 석기와 골기를 제외하면 대부분이 청동기로 남산근 M101호 무덤과 마찬가지로 용기 · 공구 · 병기 · 차마기와 각종 장식품 및 청동단검 등이 발견되었다.[68]

남산근 유적과 소흑석구 유적에서 비파형동검과 투겁달린 곡인단검, 직인비수식동검이 출토되고 있고 동촉 · 동과 · 동모 · 청동제투구 등 무기류가 많이 출토되는데, 이는 무장 세력이 존재하였고 지배층에게 권력이 집중되어 군사행동을 수행했던 호전적인 사회로 보인다.

십이대영자문화는 요서 주랑의 교통 거점도시인 조양에 있는데, 비파형동검이 다수 출토되었기 때문에 고조선이나 동이족 계열의 문화로 평가받고 있다. 십이대영자문화에서는 청동기 생산이 활발하게 이루어진 것으로 본다. 청동단검과 창 등 무기류와 차마구 · 도끼 등 공구류와 각종 장식품 등 다양한 제품이 두루 포함되어 있다. 특히 이 문화의 청동기에서 자주 사용된 호랑이 · 늑대 · 사슴 · 가오리 · 새와 인면 형상 등의 장식 소재에서는 인접한 주변 문화와는 다른 개성이 드러나고 있다.[69]

십이대영자문화의 주요 유적은 십이대영자 · 원대자 · 객좌현 남동구 유적 등이 있다. 1958년 발굴된 십이대영자 M1호 무덤은 석곽묘로 장변이 180㎝, 단변이 100㎝ 정도이지만 목곽이 있고, 동검을 비롯한 무기류 · 동경 · 차마구 · 공구 · 장식품 등이 발굴되었다. 십이대영자 M2호 무덤에서도 동검을 비롯한 무기류 · 동경 · 차마구 · 공구 등이 출토되었다.[70] 십이대영자문화 권역에서는 전기 청동기시대에 상당한 규모의 복합사회가 존재하였음을 몇몇 대형무덤을 통해서 평가할 수 있다. 대표적으로 십이대영자 M1무덤은 비파형청동기문화가 융성하고 지배 집단의 존재감을 두드러지게 나타난 곳으로 최고 지배층만이 사용했던 것으로 보는 다뉴기하문경이 부장된 무덤이 밀집되어 있다. 따라서 M1무덤은 사회 구성원이 계층화를 이루었고 더욱 강력한 권력을 가진 지배층이 존재하였음을 나타내 주고 있어 조양 지역이 전기 비파형동검문화의 중심 지역이라고 평가된다.

(2) 요동 지역

요동 지역은 지리적 여건이 요서 지역과 한반도 북부의 중간 지점에 위치하고 있어 북방 초원과 요서 지역의 문화가 유입되고 그 문화를 동쪽 길림 지역이나 한반도 북부 지역에 전파해 준 것으로 보인다. 요동 지역의 고대산문화는 요하 북쪽으로 이동한 주민에 의해 순산둔문화로 발전하고, 요령식동검을 사용하는 신락상층문화로 계승되었다. 심양 신락상층문화 단계는 청동기문화가 본격적으로 발전하던 시기로 이 단계에 이르면 요동 전역에 고인돌·돌덧널무덤 문화가 보급되고 요령식동검이 사용된 것이다.

BC 8~7세기 단계에 이르면 요동 지역에서는 요령식동검과 미송리형토기를 함께 부장하는 석관묘·지석묘문화가 발전하는데, 이 시기에 이른바 미송리형토기문화라고 부르는 요령식동검문화의 한 세부 유형이 성립된다. 비파형동검의 확산기에는 동검·동부·동촉이 유물 갖춤새로 나타나고 대표적인 유적으로 요양 이도하자·청원 문검·무순 감방 등이 있다.

요동반도 일대는 풍부한 농업생산을 기반으로 일찍부터 청동기문화가 발전하였다. 앞에서 살펴본 쌍타자 하층문화 이후 BC 13~12세기경 여대시 지역의 우가촌 상층 유적에서 청동기가 출토되었다. 쌍방6호 무덤에서 나온 비파형동검은 요동반도에서 발견된 동검 중 가장 빠른 것으로 편년된다.

요동반도 남단의 쌍방문화유형의 뒤를 이은 강상문화유형은 여러 명이 합장된 문화 유형인데, 매장제도는 쌍타자 상층문화 유형에 속하는 우가촌 타두[71] 등의 돌무지무덤 계통으로 볼 수 있다. 강상 유적은 대련시 영성자향에 있는데 언덕의 꼭대기에 돌을 쌓아 28m×20m 크기로 묘역을 만들어 23기의 무덤방이 만들어져 있다. 무덤방에서 조사된 사람뼈는 144개체분으로 유아부터 성인까지 다양하며 화장을 한 것이 많다. 출토 청동기 유물은 비파형동검·창끝부분·화살촉·청동도끼·치레걸이 거푸집이 출토되었다. 강상무덤의 성격에 대해서 집단의 공동묘지나 순장제도가 확인된 고조선 시기의 지배계층의 무덤으로 보고 있다.[72]

(3) 서북한 지역

대동강 유역과 그 주변은 동북아시아에서 빠른 시기에 청동기시대에 들어섰으며 그에 기초하여 고대문화가 형성된 선진 지역이다. 대동강 유역의 팽이그릇과 고인돌무덤은 청동기문화의 유적과 유물 구성에서 이채를 띠고 있다. 고인돌무덤에서는 질그릇·각종석기·장신구·청동기 등 일련의 유물이 출토되고 있다. 평양 상원 룡곡리 일대의 고인돌에서 비파형동모와 청동단추가 출토되어 전기 비파형동검문화가 대동강 유역에 고인돌무덤을 남긴 주민이 이룩한 문화의 한 구성 부분을 이룬 것으로 이해한다. 팽이그릇은 신석기 말 둥근 밑 그릇에서 발생한 것으로 이해되고 있다. 남경 유적 신석기시대의 2기 토기에는 새김무늬가 간략화되고 무늬 없는 것으로 이행되며 그릇 저부가 둥근 밑창으로 마무리되는데, 같은 유적 청동기시대 1기의 팽이그릇과 형태상 공통된다. 이러한 관계는 평양시 사동구역 금탄리 유적 민그릇과 석교리 유적의 팽이그릇에서도 볼 수 있다.[73]

팽이형토기는 대체적으로 청천강을 북방 경계로 하여 평안도와 황해도가 주요 분포 지역으로 파악되고 있다. 팽이형토기의 북방한계선인 북쪽에는 공귀리형토기문화가 그 위쪽에는 미송리형토기문화가 존재하였다. 대체로 고인돌을 특징으로 하는 팽이형토기문화는 요동 지역과 한반도 서북 지방에 집중되어 있는 점으로 미루어 일찍부터 그 지역을 중심으로 지역 집단이 존재하였음을 알 수 있다고 하겠다. 이 문화는 돌널무덤과 청동기를 중심으로 하는 미송리형토기문화와 상호교류하면서 전체적으로는 요령식동검문화의 한 유형을 형성하였다. 팽이형토기는 가장 빠른 경우 BC 1000년경부터 사용되었다고 본다. 대개 신석기시대 빗살무늬토기의 요소가 남아 있는 초기를 거쳐 순수한 팽이형토기문화로 완성된 팽이형토기문화는 지역성이 강한 독자성을 띠고 있다.[74]

청동기로 서북한 지역에서 가장 빠른 유물은 압록강변에 위치한 용천 신암리 유적에서 청동제 손칼과 청동단추가, 평양 금탄리 8호 주거지에서 동포 등이, 봉산 신흥동 7호 주거지에서는 동단추가 출토되었다. 조금 늦은 시기로 평양 표대 10호 주거지와 덕천 남양 16호 주거지에서 비파형동모가, 남양 20호 주거지에서 단추모양 청동기가 5점 출토되었다.[75]

서북한 지역의 전기 청동기시대 대표묘제라고 볼 수 있는 고인돌문화 양상을 보면, 기본적으로 지석묘 소재지는 장기간에 걸친 지석묘 사회의 존재를 보여 줌과 동시에 유력한 수장의 소재지에 존재하는 것으로 추정한다. 청동기시대 초기부터 축조되어 온 것으로 알려진 고인돌무덤은 평양시를 중심으로 한 평안도, 황해도 일대는 가장 조밀하게 분포되어 있는데 그 수는 약 1만 4,000여 기에 달하고 있다.[76] 평양 지방은 수십, 수백 기의 고인돌무덤으로 큰 규모의 무덤 떼가 많이 분포되어 있다. 용강군 석천산 일대와 사리원시 접방산 일대에 400~500여 기의 고인돌무덤이 있고, 연탄군 두무리와 오덕지구에 각기 300~350여 기의 고인돌무덤이 있다. 평양 지방에서 100기 이상의 고인돌무덤이 확인된 곳은 15개소 이상이나 된다.[77] 평양 지방에서 고인돌무덤을 쓰던 시기의 집자리 유적은 팽이그릇 집자리 유적인데, 10만㎡ 이상의 넓은 범위에 100개 이상의 집자리들이 있는 대규모 부락터 유적이 대동강 유역에 집중적으로 분

포되어 있다.[78]

고인돌무덤의 규모는 권력과 부를 상징하는 징표가 되는데, 평양 지방과 다른 지역의 대형 고인돌무덤 사이에 나타나는 규모의 차이는 거기에 묻힌 자들 사이의 권력과 부의 차이를 반영하는 것이라고 할 수 있다. 그런 만큼 다른 지역에 비해 유달리 평양 지방에 특대형 고인돌무덤 등 대형 고인돌무덤이 집중적으로 분포되어 있는 것은 결국 이 지역에 권력과 부를 독차지하고 있던 특권 계층을 비롯한 지배층들이 집중되어 있었다는 것을 의미하는 것이다.[79]

앞에서 살펴본 전기 비파형동검문화의 흐름을 정리해 보면, 만주 지역에서 초기 비파형동검이 출토된 남산근 유적, 소흑석구 유적, 십이대영자 유적 문화의 모태가 되어 준 요서 지방의 하가점하층문화를 먼저 살펴보았다. 하가점하층문화인들은 대릉하와 노합하 유역 주변의 적봉시와 조양시 일대를 중심으로 BC 21~15세기까지 농경을 중심으로 활동하면서 조기 청동기문화를 수용, 발전시켜 갔다.

이후 갑작스러운 기후 한랭화로 하가점하층문화인들은 요령 지방과 요동반도로 이동하여 고대산문화, 쌍타자문화, 묘후산문화에 영향을 끼친 것으로 볼 수 있다. 고대산문화는 요하 중류 지역의 전통문화 위에 하가점하층문화를 받아들여 형성되었다. 쌍타자문화는 요동반도에 위치한 대련시를 중심으로 청동기문화가 발전된 지역으로 쌍방문화 단계에서는 돌널무덤, 미송리형토기, 비파형동검이 등장한 것으로 본다. 묘후산문화는 태자하 양안의 본계 지역을 중심으로 요하 청동기문화와 접촉 교류가 있었던 것으로 보고, 남쪽으로는 압록강 유역에 영향을 미치면서 발전해

한민족과 고조선 · 한(韓)

간 것으로 볼 수 있다.

전기 비파형동검문화를 형성시킨 하가점상층문화는 BC 11세기경부터 형성된 것으로 보고 있다. 요서 지역인 노합하 유역에서 비파형동검이 출토된 남산근 유적과 소흑석구 유적이 위치하고 있는데, 청동단검과 차마구 등이 출토되어 무장 세력이 존재하고 군사행동을 하는 호전적인 유목사회로 해석된다. 조양의 십이대영자문화에서는 비파형동검 등 다양한 청동기가 M1호와 M2호 무덤에서 집중적으로 출토되었기 때문에 강력한 권력을 가진 지배층이 존재하였던 것으로 초기 고조선 세력권의 중심지로 평가할 수 있다 하겠다.

요동 지역은 요서 지역과 한반도 북부의 중간 지역으로 정착농업생활을 하면서 요서 지역의 청동기문화를 받아들여 한반도 서북부 지역에 전파해 준 것으로 본다. 심양 신락 상층문화 단계에서는 청동기문화가 본격적으로 발전하던 시기로, 요동 전역에 고인돌과 돌덧널무덤이 보급되고 비파형동검이 사용되었다. BC 8~7세기 단계에는 요령식동검과 미송리형토기를 함께 부장하는 석관묘와 지석묘문화가 성립되어진 것으로 대표적인 유적은 요양 이도하자 · 청원 문검 · 무순 감방을 꼽고 있다.

요동반도 일대는 풍부한 농업생산을 기반으로 BC 8~7세기경 쌍방문화유형 단계에서 줄무늬가 있는 미송리형토기가 유행하고 비파형동검이 출현하는데 대표적인 유적은 쌍방6호 무덤을 꼽고 있다. 쌍방문화유형의 뒤를 이은 강상문화유형 수준을 참고해 볼 때 고조선의 또 다른 중심문화권을 형성시켜 간 것으로 볼 수 있다.

한반도 서북한 지역은 고인돌무덤과 팽이형토기 유적이 집중 산재되어 있는 지역이다. 평양 룡곡리 고인돌무덤군에서 비파형동모와 청동단추가 출토되어 고인돌무덤을 남긴 주민들의 문화에 청동기도 한 구성 부분을 이루고 있었음을 알 수 있다. 팽이형토기가 평양 금탄리와 석교리에서 출토되어 BC 10세기경의 청동기 초기문화 양상을 보여 주고 있다. 고인돌은 평양을 중심으로 한 사방 40㎞ 범위 안에 약 14,000여 기가 밀집되어 있다. 평양 지역에서 고인돌무덤을 쓰던 시기의 팽이그릇 집자리 유적은 10만㎡ 이상의 넓은 범위에 100개 이상의 집자리들이 남아 있는 대규모 부락터 유적이 대동강 유역에 집중적으로 분포되어 있다. 평양 지역에 대형 고인돌무덤이 집중되고 팽이그릇과 집자리 유적들이 분포되어 있어, 부와 권력을 독차지하고 있던 지배층들이 집중된 것으로 보아 전기 청동기시대부터 고조선의 중심지라고 말할 수 있다.

고조선문화권을 상징하는 비파형동검이 출현한 BC 11~6세기까지의 대표적인 문화중심지는 요서의 조양을 중심으로 하는 십이대영자문화와 풍부한 농업생산을 기반으로 성장한 요동반도의 쌍방문화 그리고 고인돌무덤과 팽이형토기가 집중 산재되어 있는 평양 지역 등 세 곳이 전기 고조선문화권의 중심과 부심지로 판단된다.

3) 후기 청동기문화

(1) 요서 지역

요서 지역에서 전기 비파형동검문화의 중심지였던 조양 십이대영자문화를 이어받은 후기 비파형동검문화가 BC 5세기경에 등장하는데 대표적인 유적으로 객좌 남동구 유적과 능원 삼관전자 유적으로 보고 있다. 객좌 남동구 유적의 석곽묘에서는 비파형동검 · 동과 · 동궤 · 재갈 · 차축두 등이 발굴되었다. 유물 중 동검은 T자형 검병이 장착되었고 검신에 돌대가 남아 있는 변형적인 비파형동검이다. 동궤와 차축두는 전형적인 중원 계통으로 보고 있다.[80] 동궤는 당산 고각장 18호묘 출토품과 동과는 고각장 8호묘 출토품과 유사하다. 고각장 유적이 BC 5세기로 편년되고 있어 남동구 유적도 BC 5세기 전반경으로 보고 있다.[81]

능원 삼관전자 유적의 석곽묘에서는 변형비파형동검·동과·동포 등의 청동기와 호랑이장식·사슴장식과 같은 금제품이 출토되었다. 변형 비파형동검은 십이대영자유형의 형태가 계승되어 있는 것으로 보이고, 동과는 중원 계통의 형태로 남동구 출토품과 유사한 것으로 보아 비슷한 시기에 제작된 것으로 본다.[82] 십이대영자문화유형의 중심이었던 조양 지역에서 BC 5세기경에 들어서서는 문화의 중심이 주변 지역인 객좌나 능원 지역으로 변경되면서 중원계와 북방 계통의 동물장식 유물이 출토 되는 변화를 보여 주게 된다.

대릉하 유역의 후기 비파형동검문화는 BC 4세기경 형태상 변화가 일 어난다. 비파형동검의 돌기가 사라지고 검신이 세장해진다. 이러한 동 검은 비파형동검에서 세형동검으로 변환되어 초기 세형동검이라고 부른 다.[83] 초기 세형동검과 관련된 유적으로는 객좌 과목수영자 토광 유적이 있다. 출토 유물은 초기 세형동검·검병두식·동령·동과 등이 있다.[84]

세형동검은 앞선 시기에 비해 더욱 세장해져 있어 대릉하 유역의 비파 형동검에서 세형동검문화로 점차 변환되어 가고 있다고 이해할 수 있다. 전기 비파형동검문화의 십이대영자유형이 예맥의 문화였던 것처럼 남동 구유형 등 요서 지방의 후기 비파형동검문화도 예맥 계통이 남긴 것으로 보고 있다.

(2) 요동 지역

요동 지역의 후기 비파형동검문화는 조양 지역의 전기 비파형동검문화를 계승하면서 지역별로 특색을 나타내기도 한다. 요동 지역의 후기 비파형동검문화의 대표적 유적지로는 심양 정가와자 유적을 들 수 있다.

심양 정가와자 제3지점에서는 14기의 토광묘가 분포되어 있는데 남구에는 2기의 대형토광묘가 북구에는 12기의 소형 토광묘가 밀집되어 있다. 남구의 6512호 목곽묘에서는 400여 건의 청동기가 대량 출토되었다. 무기류로는 변형비파형동검·검파두식·삼익촉 등이, 공구류로는 선형동부·동착·도자 등이, 마구류로는 재갈·나팔형 장식 등이, 의기류로는 다뉴기하문경 등이 있다. 특히 다뉴기하문경에서 보이는 乙자형 기하문은 조양 십이대영자유형의 계통으로 보고 있다. 청동기 이외에 흑색마연장경호 외에 석기·골기 등 42종 797건의 유물이 출토되었다.[85]

장해현 상마석에서는 토광묘 10기가 발견되었는데 3호 토광묘에서 변형비파형동검·T자형검병·장경호가 출토되었다.[86] 후기 비파형동검 시기에 정가와자 유적과 상마석 유적에서 토광묘가 등장하는 것은 토착 집단이 전국 연계의 문화적 요소를 받아들이고 있는 상황으로 이해할 수 있다.

요동반도 남단에서는 대련 루상·와룡천 유적 등 후기 비파형동검이 출토되었다. 루상 유적은 강상 유적에서 동남쪽으로 450m쯤 떨어진 언덕 위에 자리 잡고 있는데 10개의 묘실로 이루어졌고 모두 화장된 적석묘이다. 1호 묘에서는 성인 남자와 다른 사람 뼈가 나와 부부어울무덤으로 여겨진다. 출토 유물은 변형 비파형동검과 도자 등이 출토되었다. 3호 묘에서는 1호와 비슷하며 변형비파형동검·검자루·청동도끼·방울 등 다양한 청동기가 출토되었다.[87] 와룡천 유적에서는 적석묘에 5기의 묘실이 발견되었는데 시신은 모두 화장한 것으로 보인다. 적석묘 1~3호 묘에서는 변형비파형동검 · T자형검병 등이, 5호 묘에는 변형비파형동검 · 청동재갈 등이 출토되었다.[88] 대련 윤가촌 유적의 12호 석곽묘에서는 초기 세형동검 · 환상석기 · 이중구연심발형토기 등이 출토되었다.[89] 태자하 유역의 본계 유하초 석관묘에서는 초기 세형동검 · T자형검병 · 검파두식 · 엽맥문동모 등이 출토되었다.[90]

(3) 서북한 지역

서북한 지역의 지석묘사회도 대형 덮개돌이 등장하면서 변형비파형동검문화가 점차 확산되어 간 것으로 보인다. 변형비파형동검이 출토된 유적으로는 평남 개천군 용흥리의 석관묘로 추정되는 곳에서 변형비파형동검이 출토되었다.[91] 평양시 순안구역 신성동 돌곽무덤에서 변형비파형동검과 검병두식 · 번개무늬거울 · 장경호 등이 발굴되었다.

서북한의 지석묘제는 침촌리형 지석묘가 개별 무덤화되면서 묵방리형 지석묘로 변화하고 유달리 큰 탁자식 지석묘가 등장하게 된다. 연탄군 두무리 도동 10호, 금교동 5호, 사리원시 광석리 4호 지석묘들은 개석의 크기 및 매장부의 크기가 크고 정교하게 손질되어 있다. 이들 중에는 덮개돌이 8m가 넘는 대형지석묘가 등장한다. 이처럼 지석묘들 중에 웅장한 덮개돌이 있는 무덤이 있고 개석이 큰 무덤에 부장품이 비교적 많다는 사실은, 지석묘사회가 후기에 이르러 지배자가 출현하였고 피장자 사이에도 상당한 신분상의 차이가 있었음을 반영하고 있다.[92]

서북한 지역에 초기 철기시대가 되면서 한국식 세형동검이 철제무기와 함께 움무덤에 부장되기 시작하였다. 고조선이 부족연맹 상태에서 새롭게 초기국가로 성장하는 과정에서 문화적인 전환이 이루어졌던 것이다. BC 4~3세기를 전후하여 고조선사회가 한국식동검문화를 주도하게 되는 데에는 중국과의 교역을 통한 교섭이나 유이민을 통해 지식을 얻기도 했지만, 고조선이 농업생산력 향상에 따른 내적인 조건을 갖추었기 때문으로 보인다. 서북한 지역은 청동기문화 단계에서 유구석부 · 반월형석도 · 목제농기구 등을 사용하였고, 한국식동검 단계에서는 새로운 기경도구의 개발 등으로 토지 이용률이 늘어났다. 이러한 생산력의 발전에 바탕 하여 고조선은 더 높은 수준의 국가로 성장해 갔고, 세형동검문화기 서북한에 창 · 도끼 등 청동기와 움무덤문화가 전개된 것으로 보인다.

BC 4세기 이래 서북한 지역의 기본문화는 세형동검문화라 할 수 있다. 이 문화 유적은 성격상 세형동검을 비롯한 청동기가 부장품의 기본을 이루는 시기로 이때는 움무덤이 기본이고 청동기와 철제도끼가 1점정도 부장되어 있다. 그다음 단계는 철기가 부장품의 주류를 이루는데 이때는 나무곽무덤 양식으로 세형동검 등 청동기와 함께 철기가 다수 나오고 토기도 부장되었다. 고조선 전기 고인돌과 팽이형토기문화라는 특징을 보이던 서북한 지역의 무덤 양식이 움무덤으로 변화한 것은 세형동검의 시작 및 철기의 보급과 더불어 지역 단위 정치체가 성장하여 고조선이라는 국가권력의 출현으로 나아간 것으로 볼 수 있다.[93]

BC 3~2세기 철기문화 시기가 되면서 요동과 서북한 지방의 문화는 크게 두 지역으로 구분된다. 요하 이동에서 청천강까지는 세죽리-연화보유형의 문화가, 평양 지역은 세형동검문화가 발달하였다. 세죽리-연화보유형 문화 지역에서는 철재로 만든 농기구 및 무기가 많이 제작되고 명도전이 대량으로 발견되나, 무엇보다도 평양 지역이나 남한에서 보이는 전형적인 세형동검은 출토되지 않는다. 반면에 평양 지역은 남한에서 일반적으로 보이는 세형동검이 제작되고 토광묘가 발달한다. 그러나 세죽리−연화보문화 지역과는 달리 명도전이 발견되지 않으며, 철기시대에 진입했음에도 불구하고 여전히 부장품에서는 청동장식이나 세형동검과 차마구 등 청동기가 주류를 이룬다.[94]

정리하면 BC 5세기경 등장한 후기 비파형동검문화의 양상은 요서 지역에서는 조양 십이대영자의 청동기문화를 이어받은 객좌 남동구 유적과 능원 삼관전자 유적에서는 변형비파형동검이 출토되어 십이대영자동검문화가 계승되어진 것으로 본다. 대릉하 유역의 후기 비파형동검문화는 BC 4세기경 비파형돌기가 사라지고 검신이 세장해져 가게 된다. 요동 지역의 심양 정가와자 유적의 6512호 목곽묘에서는 변형비파형동검 등 400여 점의 청동기가 대량 출토되었다. 장해현 상마석에서는 토광묘 10기가 발견되었는데 변형비파형동검이 출토되었다. 정가와자 유적과 상마석 유적에서 토광묘가 등장하는 것은 토착 집단이 전국 연계의 문화적 요소를 받아들이고 있고, 청동기의 종류가 무기류·공구류와 다뉴기하문경 등의 의기류가 출토된 것으로 보아 강력한 지배자가 등장한 것으로 평가할 수 있다.

요동반도 남단에서는 전기 비파형동검이 출토된 강상묘 부근에 위치한 루상묘에서 변형비파형동검과 도자 등이, 와룡천 적석묘에서도 변형비파형동검과 T자형 검병 등이, 대련 윤가촌 석곽묘에서는 초기 세형동검이 출토되었다. 태자하 유역의 본계 유하초 석관묘에서도 초기 세형동검과 T자형 검병이 출토되었다.

서북한 지역의 지석묘사회에서 대형 덮개돌이 등장하면서 변형비파형동검문화가 점차 확산되어 간 것으로 보인다. 호남리 표대 주거지와 덕천 남양 주거지에서 비파형동모가, 개천군 용흥리에서 변형비파형동검이, 순안구역 돌곽무덤에서 변형비파형동검이 출토되었다. 고인돌문화는 침촌리형에서 묵방리형으로 변화하면서 유달리 큰 탁자식 지석묘가 대거 등장한 것으로 보아 지석묘사회가 후기에 이르러 공동체에 더욱 강력한 지배자가 출현한 것으로 이해할 수 있다.

후기 비파형동검문화의 흐름으로 볼 때 BC 5~4세기경 고조선의 중심이 되는 지역은 심양 정가와자 유적을 중심으로 하는 요동 지역과 대형 고인돌무덤이 집중적으로 등장하는 대동강 유역의 평양 지역을 들 수 있다. 요동반도에 있는 대련 지역과 태자하 유역 본계 지역은 부심 지역의 수준에 머무른 것으로 평가한다.

결론적으로 제6장에서 살펴본 고조선의 실체는 무엇인가?

앞에서 고조선에 관하여 문헌사료와 고고학적 유적·유물들을 살펴보므로 고조선의 실체에 대하여 어느 정도 윤곽을 그려 볼 수 있었다. 고조선이라는 초기국가도 인류문명사의 보편적인 발전 단계에 발맞추어 농경의 시작과 토기와 청동기 제작 등으로 문명사회에 진입하였던 것으로 보인다.

문헌사료의 관점에서 볼 때 고조선은 《삼국유사》의 요임금 즉위 50년경 인년에 평양성에 도읍하고 나라를 개국하였다는 기록 이래 부·준 조선과 위만조선으로 이어져 온 것으로 볼 수 있다. 중국 문헌 중 고조선을 처음으로 언급한 《관자》에서 BC 8세기경 제나라와 문피교역이 있었고, 조근을 올 때는 후하게 대접해야 한다는 제 환공의 언급처럼 고조선은 이미 8세기 이전에 국제외교에 등장하였음을 알 수 있다. 전국시대에는 연왕이 칭왕 하자 고조선 부왕도 칭왕을 하고 연과 전쟁 직전까지 갔음을 《위략》은 기록하고 있다. 이 시기 고조선은 왕위를 부자가 상속하고 대부라는 관료가 있었으며, 주변의 예맥연맹의 맹주국으로 연과 일전을 시도했던 것으로 볼 수 있다. 이후 전국 연은 장군 진개를 파견 고조선의 서변을 침공하였고 고조선은 만번한까지 밀리게 되었다. 중국 진·한 교체기에 연나라에서 망명한 위만이 고조선의 번병이 되겠다고 속인 후 준왕을 축출하고 위만조선을 수립하였다. 위만은 한과 외신관계를 맺고 한의 병위재물을 이용 주변의 진번과 임둔을 복속시켜 광역국가를 이루게 되었다. 위만조선이 주변 나라들의 한과 통교를 방해하고 세력을 키워 가자 이에 위협을 느낀 한무제가 조선을 침공하게 된다. 위만조선은 1년여의 항쟁 끝에 BC 108년 역사의 뒤안길로 사라지는 대장정의 흐름을 문헌사료의 편린을 통해 그려 볼 수 있었다.

고고학적 관점에서 보면 비파형동검문화를 중심으로 하는 고조선문화권은 메소포타미아 청동문화의 확산으로 초원의 길과 알타이산맥을 넘어서 요서 지방의 하가점 하층청동기문화에서부터 시작된 것으로 볼 수 있다. 하가점하층문화가 해체되면서 고대산문화, 쌍타자문화, 묘후산문화에 영향을 미치게 되었고, 이어서 비파형동검문화가 탄생하는 하가점 상층문화가 BC 11세기경 전개되었다. 비파형동검문화를 특징으로 하는 조양 십이대영자문화, 요동반도의 쌍방문화, 대동강 유역의 팽이형문화가 BC 10~6세기경 꽃을 피우는 전기 고조선문화의 중심지가 된다. 이어서 중·후기 비파형동검문화가 BC 5~4세기경 심양 정가와자유형을 중심으로 요동 지역과 요동반도 지역으로 확산되었다. 이후 연 장수 진개의 동진으로 BC 3세기경에는 평양을 중심으로 한 서북한 지역에 세형동검문화가 형성된 것으로 볼 수 있다.

우리 민족의 최초국가로 평가받고 있는 고조선이 처음부터 광대한 영역을 관할하는 고대국가는 아니었다. 신석기시대가 끝나고 청동기시대라는 금속 물질을 다루는 과정을 통해서 요서, 요동, 요동반도, 한반도 북부 지역의 여러 예맥 집단에서 출발한 것이다. 이후 고조선 중심 세력은 주변 소국들과 연대하여 비파형동검문화를 공통점으로 하여 고대국가로 성장해 갔다고 평가할 수 있다. 이처럼 시대에 따라 단계적으로 성장 발전한 고조선의 시기별 중심지는 어디인가에 대해서 한·중·일 사학계는 오랜 시간 동안 다양한 견해를 피력하였음을 앞에서 살펴보았다. 고조선의 중심지가 대동강 유역의 평양이라는 평양설, 요동 지역이 중심지라는 요동중심설, 처음에는 요서와 요동 지역이었으나 후기에는 평양으로 이동했다는 중심지 이동설 등이 소개되었다. 필자는 문헌사료와 고고학적 유적·유물을 참고해 볼 때 비파형동검의 고조선문화는 요서의 조양 지역에서 요동의 심양 지역으로 이어서 서북한 평양 지역으로 시기에 따라 중심지가 이동되면서 동북아시아의 강력한 초기국가로 발전해 간 것으로 평가한다.

제7장

한(韓)이 형성되다

1. 한(韓)의 역사적 위치

1) 한(韓)의 명칭

우리 민족사에서 대한(大韓)이라는 명칭을 전면에 내세운 '대한국 국제'는 1897년 10월~1910년 8월까지 일제 침탈 막바지에 등장한 우리나라의 이름이다. 고종은 1896년 2월 아관파천 후 독립협회 등 국민들의 강력한 환궁 요구에 러시아 공사관에서 덕수궁에 돌아오게 되었다. 이후 구본신참의 제도로 조선의 부국강병과 근대 주권국가를 실현하기 위하여 1897년 새 국호를 대한(大韓)제국으로 연호를 광무로 정하고 황제에 등극하여 대내외에 선포하였던 국호인 것이다.

《고종실록》에,

"우리나라는 곧 삼한의 땅인데 국초에 천명을 받고 한나라로 통합되었다. 지금 국호를 '대한'이라고 정한다고 해서 안 될 것이 없다. 또한 매번 각 나라의 문자를 보면 조선이라 하지 않고 '한'이라고 하였다. 이는 아마 미리 징표를 보이고 오늘이 있기를 기다린 것이니 세상에 공표하지 않아도 세상이 모두 다 '대한'이라는 칭호를 알고 있을 것이다."라고 하여, 광무개혁 당시 국호를 한글자로만 써 오던 중국에서 힌트를 얻어 한 글자 국호로 제국을 선포하고자 했던 것이다. '한(韓)'이란 한자의 뜻은 '우물 난간'이란 의미로 쓰이는 것이며, 우리 민족과 관련된 한(韓)은 본래 한자어가 아니고 발음만 한(韓)을 빌어 한자로 적은 것으로 한자의 뜻과는 아무런 관련이 없다. 우리말로 '한'은 대한민국·한국·대한제국 등의 준말로 사용되고 있다.

우리 역사에서 삼한에 관한 언급으로 신라 말 최치원이 표현한[1] 삼한의 마한, 진한, 변한이 고구려, 신라, 백제 3국으로 계승 발전했다는《삼국사기》기록이 조선 중기까지 식자층에게 인식되어 왔다. 최치원은 아마도 삼한과 삼국을 단순한 위치적 계승관계로 본 것이 아니고 주도 세력의 혈통과 문화적 계승관계로 본 것 같다. 준왕이 평양에서 마한의 한지역으로 망명해 왔고, 고구려가 마한 땅을 일부 흡수하였기에 마한으로 비정하여 고구려에 대한 역사적 관련성을 부각시킨 것으로 이해된다. 따라서 삼한은 원래 뜻을 벗어나 '삼국' 내지 '해동'을 뜻하는 용어로 바뀌었으며, 나아가 신라 말과 고려시대에는 '일통 삼한론'의 정치적 의미가 더해지면서 삼한을 삼국으로 보는 시각이 고착되었다.[2]

이후 사서에 언급된 삼한과 삼국에 대한 시각의 변화는 조선 중기 한백겸이《동국지리지》에서 삼한의 위치를 북쪽의 고조선과 대비하여 한강 이남으로 보고 마한을 경기·충청·전라 지역에, 진한을 경상도 동북 지역에, 변한을 경상도 서남 지역으로 비정하였다. 한백겸은 '고구려는 본래 삼한에 속한 것이 아닌데 최치원이 억지로 삼국을 삼한으로 나누어

한민족과 고조선·한(韓)

마한을 고구려로 삼은 그릇됨을 길게 말할 필요가 없다.'라고 말한 바 있다. 이어서 조선 후기 실학자 정약용은 《강역고》에서 변진이 가야임을 밝히고 낙동강을 기준으로 진한과 변한의 위치를 명확하게 제시하여 삼한과 삼국은 별개임이 오늘날 통설로 자리 잡게 되었지만 과연 최치원의 삼한관과 한백겸의 주장 중 어느 것에 역사적 가치가 있는 것인지 난감하게 생각된다.

1919년 3.1운동 이후 중국 상해에서 발족한 대한민국 임시정부는 나라의 명칭을 정하는 과정에서 '대한'으로 망했으니, '대한'으로 흥하자는 뜻에서 '대한'의 국호를 계승하고 국민이 주인인 민주공화정을 수립한다는 의미에서 민국으로 바꾸어 '대한민국'이라는 국호가 탄생하게 되었다. 그리고 해방 이후 1948년 나라를 건국하면서 남한은 상해 임시정부에서부터 사용해 오던 '대한민국' 국명을 헌법 제1조에서 국호로 정하여 사용하게 되므로 오늘날까지 우리나라의 이름으로 널리 사용되어 왔다.

한이라는 명칭은 오늘날에도 우리들의 일상생활에서 한민족을 비롯해 한식 · 한복 · 한옥 · 한과 · 한류 등으로 폭넓게 쓰이며 자랑스러운 우리나라의 호칭으로 널리 불리고 있다.

역사기록에 한반도 첫 나라로 기록된 한(韓)

'한'은 대동강 유역 평양에 고조선이 자리 잡은 후 준왕이 위만에게 축출되어 남천하기 전 한반도 중남부 지역에서 초기국가로 등장했던 나라이다. 중국의 사서에는 한무제의 고조선 침공 이후 기록에 본격적으로 등장한 것으로 보인다.

한의 기원 및 실체와 관련하여 기록한 가장 오래된 역사서는 《삼국지》

〈위서동이전〉이며, 이후《후한서》〈동이열전〉,《진서》〈사이전〉,《삼국사기》등에 기록되어 후세에 전해 왔다.

　한에 관해 현존하는 최초 역사 기록인《삼국지》는 중국 진나라의 진수가 저작랑으로 있었던 진 태강(280년~289년) 때 총 65권으로 편찬된 기록이다. 중국 한나라 말 이후 위·촉·오의 삼국시대에서 3세기 전반까지 한반도의 사정이 비교적 자세하게 기록되어 가장 많이 언급되고 있는데, 하한 연대에 비해 상한의 시기가 모호하다고 하겠다.

진(한) 강역 추정도

　　　　　　　　　　　　　　　　　　　　　한민족과 고조선·한(韓)

이후 송나라 범엽에 의해 찬술된《후한서》〈동이열전〉은《삼국지》〈위서동이전〉의 기록을 참고 후한시대 동이의 상황을 기록한 것으로 보고 있다.

《삼국지》한전에 "위만에게 쫓겨났던 준왕이 근신과 좌우 궁인을 거느리고 바다를 통해 한(韓) 지역에 가서 스스로 한왕이 되었다. 그 후 망하여 지금은 한인들이 제사를 지낼 뿐이다."[3]라는 기록에 따르면 준왕의 망명 시기인 BC 194년 전부터 한반도 남쪽에 한(韓)이라는 정치사회가 존재하고 있었다는 증거로 볼 수 있다. BC 194년 이전부터 준왕이 남천한 곳의 사람들은 스스로를 한이라고 인식하였고, 조선의 왕 준이 한지에 도착한 후 스스로 한왕의 역할을 하였지만 계속 이어지지는 않았다는 내용이다.

《삼국지》진변한조에 "진한의 노인들은 대대로 전하여 말하기를 옛날에 유망인 들이 진나라의 과도한 역을 피하여 한국(韓國)으로 왔는데 마한이 동쪽 경계의 땅을 떼 주어 살게 되었다."[4]라는 기록의 진나라는 중국 진왕 정이 전국시대 끝 무렵에 6국을 정복한 후 BC 221년에 세운 중국 최초의 통일국가이다. 진시황은 제국을 건설하기 위해 수많은 토목사업과 만리장성 축성 등 과도한 역을 백성들에게 부과하게 되었다. 백성들 중 일부는 무거운 역을 피하여 머나먼 한국 땅에까지 피난해 왔는데 마한이 동쪽 경계의 땅을 떼어 주어 진한이 성립됐다는 내용이다. 이때 중국 진나라 사람들이 동남쪽 한국에 도달한 시기는 진나라의 부세와 부역 등 폭정을 피해 망명해 왔기 때문에 한국은 BC 3세기경 이전부터 존재했던 나라라고 유추해 볼 수 있겠다.

《삼국지》왜전에는 낙랑군에서 왜에 이르는 항로를 말하면서 한국을 거친다고 하여 삼한을 표기하지 않고 한국이라고 호칭을 사용했다. 여기에서 언급되고 있는 '한국'은 한의 나라라는 뜻이고 더 나아가서 한족으로 구성된 78개의 군장국가를 통칭하는 명칭으로 이해된다.

앞에서 살펴본《삼국지》의 기록들은 한의 명칭이 삼한이 아니라 한 또는 한국이라는 명칭으로 사용해 왔음을 분명하게 알려 주고 있다고 하겠다.

2) 한과 진국에 대한 다양한 견해

'한'이라는 나라 명칭에 대하여 신채호 선생은 '말조선'이란 칭호를 버리고 옛날에 왕호로 쓰던 '말한'을 국호로 쓰면서 이를 이두자로 '마한'이라 쓰고, 새로 쓰는 왕호인 '신한'은 이두자로 '진왕'이라 써서 '마한국 진왕'이라 칭하였다. 동일한 '한'이란 명사를 하나는 음을 취하여 '한'이라 국호를 쓰고 다른 하나는 뜻을 취하여 왕호를 씀으로써, 문자상 국호와 왕호의 혼동을 피하였던 것으로 보았다.[5]

이병도는 조선의 준왕이 한왕이라고 칭한 것에 대하여 준왕이 남천한 곳에는 아직 한이란 지명이나 국명이 없었고, 준왕이 한왕이라고 자칭한 것은 자신을 몰아낸 위만이 조선왕을 자칭하였기 때문에 자기의 씨 성을 붙여 한씨 왕이란 의미에서 명명한 것이라고 했다.[6]

한진서는 준왕을 한씨로 보는 근거로 "옛날 주의 선왕 때에 한후가 있었고 그 나라는 연과 가까웠으며 후에 위만에게 침벌되어 해중으로 천거하였다."라고 기술한 후한시대 왕부의《잠부론》에 따른 경우이다.[7]

김정배는 한(韓)이란 어휘가 알타이어 계통의 추장이나 군장을 칭하는 '한(汗)'이지만 한자로 크다는 의미의 '대(大)'자와 연결된다는 점 등에서 지역의 군장을 부르는 호칭으로 한이나 대왕이라고 칭했다고 보는 의

견도 있다. 그러나 준왕이 도착하기 이전부터 크다는 뜻의 한이라는 지명으로 불리고 있었기 때문에 지역명 뒤에 왕호를 붙여 한왕이라고 불린 것이라고 보았다.[8]

그런데 《후한서》 한전에 "준이 무리 수천인을 거느리고 바다로 들어가 마한을 공격하여 격파하였다. 자립하여 한왕이라 하였는데 준의 후손이 절멸하자 마한인이 다시 자립하여 진왕(辰王)이라 하였다."라는 기록과 《삼국지》 한조에 "진한 자고지 진국"이라고 기록되어, 한(韓)과 진(辰)의 나라명이 다르기 때문에 한강이남에 '한국'과 '진국'이라는 두 나라가 존재하는 것으로 보는 백승충의 견해도 있다.[9]

조선 후기 실학자인 정약용이 "열수이남을 한국이라고 일컫고 또한 진국이라고 일컫는다. 즉, 동방의 삼한의 땅이다."[10]라고 서술한 것은 '한'과 '진'이 모두 '큰'의 같은 뜻으로 진국도 한족이 세웠음을 강조한 설명으로 보고 있다.

노중국은 한왕(韓王)이라는 칭호는 늦어도 고조선의 준왕이 남으로 내려와 한지, 즉 만경강 주변인 익산 지역에 정착하여서 한왕을 칭하면서 시작된다고 했다. 한왕 칭호의 사용은 한연맹체가 형성되었음을 전제로 하고, 이 시기의 문화적 기반은 바로 점토대토기와 비파형동검문화라고 할 수 있다. 익산 지역의 비파형동검과 완주 출토의 도씨검은 한연맹체의 문화적 기반을 보여 주는 고고학적 증거로 보는 견해도 있다.[11]

정리해 보면 한은 BC 3세기경 이전부터 한반도 중남부 지역을 지칭하는 지역명이나 종족의 명칭으로 볼 수 있고, 준왕의 남천 이후 본격적으로 사용된 것으로 보는 것이 타당한 해석이라고 할 수 있겠다.

'진국'의 기록에 관한 이해

진국은 한국 고대사에서 존재에 대한 많은 의문을 받아 왔다. 그 이유는 진국의 존재를 맨 처음 기록한《사기》자체가 판본에 따라 다르게 기록되었기 때문이다.

《사기》백납본에는 "진번 옆에 진국이 한나라와 직접 통하고자 하였으나 위만조선의 방해로 통교하지 못하였다."라는 내용이 있어, 위만조선이 존립하던 시기에 남쪽 지역에 진국이라는 나라가 존재했다는 내용으로 기록되어 있다. 그런데《사기》교감본에는 진국이라는 나라가 아니고 여러 나라를 뜻하는 '중국(衆國)'으로 다르게 기록되어 있어《사기》해석에 혼란을 주고 있다. 그러나《삼국지》나《후한서》에 진국이라는 명칭을 쓰고 있기 때문에《사기》의 백납본에 기록된 진국이 바른 표기로 일반적으로 해석되어 오고 있다.

진국에 관해《삼국지》한전에서는 "진한은 진국에서 나왔다."라고 기록되어 있지만,《후한서》한전에는 "삼한은 모두 진국에서 나왔다."라고 하여 진국의 역사적 역할을 다르게 표현하고 있기에 이 또한 해석에 혼선을 주고 있다. 이러한 차이가 발생한 것은《삼국지》는 기록 대상 시기가 중국 삼국시대인 220년에서 279년까지이고,《후한서》는 후한시기인 23년에서 220년까지로 다르기 때문에 서술 내용이 다르게 기록된 것으로 보인다.

또《후한서》에서는 마한 맹주국의 진왕이 삼한의 모든 땅에서 왕 노릇을 했다고 하여 진왕이 마한뿐만 아니라 진한·변한 지역까지 왕으로서 역할을 한 것으로 설명하고 있다.《삼국지》와《후한서》양 사서의 진국에 관한 기록의 차이에 대해서 연구자들은 사서의 편찬 순서로 따져볼 때《삼국지》가 먼저 편찬되었기 때문에 사료적 가치가 더 높다고 보고 있다.[12]

진국의 국명에 대해 이병도는 삼한으로 나누어지기 전에 존재했던 광역의 국명으로, 김정배는 진국을 단일한 국명으로, 노중국은 한강 유역에 위치한 연맹체 이름으로, 정중환은 여러 부족 집단을 범칭한 집합적 호칭으로 해석하고 있다.[13]

필자는 진국은 고조선이 북방에서 중국 한족과 패권을 다툴 때 대동강 이남 지역에서 송국리형문화를 바탕으로 성립한 군장국가 연맹체의 통합적인 또 다른 명칭이라고 추정한다.

2. 삼한의 성립

삼한에 관한 기록은 《삼국지》〈동이전〉과 《후한서》〈동이열전〉에 기록되어 있다.

《삼국지》한전에 "한은 대방의 남쪽에 있다. 동쪽과 서쪽은 바다로 경계로 삼고 남쪽은 왜와 접하고 있으며 나라가 사천 리 정도이다. 한에는 세 종류가 있는데 첫째는 마한, 둘째는 진한, 셋째는 변한이다."

《후한서》한전에 "한에는 3종이 있는데 첫째는 마한, 둘째는 진한, 셋째는 변한이다. 마한은 서쪽에 있는데 54국이 있고 그 북쪽은 낙랑과 그 남쪽은 왜와 접하고 있다. 진한은 동쪽에 있는데 12국이 있고 그 북쪽은 예맥과 접하고 있다. 변진은 진한의 남쪽에 있는데 또한 12국이 있고 그 남쪽은 왜와 접하고 있다. 무릇 78국으로, …… 땅을 합하면 4천여 리 정도이다."

위의 사서들에 의하면 삼한은 북쪽의 경계선이 시기에 따라 낙랑이나 대방과 접하고 남쪽은 왜와 접하는 것으로 언급하였고, 한에는 마한 54

국·진한 12국·변한 12국이 있다고 기록하고 있다. 삼한의 지리적 위치에 대해서 일찍이 최치원은 마한-고구려, 진한-신라, 변한-백제로 삼한을 삼국에 비정한 바 있다. 조선 중기 한백겸이 마한을 경기·충청·전라 지역으로, 진한을 경상도 동북 지역으로, 변한을 경상도 서남 지역으로[14] 비정한 이래 현재까지 한백겸의 설이 가장 널리 받아들여지고 있다고 하겠다.

《삼국지》 한전에 "한에는 세 종류가 있으니 마한, 진한, 변한이고 진한은 옛 진국이다."라고 기록된 부분은 준왕의 남천 시기까지만 해도 하나의 정치체를 가르치던 韓이, 이후 세 족속 즉 삼한을 함께 부를 수 있는 정치 상황으로 바뀌었다고 볼 수 있다. 또 진한은 옛 진국이라는 기록은 진국의 후신인 진한이 등장하면서 한이 삼한으로 분리되었을 것이다. 진국에 살던 주도 세력 일부가 진한의 권역으로 이주한 뒤 진과 한이 합쳐져 '진한'이라는 용어가 생성되었을 가능성도 있다. 진한이라는 용어가 출현하면서 '마한'이라는 개념도 상대적으로 발생한 것으로도 볼 수 있다.

삼한이 등장하는 사회적 배경은 한무제의 고조선 침공으로 위만조선이 망한 후 난민들이 한 지역으로 대거 유입되어 한(진) 사회가 상당한 격동을 겪었던 것으로 보인다. 이어서 설치된 낙랑군의 분열책동으로 한(진)의 연맹체가 무너지자 한반도 중남부 지역에 각 정치 세력들은 구심점을 잃고 흩어져 '한'이나 '가'라고 자칭하며 삼한으로 분립되어 간 것으로 보인다. 이 시기에 세형동검과 철기문화가 확산되면서 지역공동체의 수장 세력이 읍락을 거점으로 하는 여러 군장국가가 등장하고 마한, 진한, 변한의 삼한이 성립된 것으로 볼 수 있다.

한민족과 고조선 · 한(韓)

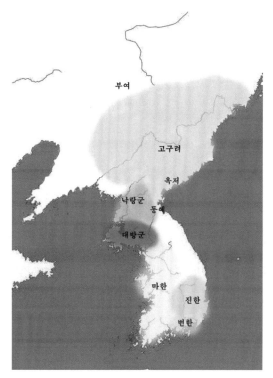

삼한 위치 추정도

1) 마한의 성립

마한의 강역인 경기 · 충청 · 전라 지역은 충적평야가 발달되어 있고
여러 강들이 서해로 흘러들어 청동기시대 사람들이 선호했던 땅으로 볼
수 있다.

마한의 주민 계통은 "그 백성은 토착민이었다."라는 《삼국지》 한전의 기
록대로 선주 토착민이었다. 망명인의 후예로 보고 있는 진한의 구성원과
는 달리 마한 주민의 계통은 원주민이므로 '기민토저'라는 표현을 사용했

다고 할 수 있다.[15]

마한은 일찍이 신석기 말 청동기문화 단계에서 일어나 중남부 지역 대부분을 그 영역으로 차지했을 개연성이 높다. 마한 지역이 진한과 변한 지역에 비해 국의 숫자도 많고, 세형동검문화 단계에서는 정치·문화적인 발달 정도도 선진적이었다. 금강·만경강·영산강 유역을 중심으로 정치적인 권위와 경제적인 부의 상징인 청동제품을 다량으로 부장하는 분묘 유적들이 집중적으로 분포되어 있는 것이 이를 뒷받침한다. 마한 지역 내에서 지역연맹체로는 천안·아산만 일대를 기반으로 한 목지국 중심의 지역연맹체, 금강 및 만경강 유역을 기반으로 한 건마국 혹은 월지국, 영산강 유역을 기반으로 한 신운신국, 한강 중·상류 지역을 기반으로 한 예계 지역연맹체 등을 들 수 있다. 지역연맹체를 구성한 국들은 지리적으로 가까우면서 정치와 경제적으로 밀접한 관계를 가진 것으로 보인다. 따라서 한 지역연맹체를 구성한 국들은 문화 양상이 비슷하지만 다른 지역연맹체와는 문화적 차이가 있기도 하였다. 이러한 점과 연관해 볼 때 경기·충청·전라 일대에서 확인되는 다양한 묘제로 적석묘·주구묘·토광묘·즙석묘 등의 문화 양상을 볼 수 있다.[16]

마한에 세워진 나라는 《삼국지》〈동이전〉한전에 다음과 같이 나라 이름들이 기록되어 전해 오고 있다.

"원양국·모수국·상외국·소석색국·대석색국·우휴모탁국·신분고국·백제국·속로부사국·일화국·고탄자국·고리국·노람국·월지국·자리모노국·소위건국·고원국·막로국·비리국·점비리국·신흔국·지침국·구로국·비미국·감해비리국·고포국·치리국국·염로국·아림국·사로국·내비리국·감해국·만로국·벽비리국·구사오단국·일리국·불미국·지반국 · 구소국 · 첩로국 · 모로비리국 · 신소도국 · 막로국 · 고랍국 · 임소반국 · 신운신국 · 여래비리국 · 초산도비리국 · 일난국 · 구해국 · 불운국 · 불사분야국 · 원지국 · 건마국 · 초라국" 등으로 이 나라들은 《삼국지》가 편찬된 AD 3세기 때가 아니고 청동기시대부터 활동했던 나라들로 이해해야 한다.

2) 진한과 변한의 성립

진한과 변한 지역인 경상도 지역에서는 BC 1세기부터 서력기원을 전후한 시기에 이르러 다량의 철기를 부장하는 토광목관묘 유적들이 급격하게 증대되면서 새로운 정치권력이 형성되어 간 것으로 보고 있다. 마한의 구성원과는 달리 진한의 주민 계통은 문헌사료 기록상 다수가 중국 진나라 출신이거나 고조선의 유망인으로 기록되어 있다. 진의 유민은 BC 221년경부터 진시황의 폭정을 피해 고조선 지역으로 이주해 와 정착했다. 이어서 한군현이 설치된 뒤 낙랑군의 영역 밖으로 피난했다가 최종적으로 영남 일원에 정착한 진 망인의 삼사 대 후의 사람들로 볼 수 있다.

진한의 주민이 진나라 출신의 망명객이었다는 기록은 《삼국사기》의 초반부 서술에서도 찾아볼 수 있는데 "중국 사람들 중 진나라의 난리를 견디지 못하고 동쪽으로 온 자가 많았는데, 마한의 동쪽에 많이 살면서 진한과 섞여 살았다."[17]라는 기사가 그것이다. 다만 인용문의 진한은 경주 지역의 사로국을 가리키고 있지만 신라 초기에 사로국은 진한 12국 중 한 나라일 뿐이나, 한반도 남부로 이주한 진 망명자들이 주축이 되어 진한 12개국을 세운 것으로 본다.[18] 이처럼 진한의 주민 계통은 학계에서 주장하고 있는 북방계 이주민을 포함한 중국 진나라 출신의 이민자로 이해할 수 있다.

진한의 언어를 통해서도 진한의 구성원이 토착민인 마한 사람과 다른 진의 유민임을 설명하고 있다.

《삼국지》 한전의 기록에 "그들의 언어는 마한과 달라서 나라를 방이라 하고, 활을 호라 하며, 도적을 구라 하고, 술잔 돌리기를 행상이라고 하며, 서로 부르는 것을 모두 도라고 하여 진나라 사람들과 유사하다."라고 하면서 "지금도 진한을 진한(秦韓)이라고 부르는 사람도 있다."라고 기록하고 있다. 《삼국지》의 편찬자가 진한의 기원만 유별나게 자세한 내용으로 거듭 부연 설명한 것은 편찬자의 중화주의 시각이 작동하여 진한 사람들의 선조가 중국 출신임을 더욱 강조한 것으로 보인다.

진한에 관한 또 다른 내용은 《삼국사기》 〈신라본기〉 서두에,

"혁거세가 서나벌을 세우기 전에 조선 유민이 산과 계곡 사이에 나뉘어 살면서 6촌을 이루었으니 이것이 진한 6부가 되었다."라고 기록되어 있다. 박혁거세가 오늘날 경주 지역인 서나벌을 건국하기 전에 이미 조선 유민들이 6촌을 형성시켰다는 내용으로, 여기에서 언급한 조선 유민은 위만조선이 한 무제의 침공을 받은 이후 혼란을 피하여 내려온 피난민이거나 나라가 망한 뒤 집단으로 이주해 온 위만조선계 주민들을 지칭한 것으로 이해된다.

《삼국지》 〈한전〉에는 조선상 역계경이 위만조선 말 우거에게 정책을 간언하였으나 받아들여지지 않자 무리 2,000여 호를 거느리고 진국으로 갔다고 기록되어 있다. 역계경이 거느린 2,000여 호는 인구 1만여 명에 달하는 큰 숫자로, 당시 기존 사회를 크게 요동시키는 계기가 되어 진국에 상당한 파장을 일으킨 것으로 판단된다. 고조선에서 2,000여 호 1만여 명의 대규모 인구가 유입되자 진국을 이끌어 가던 핵심 세력 중 일부가 소백산맥을 넘어 영남 지역으로 이동했고, 선진문화를 가지고 있던

이들이 토착 세력을 아울러서 연맹체를 형성한 것이 진한 연맹체가 되었다는 견해도 있다.[19]

앞의 내용을 정리하면 진한은 청동기시대부터 살아온 예족계 토착 청동기인들을 기반으로 중국 진나라의 망명객, 위만조선의 망명객, 기타 북방에서 내려온 유목민 계열의 사람들이 연합하여 세워진 연맹체로 이해할 수 있다 하겠다.

변한에 관해서 《삼국지》 한전에는 마한이나 진한과는 달리 유독 변진 즉, 변한의 주민 계통에 관해서는 서술하지 않고 있다.

"변진한 24개국 가운데 12국은 진왕에 신속되어 있다. 진왕은 항상 마한 사람으로 왕을 삼아 대대로 세습했다. …… 그들은 유이민이 분명하기 때문에 마한의 통제를 받는다."라는 기록을 통해 변한 사람들이 스스로 왕이 되지 못하고 마한의 승인을 받아 마한인만을 왕으로 옹립할 수 있었던 이유는, 그들이 외지에서 옮겨 온 사람들이기 때문이라고 설명하고 있다. 따라서 변한의 주민 계통도 진한과 마찬가지로 이주민이 중심 세력임을 기술하고 있다. 《삼국지》 편찬자는 진한과 변한의 구성원들을 기원이 동일한 계통인 진나라의 유이민으로 파악했기 때문에 변한조에서 굳이 변한의 기원을 따로 서술할 필요가 없었던 것으로 본 것 같다.

《삼국지》 변진조에 "변진은 진한 사람들과 뒤섞여 살고 있고 성곽도 있다. 의복과 주택은 진한과 같으며, 언어와 법속도 서로 비슷하다."라며 진한인과 변한인들은 뒤섞여 사는데 아무 문제가 없을 정도로 종족적 관련성이 많은 것으로 보아 두 집단을 동일한 종족으로 보고 있다.[20]

변한의 성립에 대한 다른 견해는 변한은 고조선 유민 등 북방 유이민에 의해서 형성된 것이 아닌 것으로 보고 있다. 낙동강 하류 및 경상도 남해안 지역은 BC 3~2세기경이 되면 옹관묘계 집단이 지배 집단으로 대두되는 등 새로운 문화 요소와 주민들이 혼입되지만, 진한 지역에 있었던 위만조선계 유이민 문화의 유입과 같은 문화적인 전환 계기가 잘 확인되지 않는다는 것이다.[21] 변한에 관해서 《삼국지》는 진한과 변한이 같은 계통의 사람들로 보고 있기 때문에 특별한 기록이 없지만 고고학적인 관점에서 볼 때는 옹관묘계 집단이 지배 집단으로 대두되고, 진한 지역의 위만조선계 문화와는 다른 갈래의 사람들이 변한을 형성시켜 간 것으로 보고 있다.

《삼국지》 한전에 "진한은 마한의 동쪽에 있었는데 …… 처음에는 6국이었으나 점차 나누어져 12국이 되었다. 변진도 12국이었다."라고 하며 진변한의 24국 국명으로 기록된 것은,

"이저국 · 불사국 · 변진미리미동국 · 변진접도국 · 근기국 · 난미리미동국 · 변진고자미동국 · 변진고순시국 · 염해국 · 변진반로국 · 변진낙노국 · 군미국 · 변진미오야마국 · 여담국 · 변진감로국 · 호로국 · 주선국 · 변진구야국 · 변진주조마국 · 변진안야국 · 변진독로국 · 사로국 · 우유국" 등이다.

변 · 진한은 합하여 모두 24국이며, 큰 나라는 4천~5천 가구이고 작은 나라는 6백~7백 가구이니 총 4만~5만 호이다. 그 가운데 12 나라는 진왕에게 예속되어 있다. 진왕은 항상 마한 사람으로 삼으며 대대로 이어 계승한다는 기록을 남겨 진한과 변한이 초기에는 마한 출신 진왕의 통제를 받으면서도 서서히 독자 세력으로 성장해 간 것으로 보인다.

마한 정통론이란

마한 정통론은 고조선의 마지막 왕인 준이 위만의 기습공격으로 나라를 빼앗기고 남쪽으로 망명해 '한'을 세웠다고 하는 《삼국지》 기록에 근거하여 기자조선을 찬탈한 위만조선을 배제하고 마한으로 이어지는 계통으로 우리 고대사의 정통성을 강조한 것이다. 조선 후기 등장한 실학자들은 자신들이 살고 있는 사회 현실을 과거에 접속되고 미래로 연결되는 역사적인 현실로서 인식하였다.

성호 이익(1681~1763)은 성호사설에서 사가의 임무는 시세를 정확히 파악하는 것이며 단편적인 사실의 시비를 가리는 데 있지 않다는 사론을 제시하였다. 이익은 삼한정통론을 주창하였는데 우리 역사가 중국의 역사와 그 흥폐의 시작과 끝이 비슷하다고 인식하였다. 그 대비되는 시기의 역사를 단군과 요임금, 기자와 주 무왕으로 보았고 기준을 진승·항우기로, 마한 시작은 한나라가 일어설 때로 비교하였다. 우리나라가 예절과 의가 있고 어질며 현명하다고 칭해진 지 이미 오래되어 말하는 자는 반드시 소중화라 부르며, 그중 마한이 동토에서 유적전서 하였기에 '나는 마한을 곧 동국의 정통이라 부른다.'[22]라고 하였다. 이익은 그의 정통론의 체계를 단군-기자-마한으로 정리하였다.

이익의 이와 같은 역사 인식은 안정복에게 계승되어 《동국통감》의 전사 비판에서 위만이 단군과 기자조선을 계승한 것처럼 서술한 것을 비난하고, 위만 대신 마한을 정통으로 보아야 한다고 주장하였다.[23] 안정복은 주자의 정통·무정통의 예에 따라 정통은 단군조선-기자조선-마한에서 삼국통일이 이루어지는 신라 문무왕 9년으로 계승되며, 신라 말에서 바로 고려 태조 19년 이후로 연결된다고 하여 준왕이 망명한 마한 지역이 역사의 정통성을 이어받았다고 평가하고 있다.[24]

3. 한(韓)은 어떤 나라인가

1) 한의 국 성립

한반도에서 초기국가 형태를 이루었던 한의 국은 모두 청동기문화 단계 이후 초기에는 대동강을 경계로, 후기에는 멸악산맥 주변을 경계로 이남 지역에 자리 잡았던 토착사회를 중심으로 성장 발전하여 형성된 것으로 본다. 한의 국 수준은 BC 3세기 초 연 장수 진개의 동진으로 요동 지역에 있던 고조선과 진번 세력 상당수가 대동강이남 한 지역에까지 이동해 온 것으로 볼 수 있다. 이들의 합류로 한과 여러 국들의 정치 수준이 한 단계 발전, 고조선과 비슷한 수준으로 향상되어 초기국가 형태를 유지해 간 것으로 보인다. 한의 국 성립에 관한 명확한 역사 기록은 없기 때문에 한과 삼한에 관련된 기록들을 종합해서 살펴보고자 한다.

《후한서》 한전에 마한 54국, 진한 12국, 변한 12국 등 78개국으로 구성되어 있다. 진왕은 한의 전 지역을 다스렸다고 하였으므로 마한, 진한, 변한의 모든 나라는 한(진)에 속하고 진왕의 통치를 받은 것으로 볼 수 있다. '진'이나 '한'은 고대어에서 '크다'라는 의미를 갖고 있기 때문에 진왕은 삼한을 통치하는 큰 왕을 뜻한 것으로 보인다. 진왕의 지배를 받은 한의 78국 지배자를 거수라고 불렀다고 기록되어 있다.

《후한서》 한전에 "여러 작은 별 읍에는 각각 거수가 있는데, 강대한 자를 신지라 불렀고 다음에는 검측이 있으며 다음에는 번지가 있고 다음에는 살해가 있으며 다음에는 읍차가 있다."

《삼국지》 한전에 "(국마다)장사가 있는데 세력이 강대한 사람은 스스로 신지라 하고 그다음은 읍차라고 했다. …… 변진도 12국인데 여러 작은 별 읍에도 각각 거수가 있다. 그 가운데 세력이 큰 사람을 신지라 하고 그다음에 험측이 있으며 다음에는 번예가 있고 다음에는 살해가 있으며 다음에는 읍차가 있다."

위의 기록에 의하면 한의 거수들은 국의 규모에 따라 신지·험측(검측)·번예(번지)·살예·읍차 등의 다양한 호칭이 있었다. 이것은 마치 중국 서주시대 제후들에게 주어졌던 공·후·백·자·남작이라는 관작과 비슷한 체계적인 명칭으로 보인다. 그리고 한에 속해 있었던 각국의 거수들은 진왕에 대해 일정한 의무들과 공납의 의무를 지고 있었던 것으로 보아야 할 것이다.

《삼국사기》〈신라본기〉시조 혁거세 거서간조에,

"38년 2월 호공을 마한에 보내서 수빙 했는데 마한왕이 호공을 꾸짖어서 말하기를 진한·변한 두 한은 우리의 속국인데 근년에는 직공을 보내지 않으니 대국을 섬기는 예가 이 같을 수가 있느냐고 했다."라고 하여 마한왕은 진국을 대표하는 왕으로서 진한의 사신인 호 공에게 속국인 진한과 변한이 직공을 납부하지 않는 것을 꾸짖으며, 대국에 대한 예를 제대로 갖추도록 요구하는 장면을 보여 주고 있다.

국의 성립 규모에 대해서는 《삼국지》한전 마한조에는 "대국은 만 여가, 소국은 수천가로 총 10여만 호이다."라고 기록되어 있고, 변진조에는 "대국 4~5천 가, 소국 6~7백 가로 총 4~5만 호이다."라고 기록되어 상당한 국과 인구를 가졌기 때문에 한은 이미 초기 국가단계에 들어선 나라로 불린 것으로 볼 수 있다.

2) 한의 국 규모와 성격

이 땅에서 농경과 고인돌문화를 근간으로 초기국가 형태를 이루었던 한 78국의 규모는 《후한서》와 《삼국지》에 기록된 대로 마한은 큰 나라가 만여 가, 작은 나라가 수천 가로 총 10여만 호이다. 변진한은 큰 나라가 4천~5천 가, 소국은 6백~7백 가로 총 4만~5만 호이다. 고대사회의 인구수는 일반적으로 1호에 5명 정도로 계산하는데 마한은 10여만 호에 50여만 명이 된다. 마한의 큰 나라는 만여 호에 5만여 명의 인구를 포용한 그 당시로서는 상당한 규모의 사회를 이루었고 작은 나라도 1만 명 내외의 아담한 규모로 파악할 수 있다.

진·변한은 24국으로 총 4만~5만 호에 인구는 20만~25만 명 정도의 인구수를 가지고 있다. 진·변한은 마한에 비해 나라의 규모와 인구수가 작기는 하지만 큰 나라가 2만~2만 5천 명을 포용한 제법 큰 규모를 가지고 있고, 작은 나라도 3천~3천 5백여 명 정도의 인구를 갖고 있다고 하겠다. 대동강 유역에 위만조선이 성립되어 있던 시기 한반도 중남부에 존립했던 한의 78국 75만여 명의 인구는 위만조선과 비슷한 규모의 나라로 볼 수 있다.

고대시대 상당한 규모를 자랑하는 한(진)국의 성격 규명에 대한 다양한 견해를 살펴보자. 김정배는 마한이나 변진 각국의 호수가 평균 2천 호가 된다고 보고 호당 인구수를 5인으로 잡을 때 인구는 1만 명으로 보았다. 국읍은 국의 중심이 되는 곳을 뜻하며, 국읍에는 천군이 있었고 만 명 정도를 다스리는 통치자도 있다고 보았다. 또 군장사회를 인구 1만 명~1만 2천 명 선으로 파악하여 삼한 제국이 군장사회의 단계에 있었던 것으로 보았다.[25] 이현혜는《삼국지》에 기록된 삼한의 평균 호수는 2천~3천 호로서 사로국과 구야국은 5천 호 정도의 대국에 속하는데, 육촌과 구간으로 계산하면 평균 6백~8백 호 정도가 된다고 하였다. 그는《삼국지》에 보이는 읍락들도 그 형성 초기 단계에는 오륙백 호 미만의 규모를 가진 소집단으로서 그들의 지배자는 소량의 청동기를 가진 존재이며, 한 소국의 읍락들은 대개 천 호 미만을 가진 정치 집단으로 간주하였다.[26]

이병도는 삼한의 국을 하나의 부족국가로 보고 그 영역과 인구가 한 군현의 1현에 불과한 것으로 파악하였다.[27] 김철준은 초기의 국가가 부족국가로 발전하였고 국가발전 단계를 부족국가–부족연맹체국가–고대국가의 순으로 파악하였다.[28]

천관우는 부족국가란 개념 대신에 성읍국가론을 제기하였다. 성읍국가는 도시국가, 읍제국가 등의 개념에 대응하는 것으로서 이는 씨족제, 성읍국가, 영역국가, 대제국이란 국가 발전 과정의 도식을 전제로 하여 삼한의 국 수준을 성읍국가 수준으로 파악한 것이다.[29]

한의 국 규모와 성격은 마한의 큰 국은 만여 호에 5만여 명의 인구를 포용한 큰 나라도 있지만, 1국의 평균 호수는 2천~3천 호이고 인구는 일만여 명 정도의 읍락국가들이 연계된 성읍국가나 군장국가에서 영역국가로 진입하는 초기 형태의 국가로 볼 수 있다고 하겠다.

한의 국에는 여러 수준의 읍이 설치되어 있다고 기록되어 있다.

《삼국지》한전에 "(마한에는) 각각 주수가 있어서 세력이 강 한자는 스스로 신지라 하고, 그다음은 읍차라고 하였다. …… 그리고 여러 한국의 신지에는 읍군의 인원을 더해 주고, 그다음 사람에게는 읍장을 주었다."라고 하여 한국의 주거 집단은 크기와 조직에 따라 읍과 락으로 구성 읍락이라고 호칭하는 경우도 있는 것으로 보인다. 읍락을 세분하면 국읍은 각국의 대읍으로서 주수라 불리는 신지가 다스린다. 소도 별읍은 천군이 관장하는 지역으로 하늘에 제사를 지내는 특별 지역이다. 소읍은 중소규모의 집단거주지로 소읍의 규모에 따라 지도자를 검측 또는 번지라고 칭했고 더 작은 읍의 지도자는 살해라고 칭했다. 촌락은 읍에 소속된 마을로 촌장을 읍차로 칭하였다. 한국에는 국읍이 있고 세력에 따라 거수의 명칭이 다양하며 천군이 관장하는 소도 별읍이 있다는 내용은 고조선의 정치사회보다 더욱 세분되어진 양태를 보여 주고 있다.

3) 한의 통치구조

한(진)의 통치구조에 관한 사서의 기록에 의하면 한을 다스리는 통치자는 진왕으로 볼 수 있는데《삼국지》한전에서,

"진왕은 월지국에서 다스린다. 신지를 간혹 더욱 우대하여 '신운견지보 안사축지분 신라아불예 구사진지렴'이라는 호칭을 더하기도 한다. 관직에는 위솔선 · 읍군 · 귀의후 · 중랑장 · 도위 · 백장 등이 있다."라고 기록하고 있다.

《후한서》한전에서는 "진왕은 목지국에 도읍하고 전체 삼한 지역의 왕 역할을 했다."라고 기록되어 한의 왕이 거주하는 도읍이《삼국지》에서는 월지국으로《후한서》에서는 목지국으로 기록되어 있다. 월지국의 이름은 마한에 있던 50여 국 중 하나로 기록되어 있어, 월지국이나 목지국은 진왕이 직접 다스렸던 직할국으로 보는 것이 자연스럽다고 하겠다.

한에는 진왕을 보좌하는 관직으로《삼국지》에 신지가 있고 신지를 더욱 우대하여 부가하는 칭호를 주었다고 한다. 그리고 위솔선 · 읍군 · 귀

의후·중랑장·백장 등의 체계적인 관직을 구성 운영하고 있음을 알 수 있다. 한에 군사 임무를 수행하는 관직으로는 《삼국사기》〈백제본기〉에 "마한의 구장 주근이 우곡성에 웅거하여 반하였다."라는 기록을 참고하면 '장수'나 '장군'과 같은 군사 관직도 있었던 것으로 보인다.

한 78개국 중 상당수는 마한 출신 사람들이 왕 노릇을 했다는 기록은 《후한서》 한전에 "마한이 가장 강대하여 여러 나라가 함께 마한 사람을 진왕으로 삼으니 목지국에 도읍하여 삼한 지역의 왕으로 군림하고 여러 국의 왕은 선대가 모두 마한 종족 사람이었다."라고 설명하고 있다. 마한 출신으로 여러 국의 왕 노릇을 하는 사람들은 아마도 진왕의 혈족이거나 특수한 관계를 맺고 있는 마한 사람들로 보인다. 중국의 주나라 종법적 체계를 답습한 구조로 종가와 분가의 관계를 맺어 간 것으로 이해할 수 있다.

《삼국지》 한전에 "진왕은 항상 마한 사람으로 왕을 삼는데 대대로 세습하였다."라는 기록을 보면, 한에서 왕위가 대대로 세습되었다는 것은 위만조선이나 중국 한나라와 같은 왕위세습제를 채택한 초기국가 수준으로 성장하고 있었던 것으로 이해된다.

한에서는 사회질서를 유지하기 위한 수단으로 엄격한 법을 운용한 것으로 보인다. 《삼국지》 한전 변진조에 "법규와 관습은 특별히 준엄하다."와 《후한서》 한전에 "형법이 매우 엄격하다."라고 기록되어, 초기국가 사회를 이루었던 고조선의 8조금법과 유사한 법체계를 운용해 간 것으로 볼 수 있다.

통치조직의 종교적 요소는 각 국읍에 하늘에 대한 제사를 주재한 천군이 있었다는 《삼국지》 한전에 기록되어 있다. "귀신을 믿기 때문에 국읍에 각 한 사람을 세워 하느님에 대한 제사를 주재하였는데 그를 이름하여 천군이라

했다." 이 기록은 각국에 국읍이 있고, 국읍에 천군이 거주하여 하느님에게 제사를 지내게 했다는 내용이다. 그러나 한의 도읍에는 천군이나 종교를 주재하는 사람이 있었다는 기록이 보이지 않고 있다. 한의 여러 국읍에 종교를 주관하는 천군이 있었다면 도읍에도 당연히 종교를 주재하는 인물이 있었을 것이다. 그런데도 별도의 기록이 없는 것으로 보아 도읍에서 종교를 주재했던 인물은 진왕이었을 것으로 추정할 수 있다. 한의 진왕은 정치적인 최고 통치자이면서 동시에 종교적으로 최고 지도자로 상당한 권력을 행사한 것으로 보인다. 한에서 하느님을 최고의 신으로 섬긴 것이라든가 진왕이 종교와 정치를 모두 관장한 것은 고조선 초기의 단군왕검의 지위와 비슷했던 것으로 볼 수 있다.

한의 중앙에서는 진왕이 종교와 정치를 모두 장악함으로써 강력한 권력을 가질 수 있었으나 각국에서는 거수가 정치만을 관장하고 종교는 천군이 관장하여 정치와 종교를 분리함으로써 그 권력을 분산시켰던 것으로 보인다.[30] 이것은 지방의 권력을 중앙보다 약화시켜 진왕의 권위를 높이려는 조처였던 것으로 고조선의 통치구조보다 더 발전된 수준으로 볼 수 있다.

4) 한의 강역 변동과 중심지

한반도 중남부 지역에서 신석기시대에 이어 토착 세력으로 자리 잡아온 것으로 보고 있는 한의 북쪽 경계는 고조선 세력 등 북방 세력의 남하에 따라 여러 차례 변동이 있었던 것으로 볼 수 있다. 선한시기인 BC 10세기~5세기까지는 평양이 있는 대동강 지역을 경계로 북쪽은 고조선이

남쪽은 선한이 자리 잡았던 것으로 본다.

BC 3세기 초 연 장수 진개의 침공으로 요동 지역의 진번과 고조선의 일부 지배 세력이 한반도로 남하하는 상황이 벌어졌던 것으로 보인다. 이때 고조선 세력은 평양에, 진번 세력은 대동강 넘어 멸악산맥 부근의 재령평야 지역에 자리 잡은 것으로 필자는 보고 있다. 이 시기부터 한의 북쪽 경계는 멸악산맥 부근으로 보아야 할 것이다. 이후 위만조선이 진번을 복속시켜 가고, 한(진)과 중국 간의 교역을 방해하여 한무제의 위만조선 침공이 벌어진 것으로 보인다.

한의 강역은 주변 나라들의 정세에 따라 여러 번 변동되어 기록된 것으로 볼 수 있다.

《후한서》 한전에 "한의 북쪽에는 낙랑이 있고 남쪽은 왜와 접하고 있다."라고 하여 《후한서》 시기에 언급된 낙랑은 대동강의 북쪽인 평양 지역으로 인식하고 있다. 따라서 후한 시기의 한의 북방경계는 낙랑군을 경계로 남쪽 지역을 일컫는다고 보아야 할 것이다.

《삼국지》 한전에 "한은 대방의 남쪽에 있고 동서는 바다로 한계가 있고 남쪽은 왜와 접한다."라고 기록되어 있어 중국 삼국시대에는 한의 북쪽 경계에 대방이 등장함으로 낙랑이 아니고 대방과 접하게 되었다는 것이다. 여기에서 언급되고 있는 대방은 중국의 삼국시대 혼란을 틈타 요동 지역에서 세력을 키워 가던 공손씨가 있었다. 그가 한·예 등에 대한 세력 강화를 목적으로 후한 헌제 때(204년) 낙랑의 둔유현(황해도 항주 추정)이남 지역에 대방군을 설치하여 낙랑과 대방을 직접 지배하던 상황이 기록에 나타난 것으로 보인다. 《진서》 지리지에는 낙랑군에 6개 현이, 대방군에는 7개 현이 설치되어 있는 것으로 기록되어 있다.

대방이 설치된 이후 한의 북쪽 경계는 낙랑의 대동강이남에서 대방과의 경계가 되는 황해도 멸악산맥 주변으로 축소된 것으로 볼 수 있다. 한강역의 북쪽 경계는 북방에서 밀려오는 외부 세력의 확장에 따라 줄어들 수밖에 없는 처지에 놓여 있었다. 한 초기에 78개국의 큰 세력을 유지하고 있었지만 준왕의 남천, 역계경 상이 이끌던 2천 호의 집단이주, 위만조선의 멸망으로 상당수의 이주민들이 주로 진변한 지역으로 이주하였던 것으로 보인다. 이후 온조로 대표되는 부여·고구려계가 한강 주변으로 이주하여 세력을 키워 가게 되었다. 이에 따라 한의 세력과 강역은 급격히 약화되어 간 것으로 보인다.

《삼국지》한전에 "진왕은 월지국을 다스린다. …… 변한과 진한의 합계가 24국이 된다. 그 가운데 12국은 진왕에게 신속되어 있다."라는 기록을 보면, 진왕이 진변한 24국 중 절반인 12국을 다스리고 있어 진변한에서 세력이 절반으로 줄어 가고 있음을 나타내고 있다.

《삼국사기》〈백제본기〉 온조왕 26년조에,

"왕이 말하기를 마한이 점차 약해지고 상하의 인심이 이반하니 오래 버티지 못할 형세이다. 만약 마한이 남에게 병합된다면 순망치한의 격이 되어 후회해도 소용없게 된다."라 하며 순망치한의 사태를 방지하기 위하여 "겨울 10월에 왕은 군사를 내어 사냥한다고 말하고 마한을 습격하여 마침내 그 읍을 병합했는데 다만 원산과 금현의 두 성은 고수하고 항복하지 아니했다."라고 기록되어 있다.

백제 온조왕은 26년 마한에게서 읍을 포함하는 많은 땅을 빼앗았으나 원산과 금현 두 성은 고수하고 항복하지 아니했다는 내용으로 보아 마한은 상하 인심이 이반되어 많은 땅을 빼앗기고 세력이 상당히 약화되어 간 것으로 보인다. 백제는 《삼국사기》 기록에 의하면 서한 성제 때인 BC

18년에 하남 위례성에서 건국했다. 〈백제본기〉 온조왕 13년 조에는 "한산 아래에 책을 세우고, …… 마한에 천도할 것을 고했다."라고 하고, 온조왕 14년 조에는 "봄 정월에 도읍을 옮겼다."라고 하여 백제가 건국되었음을 서술하고 있다. 한의 북쪽 강역은 백제에게 잠식당하고 있을 때 한의 동남부 지역에도 서나벌과 가야가 성장해 간 것으로 볼 수 있다.

서나벌은《삼국사기》〈신라본기〉 시조 혁거세조에 진한의 여섯 부가 뭉쳐 서한 선제 때인 BC 57년에 건국한 것으로 기록되어 있다. 서나벌은《삼국지》 한전에 나타났던 진한의 사로국이 독립하여 그 영역을 확대해 감에 따라 한의 동남부 강역은 축소되고 있었다. 서나벌은 오늘날의 경주를 중심으로 한 경상북도 지역으로 본다.

가야는《삼국유사》 권2, 가락국기에 그 영역이 "동쪽은 황산강, 서남쪽은 창해, 서북쪽은 지리산, 동북쪽은 가야산"으로 기록되어 동쪽은 낙동강, 동북으로 가야산, 서북은 지리산을 경계로 한 오늘날의 경상남도 지역에서 세력을 확장시켜 한의 영역을 잠식하므로, 한의 강역은 후기로 갈수록 금강이남 호남 지역으로 대폭 줄어들어 간 것으로 보아야 할 것이다.

한의 중심지는 목지국인가 월지국인가?

한의 중심지에 대해서《후한서》에서는 목지국으로,《삼국지》에서는 월지국으로 기록되어 있어 중심 지역이 어디인가 해석에 혼란을 주고 있다. 현재는 한의 중심지를 목지국으로 보고 있으나 다양한 주장이 제기되고 있다.

일찍이 역사 지리에 많은 관심을 가졌던 조선 후기의 실학자들 가운데 신경준은《강계지》에서 익산군 금마가 마한의 도읍지라는 전례의 견해대로 목지국을 익산 일대로 비정하였다. 그러나 신채호는 마한 50여 국 가운데 익산을 건마국이 있던 곳으로 보고, 목지국의 정확한 위치는 확실하지 않지만 마한과 백제의 국경이 웅천(공주)이니 목지국의 위치는 공주 부근이 될 것이라고 주장하였다.[31] 정인보는 월지국을 올바른 기록으로 백제의 처음 도읍지가 위례성이며 위례의 중국식 표기인 월지는 위례성이라고 보았고, 장도빈은 목지국의 위치를 익산 지방으로 보았다.[32]

이병도는 충남 천원 직산 일대의 부근인 평택 · 성환 주변을 목지국으로 비정했는데, 한강이남의 서해안 일대에서 역사상의 고도로 알려진 곳으로는 경기도 광주와 충남 직산 · 부여 · 공주, 그리고 전북 익산을 들수 있다. 익산 일대는 마한 제 소국 가운데 하나인 건마국에 해당하며, 광주는 백제의 한성, 공주와 부여는 모두 후기 백제의 도읍지이므로, 남은 곳인 직산을 한 제 소국들의 정치와 외교의 중심국이었던 목지국으로 비정한 것이다.[33]

천관우는 인천의 옛 이름이 미추홀이라는 점에 근거하여 이를 목지의 동음이자라고 하고 목지국의 위치를 오늘날의 인천 지역으로 보았다.[34] 김정배는 고고학적 성과를 바탕으로 처음에는 익산 일대가 평양 지역과 같이 초기 청동기문화의 중심지였다고 보고 목지국을 익산 지방의 주변으로 비정하였다. 이후에 목지국이 익산 바로 그 지역이 아니라 익산의 주변인 공주이남에서 익산의 서북 또는 동북쪽 사이에 위치하였을 것으로 보았고 근래에는 예산 일원으로 비정했다.[35]

최몽룡은 고고학적 성과를 바탕으로 목지국에 대해 처음 위치는 이병도의 학설대로 직산 일대로 추정하지만, 백제의 남천과 이에 따른 지배영역의 남부 팽창으로 인해 마한의 세력이 축소되어 목지국의 최종 근거지를 영산강 유역인 전남 나주 반남면 일대로 비정했다. 근거로는 영산강 유역이 실질적으로 백제의 지배하에 편입되는 것은 서기 6세기 이후라 하여 이 지역에서 보이는 대형 독무덤들의 피장자들이 마한 지배층들일 것으로 본 점이다. 특히 금동관이 출토된 신촌리 9호분의 피장자는 목지국 말기의 지배자이거나 목지국의 전통을 이어받은 지방 호족으로 추정했다.[36]

윤내현은 또 다른 견해로 한의 도읍지로 《후한서》〈동이열전〉에서는 목지국으로 《삼국지》〈동이전〉에서는 월지국으로 기록되어 있는데, 목지국과 월지국은 같은 곳을 잘못 표기한 것이 아니라 서로 다른 곳으로서 두 곳 모두 한의 도읍지였음을 주장하고 있다. 한의 도읍지로 가능성이 가장 큰 곳은 충남 직산과 전북 익산 지역이라고 할 수 있기에 한의 도읍지는 처음에는 충남 직산이었고 그다음 도읍지는 전북 익산 지역이라고 보았다.[37]

이상 한의 중심지에 대하여 여러 학자들의 다양한 견해를 살펴보았을 때 확정적으로 단정할 수 있는 자료는 없다고 본다. 다만 여러 내용을 검토해 볼 때 고조선의 중심지가 전·후기에 걸쳐 이동한 것처럼 한의 중심지도 시기에 따라 이동되어진 것으로 본다. 필자는 한의 1차 중심지는 충남 직산 지역의 목지국으로, 2차 중심지는 전북 익산 지역의 월지국으로 이동했고 이후 백제 세력이 남쪽으로 확장해 옴에 따라 한의 중심지는 영산강 유역의 전남 나주 지역으로 남하해 간 것으로 추정한다.

4. 한의 문화 경제

1) 한의 문화

　한은 일찍이 청동기 초기부터 대동강이남 지역에 자리를 잡은 한반도 토착 세력으로 남방문화의 기반 위에 육로와 해로를 통해 다양한 북방문화를 접하면서 성장해 간 것으로 보인다. 한의 문화는 북방 청동기문화를 흡수하여 남방 농경문화를 꽃피웠지만 자세한 문헌기록이 없기 때문에 《삼국지》 한전에 나타난 단편적인 내용만이라도 살펴보고자 한다.

　"마한의 거처는 풀로 지붕을 엮고 흙으로 집을 꾸며, 그 형태가 마치 무덤 같고 출입구를 위에다 두고 온 집안이 그곳에서 같이 지낸다."라고 하여 마한 사람들이 초가에 토실을 만들어 무덤 같은 집에서 한 가족이 같이 지낸다고 묘사하고 있는데, 이것은 한국 전통 농경시대에 초가집에서 한 가족 단위로 거주하는 모습을 연상시켜 주고 있다.

　변진한의 주거 구조는 《위략》의 기록을 인용해,

　"그 나라는 주택을 지을 때에 나무토막을 가로로 쌓아서 만들기 때문에 감옥과 비슷하다."라고 설명하여 변진한의 주택은 마한과 다른 방식으로 초가가 아닌 나무를 이용하여 만들기 때문에 감옥과 같은 모양을 띠고 있음을 서술하고 있다.

　고대사회에서 전통과 보수성이 강한 장례문화에 관해서는 "장례에는 겉 널은 있으나 속 널은 없다. 소나 말은 타는 법을 알지 못하며 그 소나 말들은 장례를 치르는 데 모두 쓰인다."라고 하여 마한의 장례에는 속널은 사용하지 않고 있다고 했다. 변진한조에서는 "큰 새의 깃털을 사용하여 장사를 지내는데 그것은 죽은 사람이 새처럼 날아다니는 뜻이다."라고 언급하여 마한과 진변한의 장례 방식이 크게 다름을 나타내고 있는데, 이것은 문화 계통이 다르다는 것을 설명해 주고 있는 것이다.

마한 사람들의 모습에 대해서는 "사람들의 성격은 강인하고 용감하여 맨머리에 밖으로 드러난 상투를 틀고 있는 것이 마치 날카로운 병기와 같으며, 무명옷과 솜옷을 입고 가죽신과 짚신을 신는다."라고 기록하여 당시 마한 사람들은 강인한 기질대로 상투를 틀고, 의복은 무명옷과 솜옷을 입었으며 형편에 따라 가죽신을 신거나 짚신을 신는 등 다양한 생활 양상을 설명해 주고 있다. 특히 한 시대의 유적에서 가락바퀴가 다량 출토되는 것으로 보아 이들은 마나 삼 같은 식물에서 뽑은 세사의 천으로 옷감과 옷을 만드는 기술이 상당한 수준에 도달한 것으로 보인다.

진변한 사람들은 "시집가고 장가가는 예법과 풍속에 남녀가 구별이 있다. …… 풍속에 가무음주를 즐긴다. …… 아이를 낳으면 곧 돌로 머리를 눌러두어 평평한 머리를 만들고자 한다. 지금의 진한 사람들은 모두 편두이다. 왜에 가깝기에 또한 남녀가 문신을 하기도 한다. …… 길을 가다가 서로 마주치면 모두 서서 길을 양보한다."라고 기록하여 진변한의 예법과 풍속이 상당한 수준을 갖고 있다고 평하고, 독특하게 진한 사람들의 편두 풍습과 왜의 문화인 문신을 하는 사람들도 있다고 기록하고 있다.

마한 사람들은 "군에 가까운 북방의 여러 나라들은 조금은 예의 풍속을 알고 있으나 그곳에서 먼 곳은 바로 죄수의 무리나 노비들이 서로 모여 있는 곳과도 같다."라고 하여 낙랑군에 인접한 마한의 여러 나라들은 멀리 떨어진 남방의 마한 나라들에 비해 문화와 예절풍속 수준이 높다는 내용을 밝히고 있어, 은근히 중국문화권인 낙랑의 수준을 과시하는 내용으로 이해된다.

《삼국지》 한전에 "해마다 5월이면 씨 뿌리는 일을 마치고 귀신에게 제사를 지내니 무리 지어 모여 노래와 춤을 추며 술을 마시는데 밤낮으로 쉼이 없다. 그 춤은 수십 명이 다 같이 일어나 서로를 따르며 땅을 디디고 내려섰다 올라섰다 하며 손과 발로 서로 장단을 맞추는데, 춤사위와 곡조가 탁무와 유사하다. 10월에 농사일을 모두 마치면 또 이와 같이 한다."라고 기록하여 중국문화와는 다른 이색적인 모습에 마한 지역의 농경문화를 비교적 상세하게 언급한 것으로 보인다.

한의 마한 지역에는 한강·금강·만경강·동진강·탐진강·영산강 등 많은 강 주변에 충적평야가 발달되어 있고 기후가 온화하여 벼농사를 비롯한 농경이 발달되어 있음을 설명하고 있다. 항상 5월이면 씨앗을 파종하는 시기로 한 해 농사가 시작되어 풍년을 기원하는 기원제 성격의 축제가 열린다. 이 기원제에는 농사에 참여하는 모든 구성원들이 무리 지어 모여서 노래를 부르고, 춤을 추며, 술을 마시는데 밤낮이 없다고 기록되어 있는 것으로 보아 이 시기에 우리 민족문화의 근간이 되는 농경문화와 세시풍습의 원형이 형성된 것으로 보인다. 오늘날까지도 농촌 지역은 면 지역 단위로 지역축제를 벌이고 있고, 도시 지역은 직장 회식을 비롯해 다양한 모임을 통해 음주·가무를 즐기고 있다. 특히 노래방 산업이 번성하고 트로트를 비롯한 노래 프로가 방송가의 대세를 이루는 현상의 근원이 남방 한사회의 농경문화에 있음을 이해할 수 있다 하겠다. 또 수십 명의 무리가 춤을 추는데 춤추는 모습은 마치 소녀시대나 방탄소년단과 같은 K-POP 뮤지션들의 세계적인 공연 내용을 직접 보고 있는 느낌이 날 정도로 섬세하게 설명해 주고 있다. K-POP을 비롯한 한류문화는 어느 날 갑자기 하늘에서 뚝 떨어져 이루어진 것이 아니라, 농경정착생활을 통해서 형성된 '음주·가무'의 한문화가 뿌리가 되어 21세기 오늘날에 와서 개화되고 열매를 맺어가는 문화현상이라고 필자는 생각한다.

《삼국지》변진조에 "풍속에 가무음주를 즐긴다. 가야금이 있는데 그 모양은 축과 비슷하며 그것을 타 보면 또한 음률과 곡조가 있다."라고 기록되어 변진한 지역도 마한 지역과 유사하게 음주·가무를 즐기고 있음을 설명하고 있다. 가야금이라는 악기는 마치 중국의 축과 비슷하여 중국악기와 유사한 형태를 띠고 있음을 나타내고 있고, 그 수준이 음률과 곡조를 정형화해 가는 정도임을 소개하고 있다.

2) 한의 종교

우리 민족 전통문화의 뿌리라고 볼 수 있는 한의 종교문화는 당시 청동기시대를 살아가고 있는 사람들의 의식주 문제와 관련된 농경 행위와 더불어 가장 중요한 정신문화 행위가 되는 것으로 이해된다. 종교의례는 인류가 정착농경을 시작하면서 본격적으로 발생한 문화로 농경의 풍성한 수확을 기원하기 위해서 시행되고 개인의 안녕을 비는 기복신앙도 내포된 것으로 볼 수 있다. 특히 한 지역에서 출토된 다뉴세문경은 태양을 상징하는 것으로 제사장의 종교적 위세를 상징하는 의기이고, 각종 청동방울은 제의행사에 사용되었던 도구로 보아 종교생활이 활성화되었던 것을 알 수 있다.

종교문화와 관련되어 있다고 유추해 볼 수 있는 문헌기록은,

《삼국지》한전 마한조에 "해마다 5월이면 씨 뿌리는 일을 마치고 귀신에게

제사를 지내며 무리 지어 모여 노래를 부르고 춤을 추며 술을 마시는데, ……
10월에 농사일을 마치면 또 이와 같이 한다."

마한 사람들은 만물이 소생하는 5월이면 씨앗을 파종하고 하늘에 제사를 지내 곡식이 잘 자라도록 보살펴 달라는 기원을 드리고 있음을 보여 주고 있다. 또한 10월이면 농사일을 마치고 추수를 무사히 마친 데 대하여 하늘에 감사를 드리는 축제를 마을마다 무리지어 거국적으로 거행하였음을 보여 주고 있다.

《삼국지》 한전 변진조에 "변진은 진한과 섞여 거거하며 역시 성곽이 있다. …… 언어와 법속은 서로 비슷하지만, 귀신에게 제사를 지냄에 있어서는 차이가 있어서 문의 서쪽에 모두 조왕신을 모신다."라고 하여 변진은 진한과 섞여 살고 있는데 언어와 법속은 비슷하지만 귀신에게 제사 지내는 방식은 서로 달라, 문의 서쪽에 조왕신을 모시는 것은 가족만의 건강과 복을 비는 기복신앙의 한 단면을 보여 주고 있다.

《진서》 〈진한전〉에는 "진한이 마한과 제사 풍속이 유사한 방식이다."라고 기록되어 있어 진한은 마한과 유사하게 조상이나 농경신에 대한 의례를 지낸 것으로 볼 수 있다. 한 지역에서 종교문화의 시작은 농경이 정착생활에 가장 중요한 생계 수단이 되고 농사는 하늘이 도와야 풍년이 될 수 있음을 자각한 데서 풍년을 기원하는 종교문화가 발전한 것으로 보인다. 변진 지역의 조왕신문화는 집단이 아닌 개인과 가족 차원의 건강과 안녕을 기원하는 기복신앙의 한 형태로 볼 수 있다.

한에는 종교의례를 담당하는 천군과 고대 종교인 소도가 있었다. 국읍에 하느님에 대한 제사를 주관하는 책임자를 두었는데 이를 천군이라고 부른다.

《삼국지》한전에 "귀신을 믿기 때문에 나라의 읍마다 각기 한 사람을 세워 하늘 신에게 지내는 제사를 주관하게 하는데, 그 이름을 천군이라 한다. 또한 모든 나라에는 각기 별도의 읍이 있으니 이름하여 소도라 한다. 큰 나무를 세우고 방울과 북을 달아 귀신을 섬긴다. 모든 도망자가 도피하여 그곳에 이르면 누구든지 돌려보내지 않음으로 도적질하기를 좋아한다. 소도가 세워진 의미는 부도(사찰)와 유사한 점이 있으나 선악을 행하는 것에 있어서는 차이가 있다."

한의 모든 나라에는 별읍을 두어 소도라고 불렀는데 큰 나무를 세우고 방울과 북을 달아 하느님을 섬겼다. 모든 도망자가 소도에 들어서면 누구든지 돌려보내지 않는 신성 구역의 기능을 하였다는 내용을 설명하고 있다. 이 기록에서 천신은 하느님을 한자로 표기한 것으로 한에서는 고대부터 하느님을 섬기는 천신신앙의 개념이 있었던 듯하다. '소도'는 큰 나무를 세우게 되는데, 신성한 지역에 세우는 큰 나무를 솟대라고 불러왔기 때문에 솟대가 세워진 지역이란 의미에서 유사 한자음인 소도라고 의역한 것으로 볼 수 있다.

위 내용을 좀 더 살펴보면 '천군'은 솟대를 세운 별읍에서 하느님께 제사를 드리고 농경과 인간의 생사화복을 기원하는 의식을 담당하는 역할을 한 것으로 보인다. '소도별읍'은 신성한 지역으로 도망자들이 소도라는 별읍에 들어서면 더 이상 잡을 수 없는 치외법권적인 신성성이 존중되었던 지역으로 기능을 가지고 있었던 것이다.

솟대에는 나무로 만든 새를 달아 하느님과 인간 사이의 뜻을 전달하는 매개체로 활용했던 것으로 보인다. 솟대에 매달은 '북'과 '방울'은 천군이 사용하는 무구로서 북은 강신을 기원하는 소리이며 방울은 강신의 도착을 알리는 소리도구이다. 오늘날에도 진도를 비롯한 호남 지역에서는 '당골'이라고 불리는 사람들이 북과 방울을 활용하여 굿을 하는 모습은 한 시대에 소도에서 천군이 하는 제사 내용과 유사했을 것으로 이해된다.

《삼국지》 한전에서 설명한 "소도가 세워진 의미는 부도와 유사한 점이 있으나"라고 기록되어 위, 촉, 오의 중국 삼국시대 불교신앙을 상징적으로 부르는 부도와 기능이 비슷한 것으로 인식하고 있다. 소도가 부도와 유사하다는 것은 소도가 불교와 같은 교화 기능도 가지고 있는 상당한 수준의 종교성도 내포하고 있다고 볼 수 있겠다. 한 사회에서는 각 나라에 소도라는 별읍에 천

솟대

군이라는 제사를 주관하는 책임자를 두고 도망자가 신변의 안전을 보장받을 수 있는 신성한 지역으로 관리하였다는 것은 높은 수준의 종교문화를 향유하고 있었다고 판단된다.

앞의 내용을 정리하면 한의 소도와 천군의 역할은 자연숭배와 농경의례 및 개인의 기복신앙에서 생성되어 삼국시대-고려시대-조선시대를 거쳐 오늘날까지 한민족문화의 기저에 영향을 끼쳐 온 전통종교문화의 중요한 뿌리에 해당된다고 평가할 수 있다.

3) 한의 경제

농경문화가 정착되어 간 한 시기의 경제는 농업생산력의 증대와 철기 문화의 수입 등으로 경제활동이 상당한 수준으로 활성화되어 간 것으로 볼 수 있다.

《삼국지》한전에 "(마한)의 백성들은 토착인으로서 씨 뿌리고 재배하며 누에 치기와 뽕나무를 심어 면포를 지을 줄 안다."는 내용에 따르면 한은 토지가 비옥하고 오곡과 벼를 심기에 알맞아 정착생활을 하며 대대로 농업을 주 생활로 이어 왔다. 틈틈이 누에와 뽕나무를 길러 비단과 베를 생산하였고, 소나 말을 타고 부려 농사에 유용하게 이용하여 농업생산력을 크게 증대해 간 것으로 보인다.

삼한의 주된 경제기반은 농경이다. 조 · 콩 · 보리 · 밀 · 팥 등 밭작물이 고루 재배되고 있었으며, 삼한 지역은 기후와 토양이 벼 재배에 적합하여 벼농사가 특히 발달하였다. 벼농사의 대부분은 논에서 이루어졌을 것으로 추정되나 지역에 따라서는 밭벼가 재배되었을 가능성도 있다. 논과 밭 유적은 울산 무거동에서 논두렁과 관개수로가 있는 논 유적이, 진주 대평리에서는 이랑과 고랑이 뚜렷한 밭 유적이 발견된 바 있다. 수전의 입지 형태는 알 수 없으나 한반도 벼농사의 영향을 직접적으로 반영하는 일본 야요이 시대 수전을 참고하면, 삼한 지역 역시 배수를 중심으로 하는 저습지형 수전은 물론 인공관개를 실시하는 반 건전 형태의 수전이 널리 개발되었을 것으로 추정된다.[38]

《삼국지》한전에 "금수와 초목은 대략 중국과 비슷하다. 큰 밤이 생산되는데 그 크기가 배만큼 크다. 또 꼬리가 긴 닭이 산출되는데 그 꼬리의 길이는 모두 5척 남짓 된다."고 기록하여 한 지역에서 생산하는 산물이 중국의 산물과 비슷한 것으로 보았다. 한 지역의 특산품으로는 배 만큼 큰 밤이 생산되고 꼬리가 5척이나 되는 세미계라고 불리는 닭이 생산된다고 소개하고 있다.

《삼국지》 한전 변진조에 "나라에서는 철이 생산되는데 한·예·왜인들이 모두 와서 사 간다. 시장에서 모든 매매는 철을 이용하는데 중국에서 돈을 사용하는 것과 같으며 또 두 군에도 공급한다." 변진 지역에는 철이 많이 생산되어 한의 마한과 나라 밖인 예와 왜 그리고 두 군으로 표기된 당시 낙랑군과 대방군에도 공급했다고 기록하고 있다. 특히 시장에서 모든 매매가 철로 이루어져 중국에서 돈을 사용하는 것과 같은 정도라는 말은 한 시대에 상당한 수준의 상거래가 이루어지고 있고 결제 수단으로 철이 사용되고 있음을 알려 주고 있다.

한 시대에 시장이 형성되고 모든 매매가 철로 이루어졌다는 것은 청동기시대 후기를 상정하는 내용으로 보인다. 아마도 청동기 전기에는 강가 충적지·해안가·구릉·고지산지 등 다양한 지역에 취락이 형성되어 선한인들이 얻을 수 있는 경제 자원은 벼와 밭곡식·견과류·임산물·동물가죽·소금 등으로 다양했을 것이다. 선한인들은 여러 마을의 중간 지점이나 교통 거점에 필요한 물품을 구매하기 위한 시장이 자연스럽게 형성되어 물물교환 위주의 거래가 있었던 것으로 볼 수 있다.

앞에서도 언급했듯이 마한에서는 항상 5월이면 파종을 마치고 한해 농사의 풍년을 하늘에 기원하는 축제를 벌이고, 10월에 농사일을 모두 마치면 추수감사제를 벌여 나갔다고 기록하고 있다. 이 내용은 한 지역은 온난한 기후와 여러 강이 흐르고 충적지가 발달하여 비옥한 토지가 산재하였기 때문에 수도작인 벼를 비롯하여 보리·팥·콩·수수 등 오곡의 농경 및 양잠과 가축사육이 성행하여 의식주를 해결하는 경제생활의 중추적인 역할을 수행한 것으로 보인다.

농업을 제외한 기타 경제여건인 금수나 초목의 종류는 중국과 비슷한데 과수의 한 종인 밤은 배만큼이나 큰 밤이 생산되어 중국의 산물보다 우수함을 인정하고 있고, 꼬리가 5척이나 되는 세미계라는 닭이 생산되어 한주민의 경제적인 수입원 역할을 한 것으로 이해된다.

4) 한의 대외교역

청동기시대 말이 되면 지중해와 비교될 수 있는 황해연안 항로가 구축되어 요동반도—서북한—서남해—남해—대마도—일본 열도로 연결되는 항로가 문헌에 등장할 정도로 활성화되어 간 것으로 보인다.

본격적인 농경사회로 상당한 경제력을 갖게 된 한은 변진한에서 생산한 철을 왜와 두 군에 수출하고, 마한은 중국 서진에 사신을 파견하는 공무역 형식으로 대외교역을 수행해 간 것으로 볼 수 있다.

《삼국지》한전 변진조에 "(변진)에서는 철이 생산되는데 한·예·왜인이 모두 와서 사 간다. …… 또 두군(낙랑·대방)에도 공급했다."라고 기록되어 변한 지역에서 생산된 철은 마한과 나라 밖인 예와 왜 그리고 낙랑·대방군과 교역을 시행하였음을 설명하고 있다. 특히 왜 열도는 오랫동안 한반도 변한에서 철을 수입해 사용했던 것으로 알려져 왔다.

변한은 해안가의 지리적 이점인 해양 세력의 이동로를 활용해 중국 세력과 교역하고, 큐슈에서 성읍국가로 성장하던 왜인들의 철기 수요를 충

족시켰다. 남한강을 타고 황해로 이어지는 해로를 통해 낙랑과의 교역에
도 힘써 부를 축적해 간 것으로 보인다. 이 시기에 중국의 통용화폐인 왕
망전·오수전·화천 등이 한반도 서·남해안 각지에서 출토되고 있다.
이는 영산강 유역의 해상 세력과 낙동강 유역의 변한이 중국 세력과 활
발하게 해상 무역을 했다는 의미이다.[39]

한의 대외 교역의 중요 대상은 중국 군현과 왜이며 교역 대상에 따라
교역 형태나 교역품이 달랐다. 중국 세력과의 교역에서 행해지는 주된
교역 형태의 하나는 공적무역으로 한반도에서는 주로 낙랑·대방과 같
은 중국 군현을 통한 간접적인 공적무역이 일반적이었다. 한이나 왜가
한군현에 교역할 때 경제적인 면에 대한 고려 없이 단지 대외적으로 정
치적 권위를 인정받기 위해 선물을 가지고 원거리 여행을 감행했을 가능
성은 희박하다. 교류를 위해 가져가는 물품은 선물이 아니라 교역을 목
적으로 하는 교역품으로 보아야 한다.

공적무역 이외의 교역 형태는 중국 상인들에 의한 교역이다. 상인이 교
역하게 되면 화폐나 화폐의 기능을 가지는 교역 매개물을 다양하게 사용
되게 된다. 중국 화폐들은 대개 전남 해남과 무안 지역, 경남 마산과 김
해 등 해로를 통해 외부와의 통교가 편리한 지역에서 출토되고 있어 교역
의 중심지는 내륙 지방과 통교가 편리한 해로 중심지로 볼 수 있다. 상인
을 통해 들어오는 교역품은 비단·칠기·수정이나 유리제 장신구 등 사
치품이 많았던 것으로 보인다. 한이 교역활동에 나서게 된 것은 중국산
사치품의 등장과 진변한의 철 자원 생산이지만 토착사회를 철기 문화적
사회로 전환하는 데 촉매제 역할을 한 것이 교역활동이라고 볼 수 있다.

한은 국제교역을 기반으로 중국에도 사신을 보내 정치적 교류를 시도

하였다.

《진서》〈동이열전〉 마한전에 "(서진)·무제 태강 원년과 2년에 (마한)왕이 자주 사신을 파견하여 토산품을 조공했고, 태강7년, 8년, 10년에도 자주 왔다."라고 기록되어 한이 중국의 통일국가였던 서진에 사신을 파견하고 토산품을 조공으로 바쳐 조공무역을 시행하고 있음을 보여 준다. 한은 해로를 통해 낙랑, 서진 등과 조공무역이라는 관 무역을 통해서 대외교역을 활발하게 전개하였음을 보여 주고 있다고 하겠다.

한 시대에 바다 건너 하는 교역에 관해서는 《삼국지》 한전에 제주도에 관한 기록으로 평가받는 '주호'에 관한 기록이 있다.

"마한의 서쪽 바다의 섬 위에 주호가 있다. 그 사람들은 키가 작고 말 또한 같지 않다. 모두 선비족처럼 머리를 삭발하였으며 옷은 가죽으로 해 입고 소나 돼지를 키운다. 그들의 옷은 상의만 입고 하의는 없어서 마치 나체와 같다. 배를 타고 왕래하며 한과 물건을 사고판다."

주호의 위치가 마한의 서쪽 바다의 섬이라고 하여 한때 강화도로 알려졌지만, 고고학적인 유물에 한반도계·한나라계·왜계가 제주도에서 확인되고 기사 내용이 과거 제주도와 유사한 내용을 담고 있어 제주도에 관한 기록으로 이해되고 있다. 기사 내용에 배를 타고 왕래하며 한·중과 물건을 사고판다고 하여 당시 제주도가 한 서남부 지역과 동일한 권역으로 인식되고 한 바닷가에 교역도시가 존재하고 있음을 알 수 있다.

한 당시 바다를 통한 교역과 관련된 해로에 관한 기록은 《삼국지》 왜전에 "왜인은 대방의 동남쪽 큰 바다 가운데 있으며, 산으로 이루어진 섬에 의지하여 나라와 읍락을 이루고 있다. 옛날에는 1백여 국이었으며, 한 나라 때 예방하여 배알하는 자가 있었고, 지금은 사신과 통역인이 왕래하는 곳이 삼십 나라이다.

군(대방)으로부터 왜에 이르려면 해안으로 바닷길을 따라 한국을 지나고, 남쪽이나 혹은 동쪽으로 가다 보면 그 북쪽 해안인 구야한국에 이르게 되니 이렇게 7천여 리를 가다가 비로소 한차례 바다를 건너 1천여 리를 가면 대마국에 도달한다. …… 또 남쪽으로 바다를 건너 천여 리를 가면 '한해'라는 바다가 있으며 큰 나라에 이른다."라고 기록되어 있다. 왜에 이르려면 바닷길을 따라 한국과 남동쪽으로 구야한국을 지나 먼 바다를 건너면 대마국에 도달하고 한해라는 바다를 건너서 왜에 도달한다고 설명하고 있다. 이 기사 내용은 한당시 서해안과 남해안을 거쳐 대마도에 이르고 큐슈에 도달하는 서남해안 항로로써 한과 왜를 왕래하는 노선을 설명해 주고 있다. 이 항로를 통해서 한과 왜는 국제교역을 꾀하였으며 왜는 한나라와 조공무역을 성사시키는 중요한 항로로 활용한 것으로 보인다.

고조선 문명의 기원이 된 '한'족의 한강문화의 특징

신용하 교수는 고조선 문명의 기원이 된 '한'족의 한강문화의 특징을 다른 시각으로 설명하고 있다.[40]

- 동아시아 '신석기 농업혁명'의 시작

최후의 빙기에 북위 40도 이남의 고한반도에 1,000여 개 석회암동굴이 밀집해 있는 제1동굴지대를 비롯한 각 처 동굴에 고한반도에 있던 구석기인과, 북위 40도 이북에서 피한해 내려온 구석기인 및 당시 유라시아 대륙 동남방 해안을 따라 들어온 구석기 신인들이 합쳐져 고(古)한반도는 인구가 많은 상대적 과잉인구 지역이 되었다.

석회암동굴 최 근접지에 남한강과 금강 등의 발원지가 있고 하천 유역에 비옥한 충적평야가 있다. 북위 36°~37° 30분 사이의 온난지대가 있어 온대작물재배 농경의 최적합지로 인구 밀집 지역에서 우수한 재능을 활용 식물종자와 뿌리를 이용 농업 경작을 시작하고 12,000년경 소로리에서 단립 벼 재배를 시작하였다.

- 고한반도 초기신석기인 유형의 분화

고한반도 초기 신석기인(밝족)은 성립 후 세 갈래로 분화·발전하였다. 첫째는 고한반도의 북위 40도 이남에 남아 정착한 사람들로 '한'강에서 유래했다고 하여 '한'족이라는 호칭을 갖게 되었다. '한'은 '큰' '하나' '하늘'의 뜻을 가진 신석기인들의 고유어라고 해석된다. 둘째는 북위 40도 이북이 기온 상승으로 인간 거주 가능 지역이 되자 고한반도 신석기인 일부가 약 9,000~6,000년 전경에 서북방으로 이동 요서·내몽고자치구 동부 지역 일대에 정착해 형성된 '맥'족. 셋째는 맥족과 마찬가지로 약 9,000년~6,000년 전에 청천강·압록강을 건너고 동해안을 따라 북상, 요하동쪽으로 이동 요동반도·태자하·목단강·제2북류 송화강·두만강 하류 일대를 중심으로 분산한 예족이 있다.

- '한'족의 신석기 한강문화의 특징

· 청천강이남 지역에서 신석기 농업혁명을 계승 발전시켰는데 단립 벼와 콩을 경작 재배하여 이웃 지역으로 전파하였다.

· 한족은 해와 하느님을 숭배하였기에 하늘을 나는 새를 토템으로 성립시켜 '한'족의 해와 하느님 숭배사상은 천손의식과 사상으로 발전시켰다.

· 한강문화권이 기원지가 된 뾰족밑 햇살무늬토기와 제천의례용 토기인 붉은 간토기와 검은간토기를 제작하였다.

· 석검과 석촉 제작 능력은 부계부족공동체 사회 형성의 바탕이 되었고 큰 활을 발명 사용하여 '동이' 칭호를 획득하였다.

- '한'족은 약 5,000년 전 요동·요서 지역의 강우량 급감으로 맥족의 남방 이동 시기에 한족에서 왕을, 맥족에서 왕비를 예족은 자치권을 얻는 방법으로 고한반도에서 '고조선(아사달)' 국가를 건국하였다. 한·예·맥의 부족어가 통합 형성되어 '한'족 언어가 형성되었다.
- '한'족의 십진법과 자의 사용은 수양개 6지구에서 발굴된 0.41㎝의 간격으로 눈금 21개를 새긴 눈금들이 입증시키고 있다.
- '한'족의 고인돌무덤은 남한 지역에만 29,510기가 알려져 있고, 선돌은 '한'부족의 산 사람을 위해 세운 큰 돌문화로 '한'족의 문화가 고조선문명의 기원이 되었음을 설명하고 있다.

5. 고고학적으로 본 한(韓)

1) 한(韓)의 청동기문화

대동강이남 지역에 자리 잡았던 한의 강역에서 고고학적으로 살펴보고자 하는 청동기문화는 청동기를 소유한 주민이 북방에서 내려와 퍼트렸다는 견해가 과거에 우세하였다. 그러나 최근의 고고학적 성과들은 청동기 초기 미사리형토기에서 가락동·역삼동·흔암리식토기 등으로 자체적으로 점차 발전해 간 양상들도 나타나고 있다. 따라서 신석기시대 말부터 대동강이남 지역에 거주하면서 청동기문화를 흡수하고 초기국가를 형성해 간 선한사회의 존재를 바르게 평가하는 작업이 요청된다고 하겠다.

선한사회는 BC 10세기~5세기경까지로 가락동 · 역삼동 · 흔암리식무문토기 · 비파형동검 · 고인돌 · 송국리형 취락이 혼합된 전기 청동기시대로 볼 수 있다. 한 시기는 BC 4세기~2세기 전반으로 점토대토기와 세형동검문화가 등장 발전하는 시대이며 한(진)이 지역 전체를 통괄해 간 것으로 볼 수 있다. 삼한 시기는 BC 2세기 후반 이후로 세형동검과 철기문화가 확산되어 마한, 진한, 변한의 삼한에 78국의 여러 나라가 존립해 간 것으로 볼 수 있다.

(1) 청동기 양상

청동기시대 한 지역으로 볼 수 있는 한반도 중남부에서 출토된 청동기로는 그 숫자는 적지만 비파형동검 · 동모 · 동촉 등의 무기류와 동부 · 동착 등의 공구류가 있다. 비파형동검은 곡인이 명확한 전형적인 검과, 곡인이 미약해지면서 세신화된 변형으로 구분하고 있다. 한 지역의 비파형동검은 전형적인 동검이 중심을 이루고 있지만 깨진 파편이나 재가공한 것들이 다수를 차지하고 있다.

청동기문화의 후기라고 할 수 있는 세형동검문화는 한 지역에서 중서부 지역이 가장 발달한 지역이다. 삽교천 유역부터 금강 유역과 만경강 유역에 밀집 분포하며, 한강 하류와 임진강 유역에서도 확인되고 있다. 묘제는 주로 적석목관묘와 목관묘이다. 무기류로는 세형동검 · 동모 등이, 공구류는 동부 · 동착 등이 출토되었고, 의기류는 방패형 · 검파형의 이형동기와 조문경 · 정문경 등의 다뉴경 및 동령류가 출토되었다.

한 지역의 서남부인 영산강 유역에서도 적석목관묘에서 세형동검 · 동모 · 동과 등의 무기류, 동부 · 동착 등의 공구류, 조문경과 정문경 및 각종 동령류가 출토된다. 한 지역의 동남부인 낙동강 중하류에서는 상주 동령류, 경주 입실리 정문경 등 이른 시기의 유물들도 확인되지만 철기 문화가 유입되고 난 이후의 유적들이 중심을 이루고 있다. 세형동검 · 동모 · 동과와 함께 철검 · 철모 · 철과 등이 확인되며, 공구류로는 판상철부 · 철겸 등이 새로 등장한다.[41]

한 지역의 청동기 유적을 지역별로 간략히 파악해 보자.

- **중부 지역**은 예성강 · 임진강 · 한강 유역에 해당되는데 전기 청동기 유적은 연안 금곡동과 개성 해평리 유적에서 동검 매납이, 배천 대아리와 홍현리 유적에서 동촉이 출토되었다. 후기 청동기 시기에는 용인 초부리에서 동검용범이, 화성 동학산에서 동착용범이, 고양 성사리에서 동모용범이 출토되어 청동기가 제작되어진 것으로 보인다. 연안 오현리에서 세형동검 · 동모 · 다뉴경이, 배천 석산리에서 세형동검과 동과가 출토되었다.

- **중서부 지역**은 안성천 · 곡교천 · 금강 · 만경강 유역이다. 전기 청동기 유적은 대전 비래동과 익산 용화산 유적에서 비파형동검이, 송국리 유적에서 비파형동검 · 동모 · 다뉴경과 동부용범이 출토되어 청동기가 제작되었음을 나타내고 있다. 후기 청동기시대가 되면 청동기 유적이 급격히 증가하면서 다양한 청동기가 나타난다. 동검은 비파형동검의 전통이 남겨진 세형동검이, 다뉴경은 조문경의 형식이 있어 세문경이 성립된 것으로 보인다. 후반에는 청동제 검파두식, 전국 연계철기, 유리제품을 가진 청동기 부장묘가 많다. 유적지는 대전 괴정동, 예산 동서리, 아산 남성리, 청원 비하리, 부여 연화리, 익산 다송리 · 오금산, 전주 여의동 · 효자동, 부여 합송리 ·

구봉리, 대전 탄방동, 공주 봉안리 · 수촌리, 당진 소소리, 논산 월북리, 완주 갈동, 장수 남양리 유적 등이 있다.

· **서남부 지역**은 영산강 · 보성강 유역과 남해안 일대로 전기 청동기는 비파형동검과 그 파편 및 재가공품이 지석묘에서 출토된다. 고흥 운대리, 보성 봉릉리 · 덕치리, 여수 적량동 · 오림동 · 평여동, 승주 우산리 유적 등이 있다. 후기 청동기는 고흥 소록도 유적의 조문경, 영암 장천리 · 신연리, 화순 대곡리 · 백암리, 함평 초포리 유적 등이 있다.

· **동남부 지역**은 낙동강을 중심으로 하는 영남 지역이다. 전기 청동기는 해안 지역에서는 파편부장이 내륙에서는 매납하는 경향이 있다. 창원 평성리 유적에서 검병이, 김해 무계리와 거제 아주동 유적에서 동촉이 출토되었다. 이외에 청도 예전동, 사천 이금동, 안동 지례리, 창원 덕천리 · 진동리 유적이 있다. 후기 청동기 전반에는 유적지가 적은 편인데 김해 내동 · 회현리, 합천 영창리 · 임북리, 산청 백운리, 경산 임당, 경주 입실리 유적 등이 있다. 위만조선 멸망과 낙랑군의 등장에 따른 영향으로 후기 청동기 말에는 유적의 수가 급격히 증가한다. 세형동검 · 동모 · 동과와 철과 청동괴가 나타났고, 대동강 지역과 밀접해져 낙랑 · 한식 유물이 많이 나타나 급속한 철기화가 진행되어진 것으로 보인다. 유적지로는 상주 낙동리, 대구 팔달동 · 만촌동, 경산 임당, 영천 용전리 · 어은동, 경주 조양 · 사라리 · 입실리, 창원 다호리, 김해 양동리, 마산 가포동, 삼천포 마도 · 늑도 유적 등이 있다.[42]

(2) 토기 양상

청동기시대 한 지역의 토기 변화는 아직까지는 단절적인 면이 강하다. 두만강 유역이나 압록강 하류역에서는 빗살무늬토기에서 무문토기로의 과정이 연속적인 면에 비교된다. 그 원인은 고조선 지역에서 한 지역으로 토기문화가 전파되었기 때문으로 볼 수 있다.[43] 한 지역에서 각목돌대문토기가 최초로 발견된 유적은 하남 미사리 유적인데 BC 15세기경으로 본다.

전기 청동기문화는 역삼동, 가락동, 흔암리 등 세 문화 유형으로 나눌 수 있다. 역삼동유형은 공렬과 구순각목문의 문양요소가 단독으로 혹은 결합하여 토기에 시문된다. 가락동유형은 이중 구연단사선문이 토기에 시문되고 대전·청주를 중심으로 하여 금강 중·하류에 집중적으로 분포하지만, 역삼동유형은 이 지역을 제외한 남한 전역에 분포하고 있다. 흔암리유형은 역삼동유형과 가락동유형의 토기문양 요소가 자체적으로 혼합된 토기들이 발견된다.

중기 청동기문화는 송국리형토기의 등장과 확산으로 대표되지만, 한강 하류역과 강원도 및 영남 동해안에서는 송국리유형과 달리하는 문화 양상이 나타난다. 강원 영서에는 천전리유형이 있고, 울산·경주·포항 일대에서는 검단리유형이 자리 잡았던 것으로 보인다.

후기 청동기문화는 점토대토기문화와 수석리유형이 유행하게 된다. 점토대토기문화는 토기 구연부 형태의 변화에 착안하여 원형 및 삼각형 점토대토기로 대별되는데, BC 2세기경 삼각형점토대토기문화 단계에 이르러서는 철기시대로 접어든 것으로 본다.[44]

2) 한(韓)의 취락

초기국가가 형성되는 선한(先韓) 시기로 볼 수 있는 BC 10세기~5세기경에는 한 지역에 방형이나 원형 주거지로 구성된 취락들이 각지에서 급증하였던 흔적들을 남기고 있다. 이 시기의 취락들은 강 주변 충적지나 나지막한 구릉 지역에 자리 잡는 등 다양한 형태의 마을이 형성되었다. 선한시대의 주거용 집은 평면바닥에 화덕을 만들어 취사와 난방을 해결한 것으로 보인다. 지붕은 대부분 맞배지붕으로 집자리 바닥에 남아 있는 기둥구멍을 통해서 확인되는 2~3열의 기둥으로 떠받친 모양을 하고 있다. 집안에서는 식량 저장과 도구 제작, 조리와 취침 등이 구분된 공간에서 이루어진 것으로 보인다. 그리고 한편에 석부·석검 등 남자용 도구, 다른 쪽은 취사용 그릇·가락바퀴 등 여자용 도구가 남겨진 것으로보아 남녀 간의 생활공간을 구분해서 사용한 것으로 보인다. 주거 내에화덕이 두 기 이상 설치된 경우도 있어 다수의 핵가족으로 구성된 대가족이 한 집에서 거주하는 경우도 있는 것으로 보인다. 선한 시기 존재하였던 취락 양상을 지역별로 살펴보고자 한다.

(1) 중부 지역의 취락

청동기시대 중부 지역인 경기 지역의 취락은 하남 미사리·가평 대성리·연천 삼거리 유적을 제외하면 구릉에 자리 잡고 있는 경향이 강하고, 강원 영서 지역은 높고 험준한 지역의 특성으로 하천 주변의 충적지에 자리 잡은 경우가 많다.

경기 지역의 청동기 조기에는 강 주변의 충적지를 기반으로 미사리형 주거가 중심을 이루는데 미사리 · 대성리 · 연하리 · 정문리 등의 취락이 형성된다. 주거 형태는 대형이 중심이고 취락은 소규모의 선상 구조이며 형태는 단순한데 수혈유구가 확인된다. 전기 전반에는 미사리유형의 취락은 사라지고 운양동 유적과 같은 소형 주거지로 구성된 취락이 주를 이룬다. 전기 후반에는 역삼동유형의 취락이 중심을 이루며 규모가 커지고 다양한 요소가 등장한다. 취락은 주거공간, 수혈유구, 굴립주유구, 생산공간, 광장 등 다양하게 구성되어 있다. 중기는 역삼동유형의 취락이 이어지지만 규모가 작아지고 취락의 구성도 단순해진다. 후기는 수석리유형의 취락으로 구릉을 중심으로 환호취락이 발달한다. 대규모이고 구성이 다양한 반제리를 제외하면 대부분 소규모이나 다수의 유적에서 다양한 기능의 환호가 조성되었다.

강원 영서 지역의 조기 취락은 미사리유형의 취락이 중심을 이루는데, 북한강 유역은 전반부터 등장하고 남한강 유역은 후반부터 형성된 것으로 보인다. 전기의 북한강 유역은 전반적으로 역삼동유형의 취락이 중심을 이루고, 후반에는 대형의 세장방형의 주거지를 중심으로 중 · 소형의 장방형 주거지가 주변에 분포하는 양상이며 수혈유구도 점차 증가한다. 전기의 남한강 유역은 조동리유형의 취락이 충적지를 중심으로 형성된다. 중기의 북한강 유역은 천전리유형의 취락이 화천 · 가평 · 춘천 등의 지역을 중심으로 대규모로 발달한다. 취락은 수혈유구와 공방시설이 별도의 공간에 조성되고 인근에 지석묘군이 조성된다. 이 단계에 취락 간의 위계가 발생하여 천전리와 같은 중심 취락이 등장한다. 후기에는 재지의 천전리유형과 수석리유형 취락이 지역을 달리하며 공존하는 양상을 보인다.[45]

(2) 호서 지역의 취락

청동기시대 전기 취락은 아산에서 천안을 중심으로 한 아산만권은 경기 남부 지역과 함께 역삼동·흔암리유형의 대규모 취락이 분포하고, 청주에서 대전 지역의 금강권에서는 가락동유형 중심의 취락이 분포한다. 중기 취락은 아산만과 서해안을 중심으로 송국리유형의 주거지가 다수 분포하고 있어 한반도 청동기시대의 문화를 이해하는 데 중요한 위치를 차지하고 있다. 후기의 원형점토대토기 단계의 수석리유형은 소수의 유적에서만 확인되고 있다.

전기의 가락동유형의 취락은 주거지와 분묘로 이루어지는데 주거지는 방형에서 장방형과 세장방형으로 변모한 것으로 보인다. 중기 송국리유형은 방형에서 팔각형으로 이어서 원형의 송국리 주거지로 발전된 것으로 보고 있다. 후기의 취락은 교성리로 상징되는 고지성 취락이 등장한 것으로 본다.

호서 지역 취락의 지역상을 보면 미사리유형은 금강 중상류 지역의 본류와 일부 지류에서 확인된다. 가락동유형은 차령산맥이남의 금강 중상류 유역을 중심으로 분포하고, 역삼동·흔암리유형은 경기 남부 지역과 함께 아산만권을 중심으로 분포한다. 호서 지역의 다양한 취락은 상이한 주거구조와 유물상을 기반으로 호서 지역에 유입되어 전파되다가 주거지의 소형화 과정을 거쳐 중기의 송국리식 주거지로 변모해 가게 된다. 호서 지역에 환호나 목책이 등장하는 시점은 대체적으로 중기로 볼 수 있다. 중기에 이르면 본격적인 도작농경이 이루어지면서 경작지가 조성되고, 농경과 관련된 생산물을 저장하는 저장 공이나 고상건물지가 별도의 공간 분할을 통해 조성된다. 의례 관련 유구로 추정되는 대형건물터

나 율책이 등장하기도 하고 주거군과 묘역이 나누어지기도 하는 것을 볼 수 있다.[46]

(3) 호남 지역의 취락

호남 지역에서 전북은 정읍 보화리 주변에서 송국리형 주거지가 확인 청동기시대 유적으로 등장한 이후 전주 여의동·익산 부송동 지역에서도 송국리형 주거지가 확인되었다. 전남 지역은 광주 송암동 송국리형 주거지와 영암 장천리 송국리형 취락이 확인되었다. 호남 지역의 조기 단계 취락으로 순창 원촌·담양 태목리가 있는데 돌대문토기가 출토되고 위석식노지를 갖춘 방형이나 장방형 평면의 주거지로 미사리유형에 속하는 것으로 보고 있다.

영암 장천리 주거 유적 전경

전기 단계의 주거지는 호남 지역 전역에서 확인되고 있는데 가락동 · 역삼동 · 흔암리유형을 포함하고 있으며 규모가 큰 유적은 익산 영등동 · 김제 제상리 · 보성 옥평리 등이 있다. 중기 단계는 송국리형문화로 대표되는 시기로 청동기시대 호남 지방의 유적 대부분으로 널리 퍼져 있는데 대표 유적은 진안 여의곡 · 광주 수문 · 나주 운곡동 · 장흥 신풍 등이 있다. 후기 단계는 점토대토기 문화 시기로 군산 도암리 · 장흥 갈두 · 완주 상운리 유적 등이 있다.

호남 지역은 전기 단계에 접어들면 급격한 인구 증가와 사회적 변화를 초래한 것으로 보인다. 주거 형태가 세장화되고 면적이 확대되면서 하나의 지붕 아래 여러 공간을 분할하여 많은 수의 구성원이 생활을 같이한 것으로 보인다. 유적에서 검출된 절대연대를 근거로 할 때 가락동유형은 BC 12세기~9세기, 역삼동유형은 BC 10세기~9세기에 편년되고 있다.[47] 중기 단계에는 송국리형 주거와 취락이 하천을 중심으로 분포하는 경향을 보이며 산 사면과 야트막한 구릉 및 평지에 입지하고 있다. 주거 형태는 내 주공을 갖춘 원형 및 방형 평면의 주거가 가장 많이 분포하고 있다. 후기 단계의 점토대토기의 등장은 매우 소략한 양상을 보이는데 군산 도암리 · 장흥 갈두 · 완주 상운리 주거군은 호남 지역을 대표하는 후기 단계 취락 유적이라고 할 수 있다. 후기 단계는 원형점토대토기를 비롯한 조합식 우각형파수부토기 · 두형토기 등을 바탕으로 방형의 수혈 주거를 축조했던 집단이 구릉이나 충적대지에 소규모 취락을 조성하였다.[48]

(4) 동해안 지역의 취락

동해안 지역 청동기 취락의 전기는 서북 지방의 이중구연토기요소와 두만강 유역의 공열토기요소를 보유하고 있다. 중기에는 전기의 주거 형태 및 공열토기 전통이 지속되다가 후기에 원형점토대토기 단계에서 주거지·수혈유구·환호·소성유구·분묘 등이 조성된다. 동해안 지역 전기 유적들은 해변에 인접한 호반이나 하천변의 낮은 구릉상에 분포하는 양상을 보이고, 후기 유적은 하천에서 내륙 쪽으로 들어가 구릉의 상부에 입지하는 경향을 보인다.

청동기시대 취락은 고성 사천천 주변의 송현리, 고성 화진포 주변의 초도리, 속초 청초호 주변의 조양동, 남대천 주변의 포월리, 강릉 연곡천 주변의 방내리, 경포호 주변의 교동, 동해 효가동 취락 유적이 있다.[49]

(5) 영남 지역의 취락

영남 지역은 소백산맥의 준령인 조령의 남쪽 지역인데 낙동강 중상류 지역의 조기 및 전기의 취락은 금호강 유역과 김천 송죽리 유적으로 강변의 충적지나 선상지에 위치한다. 전기 전반에는 개별 주거지의 수가 늘어나며 취락의 입지도 평지에서 구릉과 산지로 확대되고, 전기 후반에는 주거지·굴립주건물·수혈유구 등이 취락의 경관을 이룬다. 중기의 취락은 주거지 외 저장시설·생산시설·방어시설·의례시설 등을 갖춘 취락이 등장하는데 김천 지좌동 유적은 100여 기 이상의 큰 규모로 취락이 조성되었다.

낙동강 중하류 지역의 조기 주거지는 남강 유역 주변에 10여 기가 확인되었다. 전기의 주거지는 남강 유역과 김해 지역 등 남해안 지역 전역으로 확산된다. 중기에는 평지성 취락이 대규모 취락으로 발전하는데 남강 유역의 대평리 취락이 있고 남강 유역을 중심으로 환호취락이 급속하게 증가한다. 환호취락은 산청 옥산리, 진주 이곡리 · 초전동 취락으로 평지에 조성되어 있다. 의례중심지라고 할 수 있는 취락은 사천 이금동의 대형 굴립주 건물지와 묘역식 무덤군, 마산 진동의 대형분구 즙석묘, 김해 구산동의 초대형 지석묘와 묘역시설이 있다.[50]

영남 동남부 지역은 형산강과 태화강 유역권에 해당하여 검단리유형의 분포권에 해당된다. 형산강 유역의 경주와 포항 지역에 다수의 취락유적이 확인되었다. 전기 취락으로 포항의 월포리, 해안에 위치한 포항 삼정1리, 울산 산하동 취락 등이 있다. 형산강 유역은 조기 후반에서 전기 전엽경에 경주 충효동과 금장리에 취락이 조성되었다. 전기 중엽에는 형산강 중상류인 복안천 · 이조천 일대에, 전기 후엽에는 형산강 유역 전역의 구릉과 충적지에서 취락이 확인된다. 중기에는 울산식 주거가 중심이 되는 취락으로 구릉과 충적지에서 취락이 조성된다. 후기에는 구릉에 조성된 화천리 취락이 유일하다. 울산 지역의 조기에서 전기에는 태화강과 동천변의 해발고도가 낮은 안정된 구릉 지형에 먼저 취락이 형성되고 중기에는 울산 지역 전역으로 취락이 확장된다.[51]

3) 선한 시기(BC 10세기~5세기) 대표유적 송국리

(1) 송국리형문화 양상
① 송국리형문화 기원
선한 시기를 대표한다고 볼 수 있는 송국리형문화가 어떻게 형성되었는지에 대해서 청동기 전기 가락동 · 역삼동 · 흔암리문화를 계승했다는 설과 한반도 외부에서 전래되었다는 외래기원설이 제시되고 있다.

송국리형문화가 청동기 전기 문화를 계승하였다는 김장석의 견해는 충청 지역에 송국리 물질문화가 다양하다는 내용을 근거로 전기 무문토기문화가 선송국리유형을 거쳐 송국리유형으로 발전해 갔다는 내용이다. 실례로 천안 백석동 무문토기 취락이 해체되면서 송국리 등의 금강 중하류와 관창리 등의 서해안 일대로 인구가 재집결되고 선송국리유형이 형성되었다. 그리하여 각지의 물질문화가 송국리 단계에서 통합되면서 원형 주거지, 외반구연호토기, 새로운 석기군으로 이루어진 송국리유형이 성립된 것으로 본다.[52]

외래기원설에서 김정기는 송국리형 주거의 고식이 서해안변에 있는 서산에 있고 송국리형문화가 한반도 서남부와 중남부로 전파되었지만 북쪽 지역으로 뻗어 나가지 않은 점을 들어, 기후가 온난하고 겨울에도 난방이 필요치 않은 남방 주거문화 집단이 서산 지역으로 표류 또는 이주를 해 온 것으로 판단하고 있다. 또한 주거지 내부에서 노지가 발견되지 않는 송국리형 주거가 일본의 큐슈와 근기 지역까지 퍼져 나간 것은 항해술이 능숙하고 도전적인 성격을 가진 집단의 문화로 이해하였다.[53] 이외에도 송국리석관묘와 가장 유사한 요동반도의 구릉지대에 위치한 성신촌 및 쌍방유형이 전파된 것으로 꼽는 박양진의 견해도 있다.[54]

앞에서 송국리문화가 전기 청동기문화를 계승했다는 설과 주거지 내부에 노지가 없는 것으로 보아 남방 지역에서 온 주민이나 요동반도 쌍방문화가 전파되었다는 외래기원설이 제시되었다. 이처럼 송국리형문화도 어느 한 시점에 정형화되기는 쉽지 않은 것으로 보인다. 종합해 보면 전기 청동기 시기 가락동 · 역삼동 · 흔암리식 토기가 충청 서해안에 파급되어진 상황 속에서, 주거지 안에 노지가 필요치 않은 아열대 지역 기

후대의 남방계 주민이 서산해변에 안착하여, 새로운 송국리형 원형 주거를 건립하고 논농사를 발전시켜 간 것으로 추정하는 것이 타당한 것으로 보인다.

② 송국리형문화 편년

송국리형문화를 연구한 이종철의 견해에 의하면, 금강 하류역에 처음 출현했을 것으로 보이는 송국리형문화는 보령-군산-논산-부여 일원에 분포하면서 구릉과 평원을 배경으로 정주 취락을 형성해 간 것으로 보고 있다.

형성기는 탄소연대를 바탕으로 BC 9세기로 상정하는데 이 시기는 금강 유역과 차령산맥 일원에 가락동유형, 역삼동유형 및 흔암리유형의 토기가 밀집 분포하던 시기였다. 이 시기의 유적은 부여 송국리와 보령 관창리가 대표적이다. 서해안변의 관창리 유적은 재지의 역삼동·흔암리유형 문화의 흔적이 많은 반면, 금강을 따라서 부여 조촌면까지 깊숙이 들어간 송국리 집단은 구릉과 평원을 배경으로 배타적인 취락을 형성시켰다.

발전기는 송국리형 취락의 전국적인 분포와 거점 취락이 형성되는 시기로 북쪽으로는 충남 서해안권·아산만 유역권, 동쪽으로는 금강 최상류를 경유하여 황강 유역권·대구일원, 남쪽으로는 영산강 유역권·남해안권, 동남쪽으로는 섬진강 유역권·남강 유역 등에 분포되어 있다. 발전기의 탄소연대는 BC 8세기~6세기로 상정한다. 발전기에 재지문화의 바탕위에 송국리형문화가 각지에 전파되어진 것으로 다양성을 보여주고 있다.

부여 송국리 유적 전경

　쇠퇴기는 사회문화적으로 융성했던 송국리형문화의 거점 취락이 쇠퇴하고, 새롭게 한반도에 전파된 점토대토기문화와의 접촉을 가장 큰 특징으로 한다. 쇠퇴기의 유적은 금강 유역권에 집중되어 있는데, 송국리형 주거지에서 원형점토대토기가 출토되고 있기 때문에 송국리유형과 수석리유형의 문화적 복합 양상을 보여 준다. 쇠퇴기는 탄소연대를 근거로 BC 5세기~3세기로 상정한다. 이 시기는 청동기시대 후기로 한반도에 점토대토기문화가 유입되고 한국식 동검문화가 정착된다. 점토대토기문화는 한반도 중부 서해안에서 집중적으로 확인되고 있으며 특히 금강 유역은 중추적인 문화의 축을 이루고 있다. 금강을 사이에 둔 충남과 전북 지역은 송국리형 주거에서 원형점토대토기의 출토빈도가 매우 높다. 이 시기에 고성 송현리와 초도리는 송국리형문화의 최북단에 위치함으로 북한계의 기준이 된다.

소멸기는 송국리형문화가 소규모의 취락을 이루면서 삼각형점토대토기문화 단계까지 존속하는 시기로 정체성이 소멸하는 단계라고 볼 수 있다. 소멸기는 BC 2세기 이후로 청동기시대 말기와 초기 철기시대에 해당된다. 이 시기의 유적은 고창 율계리, 영산강 유역의 광주 수문, 섬진강 유역의 순천 연향동 유적이 있다.[55]

(2) 송국리형 취락의 확산

송국리형 주거가 확산되는 청동기 중기는 선한 시기의 남한 전역에 가락동식, 흔암리식, 역삼동식 주거 형태가 혼재 분포했던 양상과 다르게 전개되었다. 송국리문화 분포권에서는 원형의 평면을 갖는 주거가 우세한 반면, 경기 북부와 강원 영서 등 송국리문화가 확산되지 않은 지역에서는 여전히 방형계 주거의 전통이 지속되는데 그러한 주거는 역삼동후기형이라고 불리기도 한다. 송국리문화권에서 발견되는 주거의 특징은 주거 내에 노지가 사라지고 타원형토광과 그 내부 양쪽에 주공이 설치된 것을 꼽고 있다. 이 요소는 이전에는 보이지 않는 이질적인 것으로 중앙의 타원형토광은 작업 공으로 이용된 것으로 보고 있다.[56]

송국리형 취락은 각 지역의 큰 하천을 중심으로 밀집 확산되는 경향을 보이는데 인천–가평–고성을 잇는 북방선을 경계로 약 263개 유적에 2,000여 기의 송국리형 주거가 한반도 중남부 지역에서 널리 발굴되었다. 주요 권역은 금강 유역권인 금강 본류 및 지류권과 정읍·고창·영광 등 서부 평야지권으로 세분할 수 있는데 107개 유적에서 616기의 주거가 파악되었다. 큰 취락은 송국리 유적과 진안 여의곡 유적지가 대표적이다.

· 충남 서해안권은 보령 관창리를 중심으로 10개 유적에서 157기의 주거가 파악되었고, 아산만 유역권은 화성·평택·당진·아산·천안 지역의 20개 유적에서 93기의 주거가 파악되었다.

· 한강 유역에서는 인천 구월동·가평 달전리·의왕 이동 유적에서 1기씩의 주거가 확인되었고, 가장 북쪽인 강원도 고성군 송현리 유적에서 주거 6기가 확인되었다.

· 영산강 유역권은 담양에서 목포 일원을 아우르는 지역으로 39개 유적에서 294기의 주거가 확인되었다. 남해안권은 탐진강을 포함한 강진만 유역권과 보성 지역및 고흥반도 일원으로 9개 유적에서 120기의 주거가 집계되었다.

· 섬진강 유역권은 진안·임실·순창·곡성·하동·남원 등지로 내륙산간의 지역성을 보여 주는 15개 유적에서 142기의 주거가 집계되었다.

· 낙동강 유역권은 황강과 남강 유역에 대구 지역은 금호강 유역권이 사천−함안−김해로 이어지는 남해안권으로 세분할 수 있으며 54개 유적에서 493기의 송국리형 주거가 집계되었다.[57]

송국리형 거점 취락의 양상

송국리형 주거는 남한 일부 지역을 제외한 남한 전역에 파급되어 보편성·전통성·계승성을 나타나게 된다. 송국리형문화의 거점 취락의 특성은 성장 가능성이 큰 입지, 상위 또는 중심 취락적 성격, 고도의 인적구성을 통한 전문화된 조직체제, 취락의 영역화와 취락 간 연계망 구축 등을 들 수 있다.

한민족과 고조선·한(韓)

– 부여 송국리 취락

송국리형 방형계 주거가 BC 9세기~8세기 송국리 유적에 등장하고, BC 8세기~7세기경에는 방형계 주거군이 취락단위를 완성하여 취락 내에 대규모 공사가 요구되는 여러 사회 현상과 인구 집중 양상을 보인다. BC 7세기~6세기에는 대규모 건축공사가 집중되는 시기로, BC 6세기~5세기에는 새로운 고상가옥이 축조되나 방형계 주거에 화재가 발생 물리적 충돌이 일어나고 취락 주도권이 전환되는 시기로 보고 있다. 송국리에서는 BC 7세기~5세기에 송국리형문화가 융성했고 이 시기에 주변 지역과 유기적인 연계망이 완성된 것으로 보인다. 이와 같은 문화적 융성은 대규모 공사를 위한 노동력의 집결, 자연자원의 확보와 기술력을 가진 고도의 인적구성, 취락 구성원 간 위계와 조직체제의 구축을 배경으로 가능한 것으로 보인다. 송국리 취락의 사회체제가 위계화되었다는 점은 동검묘를 통해서 알 수 있는데, 요령식동검은 취락사회의 계층화뿐 아니라 대외교류를 통한 지배체제의 상징성을 제고하는 역할을 한 것으로 볼 수 있다.

– 진안 여의곡 취락

진안 여의곡 취락은 전북 동부 내륙에서 규모가 가장 큰 청동기시대 취락이며 전방후원형 지석묘가 발견된 유적이다. 취락은 송국리형 주거로 이루어진 주거 영역, 지석묘와 석관묘 등으로 이루어진 매장 영역, 밭으로 조성된 생산 영역으로 구성되어 있다. 진안 여의곡 취락은 BC 8세기 때부터 주거·매장·생산과 관련된 영역화가 이루어졌고, 곡물생산량의 감소와 피해를 막기 위한 대규모 수로 시설의 축조를 통해 부여 송국리 취락에서와 같은 취락공동체의 사회구조와 잠재력을 파악할 수가 있는 것으로 보고 있다.

– 장흥 신풍 · 갈두 취락

탐진강 유역의 신풍 유적은 초대형에서 대형 · 중형 · 소형으로 주거
군을 이루며 분권적 배경 속에서 초대형과 대형 주거를 기준으로 집중화
된다. 갈두 유적은 초대형 주거를 중심으로 양편에 중형 주거군이 조성
된 것으로 보는데 초대형 주거는 마을의 대소사를 결정하는 구성원들의
집회소로 보고 있다. 신풍과 갈두 유적이 위치하는 탐진강 상류역에는
지석묘가 13개군 248기가 있는데 갈두 주변에 146기, 신풍 주변에 34기
가 있어 지석묘의 중심지는 갈두 주변으로 보고 있다.

– 진주 대평리 취락

낙동강 유역권의 진주 대평리 취락군은 송국리형 취락으로서 최대 규
모의 평지성 취락이다. 대평리 취락은 환호와 비환호취락으로 이루어진
대규모 주거군과 남강변을 따라 조성된 대단위 경작지를 특징으로 한다.
대평리 취락은 석관묘로 대표되는 매장영역, 저장공이 밀집된 보관영역,
토기를 생산하는 영역, 취락의례영역 등이 자리 잡고 있다. 대평리 취락
은 옥방과 어은지구의 2개 취락군으로 대별되며 16개의 단위군으로 구
성되어 있다. 옥방지구는 온전한 환호취락에 인구의 집중화를 통해 어은
지구보다 조직적이고 체계적인 사회구조를 형성되었던 것으로 본다.[58]

송국리형문화권에서 거점 취락의 등장은 지역적으로 성장한 지역성과
다양성을 보여 준다. BC 9세기경에 출발한 송국리형문화가 성장 발전하
여 BC 8세기~5세기경 송국리, 진안 여의곡, 장흥 신풍 및 갈두, 진주 대
평리 취락 등이 한 지역의 청동기 전기 문화 양상을 보여 주는 것으로 보
고, 필자는 이 시기를 대동강이남 지역에 존재했던 한(진) 이전의 선한

(先韓) 시대로 구분지어 새롭게 불러야 한다고 판단한다.

(3) 고인돌문화 양상

① 고인돌문화 개요

고인돌문화는 청동기문화에서 살펴보았듯이 청동기시대를 대표하는 묘제로 차지하는 비중이 대단히 크다고 하겠다. 선한 시기부터 건립된 고인돌은 서해안 지역에 연접된 전라도 지역에 중점적으로 분포되어 있다. 고인돌은 형식과 분포 양상에 따라 탁자 형태의 북방식과 바둑판 형태의 남방식으로 나누고, 한강을 경계로 하여 이북에는 주로 북방식이 이남에는 주로 남방식이 주류를 이루고 있다. 고인돌의 편년에 대해서는 출토 유물인 토기류와 석기류의 양상을 참고하여 BC 10세기 전부터 기원 전후에 이르기까지 청동기시대의 전 기간에 해당되는 것으로 보고 있다.[59]

고인돌의 기원에 관해서는 여러 설이 있는데 한반도에 고인돌이 가장 밀집 분포하고 있고 형식도 다양하여 한반도에서 발생한 것으로 보는 자생설이 있다.[60] 고인돌은 도작문화와 함께 동남아시아에서 해로를 따라 중국 동북 해안 지방과 한반도 서해안 지역에 전파된 것으로 난생설화와 벼농사를 배경으로 하는 농경문화가 함께 남방에서 들어온 것으로 보는 견해도 있다.[61] 북방기원설은 청동기시대 대표 무덤인 고인돌이 북방의 청동기문화와 밀접한 관련이 있기 때문에 요령 지방의 석관묘에서 변화 발전 되어 전파된 것으로 본다.[62] 여러 견해를 감안해 볼 때 고인돌의 기원은 해양과 대륙이 만나는 한반도의 지리적 여건을 감안한다면 남방과 북방문화가 융합되어 탁자식, 바둑판식, 개석식 등의 다양한 고인돌문화가 형성 발전한 것으로 보여진다.

고인돌이 축조된 배경에 대해서도 다양한 견해가 제기되고 있다. 먼저 신석기 평등사회에서 청동기 계급사회로 전환되어 가는 과정에서 혈연을 중심으로 한 유력자 출현과 지배 집단이 형성되고, 지역을 바탕으로 한 수장층의 등장으로 이해하고 있다. 고인돌을 지배자의 무덤으로 보는 것은 고인돌을 축조하려면 많은 인력을 계획적으로 동원할 수 있는 정치적 힘을 가져야 하고, 동원된 사람들에게 음식물 등을 보상할 수 있는 경제적인 능력이 있어야 한다. 또 거대한 고인돌을 축조해야 하는 사회적인 공감대가 있어야 하기 때문에 그 지역을 지배하던 지배자의 무덤으로 본다. 다음으로 고인돌이 혈연 집단의 공동무덤이라는 주장은 고인돌이 떼를 지어 있고 대부분이 열을 지어 나타내고 있어 이것은 혈연을 기반으로 하는 집단의 공동묘역으로 보는 것이다.

또 고인돌의 후기 사회가 되면 농경지나 노동력 확보에 따른 집단 간의 전투가 빈번하였던 것으로 보인다. 이것은 집단 간의 무력 경쟁 세력의 존재를 의미하는 것으로 취락을 보호하기 위한 방어시설로 환호와 목책 등이 마을 유적에서 확인되고 있다. 고인돌의 석실 안에 석검이나 석촉들이 출토되는데 그 위치가 머리 쪽이나 배 부분에 있어 집단 간의 전쟁에서 희생된 사람으로 전투적인 임무를 수행하다 전사한 사람의 공훈묘로 보기도 한다. 결국 고인돌사회는 농경이 발달하면서 각 집단들 간의 농경지 확보를 위한 전투가 끊임없이 일어나게 되어 죽음을 무릅쓰고 참여하게 되었을 것이다. 이런 과정에서 지역 단위가 점차 지역연맹체로 발전하게 되고 결국 지역연맹체의 소국가들이 출현할 수 있었던 사회적 배경이 되었던 것으로 보고 있다.[63]

고인돌에서 부장품으로 출토된 유물은 주로 화살촉·석검·석부 등이 중심을 이루고, 무문토기·홍도 등 토기류와 비파형동검·동모·동촉·동부 등 소수의 청동기류, 곡옥·관옥 등 장신구류들로 청동기시대를 대표하는 유물들이다. 청동기 중 비파형동검이 출토된 지역은 승주 우산리 2점, 보성 덕치리 1점, 고흥 운대리 1점, 여천시 적량동 7점·평여동 1점, 여수 오림동 등 16점이 전남 남해안과 보성강 유역에서 발견되고 있고 여수반도 지역에 가장 밀집되어 있다. 고인돌에서 출토되는 비파형동검들은 여천시 적량동 7호 고인돌을 제외하고는 모두 파손품이거나 재가공용품으로 대부분 경부가 짧은 특징을 갖고 있다.[64]

② 고인돌의 분포 양상

청동기시대 사람들이 농경정착생활을 하면서 취락을 이루고 살았던 지역을 중심으로 고인돌이 조성되어졌다. 따라서 고인돌 분포 양상을 보면 청동기시대 형성되었던 초기 정치사회 집단의 위치와 규모를 파악해볼 수 있다고 하겠다.

선한 지역의 고인돌의 분포 양상은 대다수 지역에 널리 분포하고 있지만 서남해안에 연접한 전남 지방의 고인돌이 전체의 절반을 넘어서고 있는 실정이다. 연구자들을 통해 파악된 각 지역별 분포 양상은 다음과 같다.

· **수도권 지역**에는 한강과 임진강 주변에 고인돌이 133개소에 900여 기가 분포하고 있다. 한강 지역 82곳 457기, 임진강 유역 30곳 400여 기, 안성천 유역 21곳 44기 등이 산재하고 있다. 강화 지역 고인돌은 강화도 북쪽 지역의 산 위 경사면에 있고 평지에 있는 경우는 드물다. 남한강 유역은 강 옆의 들판이나 가장자리의 대지 위에 임진강 유역은 주로 샛강에 분포한다. 경기 지역은 고인돌이 산기슭

이나 구릉의 꼭대기에 위치할 경우 덮개돌의 규모가 대체로 크고 주변에 작은 규모의 고인돌이 산포된다.[65]

강화 오상리 고인돌

· **강원 지역**에는 종래 알려진 고인돌 395기가 보고되고 있는데 영서 지역에 291기, 영동 지역에 104기가 분포하고 이중 춘천 지역에 25% 정도가 밀집하고 있다. 지역별로는 춘천 · 양구 · 홍천 등 북한강 유역과 평창 · 정선 등 남한강 상류 유역, 강릉 · 고성 등 동해안 지역을 중심으로 분포하고 있다.[66]

· **호서 지역**의 고인돌은 800여 기가 넘는 것으로 파악되고 있다. 충북 지역에 207기, 충남 지역에 600여 기가 있다. 충북 지역의 입지는 산마루 · 산기슭 · 구릉지대 · 평지 등에 분포하고 있다. 충남 지역의 고인돌은 주로 서해안 지역과 금강 유역에 분포하는데, 보령 · 서천 등지에서 확인된 고인돌 총수는 충남 지역의 약 70%를

한민족과 고조선 · 한(韓)

차지하고 있다.[67]

· **전북 지역**의 고인돌은 최소 3,000여 기 이상으로 추정하고 있다. 한반도 첫 수도라고 자평하고 있는 고창군은 1,665기로 전북 지역 고인돌의 63%에 해당된다. 고창 죽림리 고인돌군은 구릉을 따라 약 2.5㎞ 내에 400기 이상의 다양한 고인돌이 집중되어 가장 밀집된 고인돌군을 이룬다. 동부 산악지대인 금강 상류역을 중심으로 묘역식 고인돌이 밀집 분포하고 있고, 서부 평야지대에는 익산 9기, 군산 26기, 정읍 170기 정도의 고인돌이 확인된 바 있다. 금강 하류를 중심으로 하는 익산과 군산 지역에는 석관묘와 석개토광묘 등 송국리형 묘제가 밀집되었지만 고인돌 유적은 적은 편이다.[68]

· **전남 지방**은 고인돌이 가장 밀집된 지역으로 2,208개소에 19,058 기로 파악되고 있다. 고인돌의 분포 수량은 서해안·영산강 유역과 남해안 지역이 비슷하고 섬진강 유역은 17% 정도이다. 전남 고인돌의 중심 분포권은 서부 지역인 영산강 중류 나주 다시면 일대가 중심지이고 해남 반도와 영광 지역도 비교적 많이 분포한다. 섬진강 유역은 보성강 중류 지역에 중심 분포권을 형성하며 남해안 지역은 관산반도·고흥반도·여수반도에 중심 분포권이 형성되어 있다. 전남 지역의 고인돌은 산과 인접한 평지에 가장 많이 분포하고 이어서 구릉지대나 산기슭에 분포하고 있다.[69]

· **경북 지역**에는 530여 개소 2,800여 기의 고인돌이 분포하고 있는 것으로 알려져 있다. 경북 지역에 200기 이상 고인돌 분포지는 경주 369기, 청도 308기, 포항 351기로 밀집된 양상을 보인다. 이와 같이 고인돌은 대구를 비롯한 경북의 동남부 지역에 집중하는데,

대부분 낙동강 · 금호강의 소지류를 따라 형성된 평야지대에 위치한다.[70]

· 부산 · 울산을 포함한 **경남 지역** 고인돌은 398개소 1,500여 기 이상이 분포되는 것으로 파악되었다. 경남 지역 고인돌은 해안과 강을 중심으로 분포하고 있다. 해안 지역인 남해 · 사천 · 고성 · 통영 · 거제 · 마산 · 진해 · 부산 지역은 149개소가 있다. 서부 경남에는 하동 · 거창 · 합천 · 산청 · 진주 지역은 94개소, 중부 경남에는 함안 · 의령 · 창녕 · 밀양 지역에 119개소가 분포되어 있다. 동부 경남의 양산 · 울산 지역은 36개소로 해안 지역에 분포하고 있다.[71]

(4) 고인돌 밀집지와 여러 국의 위치 비정

고고학적 관점에서 지석묘 밀집지를 마한의 소국 비정지로 보는 연구가 있는데 지석묘의 밀집지와 마한의 관계에서 서로 간에 관련을 가졌을 것으로 본다. 고인돌 그 자체가 마한의 묘제는 아니지만, 지석묘의 축조 과정에서 지역적인 연맹이나 유력 집단의 등장과 함께 정치적인 지배자의 출현이 마한의 소국들이 형성될 수 있었던 배경이 된 것으로 파악하고 있다.[72] 고인돌사회가 토착농경사회에 바탕을 두면서 그 세력이 마한의 소국들로 발전하였을 가능성을 제시한[73] 견해도 있다.

고인돌사회에 진입한 송국리형문화에 대해서 앞에서 언급한 내용을 참고하면 송국리문화가 고인돌 재지 세력과 동화하기 위하여, 전기부터 후기에 이르기까지 비중이 큰 묘제로 채택되어 송국리형 취락의 후행묘제로 자리 잡은 것으로 본다. 고인돌이 송국리형 주거와 서로 관련된 것으로 보고되는 진안 여의곡, 장흥 신풍 · 갈두, 사천 이금동의 고인돌군

한민족과 고조선 · 한(韓)

을 꼽고 있다. 장흥 신풍과 갈두 유적은 3㎞ 내외에 위치한 취락으로, 송국리형 주거군과 고인돌군이 한 지점에서 공간만을 달리하고 있어 취락의 주체를 송국리형문화 집단으로 보고 있다. 진안 여의곡과 사천 이금동 유적은 매장 영역에 분포하는 무덤들이 고인돌, 석관묘 등 묘역석으로 치장되어 밀접한 상관성을 보여 주고 있다. 이와 같이 고인돌사회 혹은 고인돌문화를 배경으로 하는 송국리형 취락의 형성과 발전은 청동기 전기 단계에서 송국리형문화 단계로 사회가 변화하면서 그 사회구조가 복합사회적으로 변화하게 된 것에 기인했을 것으로 본다. 특히 호남 지역에서 조사되는 대부분의 고인돌 축조가 송국리형문화 단계와 겹치고 있는 것은 호남 지역에 뿌리를 내리게 된 송국리문화와 깊은 연관성을 보여 주고 있다고 하겠다.

천관우가 제시한 마한 제국의 위치를[74] 대비시켜 고인돌의 축조과정에서 발생했던 계급사회 때문에 마한 소국이 형성되었던 것으로 보고 있다. 천관우의 마한 위치 비정국을 중심으로 전남 지방 지석묘 밀집분포와의 관계를 연구한 이영문에 따르면,[75]

· 영암 월출산 주변의 영암 덕진 · 신북 · 군서 · 서호 · 학산 · 미암면 등에 고인돌 590기가 분포되어 마한 일난국으로 위치를 비정.
· 함평 나산천 일대인 나산 · 월야면에 고인돌 516기가 분포되고, 다시 · 왕곡면에 고인돌 746기가, 나주 노안에 고인돌 307기가 분포되어 마한 임소반국과 신운신국으로 비정.
· 화순 저석천 일대 화순 · 능주 · 도곡 · 도암에 고인돌 1,000여 기 이상이 분포하고 있어 마한 여래비리국으로 비정.

화순 효산리와 대신리 지석묘군

· 영광 홍농 · 배수 · 대마면에 고인돌 423기가 분포되어 마한 막로국
  으로 비정.

· 해남 화산 · 현산 · 삼산 · 송지면에 고인돌 244기가, 해남 마산 · 산
  이 · 옥천 · 계곡면에 고인돌 495기가 분포되어 마한 구해국으로 비정.

· 진도군 일대에 고인돌 551기가 분포되어 초산도비리국으로 비정.

· 장흥 억불산 일대 장흥읍 · 수산 · 용산면에 고인돌 578기와, 장흥
  천관산 일대 관산 · 용산 · 대덕면에 고인돌 1,439기가 분포되어 마
  한 건마국으로 비정.

· 고흥 남양면 일대 과역 · 두원 · 포두 · 동강 · 대서와 보성군 조성면
  일대에 고인돌 1,633기가 분포 마한 초리국으로 비정.

· 보성 복덕면 · 복내 · 율어 · 겸백과 승주 송광면 일대에 고인돌
  1,446기가 분포되어 마한 불운국으로 비정.

한민족과 고조선 · 한(韓)

- 여수, 여천군 율촌 · 소라 · 화양면에 고인돌 754기가 분포되어 마한 원지국으로 비정.
- 장성군 일대에 고인돌 200기가 분포되어 마한 고랍국으로 비정.
- 승주 낙안 일대와 보성 벌교읍 주변에 고인돌 291기가 분포되어 마한 불사분사국으로 비정하였다.

　한국 지석묘를 연구한 유태용의 삼한 여러 나라와 고인돌 밀집 지역의 위치 비정에 따르면 마한 54국 가운데 고인돌의 분포가 확인되지 않는 곳은 경기 가평에 비정된 신분고국과 전북 익산에 비정된 감계국 두 군데이다. 특히 충청남도의 경우 고인돌이 서해안 일부와 금강 유역에 집중 분포하고 있는데 이 지역에만 소국이 비정되고 있다. 따라서 지석묘 축조 사회와 마한의 제 소국 사이에는 지리적으로 밀접한 관련이 있는 것으로 볼 수 있다.

　한반도 동남부 지역에 위치한 진한이나 변한의 경우에도 천관우가 비정한 《삼국지》 한전에 언급된 소국들의 위치는 지석묘가 분포하는 지역과 일치하고 있다. 신라로 성장하는 사로국은 오늘날 경주 지방에 해당하는데 고인돌이 주변 지역보다는 많은 338기가 조사되었다. 오늘날 김해 지방에 비정되는 변진 구야국은 65기의 고인돌이 조사되었다. 변진 아야국이 자리 잡았던 함안에도 약 136기의 고인돌이 보고되어 삼한사회의 형성은 고인돌을 축조하던 사회들의 성장과 확대 과정을 거쳐서 이루어진 것으로 보고 있다.[76] 삼한 여러 나라 중 앞에서 살펴본 전남 지역을 제외한 나머지 지역을 간단히 살펴보고자 한다.

고인돌 밀집 지역 중 전남을 제외한 마한 나라의 위치 비정

· 경기 파주, 포천 지역에 고인돌 110여 기가 분포되어 마한 원양국과 상외국으로 비정.

· 경기 양주, 여주에 고인돌 약 20여 기가 분포하여 마한 모수국으로 비정.

· 경기 강화 일대에 고인돌 165기가 분포하여 마한 대석색국으로, 교동도 일대는 소석색국으로 비정.

· 강원 춘천 일대에 약 50여 기 고인돌이 분포되어 우휴모탁국으로 비정.

· 경기 양평 일대에 고인돌 20여 기가 분포되어 마한 일화국과 고탄자국으로, 가평 일대는 마한 신고활국으로 비정.

· 서울 강남 개포동 일대에 고인돌 19기가 분포되어 마한 백제국으로 비정.

· 경기 김포와 인천 대곡에 고인돌 34기가 분포되어 마한 속로불사국으로 비정.

· 경기 이천 일대에 고인돌 약 30여 기가 분포되어 마한 노람국으로, 여주 신접리에 고인돌 1기가 분포되어 마한 고리국으로 비정.

· 충남 천안에 고인돌 12기가 분포되어 마한 목지국으로 비정.

· 충남 서산에 고인돌 10여 기로 자리모로국, 당진에 고인돌 2기로 고원국, 보령에 고인돌 186기가 분포되어 마한 소위건국으로 비정.

· 충남 예산에 고인돌 17기가 분포되어 있는데 덕산에 비리국이, 대흥에 지침국으로 비정.

· 충남 홍성에 고인돌 8기가 분포되어 점비리국으로, 온양에 고인돌

2기가 분포되어 신흔국으로, 청양은 구로국으로 비정.

- 충남 서천 비인 일대에 고인돌 37기 분포되어 비미국으로, 서천 한산 일대에 고인돌 37기 분포되어 치리국국으로, 서천읍에 고인돌 4기가 분포되어 아림국으로 비정.
- 충남 공주에 고인돌 6기 분포되어 감해비리국으로, 부여에 고인돌 82기가 분포되어 고포국으로 비정.
- 충남 논산에 고인돌 21기가 분포되어 사로국으로, 대전 유성에 고인돌 37기가 분포되어 내비리국으로 비정.
- 전북 옥구, 군산 일대에 고인돌 18기 분포되어 만로국으로, 함열은 염로국 익산은 감해국으로 비정.
- 전북 김제와 금구에 고인돌 11기가 분포되어 벽비리국과 구사오단국으로 비정.
- 전북 부안 지역에 고인돌 45기가 분포 일리국, 불미국, 지반국으로 비정.
- 전북 정읍 일대에 고인돌 21기가 분포되어 구소국과 첩로국으로 비정.
- 전북 고창 일대에 고인돌 1,248기가 분포되어 모로비리국과 신소도국으로 위치를 비정하였다.

고인돌 밀집 지역 중 진·변한 여러 나라의 위치 비정

- 경북 안동 일대에 고인돌 70여 기가 분포되어 불사국으로, 영주 일대에 50여 기가 분포되어 이저국으로 비정.
- 경북 예천 일대에 고인돌 22여 기가 분포되어 미리미동국으로, 상주 일대에 고인돌 170여 기가 분포되어 변진접도국으로 비정.

- 경북 청도 일대에 고인돌 273여 기 분포되어 근기국으로 비정.
- 경남 창녕에 고인돌 34기가 분포되어 난미리미동국으로 비정.
- 경남 고성 일대에 고인돌 90여 기가 분포되어 고자미동국으로, 사천 일대에 고인돌 78여 기가 분포되어 변진 고순시국으로 비정.
- 대구 일대에 고인돌 238여 기가 분포되어 염해국으로 비정.
- 경남 합천에 고인돌 42여 기가 분포되어 변진 반로국으로, 진주 일대에 고인돌 50여 기가 분포되어 변진 낙로국으로 비정.
- 경북 칠곡 일대에 고인돌 136여 기가 분포되어 군미국으로, 고령에 고인돌 12여 기가 분포되어 변진 미오야마국으로 비정.
- 경북 의성에 고인돌 87여 기가 분포되어 여담국으로, 김천 일대에 고인돌 80여 기가 분포되어 변진 감로국으로 비정.
- 경북 영천에 고인돌 312여 기가 분포되어 호로국으로, 경산에 고인돌 210여 기가 분포되어 주선국으로 비정.
- 경남 밀양에 고인돌 210여 기가 분포되어 마연국으로, 김해에 고인돌 65여 기가 분포되어 변진 구야국으로 비정.
- 경남 함안과 칠원 일대에 고인돌 136여 기가 분포되어 변진 안야국과 변진 주조국으로 비정.
- 부산 동래 일대에 고인돌 13여 기가 위치 독로국으로 비정.
- 경북 경주에 고인돌 338여 기가 분포되어 사로국으로, 울진에 고인돌 32여 기가 분포되어 우유국으로 위치를 비정하고 있다.

결론적으로 BC 10세기경부터 한(진) 지역에 축조된 고인돌 사회는 한(韓)이 성립되기 이전부터 조성되기 시작한 것으로 볼 수 있기 때문에 선한(先韓) 시대의 지역 양상을 어느 정도는 이해할 수 있다고 본다.

한민족과 고조선 · 한(韓)

4) 한 시기(BC 4세기~2세기 전반)의 문화 양상

(1) 한 시기 청동기문화

한(韓) 시기의 청동기문화를 대표하는 고고학적 유물은 점토대토기와 세형동검을 꼽을 수 있다. 원형점토대토기는 한강 유역을 비롯한 중서부 지방에 집중 분포하는데 양주 수석리 · 보령 교성리 유적에서는 파수부호형토기가 공반하고 원형점토대토기가 출토된다. 대전 괴정동 · 아산 남성리 유적에서는 흑도장경호가 출토되고, 장흥 신풍 · 갈두, 보령 관창리, 군산 도암리 등 송국리형 주거지에서 원형점토대토기가 출토되었다.

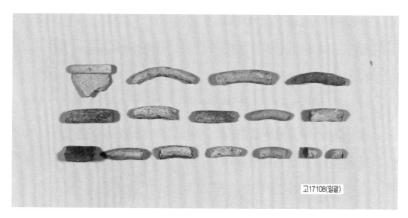

고17108(일괄)

점토대토기

원형점토대토기는 요동반도에서 출토된 세형동검문화와의 유사성을 근거로 연 장수 진개의 동진 영향으로 한반도에 원형점토대토기가 파급된 것으로 이해하고 있으며, 원형점토대토기의 상한은 BC 4세기로 보고 있다. 한 지역을 대표하는 후기 청동기는 세형동검을 꼽는데 중서부 지역이 가장 발달한 지역이다. 삽교천 유역부터 금강과 만경강 유역에 밀집 분포하고 있다. 이 지역에서는 세형동검·동모·동과 등 무기류와 공구류, 의기류, 동령류, 다뉴경 등이 출토된다. 한 지역의 서남부 지역인 영산강 유역에서도 세형동검 등 무기류와 공구류, 동령류와 다문경이 출토[77]되는데 세형동검류가 출토된 유적은 다음과 같다.

· 부여 연화리 유적에서 석관묘로 보이는 곳에서 세형동검 4점, 조문경 1개체분, 식옥 1점을 수습하였다.[78]

· 부여 구봉리 유적에서는 동검 11점으로 다량 출토되었는데 등대의 마연부가 첫째 마디까지 나 있는 것이 7점, 기부까지 나 있는 것이 4점이다.[79]

· 대전 괴정동 유적은 석관묘에서 출토된 유물로 세형동검 1점, 거울 2점, 검파형동기 3점, 방패형동기 1점, 동탁 2점, 흑도장경호 1점, 점토대토기 1점 등이다. 괴정동 유적은 세형동검이 출토된 유적으로는 빠른 것이며 원개형청동기나 흑도장경호는

괴정동 유적 방패형 청동기

한국의 청동기문화가 요령 지방의 문화와 밀접한 교류가 있었다는 사실을 말해 주는 자료로 보고 있다. 특히 검파형동기는 충남 지방에서만 보이는 유물로 섬세한 기하학적인 무늬는 당시로서 최고 수준에 도달한 청동기 주조기술을 반영한 것으로 청동기문화의 중심

지였음을 보여 주고 있는 것으로 평가되고 있다.[80]

- 아산 남성리 유적은 석관묘 형태의 무덤에서 동검 9점, 검파형동기 3점, 방패형동기 1점, 동착 1점, 동경 2점, 점토대토기 파편, 소형의 관옥 등이 출토되었다.[81]

- 예산 동서리 유적은 장방형의 석관에서 유물이 출토되고 유물은 동검 8점, 거울 5점, 원개형동기 1점, 검파형동기 3점, 흑도장경호 1점, 점토대토기 1개체분 등이다.[82]

- 익산 다송리 유적은 석관묘에서 조문경 1점, 동포 2점, 옥류 11점과 약간의 토기편 등이 출토되었다.[83] 익산 평장리 유적은 토광으로 보이는 무덤에서 세형동검 2점, 동모 1점, 전한경의 파편이 몇 점 수습되었다. 전주 여의동 석개토광묘에서는 조문경 2점, 도끼 2점 등이 수습되었다.[84]

- 완주 상림리 유적에서는 중국 도씨검 형태의 동검이 26점이나 발견되었다. 동검은 모두 크기와 무게가 다르며 붉은색이 도는 황동질인데 자루와 검신 모두 한 번에 주조되었다.[85]

- 화순 대곡리 유적은 영산강 상류 부근에 있는 유적인데 동검 3점, 동경 2점, 팔주령 1쌍, 쌍두령 1점 등이 출토되었다. 특이한 점은 낙동강 상류에서 발견된 것과 같은 4점의 이형동기가 발굴되었다.[86]

- 함평 초포리 유적은 적석석관묘 계통의 무덤에서 수습되었는데 검파두식을 완비한 2점의 동검, 중국 도씨검 1점, 동과 3점, 간두령 2점, 쌍두령 1점, 동경 3점이 출토되었다.[87]

- 영암에서 출토된 용범은 청동기 주조관련 유물인데 모두 6쌍으로 된 12점과 한쪽만 남아 있는 1점, 작은 파편 1점 등 모두 14점이다.

편면에 남아 있는 것을 포함하면 8종류 24점의 청동기가 새겨져 있는데 세형동검용범 1쌍, 동과용범 1쌍, 동착용범 등이 있다.[88]

한 시기의 후기 청동기문화 양상 중 중국과 공적교섭을 시사하는 전한경과 초기철기 유적을 참고하여 한(韓)국의 중심 지역은 공주에서 익산 방면의 금강 유역으로 보는 견해가 있다. 박대재는 진왕의 통치 지역은 '진'이었고 그것이 과거 진국의 고지와 깊은 관련이 있다고 본다면 진왕의 통치 지역 역시 금강 유역 일대에 비정할 수 있다. 그러므로 진왕의 치소였던 목지국의 위치도 자연히 금강 유역의 어느 지점이었다고 보는 게 순리이다. 금강 유역이 진왕의 통치 지역인 진 내지 그 치소인 목지국과 깊이 관련됨은 이 일대에서 출토된 후한 이후 한경의 분포를 통해서도 방증되는데, 마한 지역에서 출토된 한경은 모두 공주, 부여, 익산의 금강 중·하류권에서만 한정되는 양상을 보여 주기 때문이다.[89]

BC 2세기 전반 충남·전북 지역 무덤 유적인 당진 소소리, 부여 합송리, 장수 남양리에서 출토되는 초기철기문화를 준왕의 남천과 연결시켜 이해하는 박순발의 견해가 있다.[90]

준왕과 관련된 시기로 고고학 자료인 점토대토기문화는 만경강이남 지역인 황방산을 중심으로 하는 서쪽에 집중되어 있다. 그리고 익산 지역에서는 다송리나 신동리를 제외하면 이러한 유적의 하위 공동체를 상정할 수 있는 취락이나 분묘가 거의 발견되지 않아, 한중심지를 익산 일대로 비정하기보다는 황방산 일대인 전주·완주 일대로 보는 김승옥의 견해도 있다.[91]

김규정은 외래의 점토대토기문화가 만경강 유역으로 유입된 것은 해

한민족과 고조선·한(韓)

로로를 통해서 들어온 것으로 만경강 하구에 위치한 군산 둔율과 선제리 유적이 있다. 선제리에서 출토된 검파형동기는 대전 괴정동·아산 남성리·예산 동서리 등에서도 출토되었는데 대전 괴정동을 제외한 나머지 유적은 모두 서해안에 위치하고 있다. 서해안은 해로를 통해 중국으로부터 선진문물이 가장 먼저 유입되는 관문으로 볼 수 있다. 전주·완주 일대에서는 지금까지 만경강 유역에서 가장 많은 유적이 조사되었는데, 송국리식 주거지의 AMS연대는 효자 4 유적이 2,600~2,400 BP이고 동산동 취락은 2,500~2,400 BP로 편년되었다. BC 3세기 초 연 진개의 고조선 침입으로 고조선 일부 세력이 남하하고, BC 2세기경 위만조선의 성립으로 준왕 세력의 남하 등 일련의 과정을 통해 금강과 만경강 유역에 점토대토기문화가 유입되어 한 문화가 발전해 나간 것으로 보고 있다.[92]

(2) 삼한의 성립(2세기 후반)

앞에서 살펴본 한 시대 문헌과 고고학 자료를 참고해 볼 때, 세형동검 시대에 들어서면 지역별로 각종 물품 생산이 전문화되는 것을 볼 수 있다. 다수의 농경 집단과 교역하며 어업에 기반을 둔 지역, 직조기술을 보유한 세력, 야철 생산기반을 가진 세력들이 각지에서 성장하며 독자성을 띠어 간 것으로 보인다.

삼한 지역에 성립한 78소국은 그러한 세력들이 중심이 되어 형성시켜 간 것으로 볼 수 있다. 각국의 지배자들은 생업과 관련한 제례를 주관함으로 권위를 강화하고 독자성을 띠어 갔다. 청동방울을 비롯한 청동제 의기는 그런 용도로 사용했던 유물로 보인다. 마한·진한·변한 수장들 사이에는 세력 우열에 따른 증층적인 질서가 다양하게 성립하여 상당한 수준의 정치 질서가 자리 잡았던 것으로 이해할 수 있다.

삼한의 성립 시기에 대해서는 다양한 견해가 있다. 마한의 성립 시기는 요동과 서북한 지역의 점토대토기와 세형동검문화가 서남부 지역에 유입되는 BC 3세기로 보는 견해[93]와 마한의 성립은 토착사회의 내재적 발전이라는 측면보다 BC 2세기에 있었던 철기문화가 유입되고 준왕이 남천해 오는 외래적 충격에 의해 성립된 것으로 보는 견해가 있다.[94]

진한의 성립은 대구 팔달동 유적에서 초기의 주조철기가 출토되어 마한 지역의 BC 2세기경으로 보는 장수 남양리 · 부여 합송리 · 당진 소소리 주조철기 유적과 대비시키고 있다. 그러나 팔달동 유적에서는 주조철부 외에 소형의 파상철부 · 철착 · 철검 등 단조철기도 출토되어 마한 지역의 주조철기 일색의 양상과는 차이가 있다. 따라서 팔달동 유적의 연대는 마한 지역 초기 철기보다 한 단계 늦은 BC 2세기 말에서 1세기 전반으로 파악하여 진한의 성립 시기로 이해하고 있다.[95]

변한의 성립은 낙동강 하류 및 경상도 남해안 지역에 BC 3~2세기 이전부터 진한 지역과 달리 서해안 계통의 지석묘계 토착 집단을 주축으로 다수의 소규모 정치 집단이 성립되어 있었다. BC 3~2세기경이 되면서 옹관묘계 집단이 대두되는 등 새로운 문화요소와 주민들이 혼입되지만 진한 지역에 있었던 위만조선계 유민과 문화의 유입과 같은 정치문화적인 전환 계기가 잘 확인되지 않는 것으로 보고 있다.[96] 또 다른 견해는 창원 다호리, 김해 양동리 등 변한 지역에서도 BC 2세기에서 BC 1세기의 서북한 계통 목관묘 유적이 확인되면서 변한의 문화 및 주민 계통도 진한과 대동소이한 것으로 이해하는 견해도 있다.[97]

삼한의 성립은 세형동검과 점토대토기 등 고고학적인 유물의 출토 상황과 준왕이 한 지역으로 남천해 온 문헌사료를 참고해 볼 때 BC 2세기 후반경에 마한이 먼저 성립되고 이어서 진한과 변한이 형성되어 간 것으로 본다.

선한(先韓)은 고조선과 비슷한 시기 형성되었고
초기국가 한(韓)으로 발전하였다.

한(韓)이라는 명칭은 1897년 고종황제가 "우리나라는 곧 삼한의 땅이다."라는 역사적 인식을 바탕으로 대한제국의 국호를 대내외에 선포하면서 우리나라의 공식 명칭이 되었다. 초기국가 한(韓)은 어떤 나라인가에 대하여 문헌사료와 고고학적 자료를 통해서 다양하게 살펴본 제7장의 내용을 정리하여 소결을 맺고자 한다.

한국의 가장 오래된 역사서인 《삼국사기》에 따르면 신라 말 최치원이 언급한 마한(고구려), 진한(신라), 변한(백제)이라는 삼한 인식이 선현들에게 오랫동안 자리 잡아 왔다. 조선 중기 한백겸이 《동국지리지》에서 삼한의 위치를 북쪽의 고조선과 대비하여 한강이남으로 보고 마한(경기·충청·전라), 진한(경상도 동북 지역), 변한(경상도 서남 지역)으로 제시한 이후 정약용 등 실학자들을 거치면서 오늘날의 통설로 자리 잡게 되었다. 일제강점기인 1919년 3.1운동 이후 중국 상해에서 발족한 대한민국 임시정부는 나라의 명칭을 '대한'으로 망했으니 '대한'으로 흥하자는 취지로 '대한민국'이라는 국호를 제정하였다. 일제강점기에서 해방된 이후 1948년 국민이 선출한 제헌국회를 통해 대한민국이라는 국호를 제정 선포하여 오늘날에 이르게 되었다.

한(韓)에 대한 중국 쪽 기록은 진 태강(280~289) 때 진수가 편찬한 《삼국지》에 처음 기록된 후 《후한서》·《진서》 등에 기록되어 후세에 전해 왔다. 《삼국지》 한전에 따르면 BC 194년 위만에게 쫓겨났던 준왕이 바다를 통해 한 지역에 가서 한왕이 되었다는 기록이 있다. 이는 고조선 준왕 시기 이전에 대동강이남 지역에 이미 한이 존재하고 있었던 것으로 이해할 수 있다. 《삼국지》 진변한조에 '진한의 노인들이 진나라의 과도한 역을 피하여 한국으로 왔는데 마한이 동쪽 경계의 땅을 떼어 주어 살게 되었다.'라는 기록은 진시황이 BC 221년에 진 제국을 수립한 이후의 상황으로, 한은 BC 3세기경에 이미 존립했던 나라라고 추정해 볼 수 있다. 《삼국지》 왜전에는 대방군에서 왜에 이르는 항로에 한국을 거친다고 기록되어 한국이라는 명칭이 당시 한·중·일 삼국에 널리 인식되고 있음을 알 수 있다.

한(韓)의 이름에 대해서는 다양한 견해 중 '한'이라는 어휘가 알타이어 계통의 추장이나 군장을 칭하는 '한(汗)'이나 한자로 크다는 의미의 '대(大)'자와 연결되는 것으로 보고, 군장을 부르는 호칭이나 대왕이라는 의미에서 한왕이라고 칭했다는 견해를 들 수 있다. 또 한왕(韓王)이라는 칭호는 준왕이 남으로 내려와 한지 즉, 만경강 주변인 익산 지역에서 한왕을 칭하면서 시작된 것으로 BC 3세기경 '한'은 한반도 중남부 지역을 지칭하는 지역명이나 종족의 명칭으로 정리해야 한다는 견해가 가장 타당한 것으로 본다.

진국에 관한 기록은 《사기》〈조선전〉에 진번 옆에 진국이 한나라와 직접 통하고자 했으나 위만조선의 방해로 통교하지 못했다고 설명되고 있어 위만조선 시기에 진번 옆에 진국이 존재했던 것으로 해석할 수 있다. 진국에 관한《사기》기록 중 중국(여러 나라)으로 기록된 책이 있어 해석에 혼란을 주고 있는데, 진국은 한이 삼한으로 나누어지기 전에 한반도 중남부에 존재했던 여러 나라를 포괄하는 정치체의 총칭으로 이해하는 것이 타당한 해석으로 보인다.

한 78국의 규모는《삼국지》에 마한은 큰 나라가 만여 가, 작은 나라가 수천 가로 총 10만여 호이다. 변한과 진한은 큰 나라가 4천~5천 가 소국은 6백~7백 가로 총 4만~5만 호로 기록되어 있다. 한의 총 호수는 15만여 호에 낙랑군 호당 평균 인구수인 5인으로 계산하면 75만여 명으로 위만조선 이상의 세력과 상당한 인구를 갖고 있었던 것으로 보인다. 한의 통치구조는 진왕이 목지국에 도읍하여 전체 삼한 지역의 왕 노릇을 하고 각국에는 거수가 정치를, 종교는 천군이 관장하여 권력이 중앙에 집중되는 구조를 보여 주고 있다.

문헌사료에 따르면 한(韓)은 BC 3세기경에 대동강이남 지역에 존재하였던 초기국가로 정리되므로 BC 3세기 이상을 소급해 보기가 어렵게 되어 있다. 그러나 한 지역에서 발굴되고 출토되었던 청동기 · 무문토기 · 석기 · 고인돌 · 송국리형문화 유물을 참고해 보면, 문헌사료의 기록보다 훨씬 이전에 상당히 많은 세력이 존재했던 것을 파악할 수 있다.

필자는 고고학적 관점에서 BC 10세기경부터 존재했던 대동강이남 한 지역의 정치사회 세력에 대한 명칭으로 선한(先韓)을 사용하자고 제안한 바 있고, 그래서 대동강이남 지역에 존재하였던 청동기문화의 실상을 파악 정리하게 된 것이다.

선한시대 청동기는 비파형동검이 등장하는 청동기 전기에서 중기까지로 볼 수 있는데, 대동강이남 지역인 연안 금곡동·광주 역동 석관묘·대전 비래동 지석묘에서 비파형동검 계통이 출토되었다. 비파형동검이 다수 출토된 지역은 금강·보성강·낙동강 유역과 고인돌 유적이 많은 여수·고흥반도에서 집중 출토되었다. 송국리형문화 단계에서 출토되는 청동기는 비파형동검이 대표적인데 동검의 경부에 홈이 파인 유구경식은 한반도 중서부와 남부 지역에만 분포하는 특수형식으로 알려져 있다. 이러한 유구경식의 비파형동검은 송국리형 주거와 분포 양상이 동일하고 남부 지역에서는 송국리문화와 관련이 있는 기반식 고인돌에서 출토되고 있다. 따라서 중남부 지역의 대표적 문화인 송국리형문화와 선한은 밀접한 관련이 있는 것으로 평가된다.

선한시대 토기문화는 초기의 돌대각목문토기인 미사리형토기는 한강과 남강 유역 등 강안에서 발견되는데, 요동의 돌대문토기와 잡곡농경문화가 서북한을 거쳐 남부로 전파된 것으로 본다. 전기 청동기시대 토기로는 역삼동·가락동·흔암리유형으로 나누는데, 역삼동형은 동북한의 공렬토기문화를 가락동형은 대동강 유역의 팽이형토기문화 영향으로 성립되어진 것으로 본다. 흔암리형은 앞선 두 유형이 남하하여 중부 지방에서 공존하다가 결합하여 발생된 것으로 이때가 선한시대 초기에 해당된다고 보고 있다. 중기 토기문화는 토기의 최대경이 중위나 상위에 있는 배부른 동체부와 축약된 저부, 짧게 외반된 구연부를 특징으로 하는 송국리형토기의 등장과 확산으로 대표되는데 대규모 거점 취락을 통해 전국적인 발전 양상이 확인된다. 송국리형토기는 부여 송국리, 보령 관창리, 진안 여의곡, 장흥 갈두·신풍, 순천 대곡리, 대구 동천동, 진주 대평리, 사천 이금동 취락 등지에서 폭넓게 출토되고 있다.

선한시대 분묘문화는 신석기시대와 달리 농경을 중심으로 하여 집단의 정착과 전통성을 상징적으로 보여 주는 보수성을 강하게 유지한 것으로 본다. 이 시대의 분묘로 고인돌·석관묘·목관묘·적석목관묘·목곽묘·옹관묘 등이 있다. 선한시대 분묘를 대표하는 고인돌은 서남해안에 연접된 지역에 중점적으로 분포하고 있다. 각 지역의 분포 양상은 서울·경기·인천을 포함하는 수도권 133개소에 900여 기가, 호서 지역에는 충북과 충남에 800여 기가, 전북 지역에는 3,000여 기 이상인데 고창에 1,665기가 분포되어 있다. 또 전남 지역은 영산강·섬진강·보성강 유역과 남해안 지역 등 2,208개소에 19,058기가, 영남 지역은 경북에 2,800여 기가, 부산·경남 지역은 1,500여 기 이상이 분포되어 있는 것으로 파악되고 있다.

선한시대부터 축조된 고인돌 밀집지를 마한 54국의 위치로 비정하는 견해에서는 고인돌 그 자체가 마한의 묘제는 아니지만, 고인돌 축조 과정에서 지역연맹이나 정치적인 지배자의 출현이 마한소국들이 형성될 수 있었던 배경으로 보고 있다. 마한 54국 중 고인돌 분포가 확인된 곳은 52국 정도고, 진변한 24국은 대부분 고인돌 분포 지역과 일치하는 것으로 파악되고 있다.

선한 시기 경기 지역의 청동기 취락은 하남 미사리형 취락에 이어 역삼동·가락동·흔암리형 취락이 등장하면서 규모가 커지고 다양한 요소가 등장한다. 경기 남부 지역은 송국리형 취락이 2~4기 정도의 소규모로 형성된다. 강원 지역은 미사리형 취락에 이어 중기의 북한강 유역은 천전리유형이 화천·가평·춘천 등의 지역을 중심으로 대규모로 발달한다. 호서 지역은 천안을 중심으로 한 아산만권에 역삼동·흔암리유형의 대규모 취락이 분포하고, 금강권 유역에서는 가락동유형이 분포한다. 중기에는 아산만과 서해안을 중심으로 송국리유형의 취락이 다수 분포한다. 호남 지역 조기 취락은 미사리형이 있고, 전기에는 가락동·역삼동·흔암리유형을 포함하고 있다. 중기에는 송국리형 취락이 금강·만경강·영산강·탐진강 및 남해안 지역에 널리 분포하였다. 영남 지역은 미사리형에서 둔산식, 흔암리식으로 변화하는데 낙동강 중상류 금호강 유역과 남강 유역에 환호취락을 중심으로 밀집되어 있다. 영남 동남부 지역은 형산강 유역에 다수 분포되어 있다.

선한 시기의 대표적 취락으로 볼 수 있는 송국리형 취락은 BC 9세기경에 등장하고 발전기는 BC 8세기~5세기로 상정하고 있다. 발전기 송국리형 취락은 충남 서해안권·아산만 유역권, 동쪽으로는 금강 상류를 경유 황강 유역과 대구 일원, 남쪽으로 영산강 유역과 남해안권, 동남쪽으로 섬진강 유역과 남강 유역 및 경남 남해안 지역으로 확산 분포되었다. 송국리형 취락은 인천-가평-고성을 잇는 북방선을 경계로 이남 지역의 큰 하천을 중심으로 널리 퍼져 있다. 금강 유역 및 전북 서부평야 지역에 107개 취락 616기의 주거가 대량으로 파악되었다. 충남 서해안권에는 10개 취락에 157기의 주거가, 아산만 유역권은 20개 취락에 93기의 주거가 파악되었다. 영산강 유역권은 39개 취락에서 294기의 주거가, 전남 남해안권에서는 9개 취락에 120기의 주거가 파악되었다. 섬진강 유역에서는 15개 취락에서 142기의 주거가 확인되었다. 낙동강 유역권은 낙동강 본류를 중심으로 황강과 남강 유역권, 대구 지역의 금호강 유역권으로 나누어진다. 경남 남해안권을 포함한 송국리형 취락은 54개 유적에서

493기의 주거가 파악되었다.

BC 9세기경에 등장한 송국리형문화가 성장하여 BC 8세기~5세기경 남한의 여러 지역에 거점 취락이 형성되었다. 송국리형 거점 취락은 고도의 인적 구성을 통한 전문화된 조직체제, 취락의 영역화를 이룬 중심 취락적 성격을 가지고 있다. 대표적인 거점 취락은 부여 송국리, 진안 여의곡, 장흥신풍·갈두, 진주 대평리 취락 등을 들 수 있다.

BC 10세기~5세기경에 성립되었던 대동강이남 지역의 청동기문화·토기문화·분묘문화·주거와 취락 양상을 종합해 볼 때, 고조선문화권인 요서·요동·서북한 지역의 전·중기 청동기문화와 유사한 수준을 보이는 것으로 볼 수 있다. 따라서 BC 10세기경 대동강이남 지역에 존재하였던 역삼동·가락동·흔암리·송국리형문화권을 중심으로 하는 '한' 이전의 선한(先韓)시대를 독자적인 문화시기로 평가 분류하는 것은 타당하다고 판단한다.

결론적으로 BC 11세기경 하가점상층문화에서 등장한 비파형동검문화를 기반으로 요서·요동·서북한 지역에서 예맥족을 근간으로 하는 북방계가 고조선문화권을 형성하였다. BC 10세기경 대동강이남 중남부 지역에서 한족을 근간으로 하는 남방계가 선한문화권을 형성하여 우리 민족의 최초 국가사회인 고조선과 선한(先韓)이 형성되었음을 밝히고자 한다.

끝으로 이 책을 통해서 필자는 한민족의 구성은 남방몽골계와 북방몽골계가 혼합하여 형성되어진 것으로 보았다. 초기국가도 북부 지역의 고조선과 남부 지역의 한(韓)으로 이루어진 것들은 결코 우연히 아니라 유라시아 대륙 끝 한반도까지 도달했던 인류의 장대한 흐름의 결과로 판단한다. 그러나 21세기 오늘날에 와서 보니 예맥족들과 같이 오랫동안 만주에서 활동하였던 동호·산융·흉노·돌궐·만주족들은 홀연히 사라져 가고, 동북공정을 통해 거대한 중화문화권만 확대해 가는 상황이 펼쳐지고 있다. 따라서 예맥문화권의 중심지로 살아남은 평양에 북방 몽골계의 정신문화 역사의 성지를 조성하여, 만주에서 흩어져 러시아·몽골·중앙아시아·터키·헝가리 등지에서 살고 있는 동이·흉노·예맥·돌궐·여진족 후손들의 정신적 지주가 되기를 기대해 본다.

또한 남방계 몽골인들의 터전이었던 인도 일부와 인도네시아· 태국·미얀마·베트남 등 남방계의 중심문화는 도작농경·고인돌· 송국리형 주거를 들 수 있다. 이러한 남방계 문화의 중심지이며 아시아문화의 전당이 자리 잡고 있는 빛고을 광주에 남방 몽골계의 정신문화 역사의 성지를 조성하기를 기대해 본다.

그래야 한반도에서 조우했던 북방계 대륙 세력과 남방계 해양세력의 정신문화 역사를 온전히 보존, 계승, 발전시키고 한반도의 지리적 위치가 갖는 숙명적이고 역사적인 의무를 다할 수 있다. 그리고 더 나아가서는 중국의 동북공정에 대응하고, 동북아시아에서 한민족의 자주독립을 지키며 세계평화의 중심지가 될 수 있기 때문이다. 이 어려운 과제를 해결하는 데 올바른 역사인식과 담대한 연구능력을 가진 후학들의 활동을 간절히 기대해 본다.

제1부 인류의 장대한 여정 속에 탄생한 한민족

제1장 푸른 별 지구에 한반도와 생명이 형성되다

1. 민석홍, 《서양사개론》, 삼영사, 1985, 453~454쪽.

2. 배철현, 《인간의 위대한 여정》, 21세기북스, 2017, 34~37쪽.

3. 유정아, 《한반도 30억년의 비밀 1부》, 푸른숲, 1998, 30~36쪽.

4. 김학보, 《그림으로 읽는 세계사 이야기》, 가람기획, 2000, 31쪽.

5. 카와카미 신이치 · 도조 분지, 박인용 옮김, 《한 권으로 충분한 지구사》, 전나무 숲, 2010, 19쪽 · 340쪽.

6. 유정아, 1998, 앞의 책, 117~137쪽.

7. 이선복, 《동북아시아 구석기연구》, 서울대학교 출판부, 1989, 114~119쪽.

8. 카와카미 신이치 · 도조 분지, 박인용 옮김, 2010, 앞의 책, 141~146쪽.

9. 김웅진, 《생물학이야기》, 행성비, 2016, 67쪽; 심규철 외, 《생명과학Ⅱ》, 비상교 육, 2016, 216~222쪽.

10. 유정아, 1998, 앞의 책, 50~70쪽.

11. 김웅진, 2016, 앞의 책, 77~78쪽.

12. 크리스토퍼 로이드, 유길순 옮김, 《지구 위의 모든 역사》, 김영사, 2011, 99~103쪽.

13. 김웅진, 2016, 앞의 책, 89쪽.

14. 김용환, 《인류 진화의 오디세이》, 가람기획, 2003, 87~102쪽.

15. 앤 기번스, 오숙은 옮김, 《최초의 인류》, 2008, 95~96쪽.

16. 크리스토퍼 로이드, 유길순 옮김, 2011, 앞의 책, 104~109쪽.

17. 앤 기번스, 오숙은 옮김, 2008, 앞의 책, 111~114쪽.

18. 김병희, 〈인간과 유인원 공통조상은 난쟁이 크기〉, Science Times, 2017. 10. 13. (http://www.sciencetimes.co.kr/?news)

19. 김웅진, 2016, 앞의 책, 186~187쪽.

20. 배철현, 2017, 앞의 책, 106쪽.

21. 김웅진, 2016, 앞의 책, 201~205쪽.

22. 강석기, 〈비만은 인류 진화과정의 산물〉, Science times, 2016. 6. 3. (http://www.sciencetimes.co.kr/?news)

제2장 지혜로운 인류가 등장하다

1. 브라이언 페이건, 이희준 옮김, 《세계선사문화의 이해》, 2011, 69~71쪽.

2. 김용환, 2003, 앞의 책, 107~110쪽.

3. 크리스토퍼 로이드, 유길순 옮김, 2011, 앞의 책, 120~121쪽.

4. 유정아, 1998, 앞의 책 3부, 187쪽.

5. 브라이언 페이건, 이희준 옮김, 2011, 앞의 책, 80~85쪽.

6. 유정아, 1998, 앞의 책 3부, 189쪽; 브라이언 페이건, 이희준 옮김, 2011, 앞의 책, 86~88쪽.

7. 장용석, 〈중국서 212만년전 사용 추정석기 발견〉, Daum뉴스, 2018. 7. 12. (http://v.media.daum.net/v/20180712153015467?1=print_pc)

8. 브라이언 페이건, 이희준 옮김, 2011, 앞의 책, 91~92쪽.

9. 브라이언 페이건, 이희준 옮김, 2011, 앞의 책, 88~91쪽.

10. 배철현, 2017, 앞의 책, 143~144쪽.

11. 브라이언 페이건, 이희준 옮김, 2011, 앞의 책. 112~115쪽.

12. 카와카미 신이치·도조 분지, 박인용 옮김, 2010, 앞의 책, 362쪽; 배철현, 2017, 앞의 책, 147~148쪽.

13. Love Joy, 《Hominid》, The Role Of The Bipedalism; 로버트 웬키, 안승모 옮김, 《선사문화의 패턴》, 서경, 2003, 175~176쪽.

14. 김용환, 2003, 앞의 책, 132~134쪽.

15. Stringer.C, 《Mordern Humans Or Origins: Progress And Prospects》, 2002, 563~579쪽; 엘리스 로버츠, 진주현 옮김, 《인류의 위대한 여행》, 책과함께, 2011, 16쪽.

16. 장용석, 앞의 Daum뉴스, 2018. 7. 12. (http://v.media.daum.net/v/20180712153015467?1)

17. 브라이언 페이건, 이희준 옮김, 2011. 앞의 책, 121~123쪽.

18. 김용환, 2003, 앞의 책, 139~140쪽.

19. 크리스토퍼 로이드, 윤길순 옮김, 2011, 앞의 책, 130쪽.

20. 엘리스 로버츠, 진주현 옮김, 2011, 앞의 책, 17쪽; 배철현, 2017, 앞의 책, 212~213쪽

21. 브라이언 페이건, 이희준 옮김, 2011, 앞의 책, 151~152쪽.

22. 김용환, 2003, 앞의 책, 151~152쪽.

23. 로버트 웬키, 안승모 옮김, 2003, 앞의 책, 229~230쪽.

24. Sautman.B, 《Peking Man And The Politics Of Palaeoanthropological Nation Lism In China》, The Joumal Of Asian Studies 60:95~124(2001); 엘리스 로버츠, 진주현 옮김, 2011, 앞의 책, 305~306쪽 재인용.

25. 이강봉, 〈DNA로 밝히는 인류탄생의 비밀〉, Science Times, 2017. 11. 20. (http://www.sciencetimes.co.kr/?news)

26. 브라이언 페이건, 이희준 옮김, 2011, 앞의 책, 132~135쪽.

27. 로버트 웬키, 안승모 옮김, 2003, 앞의 책, 237~238쪽.

28. 배철현, 2017, 앞의 책, 255~266쪽.

29. 이상진 〈네안데르탈인과 현생인류 '동침 잦았다.'〉, 이웃집 과학자, 2018. 12. 10. (http://www.astronomer.rocks/news/articleprient.html?idxno=86604)

30. 브라이언 페이건, 이희준 옮김, 2011, 앞의 책, 143~144쪽.

31. 최지원 〈우리가 네안데르탈인이 아니라 호모사피엔스인 이유 뇌 구조!〉, 동아사이언스, 2018. 4. 26. (http://dongascience.donga.com/prient.php?idx=22226)

32. 브라이언 페이건, 이희준 옮김, 2011, 앞의 책, 144~145쪽.

33. Cann.R.L., Stoneking, M&Wilson.A.C., 《Mitochondrial DNA And Human Evolution》 Nature 325:31~6(1987); 앨리스 로버츠, 진주현, 앞의 책, 78쪽 재인용.

34. Jakobsson.M, Scholz, S.W, Scheet.P, et al, 《Genotype, Haplotype And Copy. Number Variation In Worldwide Human Populations》 Nature451:998~1003(2008); 앨리스 로버츠, 진주현, 2011, 앞의 책, 79쪽 재인용.

35. 이강봉, 〈호모사피엔스의 나이는 35만 년 전〉, Sciencetimes, 2017. 9. 29. (http://www.sciencetimes.co.kr/?news)

36. 엘리스 로버츠, 진주현 옮김, 2011, 앞의 책, 111쪽.

37. 브라이언 페이건, 이희준 옮김, 2011, 앞의 책, 147쪽.

38. 윤신영, 〈현생인류의 아라비아반도 진출 시기 최소 8만 5000년 전〉, 동아사이언스, 2018. 4. 10. (http://dongascience.donga.com/prient.php?idx=22052)

39. 이근영, 〈인류의 '탈 아프리카' 5만년 더 빨랐다〉, 한겨레신문, 2018. 2. 4. (http://news.naver.com/main/tool/prient.nhn?oid)

40. 브라이언 페이건, 이희준 옮김, 2011, 앞의 책, 154~157쪽.

41. 김진호, 〈6만 년 전 인도네시아에 초기인류가 있었다〉, 동아사이언스, 2018. 5. 10. (http://dongascience.donga.com/prient.php?idx=19287)

42. 크리스토퍼 로이드, 윤길순 옮김, 2011, 앞의 책, 135~137쪽.

43. Oppenheimer.S, 《Out Of Eden, The Peopling Of The World, Constable&Robison, London(2003)》; 앨리스 로버츠, 진주현, 2011, 앞의 책, 256쪽 재인용.

44. 앨리스 로버츠, 진주현 옮김, 2011, 앞의 책, 258~260쪽.

45. 변태섭, 〈현생인류는 모두 잡종, 국적 달라도 유전차이는 0.1%〉, 한국일보, 2018. 8. 25. (http://news.v.daum.net/v/20180825100311387?1=prientpc)

46. 브라이언 페이건, 이희준 옮김, 2011, 앞의 책, 173~174쪽.

47. 브라이언 페이건, 이희준 옮김, 2011, 앞의 책, 175~176쪽.

48. 마쓰모토 히데오, 박선술 역, 《일본인은 어디에서 왔는가》, 보고사, 105쪽.

49. Shang.H., Tong.H., Zhang.S, etal, 《An Early Mordern Human From Tianyuan Cave, Zhoukoudiam, China》, Proceedings Of The National Academy Of Sciences 104:6573~8, 2007; 엘리스 로버츠, 진주현 옮김, 2011, 앞의 책, 317쪽 재인용.

50. 브라이언 페이건, 이희준 옮김, 2011, 앞의 책, 177~179쪽.

제3장 한반도에 첫 사람이 등장하다(구석기)

1. 오여강 · 오신지 · 장삼수 편, 《중국원고인류》, 과학출판사, 북경, 1989.

2. Tong.G. and S. Shao, 〈The Evolution of Quaternary climate in china〉, Z. zhang,ed, 〈The Quaternary of china〉, china ocean press, Beijing, 1991.

3. 김정배, 〈동아시아의 자연환경〉, 《동아시아의 역사1》, 동북아역사재단, 2011, 15~22쪽.

4. 황상일 · 윤순옥, 〈한반도와 주변 지역의 신생대 제4기 환경변화〉, 《강좌한국고대사》, 한국고대사회연구소, 2003, 362쪽.

5. 손보기, 〈단양 도담리 금굴유적 발굴조사 보고〉, 《충주댐 수몰지구 문화유적 연장 발굴조사 보고서》, 충북대박물관, 1985, 5~100쪽; 손보기 《구석기 유적-한국만주》, 한국선사문화연구소, 1990.

6. 김원룡 · 정영화, 〈전곡리 아슐리안 양면 핵석기 문화예보〉, 《진단학보》 46 · 47, 1979, 5~56쪽.

7. 황소희, 〈전곡리 구석기 유적 E55S20-Ⅳ PIT의 화산재 분석〉, 《전곡리 유적의 지질학적 형성과정과 동아세아 구석기》, 연천군 · 한양대학교 등, 2003.

8. 이선복 · 이교동, 《파주 주월리 · 가월리 구석기 유적》, 서울대 고고미술사학과 · 경기도, 1993.

9. 사회과학원 고고학연구소, 《조선 사람의 기원과 형성》, 진인전, 2009, 17~29쪽.

10. 〈원시 편 석기시대〉, 《조선 고고학 전서》, 과학백과사전출판사, 1990, 15쪽.

11. 사회과학원 고고학연구소, 앞의 책, 2009, 41~48쪽.

12. 손보기, 《석장리 선사유적》, 동아출판사, 1993.

13. 윤내현 · 한창균, 《양평병산리유적》, 단국대중앙박물관 · 경기도, 1992, 1~142쪽.

14. 정영화, 〈구석기시대 혈거유적에 대하여〉, 《문화인류학회6》, 한국문화인류학회, 1974, 151~156쪽.

15. 이융조 · 박선주 · 우종윤, 《단양구낭굴발굴보고1》, 충북대박물관, 1991.

16. 손보기, 《상시 I 그늘옛살림터》, 연세대 박물관, 1983.

17. 전제현 · 윤진 · 김근식 · 류정길, 《룡곡동굴유적》, 김일성 종합대학출판사, 1986.

18. 도유호, 〈조선의 구석기시대 문화인 굴포문화에 대하여〉, 《고고민속2》, 1964, 3~7쪽; 도유호 · 김용남, 〈굴포문화에대한 그 후 소식〉, 《고고민속》, 1965, 54~56쪽.

19. 고고학연구소, 〈덕천승리산유적발굴보고〉, 《유적발굴보고》Ⅱ, 1978.

20. 김신규 · 김교경, 〈력포구역대현동 유적발굴보고〉, 《평양부근 동굴유적발굴보고,14》, 1985, 69~119쪽.

21. 〈자연과학〉, 《김일성종합대학학보4》, 1990, 115쪽.

22. 《조선서북지역의 동굴유적》, 김일성 종합대학출판사, 1995, 203쪽.

23. 사회과학원 고고학연구소, 2009, 앞의 책, 72~75쪽.

24. 이융조, 〈단양수양개 구석기 유적발굴조사보고〉, 《충주댐수몰지구 문화유적연장발굴 조사보고서》, 충북대박물관, 1985, 101~252쪽; 이융조 · 윤용현, 〈한국 좀돌날몸돌의 연구—수양개수법의 비교를 중심으로〉, 《선사문화2》, 충북대선사문화연구소, 1994, 133~229쪽.

25. 이기길, 〈진안 진그늘 선사유적조사개요〉, 《한국농경문화의 형성》, 한국고고학회, 2001, 131~154쪽.

26. 최복규 · 최삼용 · 최승엽 · 이해용 외, 《장흥리 구석기 유적》, 강원고고학연구소, 2001, 1~243쪽.

27. 이융조 · 윤용현, 〈화순대전 후기구석기문화〉, 《선사와 고대3》, 1992, 3~38쪽.

28. 부산시립박물관, 《해운대 신시가지조성지역 내 좌동 · 중동구석기 유적, 19책》,

15~123쪽.

29. 이융조 · 박선주, 《청원 두루봉흥수굴 발굴조사보고서》 충북대 박물관,1991; 이
    융조 · 우종윤 · 하문식, 〈청원 두루봉 흥수굴의 구석기문화〉, 《중 · 러 · 한 국제
    학술회의》, 충북대선사문화연구소, 1996, 39~62쪽.

30. 직량신부, 〈조선 동관진발굴 구석기시대의 유물〉, 《제1차 만몽학술조사연구보
    고》 6-3, 1940, 1~12쪽.

31. 김용간 · 서국태, 〈서포항원시 유적발굴보고〉, 《고고민속논문집4》, 1972, 31~40쪽.

32. 김신규 · 김교경 등, 〈승호구역만달리-동굴유적발굴보고〉, 《평양부근 동굴유적
    발굴보고》14, 1985, 2~68쪽.

33. 이융조 · 윤용현, 1994, 앞의 책, 133~229쪽.

34. 사회과학원 고고학연구소, 2009, 앞의 책, 79~80쪽.

35. 이선복, 《동북아시아 구석기 연구》, 서울대출판부, 1989, 99~104쪽.

36. 오여강 · 오신지 · 장삼영 편, 1989, 앞의 책.

37. 최무장, 《중국의 고고학》, 민음사, 1989, 60~61쪽.

38. 장삼수, 《중국 구석기문화》, 천진과학기술출판사, 1987; 최무장, 1989, 앞의 책,
    61쪽.

39. 배기동, 《한국사2》, 국사편찬위원회, 2013, 263~272쪽.

40. 최무장, 1989, 앞의 책, 61쪽.

41. 최무장, 1989, 앞의 책, 55쪽.

42. 배기동, 2013, 앞의 책, 254~257쪽.

43. 장용준, 《구석기시대의 석기 생산》, 진인전, 2015, 248~280쪽.

44. Derev'anko, A.P., 《Paleocithic Of North Asia》, 문화재관리국 문화재연구소,
    1994, 153~171쪽.

45. Goebel.T.Derevianko, A.P.&Petrin.V.T., 《Dating The Middle-To-Up-
    per Paleolithic Transition at Kara-Bom》, Current Anthropology34, 1993,
    452~458쪽.

46. 최복규, 《한국사2》, 국사편찬위원회, 2013, 294~295쪽.

47. 제율, 《일본 구석기시대의 석기》, 《계간고고학》35, 1991, 26~29쪽.

48. 정한덕, 《일본의고고학》, 학연문화사, 2007, 26~48쪽.

49. 장우진, 사회과학원 고고학연구소, 《조선사람의 기원과 형성》, 진인전, 2009, 41~42쪽.

50. 강종훈 외, 《미래를 여는 한국의 역사》, 웅진씽크빅, 2011, 22쪽.

51. 장우진, 2009, 앞의 책, 65~98쪽.

52. 마쓰모토 히데오, 박선술 역, 앞의 책, 127~130쪽.

53. 장용준, 《한국 후기구석기의 제작기법과 편년연구》, 학연문화사, 2007, 353~359쪽.

54. 박근태, 〈신석기시대 초창기단계의 문화양상〉, 《한국신석기 문화의 양상과 전개》, 서경문화사, 2012, 21~22쪽.

제4장 한반도에 선주민이 자리잡다 (신석기)

1. 한영희, 〈신석기시대〉, 《한국고고학의 반세기》, 제19회 한국 고고학 전국대회 발표요지, 1995.

2. Zubakob, V.A. and I.I.Borzen Koba, Gloual Paleoclimate Of The Late Cenozoic—Development In Paleontology And Stratigraphy 12, 1990, Elsevier, 251~296쪽.

3. 김연옥, 〈기후구〉, 《한국지지총론》, 건설부 국립지리원, 1980, 233~238쪽.

4. 조화룡, 《한국의 충적평야》, 교학연구사, 1987.

5. 윤순옥, 〈화분분석을 중심으로 본 일산지역의 홀로세 환경변화와 고지리 복원〉, 《대한지리학회지》, 32-1, 1997.

6. 박근태, 〈신석기시대 초창기단계의 문화양상〉, 《한국 신석기 문화의 양상과 전개》, 중앙문화재연구원, 서경문화사, 2012.

7. 신숙정, 〈신석기시대 식물상과 동물상〉, 《한국사2》, 국사편찬위원회, 2013, 340~341쪽.

8. Park.Y.A. · Bloom.L.A., Holocene sea-Level History In The Yellow Sea, Korea. Jour. Geol.soc.Korea, V.20, 1984, 189~194쪽.

9. 신동혁, 〈한국 서해안 가로림만 조간대 퇴적환경과 홀로세 해수면 변동〉, 1998, 인하대학교 박사학위논문.

10. 조화룡, 1987, 앞의 책.

11. 장호수, 〈신석기시대의 자연환경〉, 《한국사2》, 국사편찬위원회, 2013, 325~328쪽.

12. 박선주, 〈우리겨레의 뿌리와 형성〉, 《한국민족의 기원과 형성(상)》, 한림과학원 총서41, 1997, 185~231쪽.

13. 손보기, 〈체질학상으로 본 한국사람의 뿌리〉, 《한국사 연구논총》, 한미, 2008, 57~58쪽.

14. 이홍규, 《한국인의 기원》, 우리역사연구재단, 2008, 252~257쪽.

15. 이홍규, 《바이칼에서 찾은 우리민족의 기원》, 정신세계원, 2005, 139~140쪽.

16. 장우진, 2009, 앞의 책, 115~143쪽.

17. 하야시 켄사쿠, 천선행, 《일본 신석기시대 생업과 주거》, 사회평론아카데미, 2015, 47쪽.

18. 정한덕, 《일본의 고고학》, 학연문화사, 2007, 62쪽.

19. 신용하, 《고조선문명의 사회사》, 지식산업사, 2018, 43~44쪽.

20. 정달식, 〈부산 가덕도에서 나온 신석기시대 전기로 추정되는 인골〉, 부산일보, 2011. 2. 17.

21. 박경호, 〈7천년전 유럽형 인류가 한반도에〉, http://news.kbs.co.kr〉news. view.do.292, 2014. 9. 11.

22. 박근태, 〈신석기시대 초창기 단계의 문화양상〉, 《한국 신석기 문화의 양상과 전개》, 서경문화사, 2012, 22~23쪽.

23. 장용준, 《한국 후기구석기의 제작기법과 편년연구》, 학연문화사, 2007, 315~325쪽

24. 박근태, 2012, 앞의 책, 48~52쪽.

25. 이상균, 《한반도의 신석기 문화》, 전주대학교출판부, 2010, 138~151쪽

26. 임상택, 〈신석기시대의 동아시아〉, 《동아시아의 역사1》, 동북아역사재단, 2011, 68~104쪽; 유국상, 〈서요하유역 신석기시대지 조기청동기시대 고고학문화개론〉, 《요령사범대학학보 1기》, 2006, 113~122쪽; 우실하, 《동복공정너머 요하문명론》, 소나무, 2010, 106~155쪽.

27. 정한덕, 2002, 앞의 책, 60~72쪽.

28. 한영희, 〈주변 지역 신석기 문화와의 비교〉, 《한국사2》, 2013, 533~538쪽.

29. 임상택, 〈한반도 신석기시대의 문화변동〉, 《한국 선사시대 사회와 문화의 이해》, 75쪽.

30. 이청규, 〈제주도 고산리 출토 융기문토기〉, 탐라문화, 1989; 이청규·고재원, 〈고산리 유적과 석기유물〉, 《제주신석기 문화의 원류》, 1995.

31. 강창화, 〈제주고산리 초기 신석기 문화의 성격과 위치설정〉, 《21세기 한국고고학》, 주류성출판사, 2009; 강창화, 〈제주도 초기 신석기 문화의 형성과 전개〉, 《해양교류의 고고학》, 한국고고학회, 2002; 강창화, 〈제주도 지역의 토기문화〉, 《한국신석기문화개론》, 중앙문화재연구원, 2011.

32. 이동주, 〈우리나라 초기 신석기문화의 원류와 성격〉, 《전환기의 고고학》, 학연문화사, 2002.

33. 박근태, 2012, 앞의 책, 49~51쪽.

34. 이상균, 2010, 앞의 책, 127~128쪽.

35. 국립광주박물관, 〈여수 안도패총 발굴조사〉, 2013; 홍재희, 〈여수 안도패총서 5개의 팔찌를 낀 인골 확인〉, The daily news., 2016. 1. 21.

36. 국립광주박물관, 《돌산 송도》Ⅰ·Ⅱ, 1989·1990.

37. 안승모, 〈호남의 신석기문화〉, 《한국신석기시대 연구》, 서경문화사, 2016, 283~284쪽.

38. 김원룡·임효재, 《남해도서고고학》, 서울대동아문화연구소, 1968.

39. 최성락, 〈흑산도지역의 선사유적〉, 《도서문화6집》, 목포대학교 도서문화연구소, 1988.

40. 이상균, 2010, 앞의 책, 125쪽.

41. 김은영, 《고문화》76, 〈러시아 연해주와 주변 지역 신석기시대 전기 토기의 편년 과 동태〉, 2010.

42. 서울대박물관, 《오산리》Ⅰ~Ⅲ, 1984 · 85 · 88.

43. 신희권, 〈한국신석기시대의 환경과 생업〉, 《98-99 고성 문암리 신석기유적 발굴조사》, 동국대매장문화연구소, 2001년.

44. 임상택, 〈동해안지역 조기토기 편년과 양식〉, 《한국 신석기시대 토기와 편년》, 중앙문화재연구원, 진인전, 2014, 209쪽.

45. 김용남, 〈웅기 굴포리 서포항동 원시조개무지유적 발굴〉, 《문화유산》, 1962-6; 김용남 · 서국태, 〈서포항원시유적 발굴보고〉, 《고고민속론 문집》4, 1972.

46. 이상균, 2010, 앞의 책, 131~133쪽.

47. 하인수, 〈동삼동 패총〉, 동삼동패총전시관, ㈜세한기획, 2009.

48. 김원룡, 〈동삼동패총의 위치와 연대〉, 《영남대 문리대학보》8 · 9 · 10, 1977.

49. 부산시립박물관, 《범방패총》1, 1993.

50. 정징원 외, 《김해 수가리 패총》1, 부산대 박물관, 1981.

51. 이동주, 〈남부지역의 토기문화〉, 《한국신석기문화개론》, 중앙문화재연구원, 206~211쪽.

52. 손보기, 《상노대도의 선사시대 살림》, 수서원, 1982.

53. 한영희 · 임학종, 〈연대도 조개더미 단애부Ⅱ〉, 《한국고고학보》26, 1992; 국립진주박물관, 《연대도》1, 1993.

54. 정징원, 〈청도 오진리 유적출토 즐문토기〉, 《제2회 조선연구 환태평양 국제회의 발표요지》, 1994.

55. 부산대박물관, 〈청도 오진리 암음 유적〉, 《운문댐 수몰지구 문화유적 발굴조사 보고서1》, 1994.

56. 이동주, 〈한국선사시대 남해안 유문토기 연구〉, 동아대학교 대학원 박사학위 논문, 1996.

57. 안춘배, 〈거창 임불리 선사 주거지 조사 계보〉, 《영남고고학》6, 1989.

58. 서국태, 〈질그릇을 통하여 본 우리나라 신석기시대의 문화유형〉, 《조선고고학연

구》, 1990-3, 2~6쪽.

59. 심양시 문물관리판공실, 〈심양 신락유지 발굴보고〉, 《고고학보》, 1978-4.

60. 안승모, 2011, 앞의 책, 83쪽.

61. 정찬영, 〈토성리유적〉, 《유적발굴보고서》13. 1983.

62. 과학원출판사, 〈영변 세죽리 유적 발굴〉, 《문화유산》, 1962-6; 김정문·김연우, 〈세죽리유적 발굴 중간보고(1)·(2)〉, 《고고민속》, 1964-2·4.

63. 정징원, 〈신석기시대의 유적과 유물〉, 《한국사2》, 국사편찬위원회, 2013.

64. 안승모, 〈신석기문화의 성립과 전개〉, 《한국신석기문화 개론》, 서경문화사, 88~90쪽.

65. 도유호·황기덕, 《궁산원시 유적 발굴보고》, 1957.

66. 김용간, 《금탄리 원시유적 발굴보고》, 1964.

67. 도유호, 《지탑리 원시유적 발굴보고》, 1961.

68. 김원룡, 〈암사리유적의 토기·석기〉, 《역사학보》17·18, 1962; 임효재, 《암사동》, 서울대 박물관, 1985; 국립중앙박물관, 《암사동》, 1994; 강동구청 선사문화사업소, 〈암사동 선사주거지〉, 도서출판에스엠, 2010.

69. 손보기, 〈단양 상시유적 발굴중간보고〉, 《한국고대사의 재조명》, 1983; 손보기, 《상시 1그늘 옛 살림터》, 1984.

제5장 청동기시대 원주민이 형성되다(청동기)

1. 고일홍, 〈자연환경과 주민〉, 《한국청동기문화개론》, 중앙문화재연구원·진인전, 2015, 27~33쪽.

2. 문영룡, 〈고기후와 고식생〉, 《청동기시대의 고고학》, 한국고고환경연구소, 2014, 15~35쪽.

3. 투멘 다쉬베렉, 〈동북아시아의 고고학적 인종에 대한 인류학적 검토〉, 《동북아시아의 문명기원과 교류》, 단국대 동양학연구원, 296~301쪽.

4. 고일홍, 2015, 앞의 책, 35~37쪽.

5. 최몽룡, 〈청동기시대 인골 및 편년〉, 《한국사3-청동기문화와 철기문화》, 탐구당, 2013, 25~30쪽.

6. 고일홍, 2015, 앞의 책, 37~38쪽.

7. 김채수, 《알타이문명론》, 박이정, 2017, 36~38쪽.

8. 강인욱, 《한국청동기문화개론》, 〈북방지역 청동기시대문화〉, 진인전, 2015, 209~212쪽.

9. 귀다순·장싱더, 김정열 역, 《동북문화와 유연문명》, 동북아역사재단, 2008, 545~547쪽.

10. 왕입신, 〈요서구 하지전국시기 문화격국여 경제형태적 연진〉, 《고고학보》3, 2004, 255~266쪽.

11. 요녕성박물관문물공작대, 〈요녕조양위영자 서주묘화고유지〉, 《고고》, 1977;5.

12. 왕강, 〈임서현대정고동광유지〉, 《내몽고문물고고》, 1994;1.

13. 송호정, 《한국고대사속의 고조선사》, 푸른역사, 2007, 109~110쪽.

14. 조은악사도, 《북방초원고고학문화연구》, 과학출판사, 2007, 238~240쪽.

15. 김정열, 〈요서지역의 청동기문화〉, 《동아시아 청동기문화의 교류와 국가형성》, 학연문화사, 2012, 63~66쪽; 조빈복, 〈관우고대산문화약간문제적탐토〉, 《청과집》, 길림대출판사, 1993.

16. 심양시문물관리위원회판공실, 〈신민현 공주둔후산 유지 시굴간보〉, 《요해문물학간》87-20, 1987.

17. 심양시문물관리위원회판공실, 〈심양 신락유지 시굴보고〉, 《고고학보》78-4, 1978.

18. 황기덕, 〈비파형단검문화의 미송리유형〉, 《력사과학》1989-3, 1989.

19. 하문식, 〈요동지역의 문명기원과 교류〉, 《동북아시아의 문명기원과 교류》, 학연문화사, 2011, 191~192쪽.

20. 여순박물관·요녕성박물관, 〈여순우가촌유지 발굴간보〉, 《고고학집간》, 1981.

21. 송호정, 2008, 앞의 책, 59쪽.

22. 송호정, 2008, 앞의 책, 61쪽.

23. 김용간 · 황기덕, 〈BC 천년기 전반기의 고조선문화〉, 《고고민속》2, 1967. 1~17쪽.

24. 송호정, 2007, 앞의 책, 146쪽.

25. 임운, 〈중국동북계 동검 초론〉, 《고고학보》2, 1980.

26. 최몽룡, 〈한국지석묘의 기원과 전파〉, 《한국지석묘유적 종합조사 · 연구(1)》, 문화재청 · 서울대박물관, 1999.

27. 추산진오, 〈요녕성 동부지역의 청동기재론〉, 《동북아시아의 고고학연구》, 일중공동연구보고, 1995, 246~267쪽.

28. 황기덕, 〈비파형단검의 미송리유형〉, 《력사과학》3, 1989.

29. 정한덕, 〈미송리형토기의 생성〉, 《동아시아의 고고학》, (천지), 1989.

30. 하문식, 2011, 앞의 책, 185쪽.

31. 청원현문화국 · 무순시박물관, 〈요녕청원현근년발현 · 비석관묘〉, 《고고》2, 1982.

32. 단동시문화국문물보사대, 〈단동시동구현 신석기시대유지 조사화 시굴〉, 《고고》1, 1984.

33. 한상인, 〈점토대토기문화성격의 일고찰〉, 서울대석사학위논문, 1981, 38~39쪽.

34. 허지국 · 위춘광, 〈법고석립자발견 석관묘〉, 《요해문물학간》2, 1988.

35. 박양진, 〈청동기의 계통〉, 《청동기시대의 고고학5:도구론》, 서경문화사, 2014, 151~154쪽.

36. 노혁진, 〈한국선사문화 형성과정의 시대구분〉, 《한국상고사학보》15, 1994.

37. 이건무, 〈한국의 청동기문화〉, 《특별전 한국의 청동기문화》, 범우사, 1992, 127쪽.

38. 윤무병, 〈한국청동검의 형식분류〉, 《진단학보》29 · 30, 1996.

39. 국립중앙박물관, 《국립중앙박물관 특별전 한국의 청동기문화》, 범우사, 1992, 152쪽.

40. 이건무, 〈한국청동의기의 연구〉, 《한국고고학보》28, 한국고고학회, 1992.

41. 김용간 · 이순진, 〈1965년 신암리유적 발굴보고〉, 《고고민속》1966-3, 사회과학원출판사, 31쪽.

42. 이양수, 〈청동기의 제작, 부장 및 매납〉, 《청동기시대의 고고학5: 도구론》, 서경

문화사, 2014, 160쪽.

43. 조진선, 〈청동기의 제작과 사용〉, 《한국청동기문화개론》, 중앙문화재연구원, 2015, 164~165쪽.

44. 이건무, 〈한국식 동검문화의 성격–성립배경에 대하여〉, 《동아시아의 청동기문화기》, 문화재관리국 문화재연구소, 1994, 158쪽.

45. 이건무, 1992, 앞의 책, 130쪽.

46. 조진선, 〈한국 비파형동검과 세형동검에 관한 일고찰〉, 전북대대학원 석사논문, 1997, 32~33쪽.

47. 이종철, 2016, 앞의 책, 191~195쪽.

48. 천선행, 〈토기의 종류와 특징〉, 《청동기시대의 고고학5: 도구론》, 서경문화사, 2014, 17쪽.

49. 이기성, 〈도구와 수공생산〉, 《한국청동기문화개론》, 중앙문화재연구원, 2015, 129~132쪽.

50. 임병태, 〈청동기시대의 유물〉, 《한국사3, 청동기문화와 철기문화》, 국사편찬위원회, 2013, 180~183쪽.

51. 김승옥, 〈편년과 지역적 이해〉, 《한국청동기문화개론》, 중앙문화재연구원, 2015, 51~57쪽.

52. 배진성, 《무문토기문화의 성립과 계층사회》, 서경문화사, 2007. 98~105쪽.

53. 김승옥, 2015, 앞의 책, 59쪽.

54. 이종철, 《청동기시대 송국리형문화의 전개와 취락체계》, 진인전, 2016, 157~162쪽.

55. 김승옥, 2015, 앞의 책, 61~62쪽.

56. 윤덕향, 〈석기〉, 《한국사3 청동기문화와 철기문화》, 탐구당, 2013, 189~192쪽.

57. 이기성, 〈도구와 수공생산〉, 《한국청동기문화개론》, 중앙문화재연구원, 2015, 137~138쪽.

58. 윤덕향, 2013, 앞의 책, 198~201쪽.

59. 이기성, 2015, 앞의 책, 138쪽.

60. 유병록, 〈석기의 종류와 특징〉, 《청동기시대의 고고학5: 도구론》, 서경문화사, 2014, 74~77쪽.

61. 이종철, 2016, 앞의 책, 170~190쪽.

62. 유병록, 2014, 앞의 책, 78쪽.

63. 지건길, 〈무덤〉, 《한국사3, 청동기문화와 철기문화》, 국사편찬위원회, 2013, 162~165쪽.

64. 이동희, 〈분묘의 분포 · 입지 · 군집〉, 《청동기시대의 고고학4: 분묘와 의례》, 서경문화사, 2017, 71~73쪽.

65. 지건길, 2013, 앞의 책, 166~178쪽.

66. 김승옥, 〈묘제의 특징과 변천〉, 《한국청동기문화개론》, 중앙문화재연구원, 2015, 106~107쪽.

67. 박수현, 〈장흥신풍리 청동기시대 취락연구〉, 조선대대학원 석사학위논문, 2004, 74쪽; 이영문, 〈호남지역 청동기시대 성과와 연구과제〉, 《호남고고학화 20년, 그 회고와 전망》, 제21회 호남고고학회 발표, 2013, 65쪽; 이종철, 〈탐진강유역 송국리형 주거문화〉, 《탐진강유역의 고고문화》, 제16회 호남고고학회 학술대회 발표, 2008, 47~52쪽.

68. 이종철, 2016, 앞의 책, 150~155쪽.

69. 김정기, 〈청동기시대의 유적〉, 《한국사3, 청동기문화와 철기문화》, 탐구당, 2013, 156~160쪽.

70. 김민구, 〈생계경제: 농경, 채집, 수렵, 어로〉, 《한국청동기문화개론》, 중앙문화재연구원, 2015, 111~112쪽.

71. 이수홍, 〈주거와 취락〉, 《한국청동기문화개론》, 2015, 69~73쪽.

72. 김권중, 〈중부지역〉, 《청동기시대의 고고학3: 취락》, 2014, 144~145쪽.

73. 현대환, 〈호서지역〉, 《청동기시대의 고고학3: 취락》, 2014, 164~165쪽.

74. 이종철, 〈호남지역〉, 《청동기시대의 고고학3: 취락》, 2014, 190~191쪽.

75. 박영구, 〈동해안지역〉, 《청동기시대의 고고학3: 취락》, 2014, 118~119쪽.

76. 하진호, 〈영남지역〉, 《청동기시대의 고고학3: 취락》, 2014, 215~216쪽.

77. 도유호 · 황기덕, 《지탑리 원시유적발굴보고8》, 고고학 및 민속학연구소, 1961.

78. 《한국사3 청동기문화와 철기문화》, 탐구당, 2013, 257~258쪽.

79. 김민구, 2015, 앞의 책, 110쪽.

80. 김용간 · 석광준, 《남경유적에 관한 연구》, 과학백과사전출판사, 1984.

81. 서울대박물관, 《흔암리주거지》4, 고고인류학총간8, 1978.

82. 심봉근, 《한국선사시대 도작농경》, 한국고고학보27, 1991.

83. 김민구, 2015, 앞의 책, 123~125쪽.

84. 안승모, 〈작물〉, 《청동기시대의 고고학1》, 한국고고환경연구소 학술총서12, 서경
    문화사, 2014, 82~93쪽.

85. 안승모, 〈식물유체로 본 시대별 작물조성의 변천〉, 《농업의 고고학》, 사회평론,
    2013, 84~86쪽.

86. 노혁진, 〈청동기시대의 사회와 경제〉, 《한국사3 청동기문화와 철기문화》, 탐구
    당, 2013, 282~285쪽.

87. 임효재, 《흔암리 주거지4》, 서울대고고인류학총간8, 1978, 41~42쪽.

제2부 초기국가 고조선 · 한(韓)

제6장 고조선이 형성되다

1. 신채호, 《조선상고문화사》, 단재 신채호전집 상, 1972, 351~369쪽; 정인보 《조선
   사연구》, 서울신문사, 1947, 51~52쪽.

2. 리지린, 〈숙신에 대한 고찰〉, 《고조선연구》, 과학출판사; 학우서방, 1989 재발간,
   201~213쪽.

3. 이기백, 〈단군신화의 문제점〉, 《증보판 한국고대사론》, 일조각, 1995, 14~15쪽.

4. 천관우, 〈고조선의 몇가지 문제〉, 《한국상고사의 제 문제》, 일조각, 1987, 121
   ~138쪽.

5. 김정배, 〈고조선의 주민구성과 문화적 복합〉, 《한국민족문화의 기원》, 고려대출판부, 1973, 160~209쪽.

6. 《중국 고고학 삼십년》, 1949~1979, 요녕성 박물관문물공작대 문물편집위원회편, 1981, 92쪽.

7. 천관우, 《고조선·삼한사 연구》, 일조각, 1989, 10~13쪽.

8. 손향란, 〈관자〉, 《중국역사 대사전》, 선진사, 상해사서출판사.

9. 삼상차남, 〈위씨조선의 정치사회적 성격〉, 《고대동북아시아연구사》, 길천 홍문관, 1966.

10. 이병도, 《한국고대사연구》, 박영사, 1979, 76~80쪽.

11. 박시형, 〈만조선 왕조에 관하여〉, 《력사과학》3, 1963; 서영수, 〈고대국가 형성기의 대외관계〉, 《한국사》2, 한길사, 1994, 256~259쪽.

12. 리지린, 1989, 앞의 책, 109~110쪽.

13. 봉진호, 〈동이내 기사전사 문화시론〉, 《역사연구》87-3, 1987, 54~58쪽.

14. 김정배, 〈고조선의 주민과 예맥〉, 《한국사4. 초기국가 고조선·부여·삼한》, 국사편찬위원회, 2013, 69~70쪽.

15. 김상기, 〈한·예·맥 이동고〉, 《동방사 논총》, 서울대출판부, 1974, 357쪽.

16. 한영우, 《조선 후기 사학사 연구》, 일지사, 1989, 207~217쪽.

17. 리지린, 《고조선연구》, 사회과학출판사, 1964, 83~96쪽.

18. 윤내현, 《한국고대사신론》, 일지사, 1986, 38~46쪽; 윤내현, 〈고조선의 도읍지는 어디였을까〉, 《고조선의 강역을 밝힌다》, 지식산업사, 2012, 99~114쪽.

19. 역도원, 《수경주》 패수.

20. 한백겸, 《동국지리지》, 《후한서》 삼한전.

21. 조법종, 〈낙랑문제에 대한 일본역사학계의 인식검토〉, 《송갑호교수 정년퇴임기념 논문집》, 1993, 551~555쪽.

22. 서영수, 〈고조선의 위치와 강역〉, 《한국사시민강좌》2, 1988, 24~29쪽.

23. 노태돈, 〈고조선 중심지의 변천에 대한 연구〉, 《한국사론》23, 서울대, 1990, 42~53쪽.

24. 천관우, 1989, 앞의 책.

25. 김정학, 《한국상고사연구》, 범우사, 1990, 177쪽.

26. 서영수, 〈고조선의 위치와 강역〉, 《한국사시민강좌》2, 1988, 41~45쪽.

27. 손영종, 〈단군조선의 성립〉, 《단군과 고조선 연구》, 단군학회, 2006, 247~283쪽.

28. 김유철, 〈고조선의 중심지와 령역〉, 《단군과 고조선연구》, 단군학회, 2006, 533~536쪽

29. 《요해문물학간》, 1988, 74~77쪽; 1991, 9~10쪽 · 50~60쪽.

30. 상정, 《고연국사탐미》, 연성지구신문출판국, 1992, 85~125쪽.

31. 신채호, 1972, 앞의 책.

32. 리지린, 〈진 · 한대 요동군의 위치〉, 《력사과학》1963-1, 55~64쪽.

33. 송정등, 〈진 장성동부의 위치〉, 《역사지리》13-3, 1909; 이전복, 〈동북 경내 연진 장성고〉, 《흑룡강문물총간》82-1, 1982.

34. 문물편집위원회, 《문물 고고공작 삼십년》, 1979, 92~93쪽; 중국사회과학원고고 연구소편, 《신 중국적 고고발현화 연구》, 1984, 400~406쪽.

35. 윤내현, 《고조선의 강역을 밝힌다》, 지식산업사, 2012, 53~55쪽.

36. 김유철, 〈고조선의 중심지와 령역〉, 《단군과 고조선연구》, 단군학회, 2006, 535쪽.

37. 서영수, 1988, 앞의 책, 45~49쪽.

38. 〈대동강 유역 청동기시대문화의 성격에 대하여〉, 《단군과 고조선 연구》, 단군학 회, 2006, 546~547쪽.

39. 서영수, 〈고대국가 형성기의 대외관계〉, 《한국사》2, 한길사, 1994, 255~260쪽.

40. 이현혜, 《삼한사회 형성과정연구》, 일조각, 1984, 105~106쪽.

41. 김원룡, 《한국고고학연구》, 일지사, 1987, 525~533쪽.

42. 윤내현, 2012, 앞의 책, 14~16쪽.

43. 윤내현, 1986, 앞의 책, 340~343쪽.

44. 손진기, 《동북민족원류》, 흑룡강 인민출판사.

45. 〈부여사〉, 《조선전사》2, 사회과학원 력사연구소, 1979, 118쪽.

46. 노태돈, 〈부여국의 경역과 그 변천〉, 《국사관 논총》 제4집, 1989, 39~41쪽.

47. 백조고길, 〈약수고〉, 《사학잡지》7-11012, 1896.

48. 이병도, 《한국고대사연구》, 박영사, 1976, 169~170쪽.

49. 노혁진, 〈공렬토기문화 특색의 전파망〉, 《이기백 선생고희기념, 한국사논총》上, 1994, 34쪽.

50. 이현혜, 〈동예의 위치와 변천〉, 《한국사》4, 국사편찬위원회, 2013, 238~239쪽.

51. 박진욱, 〈비파형단검문화의 발원지와 창조자에 대하여〉, 《비파형단검문화에 관한 연구》, 과학백과사전출판사, 1987.

52. 조은악사도, 〈관우아국북방적청동단검〉, 《고고》5, 1978.

53. 황기덕, 〈료서지방의 비파형단검문화와 그 주민〉, 《비파형단검문화에 관한 연구》, 과학백과사전출판사, 1987.

54. 윤내현, 〈고조선의 건국과 민족형성〉, 《고조선연구》, 지식산업사, 1994, 100~109쪽.

55. 문안식, 〈선진문헌에 보이는 예맥의 갈래와 문화원형〉, 《사학연구》103, 2011, 38쪽.

56. 이청규, 〈청동기를 통해 본 고조선〉, 《국사관논총》42, 1995, 20~21쪽.

57. 복기대, 《요서지역의 청동기시대 문화연구》, 백산자료원, 2002, 255~274쪽.

58. 송호정, 2017, 앞의 책, 161쪽.

59. 문안식, 〈선진문헌에 보이는 예맥의 갈래와 문화원형〉, 《사학연구》103, 2011, 13~15쪽.

60. 복기대, 《요서지역의 청동기시대 문화연구》, 백산자료원, 2002, 23~28쪽.

61. 이요종 · 란신건, 〈하요하유역 조기청동문화보계연구〉, 《요해문물학간》1991-1, 47~50쪽.

62. 〈심양신락유지시굴보고〉, 《고고학보》4, 심양시 문물관리판공실, 1978.

63. 안지민 · 정내무, 《쌍타지여강상-요동전사문화적발현화연구》, 과학출판사, 1966.

64. 화옥영 · 왕종 · 진국경, 〈요령 대련시 상룡적석묘지 1호 적석총〉, 《고고》3, 1996.

65. 도유호, 《조선원시고고학》, 1960; 이공돈 · 고미선, 〈요동지구 석촉묘 여헌문호

유관문제 연구〉,《발해문물학간》1, 1995, 54~63쪽.

66. 이공목, 〈본계지구 3종 원시문화적 발현내연구〉,《요해문물학간》1, 1989, 106~110쪽.

67. 〈영성현 남산근적 석곽묘〉,《고고학보》2, 요녕성 소오달팽문물 공작참, 중국과학원 동북공작대, 1973.

68. 《소흑석구-하가점상층문화 유지 발굴보고》, 내몽고자치구문물고고연구소 · 영성현요중경박물관, 과학출판사, 2009.

69. 조은악사도, 1978, 앞의 책, 238~240쪽.

70. 주귀, 〈요녕조양십이대영자 청동단검묘〉,《고고학보》1, 1960.

71. 여순박물관 · 요령성박물관, 〈여순우가촌유지발굴간보〉,《고고학집간》, 1981.

72. 〈강상유적〉,《중국동북지방의 유적발굴보고:1963~1965》, 사회과학출판사, 1966, 63~89쪽.

73. 송순탁, 〈대동강유역 청동기시대 문화의 성격에 대하여〉,《단군과 고조선 연구》, 지식산업사, 2006, 545~550쪽.

74. 송호정, 2007, 앞의 책, 196~205쪽.

75. 김용간 · 이순진, 1966, 앞의 책; 미야자토 오사무,《한반도 청동기의 기원과 전개》, 사회평론, 2010, 325~326쪽; 서국태 · 지화산,《남양리 유적발굴보고》, 백산자료원, 2003, 81~88쪽.

76. 서국태, 〈고조선의 중심지와 령역〉,《단군과 고조선 연구》, 단군학회, 2006, 349쪽.

77. 《조선의 고인돌 무덤 연구》, 사회과학출판사, 1998, 8쪽.

78. 《조선고고연구》1, 1999, 28~30쪽.

79. 서국태, 2006, 앞의 책, 371쪽.

80. 요령성박물관 · 조양지구박물관, 〈요령객좌남동구 석곽묘〉,《고고》6, 1977.

81. 안지민, 〈하북성 당산 고각장 발굴보고〉,《고고학보》6, 1953, 87~107쪽.

82. 요령성박물관, 〈요령능원 삼관전 청동단검묘〉,《고고》2, 1985.

83. 송호정, 〈BC 5~4세기 초기 세형동검문화의 발생과 고조선〉,《선사와 고대》14, 2000.

84. 유대지·시귀민, 〈객좌 야묘향청동단검묘〉, 《요해문물학간》2, 1993.

85. 심양고궁박물관·심양시문물관공실, 〈심양 정가와자적 양좌청동시대 묘장〉, 《고고학보》, 1975.

86. 여순박물관·요령성박물관, 〈요령 장해현 상마석 청동기시대 묘장〉, 《고고》6, 1982.

87. 조중공동고고학발굴대, 《중국 동북지방의 유적발굴보고》, 1966, 90~100쪽.

88. 조중공동고고학발굴대, 1966, 앞의 책, 101~106쪽.

89. 조중공동고고학발굴대, 1966, 앞의 책, 115~119쪽.

90. 양지룡, 〈요령본계유가초 발견 청동단검묘〉, 《고고》4, 1992.

91. 한병삼, 〈개천 용흥리 출토 청동검과 반출유물〉, 《고고학》, 1968.

92. 조선고고연구편집자, 〈순안구역 신성동의 고조선시기의 돌곽무덤〉, 《조선고고연구》, 2004, 38쪽.

93. 송호정, 2007, 앞의 책, 355~364쪽.

94. 최몽룡, 〈고조선의 문화와 사회경제〉, 《한국사4》, 국사편찬위원회, 2013, 129쪽.

제7장 한(韓)이 형성되다

1. 《삼국사기》권46, 〈열전〉6, 최치원조.

2. 노태돈, 〈삼한에 대한 인식의 변천〉, 《한국사연구》38, 1982.

3. 《삼국지》, 〈위서동이전〉 한조, "侯準旣僭號稱王, 爲燕亡人衛滿所攻奪, 將其左右宮人走入海, 居韓地, 自號韓王. 其後絶滅, 今韓人猶有奉其祭祀者."

4. 《삼국지》, 〈위서동이전〉 한조, "辰韓在馬韓之東, 其耆老傳世, 自言古之亡人避秦役來適韓國, 馬韓割其東界地與之."

5. 신채호/박기봉 옮김, 《조선상고사》, 비봉출판사, 2007, 137쪽.

6. 이병도, 《한국고대사연구》, 박영사, 1976, 48~50쪽.

7. 한진서 저, 최남선 편, 《해동역사속》권3, 〈지리고삼〉, 삼한.

8. 김정배, 《한국고대사와 고고학》, 신서원, 2000, 227~229쪽.

9. 백승충, 〈문헌에서 본 가야 · 삼국과 왜〉, 《한국민족문화》2, 부산대 한국민족문화연구소, 1998, 235쪽.

10. 정약용, 《여유당전서》, 〈아방강역고3〉, 삼한총고.

11. 노중국, 〈문헌사에서 본 마한연구동향〉, 《마한고고학개론》, 중앙문화재연구원, 2018, 390쪽.

12. 주보돈, 〈진 · 변한의 성립과 전개〉, 《진 · 변한사 연구》, 계명대 한국학연구원, 2002, 18~21쪽.

13. 주보돈, 2002, 위의 책, 51쪽.

14. 한백겸, 《동국지리지》.

15. 신현웅, 〈삼한의 기원과 유속의 문제〉, 《사학연구》73, 2004.

16. 노중국, 2018, 앞의 책, 386~387쪽.

17. 《삼국사기》, 〈신라본기〉, 시조 혁거세 거서간.

18. 노중국, 〈진 · 변한의 정치 · 사회구조와 그 운영〉, 《진 · 변한사 연구》, 계명대 한국학연구원, 2002, 277~278쪽.

19. 주보돈, 2002, 앞의 책, 56쪽.

20. 이희근, 《고대한반도로 온 사람들》, 따비, 2018, 79~81쪽.

21. 이현혜, 《삼한사회 형성과정 연구》, 일조각, 1984.

22. 《성호집》권38, 삼한정통론.

23. 《순암집》권10, 동사문답 여이정산서.

24. 《동사강목》 범례.

25. 김정배, 《한국고대의 국가기원과 형성》, 고려대출판부, 1986, 146~147쪽.

26. 이현혜, 1984, 앞의 책, 120~123쪽.

27. 이병도, 〈삼한문제의 신고찰〉2, 《진단학보》3, 1935, 256~259쪽.

28. 김철준, 《한국고대사회연구》, 지식산업사, 1982, 48~51쪽.

29. 천관우, 〈삼한의 국가형성〉상, 《한국학보》2, 1976, 2~18쪽.

30. 윤내현, 《한국열국사연구》, 만권당, 2016, 447~451쪽.

31. 신채호, 《조선상고사》, 동사문고, 1977, 101~103쪽.

32. 정인보, 《담원 정인보전집》, 연세대학교출판부, 1983; 장도빈, 《대한역사》, 1961, 66~68쪽.

33. 이병도, 《한국고대사연구》, 박영사, 1979, 24~248쪽.

34. 천관우, 1976, 앞의 책, 26~29쪽.

35. 김정배, 〈삼한의 문제에 대한 종합적 정리〉, 고대석사학위논문, 1967, 17~26쪽.

36. 최몽룡, 〈전남지방소재 지석묘의 형식과 분류〉, 《역사학보》78, 1978, 274~278쪽.

37. 윤내현, 2016 앞의 책, 201쪽.

38. 이현혜, 〈삼한사회의 농업생산과 철제농기구〉, 《역사학보》126, 1990, 64~66쪽.

39. 이현혜, 〈삼한의 경제와 사회〉, 《한국사》4, 국사편찬위원회, 2013, 280~285쪽.

40. 신용하, 《고조선 문명의 사회사》, 지식산업사, 2018.

41. 조진선, 《한국 청동기문화 개론》 중앙문화재연구원, 2015, 163~165쪽.

42. 미야자토 오사무, 2010, 앞의 책, 328~335쪽.

43. 배진성, 《무문토기문화의 성립과 계층사회》, 서경문화사, 2007, 169~171쪽.

44. 김승옥, 2015, 《한국 청동기문화개론》, 59~62쪽.

45. 김권중, 《청동기시대의 고고학 3: 취락》 한국고고환경연구소 학술총서 12, 서경문화사, 2014, 122~146쪽.

46. 현대환, 2014, 《청동기시대의 고고학 3: 취락》, 148~165쪽.

47. 김규정, 〈호남지역 청동기시대 전기문화의 특징〉, 《한국청동기학보》9, 한국청동기학회, 2011.

48. 이종철, 2014, 《청동기시대의 고고학 3: 취락》, 168~191쪽.

49. 박영구, 2014, 《청동기시대의 고고학 3: 취락》, 99~105쪽.

50. 하진호, 2014, 《청동기시대의 고고학 3: 취락》, 195~214쪽.

51. 박영구, 2014, 《청동기시대의 고고학 3: 취락》, 99~106쪽.

52. 김장석, 〈충청지역 송국리유형 형성과정〉, 《한국고고학보》51, 2003, 43~48쪽.

53. 김정기, 〈청동기 및 초기철기시대의 수혈주거〉, 《한국고고학보》34, 47쪽.

54. 박양진, 2014, 《청동기시대의 고고학 5: 도구론》, 154쪽.

55. 이종철, 《송국리형 문화의 전개와 취락체계》, 진인전, 2016, 208~218쪽.

56. 이수홍, 〈주거와 취락〉, 《한국청동기문화개론》, 중앙문화재연구원, 2015, 79~80쪽.

57. 이종철, 2016, 앞의 책, 92~114쪽.

58. 이종철, 2016, 앞의 책, 311~378쪽.

59. 지건길, 〈무덤〉, 《한국사3. 청동기문화와 철기문화》, 국사편찬위원회, 2013, 162~165쪽.

60. 임세권, 〈한반도 고인돌의 종합적 검토〉, 《백산학보》20, 1976.

61. 김병모, 〈한국거석문화의 원류에 관한연구1〉, 《한국고고학보》10,11 합집. 1981.

62. 김원룡, 《한국고고학개설》, 일지사, 1985.

63. 이영문, 《한국 지석묘사회 연구》, 학연문화사, 2002, 274~280쪽.

64. 이영문, 〈유물상으로 본 호남지방의 지석묘〉, 《한국지석묘의 제문제》, 한국고고학회, 1990, 41쪽.

65. 하문식, 〈경기지역 고인돌과 보존현황〉, 《세계거석문화와 고인돌》, 동북아지석묘연구소, 2004.

66. 정연우, 〈강원지역의 무덤과 제사〉, 《강원지역의 청동기문화》, 강원고고학회, 2005.

67. 하문식, 〈충청북도〉, 《한국지석묘유적 종합조사 · 연구Ⅱ》, 문화재청 · 서울대박물관, 1999; 박양진, 〈충청남도〉, 《한국지석묘유적 종합조사 · 연구Ⅱ》, 문화재청 · 서울대박물관, 1999.

68. 김진, 〈전북지역의 청동기시대 묘제와 고인돌〉, 《아시아 거석문화와 고인돌》, 동북아지석묘연구소, 2007.

69. 이영문, 〈전남지방 지석묘사회의 연구〉, 한국교원대 박사학위논문, 1993; 이영문, 2002, 앞의 책.

70. 민선례, 〈경북지역의 청동기시대 묘제와 고인돌〉, 《아시아 거석문화와 고인돌》, 동북아지석묘연구소, 2007.

71. 윤호필, 〈경남지역 고인돌과 보존현황〉, 《아시아권에서의 문화유산 보존과 활용》, 동북아시아지석묘연구소, 2004.

72. 이영문, 〈전남지방 마한소국 비정지에 대한 고고학적 검토-천관우설과 지석묘 밀접 분포지역과의 대비〉, 《향토문화》10집, 1989.

73. 최몽룡, 〈전남지방소재 지석묘의 형식과 분류〉, 《역사학보》, 1978.

74. 천관우, 〈마한제국의 위치시론〉, 《동양학》9, 1979.

75. 이영문, 2002, 앞의 책, 325쪽.

76. 유태용, 《한국지석묘연구》, 주류성, 2003, 468~472쪽.

77. 천선행, 〈토기의 종류와 특징〉, 《청동기시대의 고고학5: 도구론》, 서경문화사, 2014, 35~36쪽.

78. 김재원 · 윤무병, 〈부여 · 경주 · 연기 출토 동제유물〉, 《진단학보》26 · 27, 1964.

79. 이강승, 〈부여 구봉리 출토 청동기 일괄유물〉, 《삼불김원룡정년퇴임논총》1, 일지사, 1987.

80. 성주택, 〈대전지방 출토 청동유물〉, 《백제연구》5, 충남대, 1974.

81. 한병삼 · 이건무, 《남성리 석관묘》, 국립중앙박물관, 1977.

82. 지건길, 〈예산 동서리 석관묘 출토 청동일괄유물〉, 《백제연구》9, 1978.

83. 전영래, 〈익산 다송리 청동유물 출토묘〉, 《전북유적조사보고》5, 전주시립박물관, 1975.

84. 전영래, 〈금강유역 청동기문화권 신자료〉, 《마한백제문화》10, 원광대, 1987.

85. 전영래, 〈완주 상림리 출토 중국식 동검에 관하여〉, 《전북유적조사보고》6, 전주시립박물관, 1976.

86. 조유전, 〈전남 화순 청동유물 일괄 출토유물〉, 《윤무병박사회갑논총》, 통천문화사, 1984.

87. 이건무 · 서성훈, 《함평 초포리 유적》, 광주박물관 · 전남도 · 함평군, 1988.

88. 임병태, 〈영암출토청동용범에 대하여〉, 《김원룡교수정년퇴임논총》, 1987.

89. 박대재, 《고대한국 초기국가의 왕과 전쟁》, 경인문화사, 2006, 111~113쪽.

90. 박순발, 〈전기마한의 시 · 공간적 위치에 대하여〉, 《마한사연구》, 충남대 백제연구소, 1998.

91. 김승옥, 〈만경강유역 점토대토기문화의 전개과정과 특징〉, 《한국고고학보》99,

한국고고학회, 2016.

92. 김규정, 〈만경강유역 점토대토기문화 유입과 전개〉, 《만경강유역의 고고학적 성과》, 한국청동기학회, 2019, 73~77쪽.

93. 박순발, 〈전기마한의 시·공간적 위치에 대하여〉, 《마한사연구》, 충남대백제연구소, 1998.

94. 이기동, 《백제사연구》, 일조각, 1996.

95. 송계현, 〈변·진한 문화의 형성과 변천〉, 《고고학으로 본 변·진한과 왜》, 영남고고학회·구주고고학회, 2000.

96. 이현혜, 《삼한사회 형성과정 연구》, 일조각, 1984.

97. 임효택, 〈낙동강 하류역 토광목관묘의 등장과 발전〉, 《삼한사회와 고고학》, 17회 한국고고학대회자료집, 1993.

▌참고문헌

• 원전자료

《성서원성경》, 《사기》, 《관자》, 《삼국지》, 《후한서》, 《제왕운기》, 《삼국유사》, 《삼국사기》, 《태조실록》, 《사기집해》, 《신증동국여지승람》, 《만주원류고》, 《상서대전》, 《한서》, 《사기색은》, 《논어》, 《상서》, 《산해경》, 《전국책》, 《위략》, 《설문해자》, 《시경》, 《동국통감》, 《동국여지승람》, 《응제시주》, 《동국통감제강》, 《성호집》, 《동사강목》, 《수경》, 《수경주》, 《위서》, 《고기》, 《회남자》, 《진서》, 《동국지리지》, 《무경총요》, 《논형》, 《조선왕조실록》, 《강역고》, 《잠부론》, 《성호사설》, 《순암집》, 《여유당전서》

• 국내논저

강동구청 선사문화사업소, 〈암사동 선사주거지〉, 도서출판에스엠, 2010.

〈강상유적〉, 《중국동북지방의 유적발굴보고:1963~1965》, 사회과학출판사, 1966.

강석기, 〈비만은 인류 진화과정의 산물〉, Science times, 2016. 6. 3. (http://www.sciencetimes.co.kr/?news)

강용석, 〈중국서 212만 년 전 사용 추정석기 발견〉, Daum뉴스, 2018. 7. 12. (http://v.media.daum.net/v/20180712153015467?1)

강인욱, 《한국청동기문화 개론》, 〈북방지역 청동기시대문화〉, 진인전, 2015.

강종훈 외, 《미래를 여는 한국의 역사》, 웅진씽크빅, 2011.

강창화, 〈제주고산리 초기 신석기문화의 성격과 위치설정〉, 《21세기 한국고고학》, 주류성출판사, 2009.

강창화, 〈제주도 지역의 토기문화〉, 《한국신석기문화개론》, 중앙문화재연구원, 2011.

강창화, 〈제주도 초기 신석기문화의 형성과 전개〉, 《해양교류의 고고학》, 한국고고학회, 2002.

고고학연구소, 〈덕천승리산유적발굴보고〉, 《유적발굴보고》Ⅱ, 1978.

고일흥, 〈자연환경과 주민〉, 《한국청동기문화개론》, 중앙문화재연구원 · 진인진, 2015.

과학원출판사, 〈영변 세죽리 유적 발굴〉, 《문화유산》, 1962-6.

국립광주박물관, 《여수 안도패총 발굴조사》, 2013.

국립광주박물관, 《돌산 송도》Ⅰ · Ⅱ, 1989 · 1990.

국립중앙박물관, 《국립중앙박물관 특별전 한국의 청동기문화》, 범우사, 1992.

국립중앙박물관, 《암사동》, 1994.

국립진주박물관, 《연대도》1, 1993.

귀다순 · 장싱더, 김정열 역, 《동북문화와 유연문명》, 동북아역사재단, 2008.

김권중, 《청동기시대의 고고학3: 취락》 한국고고환경연구소 학술총서 12 , 서경문화사, 2014.

김규정, 〈만경강유역 점토대토기문화 유입과 전개〉, 《만경강유역의 고고학적 성과》, 한국청동기학회, 2019.

김규정, 〈호남지역 청동기시대 전기문화의 특징〉, 《한국청동기학보》9, 한국청동기학회, 2011.

김민구, 〈생계경제: 농경, 채집, 수렵, 어로〉, 《한국청동기문화개론》, 중앙문화재연구원, 2015.

김병모, 〈한국거석문화의 원류에 관한 연구1〉, 《한국고고학보》10 · 11 합집, 1981.

김병희, 〈인간과 유인원 공통조상은 난쟁이 크기〉, Science Times, 2017. 10. 13. (http://www.sciencetimes.co.kr/?news)

김상기, 〈한 · 예 · 맥 이동고〉, 《동방사 논총》, 서울대출판부, 1974.

김승옥, 〈만경강유역 점토대토기문화의 전개과정과 특징〉, 《한국고고학보》99, 한국고고학회, 2016.

김승옥, 〈묘제의 특징과 변천〉, 《한국청동기문화개론》, 중앙문화재연구원, 2015.

김신규 · 김교경 등, 〈승호구역만달리-동굴유적발굴보고〉, 《평양부근 동굴유적 발굴보고》14, 1985.

김연옥, 〈기후구〉, 《한국지지총론》, 건설부 국립지리원, 1980.

김용간, 《금탄리 원시유적 발굴보고》, 1964.

김용간 · 석광준, 《남경유적에 관한 연구》, 과학백과사전출판사, 1984.

김용간 · 이순진, 〈1965년 신암리유적 발굴보고〉, 《고고민속》1966-3, 사회과학원출판사.

김용간 · 황기덕, 〈BC 천년기 전반기의 고조선문화〉, 《고고민속》2, 1967.

김용남, 〈웅기 굴포리 서포항동 원시조개무지유적 발굴〉, 《문화유산》, 1962-6.

김용남 · 서국태, 〈서포항원시유적 발굴보고〉, 《고고민속론문집》4, 1972.

김용환, 《인류진화의 오디세이》, 가람기획, 2003.

김웅진, 《생물학 이야기》, 행성비, 2016.

김원룡, 《한국고고학개설》, 일지사, 1985.

김원룡, 《한국고고학연구》, 일지사, 1987.

김원룡, 〈암사리유적의 토기 · 석기〉, 《역사학보》17 · 18, 1962.

김원룡, 〈동삼동패총의 위치와 연대〉, 《영남대 문리대학보》8 · 9 · 10, 1977.

김원룡 · 임효재, 《남해도서고고학》, 서울대동아문화연구소, 1968.

김원룡 · 정영화, 〈전곡리 아슐리안 양면 핵석기 문화예보〉, 《진단학보》46 · 47, 1979.

김유철, 〈고조선의 중심지와 령역〉, 《단군과 고조선연구》, 단군학회, 2006.

김은영, 《고문화》76, 〈러시아 연해주와 주변 지역 신석기시대 전기토기의 편년과 동태〉, 2010.

김장석, 〈충청지역 송국리유형 형성과정〉, 《한국고고학보》51, 2003.

김재원 · 윤무병, 〈부여 · 경주 · 연기 출토 동제유물〉, 《진단학보》26 · 27, 1964.

김정기, 〈청동기 및 초기철기시대의 수혈주거〉, 《한국고고학보》34.

김정기, 〈청동기시대의 유적〉, 《한국사3, 청동기문화와 철기문화》, 2013.

김정문 · 김연우, 〈세죽리유적 발굴 중간보고(1) · (2)〉, 《고고민속》, 1964-2 · 4.

김정배, 〈동아시아의 자연환경〉, 《동아시아의 역사1》, 동북아역사재단, 2011.

김정배, 《한국고대사와 고고학》, 신서원, 2000.

김정배, 《한국고대의 국가기원과 형성》, 고려대출판부, 1986.

김정배, 〈고조선의 주민과 예맥〉, 《한국사4. 초기국가 고조선 · 부여 · 삼한》, 국사편찬위원회, 2013.

김정배, 〈고조선의 주민구성과 문화적 복합〉, 《한국민족문화의 기원》, 고려대출판부, 1973.

김정배, 〈삼한의 문제에 대한 종합적 정리〉, 고대석사학위논문, 1967.

김정열, 〈요서지역의 청동기문화〉, 《동아시아 청동기문화의 교류와 국가형성》, 학연문화사, 2012.

김정학, 《한국상고사연구》, 범우사, 1990.

김진, 〈전북지역의 청동기시대 묘제와 고인돌〉, 《아시아 거석문화와 고인돌》, 동북아지석묘연구소, 2007.

김진호, 〈6만 년 전 인도네시아에 초기인류가 있었다〉, 동아사이언스, 2018. 5. 10. (http://dongascience.donga.com/prient.php?idx=19287)

김채수, 《알타이문명론》, 박이정, 2017.

김철준, 《한국고대사회연구》, 지식산업사, 1982.

김학보, 《그림으로 읽는 세계사 이야기》, 가람기획, 2000.

노중국, 〈문헌사에서 본 마한연구동향〉, 《마한고고학개론》, 중앙문화재연구원, 2018.

노중국, 〈진 · 변한의 정치 · 사회구조와 그 운영〉, 《진 · 변한사 연구》, 계명대 한국학연구원, 2002.

노태돈, 〈고조선 중심지의 변천에 대한 연구〉, 《한국사론》23, 서울대, 1990.

노태돈, 〈부여국의 경역과 그 변천〉, 《국사관 논총》4집, 1989.

노태돈, 〈삼한에 대한 인식의 변천〉, 《한국사연구》38, 1982.

노혁진, 〈공렬토기문화 특색의 전파망〉, 《이기백 선생고희기념, 한국사논총》上, 1994.

노혁진, 〈청동기시대의 사회와 경제〉, 《한국사3 청동기문화와 철기문화》, 탐구당, 2013.

노혁진, 〈한국선사문화 형성과정의 시대구분〉, 《한국상고사학보》15, 1994.

단동시 문화국문물보사대, 〈단동시 동구현 신석기시대유지 조사화 시굴〉, 《고고》1, 1984.

도유호, 〈조선의 구석기시대 문화인 굴포문화에 대하여〉, 《고고민속2》, 1964.

도유호, 《조선원시고고학》, 1960.

도유호, 《지탑리 원시유적 발굴보고》, 1961.

도유호 · 김용남, 〈굴포문화에 대한 그 후 소식〉, 《고고민속》 1965.

도유호 · 황기덕, 《지탑리 원시유적발굴보고8》, 고고학 및 민속학연구소, 1961.

도유호 · 황기덕, 《궁산원시 유적 발굴보고》, 1957.

〈대동강 유역 청동기시대문화의 성격에 대하여〉, 《단군과 고조선 연구》, 단군학회, 2006.

리지린, 《고조선연구》, 사회과학출판사, 1964.

리지린, 〈숙신에 대한 고찰〉, 《고조선연구》, 과학출판사; 학우서방, 1989 재발간.

리지린, 〈진 · 한대 요동군의 위치〉, 《력사과학》1963-1.

문물편집위원회, 《문물고고공작 삼십년》.

문안식, 〈선진문헌에 보이는 예맥의 갈래와 문화원형〉, 《사학연구》103, 2011.

미야자토 오사무, 《한반도 청동기의 기원과 전개》, 사회평론, 2010.

민석홍, 《서양사개론》, 삼영사, 1985.

민선례, 〈경북지역의 청동기시대 묘제와 고인돌〉, 《아시아 거석문화와 고인돌》, 동북아지석묘연구소, 2007.

박경호, 〈7천년전 유럽형 인류가 한반도에〉, http://news.kbs.co.kr〉news.view.do.292, 2014. 9. 11.

박근태, 〈신석기시대 초창기 단계의 문화양상〉, 《한국 신석기문화의 양상과 전개》, 서경문화사, 2012.

박대재, 《고대한국 초기국가의 왕과 전쟁》, 경인문화사, 2006.

박선주, 〈우리겨레의 뿌리와 형성〉, 《한국민족의 기원과 형성(상)》, 한림과학원 총서 41, 1997.

박수현, 〈장흥신풍리 청동기시대 취락연구〉, 조선대대학원 석사학위논문, 2004.

박순발, 〈전기마한의 시공간적 위치에 대하여〉, 《마한사연구》, 충남대 백제연구소, 1998.

박시형, 〈만조선 왕조에 관하여〉, 《력사과학》3, 1963.

박양진, 〈청동기의 계통〉, 《청동기시대의 고고학5: 도구론》, 서경문화사, 2014.

박양진, 〈충청남도〉, 《한국지석묘 유적 종합조사·연구Ⅱ》, 문화재청·서울대박물관, 1999.

박영구, 〈동해안지역〉, 《청동기시대의 고고학3: 취락》, 2014.

박진욱, 〈비파형단검문화의 발원지와 창조자에 대하여〉, 《비파형단검문화에 관한 연구》, 과학백과사전출판사, 1987.

배기동 《한국사2》, 국사편찬위원회, 2013.

배진성, 《무문토기문화의 성립과 계층사회》, 서경문화사.

배철현, 《인간의 위대한 여정》, 21세기북스, 2017.

백승충, 〈문헌에서 본 가야·삼국과 왜〉, 《한국민족문화》2, 부산대 한국민족문화연구소, 1998.

백조고길, 〈약수고〉, 《사학잡지》7-11012, 1896.

변태섭, 〈현생인류는 모두 잡종, 국적 달라도 유전차이는 0.1%〉, 한국일보, 2018. 8. 25. (http://news.v.daum.net/v/20180825100311387?1=prientpc)

복기대, 《요서지역의 청동기시대 문화연구》, 백산자료원, 2002.

봉진호, 〈동이내 기사전사 문화시론〉, 《역사연구》87-3, 1987.

부산대박물관, 〈청도 오진리 암음유적〉, 《운문댐 수몰지구문화유적발굴조사보고서》1, 1994.

부산시립박물관 《범방패총》1, 1993.

부산시립박물관, 《해운대 신시가지조성지역내 좌동·중동 구석기 유적 제19책》.

〈부여사〉, 《조선전사》2, 사회과학원 력사연구소, 1979.

브라이언 페이건, 이희준 옮김, 《세계선사문화의 이해》, 2011.

사회과학원 고고학연구소, 《조선사람의 기원과 형성》, 진인전, 2009.

삼상차남, 〈위씨조선의 정치사회적 성격〉, 《고대동북아시아연구사》, 길천 홍문관, 1966.

상정, 《고연국사탐미》, 연성지구신문출판국, 1992.

서국태, 〈질그릇을 통하여 본 우리나라 신석기시대의 문화유형〉, 《조선고고학연구》, 1990-3.

서국태, 〈고조선의 중심지와 령역〉, 《단군과 고조선 연구》, 단군학회, 2006.

서국태 · 지화산, 《남양리 유적발굴보고》, 백산자료원, 2003.

서영수, 〈고대국가 형성기의 대외관계〉, 《한국사》2, 한길사, 1994.

서영수, 〈고조선의 위치와 강역〉, 《한국사시민강좌》2, 1988.

서울대박물관, 《흔암리주거지》4, 고고인류학총간8, 1978.

서울대박물관, 《오산리》Ⅰ~Ⅲ, 1984 · 85 · 88.

성주택, 〈대전지방 출토 청동유물〉, 《백제연구》5, 충남대, 1974.

《소흑석구-하가점상층문화 유지 발굴보고》, 내몽고자치구문물고고연구소 · 영성현요중경박물관, 과학출판사, 2009.

손보기 《구석기 유적-한국만주》, 한국선사문화연구소, 1990.

손보기, 〈단양도담리 금굴 유적 발굴 조사보고〉, 《충주댐 수몰지구 문화유적 연장 발굴조사보고서》, 충북대박물관, 1985.

손보기, 《상노대도의 선사시대 살림》, 수서원, 1982.

손보기, 《상시Ⅰ그늘 옛살림터》, 연세대 박물관, 1983.

손보기, 《석장리 선사유적》, 동아출판사, 1993.

손보기, 〈단양 상시유적 발굴중간보고〉, 《한국고대사의 재조명》, 1983; 손보기, 《상시 1그늘 옛 살림터》, 1984.

손보기, 〈체질학상으로 본 한국사람의 뿌리〉, 《한국사연구논총》, 한미, 2008.

손영종, 〈단군조선의 성립〉, 《단군과 고조선 연구》, 단군학회, 2006.

손진기, 《동북민족원류》, 흑룡강 인민출판사.

손향란, 〈관자〉, 《중국역사 대사전》, 선진사, 상해사서출판사.

송계현, 〈변진한 문화의 형성과 변천〉, 《고고학으로 본 변 · 진한과 왜》, 영남고고학회·구주고고학회, 2000.

마츠모토 히데오 저, 박선술 역, 《일본인은 어데서 왔는가》, 보고사, 2001.

송순탁, 〈대동강유역 청동기시대 문화의 성격에 대하여〉, 《단군과 고조선 연구》, 지식산업사, 2006.

송정 등, 〈진 장성동부의 위치〉, 《역사지리》13-3, 1909.

송호정, 《한국고대사속의 고조선사》, 푸른역사, 2007.

송호정, 〈BC 5~4세기 초기 세형동검문화의 발생과 고조선〉, 《선사와 고대》14, 2000.

신동혁, 〈한국서해안 가로림만 조간대 퇴적환경과 홀로세 해수면 변동〉, 1998, 인하대학교 박사학위논문.

신숙정, 〈신석기시대 식물상과 동물상〉, 《한국사2》, 국사편찬위원회, 2013.

신용하, 《고조선 문명의 사회사》, 지식산업사, 2018.

신채호, 《조선상고문화사》, 단재 신채호전집 권 상, 1972.

신채호, 박기봉 옮김, 《조선상고사》, 비봉출판사, 2007.

신현웅, 〈삼한의 기원과 유속의 문제〉, 《사학연구》73, 2004.

신희권, 〈한국신석기시대의 환경과 생업〉, 《98-99 고성 문암리 신석기유적 발굴조사》, 동국대매장문화연구소, 2001년.

심규철 외, 《생명과학Ⅱ》, 비상교육, 2016.

심봉근, 《한국선사시대 도작농경》, 한국고고학보27, 1991.

심양고궁박물관·심양시문물판공실, 〈심양 정가와자적 양좌청동시대 묘장〉, 《고고학보》, 1975.

심양시 문물관리판공실, 〈심양 신락유지 시굴보고〉, 《고고학보》78-4, 1978.

심양시 문물관리판공실, 〈신민현 공주둔후산 유지 시굴간보〉, 《요해문물학간》87-20, 1987.

〈자연과학〉, 《김일성종합대학학보,4》, 1990.

안승모, 〈식물유체로 본 시대별 작물조성의 변천〉, 《농업의 고고학》, 사회평론, 2013.

안승모, 〈신석기문화의 성립과 전개〉, 《한국신석기문화 개론》, 서경문화사.

안승모, 〈작물〉, 《청동기시대의 고고학1》, 한국고고환경연구소 학술총서12, 서경문화사, 2014.

안승모, 〈호남의 신석기문화〉, 《한국신석기시대 연구》, 서경문화사, 2016.

안지민, 〈하북성 당산 고각장 발굴보고〉, 《고고학보》6, 1953.

안지민 · 정내무, 《쌍타지여강상－요동전사문화적발현화연구》, 과학출판사, 1966.

안춘배, 〈거창 임불리 선사주거지 조사 개보〉, 《영남고고학》6, 1989.

앤 기번스, 오숙은 옮김, 《최초의 인류》, 2008.

양지룡, 〈요령본계유가초발견 청동단검묘〉, 《고고》4, 1992.

엘리스 로버츠, 진주현 옮김, 《인류의 위대한 여행》, 책과함께, 2011.

여순 박물관 · 요녕성 박물관, 〈여순우가촌유지 발굴간보〉, 《고고학집간》, 1981.

여순박물관 · 요령성박물관, 〈요령 장해현 상마석 청동기시대 묘장〉, 《고고》6, 1982.

오여강 · 오신지 · 장삼수 편, 《중국원고인류》, 과학출판사, 북경, 1989.

〈원시편 석기시대〉, 《조선 고고학 전서》, 과학백과사전출판사, 1990.

〈영성현 남산근적 석곽묘〉, 《고고학보》2, 요녕성 소오달팽문물공작참, 중국과학원 동북공작대, 1973.

《요해문물학간》 1988; 1991.

왕강, 〈임서현대정고동광유지〉, 《내몽고문물고고》, 1994.

왕입신, 〈요서구 하지전국시기 문화격국여 경제형태적 연진〉, 《고고학보》3, 2004.

요녕성 박물관문물 공작대, 〈요녕 조양위영자 서주묘화고유지〉, 《고고》, 1977.

요령성박물관, 〈요령능원 삼관전 청동단검묘〉, 《고고》2, 1985.

요령성박물관 · 조양지구박물관, 〈요령객좌남동구 석곽묘〉, 《고고》6, 1977.

우실하, 《동복공정너머 요하문명론》, 소나무, 2010.

유국상, 〈서요하유역 신석기시대지 조기청동기시대〉 《고고학문화개론》, 요령사범대 학학보 1기, 2006.

유대지 · 시귀민, 〈객좌 야묘향청동단검묘〉, 《요해문물학간》2, 1993.

유병록, 〈석기의 종류와 특징〉, 《청동기시대의 고고학5: 도구론》, 서경문화사, 2014.

유정아, 《한반도 30억년의 비밀》1부 · 3부, 푸른숲, 1998.

유태용, 《한국지석묘연구》, 주류성, 2003.

윤내현, 《고조선의 강역을 밝힌다》, 지식산업사, 2012.

윤내현, 《한국고대사신론》, 일지사, 1986.

윤내현, 《한국열국사연구》, 만권당, 2016.

윤내현, 〈고조선의 건국과 민족형성〉, 《고조선연구》, 지식산업사, 1994.

윤내현, 〈고조선의 도읍지는 어디였을까〉, 《고조선의 강역을 밝힌다》, 지식산업사, 2012.

윤내현 · 한창균, 《양평병산리유적》, 단국대중앙박물관 · 경기도, 1992.

윤덕향, 〈석기〉, 《한국사3 청동기문화와 철기문화》, 탐구당, 2013.

윤무병, 〈한국청동검의 형식분류〉, 《진단학보》29 · 30, 1996.

윤순옥, 〈화분분석을 중심으로 본 일산지역의 홀로세 환경변화와 고지리복원〉, 《대한지리학회지》32-1, 1997.

윤신영, 〈현생인류의 아라비아반도 진출 시기 최소 8만 5000년 전〉, 동아사이언스, 2018. 4. 10. (http://dongascience.donga.com/prient.php?idx=22052)

윤호필, 〈경남지역 고인돌과 보존현황〉, 《아시아권에서의 문화유산 보존과 활용》, 동북아시아지석묘연구소, 2004.

이강봉, 〈DNA로 밝히는 인류탄생의 비밀〉, Science Times, 2017. 11. 20. (http://www.sciencetimes.co.kr/?news

이강봉, 〈호모사피엔스의 나이는 35만 년 전〉, Science Times, 2017. 9. 29. (http://www.sciencetimes.co.kr/?news)

이강승, 〈부여 구봉리 출토 청동기 일괄 유물〉, 《삼불김원룡정년퇴임논총》1, 일지사, 1987.

이건무, 〈한국식 동검문화의 성격−성립배경에 대하여〉, 《동아시아의 청동기문화기》, 문화재관리국 문화재연구소, 1994.

이건무, 〈한국의 청동기문화〉, 《특별전 한국의 청동기문화》, 범우사, 1992.

이건무, 〈한국청동의기의 연구〉, 《한국고고학보》28, 한국고고학회, 1992.

이건무 · 서성훈, 《함평 초포리 유적》, 광주박물관 · 전남도 · 함평군, 1988.

이공돈 · 고미선, 〈요동지구 석촉묘 여헌문호유관문제연구〉, 《발해문물학간》1, 1995.

이공목, 〈본계지구 3종 원시문화적 발현내연구〉, 《요해문물학간》1, 1989.

이근영, 〈인류의 '탈 아프리카' 5만년 더 빨랐다〉, 한겨레신문, 2018. 2. 4. (http://news.naver.com/main/tool/prient.nhn?oid)

이기길, 〈진안 진그늘 선사유적조사개요〉, 《한국농경문화의 형성》, 한국고고학회, 2001.

이기동, 《백제사연구》, 일조각, 1996.

이기백, 〈단군신화의 문제점〉, 《증보판 한국고대사론》, 일조각, 1995.

이기성, 〈도구와 수공생산〉, 《한국청동기문화개론》, 중앙문화재연구원, 2015.

이동주, 〈한국선사시대 남해안 유문토기 연구〉, 동아대학교 대학원 박사학위논문, 1996.

이동주, 〈남부지역의 토기문화〉, 《한국신석기문화개론》, 중앙문화재연구원.

이동주, 〈우리나라 초기 신석기문화의 원류와 성격〉, 《전환기의 고고학》(신숙정편), 학연문화사, 2002.

이동희, 〈분묘의 분포 · 입지 · 군집〉, 《청동기시대의 고고학4: 분묘와 의례》, 서경문화사, 2017.

이병도, 《한국고대사연구》, 박영사, 1976.

이병도, 〈삼한문제의 신고찰〉, 《진단학보》3, 1935.

이상균, 《한반도의 신석기문화》, 전주대학교출판부, 2010.

이상진, 〈네안데르탈인과 현생인류 '동침 잦았다.'〉, 이웃집 과학자, 2018. 12. 10. (http://www.astronomer.rocks/news/articleprient.html?idxno=86604)

이선복, 《동북아시아 구석기 연구》, 서울대출판부, 1989.

이선복 · 이교동, 《파주 주월리 · 가월리 구석기 유적》, 서울대 고고미술사학과 · 경기도, 1993.

이수홍, 〈주거와 취락〉, 《한국청동기문화개론》, 중앙문화재연구원, 2015.

이양수, 〈청동기의 제작, 부장 및 매납〉, 《청동기시대의 고고학5: 도구론》, 서경문화사, 2014.

이영문, 《한국 지석묘사회 연구》, 학연문화사, 2002.

이영문, 〈유물상으로 본 호남지방의 지석묘〉, 《한국지석묘의 제문제》, 한국고고학회, 1990.

이영문, 〈전남지방 마한소국 비정지에 대한 고고학적 검토-천관우설과 지석묘 밀접분포지역과의 대비〉, 《향토문화》10집, 1989.

이영문, 〈호남지역 청동기시대 성과와 연구과제〉, 《호남고고학회 20년, 그 회고와 전망》, 제21회 호남고고학회 발표, 2013.

이요종·란신건, 〈하요하유역 조기청동문화 보계연구〉, 《요해문물학간》1991-1.

이융조, 〈단양수양개 구석기 유적발굴조사보고〉, 《충주댐수몰지구 문화유적연장발굴 조사보고서》, 충북대박물관, 1985.

이융조·박선주, 《청원 두루봉흥수굴 발굴조사보고서》 충북대 박물관, 1991.

이융조·박선주·우종윤, 《단양구낭굴발굴보고,1》, 충북대박물관, 1991.

이융조·우종윤·하문식, 〈청원 두루봉 흥수굴의 구석기문화〉, 《중·러·한·국제학술회의》, 충북대선사문화연구소, 1996.

이융조·윤용현, 〈한국좀돌날몸돌의 연구-수양개수법의 비교를 중심으로〉, 《선사문화2》, 충북대 선사문화연구소, 1994.

이융조·윤용현, 〈화순대전후기구석기문화〉, 《선사와고대3》, 1992.

이전복, 〈동북 경내 연진장성고〉, 《흑룡강문물총간》82-1, 1982.

이종철, 《청동기시대 송국리형문화의 전개와 취락체계》, 진인전, 2016.

이종철, 〈탐진강유역 송국리형 주거문화〉, 《탐진강유역의 고고문화》, 제16회 호남고고학회 학술대회 발표, 2008.

이종철, 〈호남지역〉, 《청동기시대의 고고학3: 취락》, 2014.

이청규, 〈제주도 고산리 출토 융기문토기〉, 탐라문화, 1989.

이청규, 〈청동기를 통해 본 고조선〉, 《국사관논총》42, 1995.

이청규·고재원, 〈고산리 유적과 석기유물〉, 《제주신석기문화의 원류》, 1995.

이현혜, 《삼한사회 형성과정 연구》, 일조각, 1984.

이현혜, 〈동예의 위치와 변천〉, 《한국사》4, 국사편찬위원회, 2013.

이현혜, 〈삼한사회의 농업생산과 철제농기구〉, 《역사학보》126, 1990.

이현혜, 〈삼한의 경제와 사회〉, 《한국사》4, 국사편찬위원회, 2013.

이홍규, 《바이칼에서 찾은 우리민족의 기원》, 정신세계원, 2005.

이홍규, 《한국인의 기원》, 우리역사연구재단, 2008.

이희근, 《고대한반도로 온 사람들》, 따비, 2018.

임병태, 〈영암출토청동용범에 대하여〉, 《김원룡교수정년퇴임논총》, 1987.

임병태, 〈청동기시대의 유물〉, 《한국사3, 청동기문화와 철기문화》, 국사편찬위원회, 2013.

임상택, 〈한반도 신석기시대의 문화변동〉, 《한국 선사시대 사회와 문화의 이해》.

임상택, 〈동해안지역 조기토기 편년과 양식〉, 《한국 신석기시대 토기와 편년》, 중앙문화재연구원, 진인진, 2014.

임상택, 〈신석기시대의 동아시아〉, 《동아시아의 역사1》, 동북아역사재단, 2011.

임세권, 〈한반도 고인돌의 종합적 검토〉, 《백산학보》20, 1976.

임운, 〈중국동북계 동검 초론〉, 《고고학보》2, 1980.

임효재, 《암사동》, 서울대 박물관, 1985.

임효재, 《흔암리 주거지4》, 서울대고고인류학총간8, 1978.

임효택, 〈낙동강 하류역 토광목관묘의 등장과 발전〉, 《삼한사회와 고고학》, 17회 한국고고학대회자료집, 1993.

장도빈, 《대한역사》, 1961.

장삼수, 《중국 구석기문화》, 천진과학기술출판사, 1987.

장용석, 〈중국서 212만 년 전 사용 추적석기 발견〉, Daum뉴스, 2018. 7. 12. (http://v.media.daum.net/v/20180712153015467?1=print_pc)

장용준, 《구석기시대의 석기 생산》, 진인진, 2015.

장용준, 《한국 후기구석기의 제작기법과 편년연구》, 학연문화사, 2007.

장우진, 사회과학원 고고학연구소, 《조선사람의 기원과 형성》, 진인진, 2009.

장호수, 〈신석기시대의 자연환경〉, 《한국사2》, 국사편찬위원회, 2013.

전영래, 〈금강유역 청동기문화권 신자료〉, 《마한백제문화》10, 원광대, 1987.

전영래, 〈완주 상림리 출토 중국식 동검에 관하여〉, 《전북유적조사보고》6, 전주시립 박물관, 1976.

전영래, 〈익산 다송리 청동유물 출토묘〉, 《전북유적조사보고》5, 전주시립박물관, 1975.

전제현 · 윤진 · 김근식 · 류정길, 《룡곡동굴유적》, 김일성 종합대학출판사, 1986.

정달식, 〈부산 가덕도에서 나온 신석기시대 전기로 추정되는 인골〉, 부산일보, 2011. 2. 17.

정약용, 《여유당전서》, 〈아방강역고3〉, 삼한총고.

정연우, 〈강원지역의 무덤과 제사〉, 《강원지역의 청동기문화》, 강원고고학회, 2005.

정영화, 〈구석기시대혈거유적에 대하여〉, 《문화인류학회6》, 한국문화인류학회, 1974.

정인보 신채호, 《조선상고사》, 동사문고, 1977.

정징원 외, 《김해 수가리 패총》1, 부산대 박물관, 1981.

정징원, 〈신석기시대의 유적과 유물〉, 《한국사2》, 탐구당, 2013.

정징원, 〈청도 오진리 유적출토 즐문토기〉, 《제2회 조선연구 환태평양 국제회의 발표요지》, 1994.

정찬영, 〈토성리유적〉, 《유적발굴보고서》13, 1983.

정한덕, 《일본의 고고학》, 학연문화사, 2007.

정한덕, 〈미송리형토기의 생성〉, 《동아시아의 고고학》, (천지), 1989.

제융, 〈일본 구석기시대의 석기〉, 《계간고고학》35, 1991.

조 중 공동고고학발굴대, 《중국 동북지방의 유적발굴보고》.

조법종, 〈낙랑문제에 대한 일본역사학계의 인식검토〉, 《송갑호교수 정년퇴임기념 논문집》, 1993.

조빈복, 〈관우고대산문화약간문제적탐토〉, 《청과집》, 길림대출판사, 1993.

《조선고고연구》1, 1999.

조선 고고연구 편집자, 〈순안구역 신성동의 고조선시기의 돌곽무덤〉, 《조선고고연구》, 2004.

《조선사연구》, 서울신문사, 1947.

《조선서북지역의 동굴유적》, 김일성 종합대학출판사, 1995.

《조선의 고인돌 무덤 연구》, 사회과학출판사, 1998.

조유전, 〈전남 화순 청동유물 일괄 출토유물〉, 《윤무병박사회갑논총》, 통천문화사, 1984.

조은악사도, 《북방초원고고학문화연구》, 과학출판사, 2007.

조은악사도, 〈관우아국북방적청동단검〉, 《고고》5, 1978.

조중공동고고학발굴대, 1966.

조진선, 《한국 청동기문화 개론》 중앙 문화재연구원, 2015.

조진선, 〈청동기의 제작과 사용〉, 《한국청동기문화개론》, 중앙문화재연구원, 2015.

조진선, 〈한국 비파형동검과 세형동검에 관한 일고찰〉, 전북대대학원 석사논문.

조화룡, 《한국의 충적평야》, 교학연구사.

주귀, 〈요녕조양십이대영자 청동단검묘〉, 《고고학보》1, 1960.

주보돈, 〈진 · 변한의 성립과 전개〉, 《진 · 변한사 연구》, 계명대 한국학연구원, 2002.

《중국 고고학 삼십년》, 1949~1979, 요녕성 박물관문물공작대 문물편집위원회편, 1981.

중국사회과학원고고연구소편, 《신 중국적 고고발현화 연구》, 1984.

지건길, 〈무덤〉, 《한국사3, 청동기문화와 철기문화》, 국사편찬위원회, 2013.

지건길, 〈예산 동서리 석관묘 출토 청동일괄유물〉, 《백제연구》9, 1978.

직량신부, 〈조선동관진발굴 구석기시대의 유물〉, 《제1차 만몽학술조사연구보고》 6-3, 1940.

천관우, 《고조선 · 삼한사 연구》, 일조각, 1989.

천관우, 〈고조선의 몇가지 문제〉, 《한국상고사의 제 문제》, 일조각, 1987.

천관우, 〈마한제국의 위치시론〉, 《동양학》9, 1979.

천관우, 〈삼한의 국가형성〉상, 《한국학보》2, 1976.

천선행, 〈토기의 종류와 특징〉, 《청동기시대의 고고학5: 도구론》, 서경문화사, 2014.

청원현 문화국·무순시박물관, 〈요녕청원현 근년발현·비석관묘〉, 《고고》2, 1982.

최몽룡, 〈고조선의 문화와 사회경제〉, 《한국사》, 국사편찬위원회, 2013.

최몽룡, 〈전남지방 소재 지석묘의 형식과 분류〉, 《역사학보》78, 1978.

최몽룡, 〈청동기시대 인골 및 편년〉, 《한국사3-청동기문화와 철기문화》, 탐구당, 2013.

최몽룡, 〈한국지석묘의 기원과 전파〉, 《한국지석묘유적 종합조사·연구(1)》, 문화재청·서울대박물관, 1999.

최무장, 《중국의 고고학》, 민음사, 1989.

최복규·최삼용·최승엽·이해용 외, 《장흥리 구석기 유적》, 강원고고학연구소, 2001.

최성락, 〈흑산도지역의 선사유적〉, 《도서문화6집》, 목포대학교 도서문화연구소, 1988.

최지원, 〈우리가 네안데르탈인이 아니라 호모사피엔스인 이유 뇌 구조!〉, 동아사이언스, 2018. 4. 26. (http://dongascience.donga.com/prient.php?idx=22226)

추산진오, 〈요녕성 동부지역의 청동기재론〉, 《동북아시아의 고고학연구》, 일중공동연구보고, 1995.

카와카미 신이치·도조 분지, 박인용옮김, 《한 권으로 충분한 지구사》, 전나무숲, 2010.

크리스토퍼 로이드, 유길순 옮김, 《지구 위의 모든 역사》.

투멘 다쉬베렉, 〈동북아시아의 고고학적 인종에 대한 인류학적 검토〉, 《동북아시아의 문명기원과 교류》, 단국대 동양학연구원.

하문식, 〈경기지역 고인돌과 보존현황〉, 《세계거석문화와 고인돌》, 동북아지석묘연구소, 2004.

하문식, 〈요동지역의 문명기원과 교류〉, 《동북아시아의 문명기원과 교류》, 학연문화사, 2011.

하문식, 〈충청북도〉, 《한국지석묘 유적 종합조사·연구Ⅱ》, 문화재청·서울대박물관, 1999.

하야시 켄사쿠, 천선행 역, 《일본 신석기시대 생업과 주거》, 사회평론아카데미, 2015.

하인수, 〈동삼동 패총〉, 동삼동패총 전시관, ㈜세한기획, 2009.

하진호, 〈영남지역〉, 《청동기시대의 고고학3: 취락》, 2014.

한병삼, 〈개천 용흥리 출토 청동검과 반출유물〉, 《고고학》, 1968.

한병삼·이건무, 《남성리 석관묘》, 국립중앙박물관, 1977.

한상인, 〈점토대토기문화성격의 일고찰〉, 서울대석사학위논문, 1981.

한영우, 《조선 후기 사학사 연구》, 일지사, 1989.

한영희, 〈신석기시대〉, 《한국고고학의 반세기》, 제19회 한국 고고학 전국대회 발표요지, 1995.

한영희, 〈주변 지역 신석기문화와의 비교〉, 2013.

한영희·임학종, 〈연대도 조개더미 단애부Ⅱ〉, 《한국고고학보》26, 1992.

한진서 저, 최남선 편, 《해동역사속》권3, 〈지리고삼〉, 삼한.

허지국·위춘광, 〈법고석립자발견 석관묘〉, 《요해문물학간》2, 1988.

현대환, 〈호서지역〉, 《청동기시대의 고고학3: 취락》, 2014.

화옥영·왕종·진국경, 〈요령 대련시 상룡적석묘지 1호 적석총〉, 《고고》3, 1996.

황기덕, 〈료서지방의 비파형단검문화와 그 주민〉, 《비파형단검문화에 관한 연구》, 과학백과사전출판사, 1987.

황기덕, 〈비파형단검문화의 미송리유형〉, 《력사과학》1989-3, 1989.

황상일·윤순옥, 〈한반도와 주변 지역의 신생대 제4기 환경변화〉, 《강좌한국고대사》, 한국고대사회연구소, 2003.

황소희, 〈전곡리 구석기 유적 E55S20-Ⅳ PIT의 화산재 분석〉, 《전곡리 유적의 지질학적 형성과정과 동아세아 구석기》, 연천군·한양대학교 등, 2003.

홍재희, 〈여수 안도패총서 5개의 팔찌를 낀 인골 확인〉, The daily news., 2016. 1. 21.

• 국외논저

Cann.R.L., Stoneking, M&Wilson.A.C., 《Mitochondrial DNA And Human Evolution》 Nature 325:31~6(1987).

Derev'anko, A.P., 《Paleocithic Of North Asia》, 1994.

Goebel.T.Derevianko, A.P.&Petrin.V.T., 《Dating The Middle-To-Upper Paleolithic Transition at Kara-Bom》, Current Anthropology34, 1993.

Jakobsson.M, Scholz, S.W, Scheet.P, et al, 《Genotype, Haplotype And Copy. Number Variation In Worldwide Human Populations》 Nature451:998~1003(2008).

Love Joy, 《Hominid》, The Role Of The Bipedalism.

Oppenheimer.S, 《Out Of Eden, The Peopling Of The World, Constable&Robison, London(2003)》.

Park.Y.A. · Bloom.L.A., Holocene sea-Level History In The Yellow Sea, Korea. Jour. Geol.soc.Korea, V.20, 1984.

Sautman.B, 《Peking Man And The Politics Of Palaeoanthropological Nation Lism In China》, The Joumal Of Asian Studies 60:95~124(2001);

Shang.H., Tong.H., Zhang.S, etal, 《An Early Mordern Human From Tianyuan Cave, Zhoukoudiam, China》, Proceedings Of The National Academy Of Sciences 104:6573~8, 2007.

Stringer.C, 《Mordern Humans Or Origins:Progress And Prospects》, 2002.

Tong,G. and S. Shao, 〈The Evolution of Quaternary climate in china〉, Z. zhang,ed, 〈The Quaternary of china〉, china ocean press, Beijing, 1991.

Zubakob, V.A. and I.I.Borzen Koba, Gloual Paleoclimate Of The Late Cenozoic-Development In Paleontology And Stratigraphy 12, 1990.

도판출처

표지	고창 고인돌	최지영
53쪽	공룡모형	최지영
76쪽	오스트랄로피테쿠스 모형	저자 촬영
83쪽	호모 하빌리스 모형	저자 촬영
87쪽	호모 에렉투스 모형	저자 촬영
102쪽	네안데르탈인 모형	저자 촬영
106쪽	호모 사피엔스 사피엔스 모형	저자 촬영
117쪽	현생인류 동북아시아로 확산 추정도	최유진
131쪽	전곡리 출토 구석기	국립중앙박물관
136쪽	공주 석장리 구석기 유적 전경	문화재청
145쪽	단양 수양개 출토 유물	국립중앙박물관
147쪽	화순 대전 막집 복원 그림	李隆助 · 尹用賢, 《和順 大田 舊石器時代 집터 復元》 (忠北大 先史文化硏究所, 1992)
166쪽	용곡사람 복원상	충북대학교 박물관
170쪽	흥수아이 복원상	충북대학교 박물관
192쪽	안도 신석기인	전곡선사박물관
206쪽	순천 월평 구석기 말 유적	문화재청
215쪽	내몽고 흥륭와 주거 유적지	저자촬영
220쪽	고산리 유적지 전경	저자촬영
229쪽	오산리 덧무늬토기	문화재청
234쪽	동삼동 덧무늬토기	국립중앙박물관
238쪽	연대동패총 인골사진	국립중앙박물관
247쪽	암사동 빗살무늬토기	국립중앙박물관
269쪽	비파형동검	국립중앙박물관
277쪽	세형동검	국립중앙박물관
281쪽	화순 대곡리 청동기 유물	국립중앙박물관

한민족과 고조선 · 한(韓)

찾아보기

한민족과
고조선 한

ⓒ 최창묵, 2021

초판 1쇄 발행 2021년 10월 30일

지은이   최창묵
펴낸이   이기봉
편집   좋은땅 편집팀
펴낸곳   도서출판 좋은땅
주소   서울특별시 마포구 양화로12길 26 지월드빌딩 (서교동 395-7)
전화   02)374-8616~7
팩스   02)374-8614
이메일   gworldbook@naver.com
홈페이지   www.g-world.co.kr

ISBN   979-11-388-0303-8 (93910)